rostos

Dados Internacionais de Catalogação na Publicação (CIP)
(Câmara Brasileira do Livro, SP, Brasil)

Le Breton, David, 1953-
 Rostos : ensaio de antropologia / David Le Breton ; tradução de Guilherme João de Freitas Teixeira. – Petrópolis, RJ : Vozes, 2019.

 Título original: Des visages : essai d'anthropologie
 Bibliografia.
 ISBN 978-85-326-6079-4

 1. Corpo humano – Antropologia 2. Face – Aspectos sociais 3. Fisiognomonia 4. Percepção facial I. Título.

19-24275　　　　　　　　　　　　　　　　　　　　CDD-306.4

Índices para catálogo sistemático:
1. Rostos : Antropologia : Sociologia do corpo   306.4

Maria Paula C. Riyuzo – Bibliotecária – CRB-8/7639

David Le Breton **rostos** *Ensaio de antropologia*

Tradução de Guilherme João de Freitas Teixeira

Petrópolis

© Éditions Métailié, Paris, 1992

Título do original em francês: *Des Visages – Essai D'Anthropologie*

Direitos de publicação em língua portuguesa – Brasil:
2018, Editora Vozes Ltda.
Rua Frei Luís, 100
25689-900 Petrópolis, RJ
www.vozes.com.br
Brasil

Todos os direitos reservados. Nenhuma parte desta obra poderá ser reproduzida ou transmitida por qualquer forma e/ou quaisquer meios (eletrônico ou mecânico, incluindo fotocópia e gravação) ou arquivada em qualquer sistema ou banco de dados sem permissão escrita da editora.

CONSELHO EDITORIAL

Diretor
Gilberto Gonçalves Garcia

Editores
Aline dos Santos Carneiro
Edrian Josué Pasini
Marilac Loraine Oleniki
Welder Lancieri Marchini

Conselheiros
Francisco Morás
Ludovico Garmus
Teobaldo Heidemann
Volney J. Berkenbrock

Secretário executivo
João Batista Kreuch

Editoração: Maria da Conceição B. de Sousa
Diagramação: Sheilandre Desenv. Gráfico
Revisão gráfica: Nilton Braz da Rocha / Nivaldo S. Menezes
Capa: WM design

ISBN 978-85-326-6079-4 (Brasil)
ISBN 978-28-642-4467-7 (França)

Editado conforme o novo acordo ortográfico.

Este livro foi composto e impresso pela Editora Vozes Ltda.

A meus pais.
A Hnina.

O *rosto humano é realmente como o do deus de uma teogonia oriental: um conjunto de rostos justapostos, em planos diferentes, que não se veem ao mesmo* tempo. Marcel Proust. *Em busca do tempo perdido* (1919)[1].

---

1. PROUST, 2006, p. 311. Cf. "Bibliografia sumária" para as referências relativas à tradução para o português das citações; sem essa indicação, o texto foi traduzido diretamente do original em francês [N.T.].

Sumário

Introdução, 9

1 A invenção do rosto, 17

2 Do rosto à figura: as máscaras da fisiognomonia, 60

3 O outro do rosto: a ordem simbólica, 118

4 Configurações sociais: o face a face, 158

5 O rosto é um outro, 189

6 Ocultação do rosto, 246

7 Rosto e valor, 302

8 O sagrado: o rosto e a *Shoah*, 325

9 A desfiguração: uma deficiência aparente, 340

Bibliografia sumária sobre o rosto, 359

Índice de autores citados, 391

Agradecimentos, 409

Índice geral, 411

Introdução

> *Desde que os seus rostos se voltaram para fora, os homens se tornaram incapazes de ver a si mesmos; essa é a nossa grande enfermidade. Sem a possibilidade de nos vermos, nós nos imaginamos. E cada um, ao sonhar consigo mesmo e diante dos outros, fica sozinho atrás de seu rosto.*
>
> René Daumal. *L'envers de la tête* (1939).

No princípio, existe a emoção experimentada diante de determinados rostos e o sentimento de um enigma subjacente, ao alcance da mão e do olhar, sem deixar de ser inapreensível: toda a fragilidade e a força da condição humana. Rosto de pessoas amigas, de alguns transeuntes; rosto de Gelsomina no filme italiano *La strada* (1954), de F. Fellini; rosto de Falconetti no filme francês *La passion de Jeanne d'Arc* (1928), do cineasta dinamarquês C. Dreyer; rostos pintados por Rembrandt ou fotografados por Lewis W. Hine. Rosto da (ou do) amante com a revelação de um mistério pressentido a qual acaba ocorrendo sempre mais tarde, a menos que o amor se debilite, tendo como resultado a banalidade de uma figura de que é retirada qualquer sacralidade. Cada um de nós carrega secretamente a sua mitologia, o seu tesouro de emoção, que destila uma grande quantidade de rostos.

A pesquisa apresentada aqui é uma tentativa destinada a desvendar as significações, os valores e os imaginários associados ao rosto, uma maneira de responder ao fascínio exercido por ele, não para desvelar o seu segredo, mas para perscrutá-lo de mais perto, ficando à sua ilharga para descobrir o quanto ele evita expor-se. Contrariamente, nesse aspecto, às fisiognomonias que renascem regularmente das próprias cinzas para enunciar, enfim, uma pretensa verdade do rosto mediante uma arte contestável da suspeita, a antropologia culmina, de preferência, na constatação das meias-palavras, no sussurro da identidade pessoal. O rosto tanto revela quanto dissimula. Se não quisermos dissolver esse "não sei o quê e esse quase nada" que faz a diferença entre um rosto e outro, convém apoiar-se no "discernimento" de preferência ao "método geométrico". A sensibilidade de abordagem exige uma antropologia atenta, curiosa em relação ao único em vez do repetitivo, sem excluir, porém, tal constatação. Do rosto da criança ao do idoso há uma continuidade desconcertante, uma semelhança nunca desmentida; e, no entanto, quantos rostos se sucedem em uma vida humana no decorrer das estações, das provações ou, até mesmo simplesmente, ao longo da vida cotidiana? A metamorfose permanente de um rosto permanece fiel a um "ar", uma forma evanescente que nada pode captar, mas que exprime a singularidade de um ser humano.

"Visage"[2] deriva do latim *visus* (particípio passado substantivado de *videre*): "o que é visto". Etimologicamente, a maior parte dos termos que designaram o rosto[3] [*visage*], nos idiomas do antigo mundo ocidental, faziam alusão ao aspecto visível da face, à sua forma e posição privilegiada no corpo humano (RENSON, 1962). A pele do rosto (e das mãos) não é, em geral, coberta por roupas. A partir de um punhado de pontos de referência – olhos, nariz, fronte etc. – há mil milhares de feições que se oferecem ao mundo através do espaço e do

---

2. No português antigo, "visagem" designava a parte anterior da cabeça, no sentido de trejeito ou expressão do rosto, esgar, careta (cf. *Dicionário Houaiss*). Vale lembrar também o termo "visagismo" (cf. HALLAWELL, 2010) [N.T.].

3. Outro vocábulo de origem latina: *rostrum*, bico (de ave), focinho, cara, carranca, ponta de relha (de arado), esporão de navio (cf. *Dicionário Houaiss*) [N.T.].

tempo. Os rostos são variações ao infinito do mesmo esboço bem simples: ficamos espantados com tal diversidade de formas e de expressões pelo fato de que o número dos materiais que as modelam seja tão restrito. A superfície reduzida do rosto não impede, de modo algum, a grande quantidade de suas combinações: o cenário permanece o mesmo, mas acolhe inumeráveis configurações. Qualquer pessoa tem o seu rosto, mas nunca o mesmo: a variação ínfima de um dos elementos componentes de sua forma desfaz a sua ordem e significação.

O rosto traduz sob uma forma viva e enigmática o caráter absoluto de uma diferença – apesar de ser ínfima – individual. Ele é uma cifra, no sentido hermético do termo, um apelo a resolver o enigma; ele é o lugar originário em que a existência do ser humano adquire sentido. Por seu intermédio, ocorre a identificação de cada pessoa, que recebe um nome e se inscreve em determinado gênero; a mínima diferença que a distingue do outro é um suplemento de significação que confere a cada ator o sentimento de sua soberania e de sua identidade própria. O rosto único de um indivíduo corresponde à unicidade de sua aventura pessoal; no entanto, o social e o cultural acabam modelando a sua forma e os seus movimentos. O rosto oferecido ao mundo é um compromisso entre as orientações coletivas e a maneira pessoal que é própria de cada ator. As mímicas e as emoções que o atravessam, as encenações de sua aparência (penteado, maquiagem etc.) têm a ver com uma simbólica social de que o ator se serve de acordo com o seu estilo particular.

O indivíduo não habita sozinho as suas feições: nestas, encontra-se também o rosto dos outros, em transparência. A criança selvagem, porém, o autista ou o cego de nascença dão testemunho de um rosto inexpressivo, cuja socialização só é possível mediante a intervenção de um entorno atento e prestativo. O rosto é, assim, o lugar do outro, emergindo no âmago do vínculo social, já no face a face original da criança e de sua mãe (o primeiro rosto), e prossegue nos inumeráveis contatos que se estabelecem e se desfazem no decorrer da vida cotidiana.

O rosto é uma matéria de símbolo; para o indivíduo, porém, ele é muitas vezes problemático, ambíguo. Nesse sentido, seria possível dizer que – parafraseando Rimbaud – o "eu é um outro" encontra a sua expressão corporal mais surpreendente no fato de que o rosto é um Outro. Por seu intermédio, surge o questionamento: Por que essas feições? Que tipo de relação estabelecem comigo? E são raros os indivíduos que aceitam, sem reservas, ser filmados ou gravados em vídeo. Existem algumas sociedades que erguem tabus contra qualquer tipo de retrato, rejeitando as fotografias: elas têm receio de que a imagem seja o próprio indivíduo e venha a conferir a quem se apropria dela um poder mortal ou nocivo sobre o ingênuo que se deixou levar pela arapuca da objetiva.

Relação problemática também com o tempo que passa e deixa os seus vestígios em um rosto eminentemente vulnerável: se, em determinadas sociedades, o envelhecimento – que esculpe marcas nas feições e embranquece os cabelos – acaba conferindo prestígio e dignidade, esse não é o caso em nossas sociedades ocidentais impregnadas por um imperativo de juventude, de vitalidade, de saúde e de sedução, em que o envelhecimento é quase sempre objeto de uma poderosa denegação. Para muitos ocidentais, envelhecer é perder, aos poucos, o seu rosto e ver-se um dia sob feições estranhas com o sentimento de ter sido desapossado do essencial. "Morre-se com uma máscara no rosto", diz o príncipe siciliano, Dom Fabrizio Salina, de Tomasi di Lampedusa ([1958] 1963, p. 243). Entretanto, palpita a lembrança de um rosto perdido, o rosto de referência: aquele ao qual o ator adere com mais força, aquele que outrora conheceu o amor. Rosto interior que atiça a nostalgia e diz sem ambiguidade a precariedade de toda a vida: talvez seja isso mesmo, cujo embelezamento – até mesmo, restauração e fixação em uma eterna juventude – é tentado pela maquiagem ou cirurgia estética.

E o que acontece quando o indivíduo se desapropria provisoriamente de seu rosto através da máscara ou da caracterização? A que tipo de metamorfose ele está consentindo ao "alterar as suas feições" ["changeant de tête"]? O rosto encarna uma moral, impõe a responsabilidade por seus atos. O fato de já não ter receio de "olhar para si de frente" após ter sofrido mudanças em suas feições, abre um grande número de perspectivas. No entanto, a máscara não é um simples objeto para garantir o anonimato, mas revela recursos dissimulados, surpresas: pode ocorrer que ela acabe por impor-se, venha a apossar-se do indivíduo que está convencido de dominá-la sem dificuldade e de orientar a sua ação. Pretender esquivar-se de suas feições não é uma intenção isenta de risco; modificar o rosto equivale a trocar de existência, a livrar-se ou a tomar, não sem perigo, uma distância provisória para com o sentimento de identidade que, até então, regia a relação do indivíduo com o mundo. O rosto não será uma medida de precaução através da qual se procura controlar todos os impulsos e as tentações que colocariam em perigo a ordem do vínculo social?

Impedir por qualquer meio, no mínimo, a ambivalência, o inapreensível do outro, reduzi-lo a algumas linhas simples, a uma característica, saber o que se pode esperar dele: esta é a fantasia de controle desenvolvida pela fisiognomonia. Estudar o corpo – e, sobretudo o rosto – para estabelecer, em função das formas observadas, uma caracterologia do indivíduo que permita ter uma certeza mais consolidada do que ele é (ou antes, presume ser). Desde a Antiguidade, constata-se a publicação de vários tratados de fisiognomonia; na passagem dos séculos XVIII-XIX, eles conhecem um espantoso sucesso através de J.K. Lavater, p. 72, o qual há de influenciar um grande número de seus contemporâneos e uma posteridade não menos importante. Atualmente, a fisiognomonia encontra uma espécie de novo impulso através da morfopsicologia, embora esta seja sempre também contestada. Além de revelar o indivíduo, o rosto concomitantemente o dissimula. "A fisionomia – afirma La Bruyère – não é uma regra que nos seja dada para julgar os seres humanos: ela pode servir-nos de conjetura" ([1688] 1975, p. 283). E o imaginário que consegue ler um rosto como um mapa – indicando orientações psicológicas, ou como o lugar do crime mediante certo número de indícios – é uma arte duvidosa que encontra grande dificuldade para defender-se da vontade de ingerência sobre o outro que lhe é inerente.

Do mesmo modo que o nome que o designa pessoalmente, assim também qualquer indivíduo, inclusive o mais humilde, carrega o seu rosto como o mais lídimo sinal de sua diferença. Se o rosto é o núcleo secreto do ser – de alguma maneira, a "capital" (do latim *caput*, cabeça, cujo plural é *capita*) do sentimento de identidade de uma pessoa –, por sua vez, a desfiguração é vivida como uma privação de ser, uma experiência de desmantelamento de si. Daí, o drama por que passam as vítimas de acidente ou de queimaduras no rosto: as suas feridas atingem as raízes de sua identidade e, ao mesmo tempo, a sua carne. Aliás, a respeito da pessoa cujo rosto tenha sido deformado pela doença ou por um acidente murmura-se que já não tem uma fisionomia humana.

Uma das características da violência simbólica implementada pelo racista consiste em negar o rosto do outro. Por ser o sinal do indivíduo – o mais alto valor encarnado por este –, o desprezo a seu respeito passa pela animalização ou o rebaixamento de seu rosto: o outro tem uma fuça [*gueule*], um focinho [*trogne*], uma cara de rato, uma cara de poucos amigos [*tête à claque*], uma fácies. O ódio ao outro leva à sua desfiguração; a dignidade do rosto lhe é recusada.

Ao organizar, de maneira sistemática, a destruição das pessoas, os campos de extermínio esforçaram-se por eliminar o rosto delas, erradicar a diferença infinitesimal que garante o caráter único de cada indivíduo, para reabsorver todos os detidos sob uma figura idêntica, feita de insignificância para os algozes: "[...] raramente eu os via como pessoas – afirma F. Stangl, comandante dos campos de concentração de Sobibor e, depois, de Treblinka; eram sempre uma enorme massa" (SERENY, [2000] 2007, p. 156). Nos campos, é obrigatório não ter rosto, nem olhar, uniforme sob a magreza; é obrigatório combater em si qualquer saliência do rosto, qualquer sinal que instaure um suplemento de sentido em que viesse a ser perceptível uma individualidade. Fazer desaparecer o próprio rosto, embaçar as feições, apagar a sua condição de indivíduo singular, fundir-se na massa anônima dos outros, sem pôr em relevo a individualidade, dissolvida na mesma ausência. "É obrigatório ser magrelo, pálido, já inerte – escreve ainda Robert Antelme. Cada um carrega os olhos como algo perigoso" (1957, p. 57). Mas, os deportados, diante de um pedaço de espelho apanhado na estrada ou recuperado em um canteiro de obras, desfilam e ficam extasiados. Apesar da impaciência, organiza-se uma liturgia: o fragmento de espelho passa de mão em mão, faz reviver no deportado a lembrança de uma identidade que, de repente, ele descobre que se mantém sempre presente. A obstinação contra o rosto nada pode contra ele, quando este pode continuar sendo encarado de frente. O rosto é o lugar mais humano de uma pessoa; talvez, o lugar de que emerge o sentimento do sagrado.

1
A invenção do rosto

> *No rosto humano há uma complexidade infinita de digressões e escapatórias.*
> Georges Bataille. *Le coupable* (1944).

1.1 O rosto de Deus

O rosto é o privilégio do ser humano; por estar além deste, Deus está além do rosto. De acordo com a afirmação da maior parte das tradições religiosas, é impossível, para o indivíduo, suportar a visão de Deus e discernir o seu improvável rosto. Uma luz radiante emana dele, tornando impossível qualquer percepção a seu respeito. Os próprios serafins encobrem a face quando estão perto dessa glória; aliás, o corpo deles está curiosamente conformado para essa finalidade pelo fato de possuírem "seis asas, duas para cobrir a face, duas para cobrir os pés e duas para voar" (Is 6,2)[4].

Ao aparecer pela primeira vez diante de Moisés, Javé está envolto "em uma chama de fogo, no meio de uma sarça... E diz: 'Eu sou o Deus de teu pai, o Deus de Abraão, o Deus de Isaac e o Deus de Jacó'. Então Moisés cobriu o rosto, pois temia olhar para Deus" (Ex 3,2.6). No momento da conclusão da Aliança, Moisés subiu para junto de Deus no monte. "A glória do SENHOR pousou sobre o Monte Sinai, e a nuvem o cobriu

---

[4]. Para as citações bíblicas foi consultada a *Bíblia Sagrada* – Ed. Família. 50. ed. Petrópolis: Vozes, 2005 [N.T.].

durante seis dias. No sétimo dia, chamou Moisés do meio da nuvem. A glória do SENHOR aparecia aos israelitas como um fogo devorador sobre o cume do monte" (Ex 24,16-17).

Em Deus, não existe a forma do rosto; a luz que irradia dessa impossibilidade reflete nas feições de Moisés como o sinal que comprova o encontro do homem com o divino. "Quando Moisés desceu da montanha do Sinai... não sabia que a pele de seu rosto resplandecia por ter falado com o SENHOR. Aarão e todos os israelitas, ao verem como resplandecia o rosto de Moisés, tiveram medo de aproximar-se... Quando Moisés terminou de lhes falar, colocou um véu sobre o rosto. Quando Moisés se apresentava diante do SENHOR para falar, retirava o véu, até o momento de sair; depois saía e comunicava aos israelitas o que lhe havia sido ordenado. Os israelitas viam o rosto resplandecente de Moisés, e este tornava depois a cobrir o rosto com o véu, até o momento em que entrava de novo para falar com o SENHOR" (Ex 34,29-34).

Pouco antes de aparecer a Moisés para lhe entregar as tábuas da lei, Javé lembra-lhe o caráter inefável de seu rosto.

> "Não poderás ver a minha face, porque ninguém pode me ver e permanecer vivo." O SENHOR disse ainda: "Aí está o lugar perto de mim! Tu ficarás sobre a rocha. Quando passar a minha glória, colocar-te-ei na fenda da rocha e cobrir-te-ei com a mão enquanto passo. Quando eu retirar a mão, tu hás de me ver pelas costas. A minha face, porém, não se pode ver (Ex 33,20-23).

Frase singular, se deixarmos de ponderar o seu conteúdo pela bitola da fé, mas que tem a sua lógica se nos lembrarmos que a única maneira de identificar uma pessoa reside na configuração de suas feições. Pôr um rosto em Deus equivale a suprimir a sua divindade, a torná-lo um homem superlativo, reconhecível, que compartilha os contornos de um rosto com os seres humanos. No entanto, o antropomorfismo do texto bíblico tende a limitar curiosamente o seu poder ao atribuir-lhe mãos, costas etc. A tradição do Antigo Testamento diz-nos que não seria possível ver Deus e permanecer vivo. Deus salvaguarda a infinitude de seu rosto. Ao pedido de Moisés para que este lhe seja revelado, Javé responde negativamente, mostrando-lhe apenas a luz que irradia dele, mas, por outro lado, diz-lhe o seu nome. Mais tarde, como fazendo eco, o Apocalipse anuncia que, na Jerusalém celeste, os eleitos "verão a sua face, e o seu nome estará sobre as frontes deles" (Ap 22,4).

Semelhante à experiência de Moisés é o encontro de Daniel com o anjo. "Ora, no dia vinte e quatro do primeiro mês, eu estava às margens do grande Rio Tigre. Quando levantei os olhos, eis que vi um homem vestido com roupas de linho e tendo na cintura um cinto de ouro fino. Seu corpo brilhava como o crisólito e seu rosto, como o relâmpago; seus olhos resplandeciam como tochas de fogo e seus braços e suas pernas como bronze polido... Ora, só eu, Daniel, via a aparição, enquanto os meus companheiros não a viam; dominados por grande terror fugiram e se esconderam. Assim, fiquei sozinho, contemplando esta grandiosa visão. Mas também a mim faltaram forças, de modo que o meu semblante ficou extremamente pálido e as minhas forças me abandonaram. Então, ouvi o som de suas palavras; mas ao ouvir esse som, caí aturdido com o rosto por terra" (Dn 10,4-9). A participação na glória de Deus, à semelhança do que Moisés tinha vivenciado no Monte Sinai, confere outra significação ao rosto da testemunha. O face a face com Deus é impensável. O rosto de Deus é uma luz deslumbrante. Daniel não dispõe de olhos que sejam capazes de participar da essência divina, deixa de existir como homem e é projetado com o rosto por terra, o seu rosto provisoriamente anulado.

Do mesmo modo, Jesus tomou consigo Pedro, Tiago e João, levando-os para um monte alto e afastado: "E ali transfigurou-se diante deles. O seu rosto resplandeceu como o sol e as roupas se tornaram brancas como a luz" (Mt 17,2). A hagiografia cristã está repleta de momentos em que o rosto de um santo se torna, de repente, luminoso, sendo impossível fixá-lo com o olhar, sinal da perda de sua individualidade e manifestação exemplar de seu pertencimento a outro reino; durante a vida, ele já participa da glória da divindade.

O indivíduo dispõe apenas do rosto que lhe é atribuído por Deus; este, por sua vez, tem todos os rostos e pelo fato de possuí-los a todos proíbe de mostrar um só, sinal de separação, de limitação, ao passo que a sua natureza é irredutível à do ser humano. Inconcebível, infinitamente transcendente à condição humana, está fora de questão representá-lo, de captar em um retrato o seu rosto sem contornos, incandescente. A tradição bíblica – retomada mais tarde pelo islamismo – opõe-se à produção de imagens. Deus é voz e luz para Israel. E Moisés evoca a revelação do Horeb:

> Então o SENHOR vos falou do meio do fogo. Ouvíeis o som das palavras, mas não víeis figura alguma. Era tão somente uma voz!...
>
> Devereis prestar muita atenção. Pois, no dia em que o SENHOR vos falou do meio do fogo no Horeb, não vistes figura alguma. Guardai-vos bem de corromper-vos, fazendo figuras de ídolos de qualquer tipo, imagens de animais que vivem na terra ou de aves que voam, ou de animais que rastejam sobre a terra ou de qualquer espécie de peixes que vivem na água, debaixo da terra. Nem tenteis levantar os olhos ao céu para ver o sol, a lua, as estrelas com todo o exército do céu, e vos deixar seduzir, adorando-os e prestando-lhes culto (Dt 4,12.15-19).

A adoração de imagens ou de objetos seria uma idolatria; através do mundo, o ser humano deve sentir o sopro invisível do divino e não confundi-lo com o culto de um objeto. Ao falar de imagens esculpidas ou de imitações da natureza, a Bíblia decreta: "Não te prostrarás diante de ídolos, nem lhes prestarás culto" (Ex 20,5). A proibição da representação envolve simultaneamente Deus e as suas criaturas; é impossível para o ser humano duplicar, mediante a imagem, uma criação que lhe escapa por ser obra de Deus. É terrível o castigo prometido por Alá ao artista em um dos *hadiths* da tradição islamita: "Os artistas, os fazedores de imagens serão punidos no Juízo Final porque Deus lhes imporá ressuscitar as suas obras". Se o rosto de Deus é impensável – e mais ainda pelo fato de que a sua configuração produziria uma lastimável representação dele –, se as criaturas são também objetos da mesma atenção por conterem uma parcela do divino, em compensação, para os cristãos que admitem a divindade do Cristo, a encarnação modifica os dados do Antigo Testamento e torna lícita a imagem, até mesmo a do Cristo: sob as formas canônicas transmitidas pela tradição, para os ortodoxos; e, sob uma forma mais livre, para os católicos.

Deter-nos-emos mais longamente sobre a configuração ortodoxa em que o rosto de Deus é oração[5]. Segundo a tradição, o Rei Abgar de Edessa estava leproso e procurava, em vão, a cura. Um dia, tendo ouvido falar de Jesus e dos milagres que o enviado de Deus semeava por seu caminho, ele enviou-lhe um emissário, com uma carta, insistindo que viesse visitar o seu reino. Temendo que a multidão fosse demasiado densa em torno de Jesus, tornando impossível aproximar-se dele, o rei recomendou que o homem lhe trouxesse um retrato fiel de Jesus. De fato, gente demais se comprimia à sua volta e solicitava a sua atenção. Na impossibilidade de aproximar-se, o emissário subiu a um lugar alto e começou a fazer o retrato de Jesus. Apercebendo-se desse gesto, Jesus pediu água, lavou o rosto e, ao enxugá-lo, as suas feições ficaram miraculosamente fixadas na toalha. Então, mandou chamar o emissário e entregou-lhe a toalha, perguntando-lhe a razão de sua vinda; o homem comunicou a Jesus a mensagem do rei de Edessa. Tendo ouvido o pedido, Jesus prometeu enviar um discípulo ao soberano para curá-lo, o que ocorreu mais tarde. Assim, o primeiro rosto,

---

5. Apoiamo-nos na obra de Ouspensky (1980) e igualmente em Evdokimov (1972).

sem dúvida, a manter além dele a memória de um ser humano teria sido o de Jesus; tal é, pelo menos, o sentido da tradição ortodoxa da "Sagrada Face", "a imagem não feita pela mão do homem", uma das fontes da legitimidade de sua liturgia, levando em consideração a importância que ela atribui ao ícone. Se Deus se fez homem, Ele ofereceu à vista de todos um rosto discernível através do qual podiam ser dirigidas as preces. Na tradição cristã, a encarnação suspende a proibição da representação: ao se fazer homem, Jesus encarna também em um rosto. Ele é "a imagem de Deus invisível" (Cl 1,15) segundo a fórmula de São Paulo. O precedente da Sagrada Face abria o caminho para a possibilidade da representação[6].

O original da Sagrada Face teria sido perdido em decorrência de um primeiro milênio agitado por muitas peripécias; no entanto, numerosos ícones foram realizados a partir dele e alimentaram a tradição ortodoxa. É também admissível que, durante a existência de Jesus, certo número de retratos teria sido elaborado e, em seguida, serviu de modelos. Considera-se que as catacumbas de Roma contenham afrescos que oferecem imagens de Jesus feitas durante a sua vida: paradoxalmente, algumas mostram-no com feições de homem de idade madura, enquanto outras apresentam-no como jovem imberbe. A mesma incerteza permanece em relação à qualidade de seu aspecto físico. Em sua obra, Ouspensky faz referência a uma querela dos Antigos a esse respeito: Como teria sido Jesus, lindo ou feio? Alguns autores – tais como Clemente de Alexandria, Tertuliano, São Justino, o filósofo, e Santo Ireneu – baseiam-se na palavra de Isaías: "Ele não tinha beleza nem formosura que pudesse atrair os nossos olhares, nem boa aparência para que desejássemos vê-lo" (Is 53,2-3), e afirmam a feiura de Jesus. Aceitam literalmente São Paulo, ao afirmar que Jesus "se esvaziou a si mesmo, assumindo a condição de escravo" (Fl 2,7).

---

6. A tradição ortodoxa atribui os primeiros ícones da Virgem a São Lucas (cf. OUSPENSKY, 1980, p. 71ss.).

Ao contrário, Gregório de Nissa, São João Crisóstomo, São Jerônimo ou Orígenes, por exemplo, não aceitam essa hipótese e afirmam a beleza de Jesus apoiando-se em outras profecias, principalmente, determinadas passagens dos *Salmos*.

Assim, a tradição ortodoxa acabaria por fazer com que o mistério se tornasse a via de sua liturgia em matéria de ícone. Se, na configuração de Jesus, ela deixa ver o rosto humano de Deus, ela não apresenta de modo algum um retrato, nem sequer algo parecido. Contra os iconoclastas, que criticam justamente a imagem por profanar o inalcançável, por limitar o resplendor divino e por circunscrevê-lo em algumas linhas, "os Padres afirmaram que não é a natureza divina, nem a humana, mas a Hipóstase do Cristo que nos aparece nos ícones", escreve P. Evdokimov[7]. O ícone é uma oração, uma celebração; nele irradia o espírito de Deus. Ele persegue a transfiguração do corpo de Jesus depois do sacrifício da Cruz.

Se a tradição católica deixou manifestar-se a criatividade do artista, tornando a imagem um domínio de transmissão ou de conhecimento menos privilegiado que a pregação, a tradição ortodoxa, por sua vez, considera o ícone como uma das vias de sua liturgia. E, para o pintor que suscita a sua criação, trata-se não tanto de um ato individual, mas da participação em uma revelação em que é importante mergulhar a fim de purificar a obra do acessório para deixar ver apenas o essencial: outra forma da oração. O pintor de ícones inscreve-se na fidelidade à palavra de São Paulo: "Sede meus imitadores, como eu mesmo o sou de Cristo" (1Cor 11,1). Em vez de uma imitação formal da tradição dos antigos iconógrafos, trata-se de um ato espiritual. Ao comentar a palavra de São Paulo, L. Ouspensky lembra que este

> não imitava o Cristo copiando os seus gestos e as suas palavras, mas integrando-se em sua vida, dei-

---

7. Os iconoclastas assimilam a imagem a uma imitação do divino e, portanto, a uma irrisória limitação da transcendência. Desse modo, eles pensam que a oração é dirigida não a Deus, mas à imagem sob uma forma idolátrica.

xando-o viver nele. Do mesmo modo, pintar ícones como os antigos iconógrafos não significa copiar as formas antigas – uma vez que cada época tem as suas formas peculiares –, mas seguir a tradição sagrada na qual já não vivemos separadamente, individualmente, mas no corpo do Cristo.

Na tradição ortodoxa, Deus está no ícone, como está no âmago da oração ou da Igreja, sem se confundir com a matéria pintada, com o som ou a pedra. O rosto de Deus – de quem Jesus é a figura no ícone – é o sinal espiritual de sua presença, evoca o seu mistério, e não a materialidade de um rosto. A relação do indivíduo que reza diante do ícone não reside na visibilidade deste último, mas na viagem em que, através dele, a pessoa de fé se deixa embarcar.

De modo parecido, a tradição católica do santo sudário, conservado na Igreja de São Pedro em Roma, afirma também a possibilidade de um registro do rosto do Cristo que atravessou os séculos. Associada à lenda, Santa Verônica, cuja identidade não está claramente elucidada pela hagiografia, mas a história pretende que, misturada à multidão que acompanha a Paixão, ela se emocionou com os sofrimentos de Cristo, abriu caminho até Ele e enxugou o seu rosto manchado de suor e de sangue com uma toalha. Ora, as feições de Jesus permanecem fixadas no sudário. Conectado tardiamente à lenda do santo sudário, o nome da santa, cujo culto nasce por volta do século XV, viria da contração de "Vera Ikona", a "verdadeira imagem". O sudário conservado em São Pedro já não mostra, atualmente, o menor vestígio de um rosto; no entanto, essa evanescência revela muito mais que uma presença trivial e sem ambiguidade, da qual seria possível reconhecer a precisão das feições. O rosto de Jesus, rosto humanizado de Deus, reverbera para além do ícone e está no imaginário católico confrontado com as inumeráveis imagens de Jesus ou da Virgem que a história da pintura tem desfiado há vários séculos. O rosto deve ser captado através da imagem "com os olhos do coração".

R. Caillois relatou a história singular de Hakim al-Moqanna, o Profeta Velado de Khorasan que derrotou os exércitos do Califa de 160 a 163 da Hégira. O seu rosto estava permanentemente coberto por um véu de cor verde ou por uma máscara dourada. Ele pretendia ser Deus e afirmava que nenhum homem podia vê-lo sem ficar imediatamente cego. Mas os cronistas da época propuseram uma versão mais profana dessa lenda. Calvo, caolho e extremamente feio, Hakim al-Moqanna agiria dessa forma para sublimar o seu personagem e salvar as aparências. Os seus discípulos, inquietos com a propagação desses rumores, exigiram que ele provasse a sua divindade, apesar dos perigos que eles correriam se o profeta fosse um impostor. Um dia, cinquenta mil soldados de suas tropas se reuniram à porta do castelo e exigiram vê-lo. Ele lhes disse: "Moisés pediu-me que lhe mostrasse o meu rosto, mas fui incapaz de aceitar apresentar-me a ele, porque ele não teria suportado a minha visão. Aliás, se alguém tiver a ousadia de me ver, morrerá imediatamente". Mas os soldados, após um momento de temor, não se deixaram intimidar por esse argumento; e Moqanna teve de ceder, pedindo-lhes para voltarem no dia seguinte. Com as cem mulheres e o servo que viviam com ele no castelo, o profeta montou este estratagema: "Ele ordenou a cada uma das mulheres a pegar um espelho e ir para o teto do castelo... segurar o espelho de maneira que umas ficassem de frente para as outras e os espelhos ficassem de frente uns dos outros. E isso no momento em que dardejavam os raios do sol... Ora, os homens estavam reunidos. Quando o sol refletiu nos espelhos, todos os arredores do lugar, pelo efeito dessa reflexão, ficaram mergulhados na luz". Os soldados aterrorizados viram o jorrar da luz e se prostraram: estava comprovada a divindade do Profeta. Mais tarde, com a derrota de seus exércitos, Moqanna quis desparecer sem deixar rastro: depois de matar o seu servo e as suas cem mulheres, ele atirou-se nu em uma fossa repleta de cal viva (cf. CAILLOIS, 1967, p. 205ss.).

Outras tradições religiosas colocam igualmente o rosto de Deus no centro de uma luz deslumbrante[8]. O sol é, sem dúvida, a imagem mais simples do infinito ao alcance da mão: é impossível para o corpo atingi-lo sem se queimar e quem tentar enfrentá-lo com o olhar ficará cego. Se o ser humano é feito à imagem de Deus – como diz a Bíblia –, resta a diferença que consiste na impossibilidade para os olhos de uma pessoa perceber as feições de Deus. O rosto, o frente a frente, o face a face, existe apenas para os indivíduos de condição igual, que não estejam separados por nenhuma disparidade de poder. Faz parte da natureza de Deus ou dos deuses escapar à limitação do rosto, que é uma particularidade do ser humano.

1.2 Da individualização do corpo à individualização do rosto

Convém questionar a evidência enganosa a respeito da familiaridade do olhar que dirigimos a nós mesmos e aos outros. A contemplação do rosto pelos seres humanos não ocorreu, desde sempre e em todas as regiões, com os mesmos frêmitos e os mesmos temores. Deve-se estabelecer, no decorrer das peripécias da história ocidental, a genealogia do sentimento relativo ao rosto; ora, tal sentimento é objeto de uma construção cultural, sendo determinado pelo *status* atribuído, do ponto de vista social, à pessoa.

As civilizações medievais e da Renascença na Europa Ocidental misturam confusamente as tradições locais e as referências cristãs. Elas desenham as formas heteróclitas de um "cristianismo folclorizado" (Jean Delumeau). Uma antropologia cósmica rege as relações da pessoa com o mundo. O indivíduo não se sente distinto dos outros dentro da comunidade social

---

8. A respeito das teofanias luminosas que estão para além do nosso tema, remetemos ao estudo de ELIADE, M. "L'expérience de la lumière mystique", p. 21-110. In: ELIADE, 1962. Cf. tb. DAVY et al., 1976.

e do cosmos que o envolve, mas está misturado à multidão de seus semelhantes sem que a sua singularidade faça dele um indivíduo no sentido moderno da palavra. A vida medieval é sempre gregária, implicando permanentemente a presença dos outros; o espaço não prevê a intimidade, as pessoas não podem deixar de conviver.

> A sociedade feudal – escreve Georges Duby – era de estrutura tão granulosa, formada de grumos tão compactos que o indivíduo que tentasse libertar-se do estreito e demasiado profuso convívio que constituía então a *privacy*, isolar-se, erigir em torno de si sua própria clausura, encerrar-se em seu jardim fechado, era imediatamente objeto, seja de suspeita ou de admiração, considerado como contestador ou então como herói e, de qualquer modo, repelido para o domínio do "estranho"[9].

O sentimento de sua individualidade não é contraditório com o de pertencer a um todo. O indivíduo toma consciência de sua identidade e de seu enraizamento no mundo através de uma estreita rede de correspondências. A carne do indivíduo e a do mundo ainda não têm a fronteira comum da pele. O princípio da fisiologia humana depende de uma cosmologia e, até mesmo, de uma teologia. O corpo humano é o sinal de uma inclusão do indivíduo no mundo, e não o motivo de uma ruptura, de uma diferença – no sentido em que o corpo irá circunscrever o indivíduo e separá-lo dos outros, mas também do mundo: esse será o preço da liberdade – emanada do individualismo nascente. A pessoa está subordinada a uma totalidade social e cósmica que a supera; além disso, pela consistência de sua corporeidade, ela é um condensado do mundo, um microcosmo cuja existência é regida pelo movimento dos astros, pela posição da lua, pela sua atitude em relação ao

---

9. DUBY. "A emergência do indivíduo – A solidão nos séculos XI-XIII – O desejo de estar só: promiscuidade necessária". In: ARIÈS & DUBY (Dir.). Vol. 2, 2009, p. 525.

mundo circundante etc. Longe de isolar o indivíduo de seus semelhantes ou da natureza, o corpo é poroso, em contato direto e ativo com o mundo. Durante séculos, foi impossível proceder à exploração dessa corporeidade, desmembrando-a para verificar os órgãos que a compõem e a vida que ela abriga; raros foram os anatomistas que ousaram infringir o tabu. Durante muito tempo, o conhecimento sobre o corpo humano foi estabelecido pelo cotejo com a anatomia animal, especialmente, suína. Abrir a pele do indivíduo equivale a dilacerar o mundo que o compõe e a rivalizar com Deus porque a carne é obra de sua criação. Um filósofo, tal como Marcílio Ficino (1443-1499), chega mesmo a questionar-se se o mundo não é um ser animado do qual cada componente – homem, animal, vegetal etc. – seria um órgão necessário ao conjunto. As tradições populares do carnaval, do charivari (MACEDO, 2005) ou do baile de máscaras são apenas as manifestações salientes de uma visão do mundo que reuniu, então, a totalidade social no mesmo imaginário coletivo.

> Em oposição aos cânones modernos – constata Mikhail Bakhtin – o corpo grotesco não está separado do resto do mundo, não está isolado, acabado, nem perfeito, mas ultrapassa-se a si mesmo, franqueia os seus próprios limites. Coloca-se ênfase nas partes do corpo por meio das quais ele se abre ao mundo exterior, isto é, em que o mundo penetra nele ou dele sai, ou ele mesmo sai para o mundo através de orifícios, protuberâncias, ramificações e excrescências, tais como a boca aberta, os órgãos genitais, seios, falo, barriga e nariz ([1965] 1987, p. 23).

A cultura popular da Idade Média e da Renascença rejeita o princípio de individuação, a separação entre o ser humano e os elementos, a dissociação entre o indivíduo e o seu corpo; em permanência, ela afirma o contato físico com os outros. Nesse contexto, o rosto, mesmo que seja útil para reconhecer mais facilmente o outro, não é objeto de um valor específico.

Não investigaremos aqui as análises empreendidas alhures (LE BRETON, [1990] 2016) que mostram o vínculo estreito da invenção moderna do corpo com o avanço do individualismo nas camadas sociais privilegiadas. Lembremos apenas a importância da iniciativa dos anatomistas – simbolizada pelo aparecimento, em 1543, da obra de Andreas Vesalius, *De humani corporis fabrica* – que dissecam o corpo humano sem se questionarem a respeito do indivíduo encarnado por ele ou de sua sacralidade. Com os anatomistas, o cosmos é lançado para fora do corpo humano. A carne revelada pelo escalpelo é a única propriedade de um indivíduo, cujo corpo faz parte e está separado do mundo; este se tornou o limite de sua pessoa. Algumas décadas mais tarde, a filosofia mecanicista – especialmente a de Descartes – completa a dissociação entre o corpo e os seus vínculos simbólicos com o cosmos para torná-lo no lugar sem equívoco da individuação, ou seja, da pessoa separada dos outros. A adesão ao modelo da "máquina", promovido por esse pensamento, acaba sendo predominante. Ao sair da Renascença, o corpo humano é considerado cada vez mais como exterior ao mundo circundante, não mais tecido da matéria que garante a consistência ao mundo e ao cosmos, mas como estrutura de carne e osso que marca a presença de um indivíduo de quem ele traça os limites da soberania.

Durante muito tempo confinado em determinadas camadas sociais privilegiadas, em algumas zonas geográficas e em cidades, o individualismo ampliou, pouco a pouco, as suas bases para incluir o conjunto das sociedades ocidentais no decorrer dos séculos seguintes. A valorização da biografia, o surgimento da glória associada a determinadas pessoas, o aparecimento de uma arte da ironia e da zombaria são outros tantos indícios da importância adquirida pelo indivíduo, acentuada pelo desenvolvimento econômico e social, sobretudo, através das figuras do comerciante e do banqueiro. Além disso, as formas coletivas isolam, sob o olhar de seus contemporâneos, os príncipes, os *condottiere* ou os artistas, especialmente a partir do *Quattrocento* italiano (cf. BURCKHARDT, [1860] 2009).

O indivíduo é uma pessoa que possui uma melhor percepção de sua unicidade e de sua dessemelhança do que de sua inclusão em uma comunidade. A afirmação do "eu" torna-se uma força superior à do "nós". Em vez de se submeter a uma obrigação de fidelidade ao grupo, o indivíduo afirma a sua singularidade, a sua independência de espírito; ele sente-se como o supervisor de sua história. Simultaneamente, o recuo e, em seguida, o abandono da visão teológica e cristã da natureza leva-o a considerar o mundo circundante como uma forma ontologicamente vazia; daí em diante, a autoridade capaz de modelá-la encontra-se unicamente na mão do ser humano. A natureza é dessacralizada, percebida como radicalmente diferente do ser humano: a noção do homem microcosmo perde o seu enraizamento social. Ela continua presente de forma discreta na cultura popular que não foi afetada pelo individualismo, assim como nas tradições herméticas, formas eruditas do conhecimento, voltadas sobre si mesmas em um *status* cultural específico.

A individualização do homem das camadas, sobretudo, burguesas, é acompanhada por um desencantamento da natureza; esta deixa de estar sob a proteção dos espíritos tutelares ou das manifestações de um Deus criador. Ela é um modo objetivo, disponível ao empreendimento do indivíduo que visa a tornar-se "senhor e dono". Neste mundo da divisão, em que predomina o sentimento da individualidade, o corpo torna-se a fronteira objetiva entre cada ser humano. Ao distinguir-se da comunidade, ao separar-se do cosmos, o indivíduo das camadas cultas da Renascença começa a considerar a sua encarnação como o lugar de sua própria soberania. O corpo é, de alguma forma, um *interruptor*, permitindo a afirmação da diferença individual coroada pelo rosto. Nesse sentido, a banalização do empreendimento anatômico sobre o corpo humano torna-se, desde então, pensável: abrir a carne deixa de ser entalhar uma parcela do universo e uma natureza oriunda das mãos de Deus e devotada unicamente a Ele. Pelo contrário, nas sociedades tradicionais dotadas de estrutura gregária ou comunitária, o corpo é *relieur*[10], estabelecendo a ligação do indivíduo com o cosmos, com o grupo e com Deus (ou com o mundo invisível dos espíritos e dos deuses), através de um tecido de correspondências. Eis o que é abandonado justamente pelas camadas privilegiadas que começam a prestar uma atenção meticulosa ao corpo e às suas manifestações (cf. ELIAS, [1939] 1990). O indivíduo deixa de ser o membro de uma comunidade no sentido em que isso podia ser entendido pelo homem medieval, tornando-se um corpo por si só. O corpo é "fator de individuação" (DURKHEIM, [1912] 2000, p. 284). A definição moderna do corpo implica um triplo recuo: o ser humano está separado dos outros (estrutura individualista), separado de si mesmo (dualismo indivíduo-corpo) e separado do cosmos (que se tornou simplesmente "meio ambiente" do indivíduo). O corpo é um resto, mas este confere o rosto ao indivíduo.

O mesmo período histórico assiste ao incremento da "espiritualização" (Jean Renson) do rosto. Tendo começado já no século XIII, é o século XVI e, mais ainda, o XVII que marcam o pleno desenvolvimento do processo. A história das palavras ilustra como o indivíduo adquire importância do ponto de vista social. O rosto – percebido, no início, essencialmente "como uma simples parte do corpo, descrita, no entanto, com muita frequência por sua beleza" – torna-se cada vez mais, no decorrer do tempo, "o espelho dos movimentos da alma" (RENSON, 1962, vol. 1, p. 188ss.). Adjetivos em número crescente repercutem, no nível da linguagem, a psicologização que atinge o indivíduo e coloca em destaque o seu rosto, atribuindo-lhe uma eminência particular. J. Renson cita o vocabulário já pré-moderno de Margarida de Navarra que pode ver o rosto "bom, estranho, pálido e enrugado, contente,

---

10. Literalmente, encadernador. Aliás, essa é a única forma dicionarizada do termo *relieur*, o qual deriva de *relier* [unir cadernos ou folhas (de livros)] que, por sua vez, inclui em outras acepções a ideia de tornar a ligar, juntar. Cf. Centre National de Ressources Textuelles et Lexicales e *Dicionário Houaiss* [N.T.].

colérico, alegre e confiante, corajoso, gracioso, envergonhado, furioso, frio". Quanto a Montaigne, ele associa igualmente os epítetos de "infantil, sereno, aberto, sombrio e contristado, zombeteiro e risonho, desavergonhado, afetado, inflamado de furor e de crueldade, complacente, severo..." O rosto é animado por uma consciência individual. Na mesma época, essa palavra toma, em seu sentido figurado, uma acepção cada vez maior; a este respeito, Montaigne desempenha um papel não negligenciável, chegando a conferir um rosto à morte, ao mal, ao discurso, à sorte, ao costume, ao mundo etc.

Verifica-se uma transformação da geografia do rosto. A boca deixa de estar aberta, comilona, lugar do apetite insaciável ou de gritos proferidos na praça pública, tal como é descrita por Mikhail Bakhtin; agora, ela se torna tributária de significações psicológicas, expressiva, à semelhança das outras partes do rosto. Enquanto fato significativo, a partir do século XVI, a fisiognomonia renasce com vigor e, com a multiplicação dos tratados a seu respeito, esforça-se por encontrar, no número infinito dos rostos, alguns princípios secretos de classificação por intermédio dos quais o enigma individual seria resolvido em tipos de características. Transição lógica, talvez, entre uma sociedade de estrutura preferencialmente comunitária que não considera o rosto como um princípio essencial de identidade e uma sociedade que abriga em seu seio uma estrutura individualista que, aos poucos, assume uma amplitude cada vez maior. O rosto torna-se, no plano social, a verdade única de um indivíduo único; epifania do sujeito através do *ego cogito* que Descartes não tarda a formular. O corpo cessa de privilegiar a boca, órgão da avidez, do contato com os outros através da fala, do grito ou do canto que o atravessa, dos líquidos ou alimentos ingeridos por ela. A incandescência social do carnaval e das festas populares em que se misturam pessoas nutridas pelo sentimento de viver em um mundo em que tudo é coerente, obra da criação de Deus, torna-se mais rara, aliás, combatida pela instituição religiosa e pelas camadas burguesas que, por sua vez, sentem-se compostas por indivíduos, considerando os excessos carnavalescos como uma manifestação de impudência.

Assiste-se a uma alteração da axiologia corporal. Os olhos são os órgãos beneficiários da influência crescente da cultura erudita e burguesa: o interesse do rosto concentra-se totalmente neles. A visão, enquanto sentido da distância – sentido de menor importância para os homens da Idade Média e, até mesmo, da Renascença –, é convocada para assumir uma reputação crescente no decorrer dos séculos futuros, em detrimento dos outros sentidos: por exemplo, a audição e o tato, sentidos da proximidade e do contato. A dignidade do indivíduo acarreta a do rosto. Desde então, a criação artística atribui ao retrato uma importância considerável que não se limita a contemplar algumas figuras excepcionais, mas distribui os seus favores ao homem honrado, contanto que este disponha de tempo para fazer a pose e de recursos para remunerar o artista. A história do retrato, da qual vamos contentar-nos em seguir as primeiras fases, acompanha fielmente o desenvolvimento do individualismo.

1.3 Celebração social do rosto: o retrato

A tradição judaica e, mais tarde, a tradição islâmica, proíbem qualquer representação tirada da realidade e, sobretudo, relacionada com o indivíduo. No Antigo Egito ou no Império Romano, os retratos, os bustos ou as máscaras funerárias tinham, em particular, a vocação de perenizar a existência de um personagem importante falecido, de alimentar a sua memória entre os sobreviventes e de prefigurá-lo em sua vida do além. Bastante estilizadas, essas efígies não personalizam, de modo algum, as feições; trata-se de memoriais destinados a combater o esquecimento, a manter a lembrança dos sobreviventes e se tornam símbolos para os que vierem mais tarde sem nunca terem conhecido o defunto. Na tradição cristã, que se impõe nos primeiros séculos de nossa era, a pessoa é membro do corpo místico da Igreja, chamada à ressurreição de sua carne no dia do juízo final. O retrato abandona parte do significado que tinha então, desaparecendo aos poucos para se tornar o privilégio do papa, sobretudo, e dos reis. Privilégio de homens cuja função vai posicioná-los para além de seus contemporâneos e cuja autoridade é evocada pelas efígies (no entanto, bastante circunspectas) ou cuja pessoa é celebrada pelos monges, com as suas iluminuras, na margem dos manuscritos.

O medo de que a captura da imagem do indivíduo seja de fato a do próprio indivíduo, favorecendo assim as ações hostis contra ele (maldição, feitiço etc.), contribui também sem dúvida para a extinção desse gênero artístico, mesmo que os retratos de então tivessem sido muito estilizados e sem marca real de individuação. Essa abstração dos traços fisionômicos não impede, de modo algum, a eficácia simbólica do reconhecimento possível do indivíduo representado desse modo: trata-se de um sinal que pode ser útil para ele e chamar a atenção para a sua pessoa. Independentemente, porém, desses temores, a falta de consistência de individualidade própria na conformação gregária desses conjuntos sociais não suscita, de modo algum, nos contemporâneos a preocupação pelo próprio rosto. A diferença pessoal contribui para a trama coletiva, limitando-se a ter uma singularidade no tecido comum; além disso, ela não é valorizada, nem suscita o sentimento de autonomia e de liberdade, associado à definição social do indivíduo.

Na alta Idade Média, os dignitários da Igreja ou do Reino são os únicos que deixam retratos, mas protegidos dos malefícios pela consonância religiosa das cenas nas quais estão inseridos, cercados por personagens celestes[11]. O exemplo do papa leva ricos doadores a desejar a inserção da própria imagem nas obras religiosas (afrescos, manuscritos e, em seguida, retábulos), cuja realização conta com a sua generosa contribuição. A doação feita a um santo padroeiro autoriza o mecenas a

---

11. Sobre os retratos de papas (em placas douradas de vidro, mosaicos ou afrescos), cf. LADNER, 1941.

garantir a sua própria perenidade simbólica, ao misturar a sua figura à imagem dos mais importantes personagens da história cristã. Assim, por exemplo, no afresco de Giotto, intitulado *Julgamento final*, Enrico Scravegni (cujo pai é encontrado por Dante entre os usurários do sétimo círculo do inferno) está ajoelhado e oferece a sua capela à Virgem em testemunho da redenção por uma fortuna mal-adquirida; no entanto, ele está mergulhado no meio das figuras representadas em que nenhuma é verdadeiramente individualizada. Tais criações permanecem profundamente cristãs, colocam em evidência as grandes figuras da tradição religiosa e não prestam nenhuma atenção à personalização das feições.

No século XIV, outros suportes acolhem os retratos: os retábulos, a parte dianteira dos altares e as primeiras pinturas de cavalete. Nesses suportes, o doador é representado com maior frequência na companhia dos santos, mas às vezes – e nomeadamente nos painéis laterais – ele chega a ser pintado isoladamente como ocorre na *Adoração do cordeiro místico* (1425-1432), de Jan Van Eyck: nesse políptico, o doador ocupa um painel lateral, enquanto a esposa ocupa o outro. Posteriormente, a figura do doador acaba assumindo no suporte uma importância crescente bem ilustrada pela *Virgem do Chanceler Rolin* (1435) do mesmo artista: o pintor coloca frente a frente, à maneira de uma discussão tranquila entre esposos, a Virgem segurando o filho e o doador; e tem, como pano de fundo, uma cidade dividida por um rio. A topografia da tela não coloca em destaque nenhuma eminência da Virgem e do Menino Jesus; os personagens estão em um plano de igualdade. "Da maneira como foi concebido – observa Galienne Francastel –, o quadro só pode exprimir isto: mandei fazer um quadro com a minha representação e a da minha cidade; e sobre esta, tenho um poder que se iguala ao da Rainha dos Céus" (FRANCASTEL, 1969, p. 68). Aos poucos, a celebração religiosa atenua-se diante das prerrogativas crescentes que são concedidas aos que encomendam quadros.

Por volta de 1380, Girard d'Orléans abriu o caminho ao assinar um dos primeiros quadros de cavalete no qual, sem outro pretexto, aparece unicamente a figura de perfil do rei francês, Jean Le Bon. No século XV, o retrato individual torna-se, de maneira significativa, uma das primeiras fontes de inspiração da pintura: cifra da pessoa, o rosto é objeto de uma celebração que, por seu intermédio, visa o indivíduo que ele encarna para os semelhantes.

Sinal dos tempos, na segunda edição de sua obra, *Le vite de più eccelenti pittori, scultori et architettori* (1568), Giorgio Vasari inicia com um retrato ou, de preferência, um autorretrato, cada uma de suas biografias de pintores, escultores ou arquitetos. Tarefa difícil porque o gravador de Veneza, contratado para executar esse serviço, está muito longe para que o seu trabalho possa ser controlado. "Se estes retratos em efígie que introduzi na obra – escreve ele – [...] nem sempre são muito fidedignos, nem possuem o dom de semelhança cuja vivacidade é fornecida pela cor, convém mesmo assim reconhecer que o desenho das feições foi elaborado a partir do modelo e acaba exibindo a sua forma natural. A distância a que se encontra o gravador constituiu, sem dúvida, um inconveniente; caso contrário, teria sido possível, no momento oportuno, ser mais caprichoso" (VASARI, t. 1, 1981, p. 44). Alguns erros e algumas inversões depreciam tal intenção e, de novo, Vasari sente a obrigação de se justificar, explicando que, apesar de seus esforços, determinados retratos estão ausentes.

> Se alguém achou que esses retratos não eram exatamente semelhantes àqueles que, eventualmente, teria visto em outro lugar, eu gostaria que ele considerasse que um retrato feito há dezoito ou vinte anos é sempre diferente de um retrato executado quinze ou vinte anos mais tarde. Acrescentarei que os retratos desenhados nunca são suficientemente semelhantes aos retratos pintados; o desenho de qualidade inferior dos gravadores retira sempre alguma coisa das fisionomias. Eles não podem, nem sabem

reproduzir com minúcia as sutilezas que garantem a sua qualidade (VASARI, t. 1, 1981, p. 234).

Essas afirmações são reveladoras de um cuidado bem estranho aos artistas dos séculos precedentes para quem a estilização do rosto é uma necessidade evidente que não merece nenhum comentário. Em um mundo unificado no corpo místico da Igreja, em que as diferenças sociais são percebidas como dependendo de uma ordem das coisas da qual ninguém sonharia em sair, a individualidade da pessoa permanece culturalmente insignificante no sentido em que ela é absorvida pelo conjunto. A semelhança do retrato ao modelo é contemporânea de uma tomada de consciência mais penetrante da individualidade da pessoa. Para Vasari, esse recurso ao retrato é essencial, traduzindo a sua vontade de capturar fielmente a singularidade do modelo; ora, essa atitude exige passar pelo seu rosto, tornando-o um indivíduo tributário de um nome e de uma história peculiar. Além de sua obra, o rosto de cada artista é o seu atributo mais pessoal; além disso, o retrato é o vestígio mais resistente ao tempo para conservar a sua memória de pessoa. Vasari recupera, assim, uma das virtudes antropológicas da efígie antiga, embora estilizada: a de legar à posteridade a lembrança de uma pessoa através da evocação de suas feições. "A fim de melhor reavivar a lembrança daqueles a quem prezo tanto – escreve ele – não poupei nenhum esforço, nem dificuldade, tampouco despesa para encontrar e colocar no cabeçalho o retrato deles".

Vasari faz com que suas biografias entrem nos tempos modernos. Preocupação não só com o retrato, mas também com a biografia: aliás, dois sinais espetaculares do surgimento do individualismo. No entender de Vasari, a emergência do retrato é o indício do advento de um olhar inédito sobre o mundo. Não é indiferente que ele faça de Giotto o símbolo de uma renascença da arte e, sobretudo, de *la moderna e buona arte della pittura*, ao chamar a atenção para os retratos realizados pelo pintor, nomeadamente o de Dante na capela do encarregado da polícia de Florença. Certamente, a obra de Giotto está impregnada de uma emoção religiosa, encontrando-se ainda sob o olhar de Deus; além disso, a restituição fidedigna das feições da pessoa não é, para o pintor, uma necessidade. Mas Giotto consegue inserir retratos em seus afrescos: o Papa Bonifácio VIII; Carlos, filho do duque de Calábria ajoelhado diante de Virgem; ou ele próprio. Apesar de se limitarem a um esboço de individualização, tais retratos são decisivos para a mudança de mentalidade anunciada por seu intermédio. Giotto é também um pintor florentino, muitas vezes, itinerante que realiza obras "em Roma, Nápoles, Avignon, Florença, Pádua e em muitas outras partes do mundo", de acordo com as palavras de Dante retomadas por Vasari[12]. À semelhança de Dante, Giotto é *un uomo universale*, desprendido de um estrito sentimento de pertença a uma comunidade, além de estar consciente de sua individualidade de artista e de homem. Nada há de surpreendente no fato de que ele tenha introduzido, na história da arte, os primeiros retratos com sensibilidade "moderna".

Em *A Trindade* de Masaccio (1401-1428) da Basílica de Santa Maria Novella, em Florença, as duas figuras de doadores ajoelhados ao pé de belas colunas têm um rosto marcado por uma individualidade peculiar, totalmente independente da influência flamenga. Mesmo que Masaccio tenha pintado poucos retratos, os que figuram em seus afrescos suscitam a admiração e exercem o seu fascínio sobre os pintores que se dedicam a personalizar as feições de seus modelos. Na Capela Brancacci da Igreja de Santa Maria del Carmine, em Florença, Masaccio dá continuidade a uma *Vida de São Pedro*, iniciada por Masolino: "Em um dos apóstolos, o último, é possível reconhecer o autorretrato de Masaccio feito com o auxílio de um espelho, tão bem-sucedido que parece vivo", escreve Vasari.

Depois das medalhas ou dos bustos, o rosto ocupa o lugar de honra na pintura. A partir da primeira metade do *Quattrocento*,

---

12. Sobre a importância de Giotto para esse autor, cf. VASARI, 1981, t. 2, p. 99-125.

os maiores pintores florentinos hão de executar retratos: Paolo Uccello, Andrea del Castagno, Piero della Francesca, Pisanello etc. A estilização desaparece a favor de uma preocupação com a semelhança. As feições dos contemporâneos invadem os afrescos murais das igrejas ou das capelas. Filippo Lippi, Ghirlandaio, Botticelli, por exemplo, povoam os seus afrescos com figuras importantes de seu tempo. Esse entusiasmo pelo rosto favorece também, sobretudo depois da segunda metade do século XV, o retrato de cavalete mais propício para glorificar a individualidade do modelo: Antonello da Messina, Ghirlandaio, Pollaiuolo etc. A partir de Botticelli e do polímata, Leonardo da Vinci, uma preocupação com a verdade psicológica penetra, para cúmulo, na restituição pictural do modelo. No *Trattato di pittura* (1ª impressão em 1651), Leonardo escreve: "Farás figuras de tal maneira que o seu espírito se revele através delas; caso contrário, a tua arte é indigna de louvor". Entre os retratos de Leonardo, *Mona Lisa del Giocondo*, sobretudo, exerce enorme fascínio sobre os seus contemporâneos. Vasari faz, a seu respeito, uma descrição deslumbrada:

> Diante desse rosto, se alguém pretendesse saber se é possível imitar a natureza, conseguiria percebê-lo sem esforço; os mínimos detalhes permitidos pela sutileza da pintura figuram nesse quadro. Os olhos límpidos tinham o brilho da vida; cercados de matizes avermelhados e cinzentos, são rodeados por cílios cujo acabamento supõe a máxima delicadeza. As sobrancelhas, com a sua implantação – em alguns lugares mais espessa ou mais rala, seguindo a disposição dos poros –, não podem ser mais verdadeiras... O modelado da boca com a passagem suave do vermelho nos lábios ao encarnado do rosto não é feito de cor, mas de carne... Há [neste retrato] um sorriso tão atraente que suscita no espectador o sentimento de algo mais divino do que humano, e é considerado uma maravilha por ser a própria vida (VASARI, 1981, t. 5, p. 43-44).

No século XV, o retrato individual, desligado de qualquer referência religiosa, desenvolve-se rapidamente na pintura, tanto em Florença ou Veneza quanto na Flandres, Alemanha, Espanha ou França. Na Flandres, sobretudo, convém evocar a pintura de um Jan Van Eyck: O *retrato dito do Cardeal Albergati* (1430), O *retrato do ourives Jan de Leeuw* (1436) e muitas outras telas igualmente famosas. Por si só, o retrato – ou seja, a celebração inequívoca da pessoa através de seu rosto – torna-se um quadro, sem outra justificação além daquela de colocar em evidência a efígie de um indivíduo que tem recursos para pagar o talento de um pintor a fim de representá-lo. O tema do retrato é um dos capítulos mais fecundos da história da arte. Não abordaremos aqui todos os seus desdobramentos porque, em vez desse objetivo, nosso interesse limita-se ao valor simbólico de uma evidenciação do rosto que assinala o avanço em direção ao individualismo[13].

O século XVI conhece um uso comum dos "desenhos a lápis" entre os pintores ligados às classes privilegiadas. Em junho de 1552, Catarina de Médicis escreve a Mme. d'Humières: "Não deixeis de mandar pintar ao vivo pelo pintor que estiver à disposição todas as minhas crianças, tanto filhos quanto filhas, com a rainha da Escócia, de modo que nada seja esquecido de seus rostos; mas basta que seja a lápis para serem feitos mais depressa". Quanto a Henrique II, ele faz o seguinte comentário: "Pelo que vi em seus retratos, minhas crianças estão saudáveis, graças a Deus". O retrato executado rapidamente a lápis em um suporte leve equivale a um boletim de saúde, a um acervo de memórias, acompanhando, muitas vezes, um pedido oficial em casamento. Ele serve ao pintor para fixar algumas linhas do rosto, tendo em vista de um eventual quadro. Esses desenhos a lápis têm a vantagem de não exigirem demais aos cortesãos avaros de seu tempo e com pouca disposição para

---

13. Sobre a história do retrato, cf. FRANCASTEL, G. & FRANCASTEL, P., 1969. • ALAZARD, 1924.

manterem, durante um período longo, a pose diante do artista. "Os 'cayers' tão na moda sob os Valois – escreve F. Courboin – correspondem ao que designamos como álbuns de celebridades contemporâneas; além disso, o pintor conservava protótipos extremamente caprichados, capazes de instigar uma encomenda, à semelhança de um editor de nossos dias que conserva amostras de clichês" (COURBOIN, 1907, p. 81-82). Jogos de sociedade surgem inclusive em torno dos rostos desenhados a lápis, tratando-se de encontrar os nomes ocultos pelos papéis. "Coletâneas de cópias, desenhadas também a lápis, espalhavam os rostos dos familiares do rei nos ambientes distantes da corte – constata G. Francastel –, à semelhança do que ocorre atualmente com fotos e magazines que divulgam, para o público em geral, as feições dos atores de cinema" (1969, p. 129). Paralelamente, a partir do fim do século XVI, desde os frontispícios de obras até as páginas dos almanaques, a gravura dá a sua contribuição para a promoção histórica do indivíduo e do rosto. A preocupação com o rosto continua ganhando forma. A pintura e o pastel substituem os desenhos a lápis. As fisionomias são reproduzidas com o máximo de precisão documental.

Em 1668, o pintor Charles Le Brun profere diante da Académie Royale de Peinture et de Sculpture [Academia Régia de Pintura e de Escultura] uma conferência sobre a expressão das paixões. Na esteira do *Traité du monde et de la lumière* de Descartes, mas com uma virtuosidade e sutileza infinitamente menores, Le Brun propõe distinguir seis paixões simples (admiração, amor, ódio, desejo, alegria, tristeza) e dezessete paixões compostas (medo, esperança, desespero, ousadia, cólera, pavor etc.). Ao todo, vinte e três figuras susceptíveis de modelar o rosto do homem. Segundo Le Brun, a paixão impulsionada pelos "movimentos da alma" inscreve-se nos músculos, graças aos espíritos animais transportados pelos nervos, os quais são, por sua vez, dirigidos pelo cérebro; quanto a este, encontra-se ligado ao coração através da circulação do sangue. Se a paixão emana dos "movimentos da alma", ela é essencialmente um fenômeno físico, o qual aciona uma maquinaria do corpo que não deixa nada ao acaso. "Mas se é verdade que há uma parte em que a alma exerce imediatamente as suas funções e que esta parte é a do cérebro, podemos dizer igualmente que o rosto é a parte do corpo em que a alma mostra, de modo mais particular, o que sente" (LE BRUN, 1980). O rosto acolhe a transparência da alma: o que, na mente de Le Brun, não exclui a possibilidade de fingir uma paixão sem sentir absolutamente nada.

Le Brun acrescenta sessenta e três desenhos à sua conferência, ilustrando as diferentes paixões de que ele havia feito o inventário. O procedimento já manifesta as fragilidades inerentes aos trabalhos da maior parte dos pesquisadores contemporâneos que dedicam a sua sagacidade a este tema (cf. cap. 3). Le Brun descreve e desenha uma série de emoções como se tratasse de uma série de estados anímicos sem margem para qualquer equívoco, separados de qualquer situação vivenciada realmente por atores particulares, fora do contexto, universais, porque são causados pela alma e porque esta não estaria em condições de prestar a mínima atenção à diferença possível das culturas. Para Le Brun, o inventário das paixões não comporta exceções, nem matizes. Trata-se de redigir um dicionário incontestável, tanto menos sujeito à caução na medida em que cada uma das figuras desenhadas com precisão em série acaba duplicando paixões identificadas. Le Brun elabora, à semelhança dos que atualmente o seguem no mesmo campo, uma anatomia das paixões: do mesmo modo que existe uma arquitetura de ossos para compor a matéria do corpo humano, assim também as paixões inscrevem-se fisicamente com a mesma necessidade em termos de mímicas que as identificam sem qualquer equívoco. Mas para fundamentar essa perspectiva, Le Brun é obrigado a distanciar-se o máximo possível das ambivalências e ambiguidades da vida corrente e a considerar as paixões como objetos separáveis das pessoas que as experimentam. Essa hipóstase das emoções cria uma abstração que não compensa, de modo algum, o excesso que desde então convém atribuir às expressões desenhadas para que sejam minimamente identificáveis. Ao comentar essas figuras, H. Damisch vai considerá-las como "máscaras da paixão", "falsos rostos", em que se imprime, à semelhança do que se passa com máscaras de teatro, o diagrama dos afetos do indivíduo (DAMISCH, 1980, p. 123 e 130). Figuras cuja característica reconhecível é tributária do mais elevado grau de esquematização; os seus traçados têm a ver com um procedimento de caricaturista. Imaginário dualista, presente amplamente nas pesquisas contemporâneas, nas quais a emoção se "exprime" (vinda de alhures) em um corpo e em um rosto dissociados. A pessoa é exterior à emoção que a possui, esta vai revesti-la de seus atributos mais ou menos imutáveis. Mais tarde, Darwin garante uma formidável extensão a essas teorias: em vez de compreender uma pessoa sorridente em determinada situação, trata-se de descrever a Alegria, por exemplo, como entidade separada[14].

1.4 O espelho

Durante muito tempo, o estatuto de um retrato corresponde a um ato de confirmação de si, legado à posteridade, pelos membros das classes sociais privilegiadas, preocupados com a própria individualidade e com a perpetuação da lembrança a seu respeito. Sinal de uma posição social eminente e da filiação pelos laços do sangue. A aristocracia ocupa-se solicitamente de uma galeria de antepassados por intermédio de quem se exibe uma genealogia prestigiosa. Sinal de sucesso social para uma burguesia que aluga os serviços do pintor para ter acesso a uma pose vantajosa em uma memória, pelo menos, familiar. O retrato miniatura suscita igualmente um interesse considerável, desmentido apenas no decorrer do século XIX

---

14. Convém ver, nesse caso, uma herança do pensamento dualista que impregna o pensamento ocidental quando se trata de compreender o corpo. Cf. LE BRETON, [1990] 2016.

pelo advento da fotografia. Os pintores miniaturistas ornam as tampas de caixas e os pingentes com os rostos mais apreciados pela pessoa que paga o serviço. O retrato – relativamente dispendioso pelo fato de ocupar o artista, no mínimo, durante vários dias – destina-se, sobretudo, aos meios aristocráticos, mas é rapidamente adotado pelos burgueses que se servem simbolicamente desse sinal de distinção e valorizam a própria individualidade. A preocupação com o rosto assume, com o decorrer do tempo, uma importância crescente.

Na cristalização do individualismo ocidental, o espelho, à medida que restitui uma imagem fidedigna do rosto, é um vetor predileto da aparição do sentimento de si. Os primeiros espelhos são feitos de diversos materiais – bronze, estanho, prata, ouro, aço e, evidentemente, água – que permitem, conforme as sociedades e as suas tecnologias, captar um reflexo da pessoa, mas em condições ainda rudimentares, de acordo com sociedades em que o indivíduo começa por existir em sua assimilação ao grupo e aos costumes, e em que o sentimento de si está associado, sobretudo, ao sentimento de pertença.

Feitos de suportes metálicos, os espelhos da Idade Média têm dimensões reduzidas; convém limpá-los com frequência e protegê-los da oxidação por um tecido. Eles não acompanham as cadências do quotidiano das classes privilegiadas de maneira demasiado exigente. O olhar dos outros prevalece em relação ao próprio. A posse de um espelho é sinal de riqueza, como atestam os inventários correspondentes a óbitos da época. O espelho está a meio-caminho entre a joia preciosa e o objeto da toalete ou de adorno pessoal. Mercadores ambulantes vendem pequenos espelhos de estanho às camadas populares, mal-acabados, cujo reflexo não é garantido. Na Idade Média, surgem também os espelhos arqueados, convexos ou côncavos, que permitem ao ator servir-se de seu reflexo e brincar com as aparências, principalmente de seu rosto, através de uma série de metamorfoses produzidas pelo mínimo movimento. Esses espelhos entram na composição de quadros da época, nomeadamente no *Retrato dos Arnolfini*, de Jan Van Eyck, em *O jardim de delícias*, de Hieronymus Bosch, em *O usurário e a esposa*, de Quentin Metsys, e em grande número de outras telas.

Nesse período em que o gênero do retrato começa a produzir as suas primeiras obras-primas, o espelho é o mestre absoluto do pintor. O próprio Leonardo da Vinci curva-se reverente diante de tal constatação: "Quando pretenderes verificar se a tua pintura está conforme com o objeto natural – escreve ele – toma um espelho e faz refletir bem o modelo vivo e compara esse reflexo com a tua obra, verificando bem se o original está conforme com a cópia". O espelho favorece o autorretrato e é erigido em símbolo de fidelidade na reprodução de um rosto. "Vocês os pintores – escreve ainda Leonardo – reconheçam a superfície do espelho como mestre que ensina o claro e o escuro, e a expressão concisa de cada objeto... Portanto, tu, pintor, faz pinturas semelhantes às dos espelhos". E o espelho é utilizado, muitas vezes, pelos pintores como uma alegoria da Vaidade para lembrar a precariedade da existência de quem se enfeita hoje e amanhã estará desfigurado pela velhice. Ele se torna *memento mori*, em que o rosto é apenas um reflexo no rio do tempo e a sua contemplação deve lembrar a morte à espreita.

Por volta de meados do século XVI, as oficinas de Murano inventam a técnica do espelho moderno mediante a compressão de uma camada de mercúrio entre uma placa de vidro e uma placa de metal. A descoberta da chapa de vidro desestabiliza a história do espelho e a relação da pessoa com o próprio rosto. Vidrarias são criadas em toda a Europa; lentamente, o espelho se difunde na trama social em benefício das camadas mais abastadas. De instrumento para uso íntimo e de prestígio, o espelho transforma-se graças à extensão da superfície refletora proporcionada pela chapa de vidro: ele pode ser fixado em uma parede ou encaixado em uma moldura de madeira, à semelhança de um quadro, e acompanhar a vida cotidiana. Nas mansões aristocráticas, os espelhos hão de anular, às vezes, a opacidade das paredes. As galerias ou os armários de vidro conhecem um grande sucesso nos séculos XVII e XVIII (cf. ROCHE, 1956).

Nas camadas populares, a introdução do espelho na intimidade da vida cotidiana ocorre mediante um ritmo bem mais lento. O barbeiro é, muitas vezes, o único a dispor de tal instrumento para barbear ou cortar o cabelo dos homens. Nenhum espelho vem ornar as paredes antes do final do século XIX ou do início do século XX. A descoberta no dia a dia da própria face nos meios populares é contemporânea da democratização do rosto propiciada pela fotografia. As pessoas começam a viver em um universo cercado por uma imagem própria que se lhes torna familiar[15].

1.5 A fotografia: a democracia do rosto

A fotografia é inventada, na França, por J. Niépce, em 1824, e aperfeiçoada por L. Daguerre (1787-1851), caindo no domínio público em 1839. Em algumas décadas, ela destrona a pintura de seu monopólio pela facilidade de seu uso e por seu custo moderado; ela oferece, praticamente a qualquer um, a possibilidade de fixar um vestígio de sua existência nas diferentes idades da vida. A invenção da fotografia coincide com a Revolução Industrial que modifica profundamente as pertenças locais, provoca o êxodo rural, acentua a urbanização e suscita em numerosos atores o sentimento de sua individualidade própria. A expansão social do retrato fotográfico corresponde à conjunção de uma técnica de uso cada vez mais cômodo e do acesso de uma população crescente à consciência de sua singularidade (cf. FREUND, 1974). Os processos sociais conduzem a uma individualização cada vez maior, enquanto a melhoria das técnicas de reprodução desestabiliza a relação a si mesmo. O rosto entra socialmente em sua fase

---

15. Sobre as incidências da banalização do espelho na relação estética a si mesmo, cf. NAHOUM, 1979.

democrática: um dia, será atribuído a cada cidadão a posse de um rosto, único, o seu bem mais humilde e mais precioso no qual se encarna o seu nome. Até mesmo as pessoas de baixa condição alcançam esse antigo privilégio, o de qualquer indivíduo, ou seja, de qualquer pessoa separada e consciente de sua diferença, desligada de qualquer pertencimento ao "nós". A fotografia, ao personalizar alguém, estabelecendo a peculiaridade de seu corpo e, sobretudo, de seu rosto, traz a sua contribuição para a celebração do indivíduo.

Em breve, a fotografia está em condições de propor à maior parte dos cidadãos o próprio retrato. Dispendiosa em um primeiro momento e difícil de usar, ela democratiza-se aos poucos em meados do século XIX. A dignidade do rosto em uma sociedade em que o indivíduo acaba precedendo a coletividade torna-se o que é próprio do cidadão e não mais de uma elite. Nas cidades, verifica-se a multiplicação de ateliês. A profissão de fotógrafo conhece um desenvolvimento formidável. Segundo Gisèle Freund, em 1891, e apenas na França, "existem mais de mil ateliês, e a fotografia ocupa mais de meio milhão de pessoas". Fotógrafos itinerantes percorrem as zonas rurais. Um pintor dessa época chega a queixar-se de não poder esbarrar inadvertidamente em uma casinha de cachorro sem se deparar com um retratista de passagem. A paixão pelo rosto invade sem limites a paisagem mental do final de século.

Esse sucesso do retrato fotográfico, que proporciona a cada um, sem discernimento, a chance de um rosto, irrita Baudelaire. Em 1859, ele faz o seguinte comentário: "A sociedade imunda precipitou-se como um só Narciso para contemplar a sua trivial imagem no metal. O amor pela obscenidade, que é tão vivo no coração do ser humano quanto o amor de si mesmo, não deixou escapar uma tão bela ocasião para encontrar a sua plena satisfação". Herman Melville fica chocado igualmente pelo que lhe parece ser uma profanação. Em seu romance, *Pierre; or, The Ambiguities*, o seu herói "refletia sobre a infinita facilidade com a qual era possível, daí em diante, tirar o retrato de qualquer pessoa graças ao daguerreótipo, ao passo que em outras épocas apenas a aristocracia endinheirada, ou intelectual, tinha condições de se oferecer tal luxo"; daí, ele deduzia naturalmente que "o retrato, em vez de imortalizar, como outrora, um gênio, nada mais faria, em breve, além de chamar a atenção para um tolo. E quando todo o mundo dispusesse do próprio retrato, a verdadeira distinção seria, sem dúvida, recusar possuir um deles". Reflexão premonitória para uma obra publicada em 1850.

Em meados do século XIX, aparecem propostas no sentido de criar um documento de identificação contendo uma fotografia do rosto. Cartões de acesso que indicam o estado civil e a fotografia de seus proprietários são utilizados, em 1867, pelos organizadores da Exposição Universal de Paris. Na mesma época, A. Disdéri registra uma patente para a exploração comercial de um novo procedimento fotográfico, ancestral da cabine fotográfica automática: o retrato "cartão de visita". Várias poses aparecem no mesmo negativo e diminuem o custo de sua fabricação. O cuidado com o rosto é também uma preocupação das autoridades que não deixam passar a ocasião para procederem a um controle mais estrito do comportamento dos cidadãos.

A instituição do estado civil, a fim de favorecer o reconhecimento do indivíduo e a manutenção da ordem social, encontra o seu ponto culminante na fotografia do rosto identificado pelo nome da pessoa. Daí em diante, é difícil escapar de sua identidade, tal como esta é esquadrinhada e "controlada" pelas autoridades policiais. A ausência de semelhança entre o rosto reproduzido e a pessoa que está diante do policial é uma prova de usurpação de estado civil ou uma forte presunção a esse respeito. Todo o cuidado é pouco para quem cortou a barba ou o bigode ou, ao contrário, os deixou crescer em contradição com a fotografia colada na carteira de "identidade"; um risco semelhante corre aquele que muda o penteado ou deixa uma foto, tirada há já alguns anos, em sua carteira. Forçar o talento de "fisionomista" dos policiais ou dos aduaneiros nem sempre é totalmente tranquilo para quem acreditava ser possível brincar impunemente com os sinais de sua identidade e imaginava ingenuamente que, em relação ao rosto, só teria de prestar contas a si mesmo. À unicidade de um indivíduo deve corresponder a unicidade de um nome e de um rosto; a este respeito a administração não admite desculpa.

No final do século, a fotografia de amador desenvolve-se e obtém um sucesso crescente, do qual podemos avaliar atualmente toda a sua amplitude. O cinema[16] e o vídeo entram, por sua vez, em ação. A filmadora está hoje na maior parte dos lares, e os casais ou as famílias têm o costume de filmar os momentos mais importantes de sua intimidade. O valor atribuído ao rosto por nossas sociedades está bem ilustrado pela foto de identidade exibida nos documentos que levamos sempre conosco para provar perante a lei nosso bom comportamento como cidadãos. Verifica-se a reunião do rosto com o nome, ou seja, os dois polos da identidade social e íntima. Fotos do rosto, é claro, e não de outra parte do corpo, nem mesmo do corpo inteiro. O rosto, por si só, é suficiente para confirmar a identidade. "Para o olho treinado – afirma G. Simmel, com a sua habitual perspicácia –, os corpos se distinguem, talvez, tão bem quanto os rostos, mas eles não explicam a diferença como um rosto consegue fazê-lo"[17].

Em sua história do retrato fotográfico, Ben Maddow chega, à sua maneira, a uma constatação semelhante:

---

16. O cinematógrafo sublimou o rosto, tendo desestabilizado os primeiros espectadores: ele o mostrava em primeiro plano, sacralizando-o desse modo. Roland Barthes observa, p. ex., que "Garbo pertence ainda a essa fase do cinema em que o enfoque de um rosto humano deixava as multidões profundamente perturbadas, perdendo-se literalmente em uma imagem humana como em um filtro, em que o rosto constituía uma espécie de estado absoluto da carne que não podia ser atingido nem abandonado. Alguns anos antes, o rosto de Valentino provocava suicídios..." (BARTHES, [1957] 2009, p. 71).

17. SIMMEL. "La signification esthétique du visage". In: SIMMEL, 1988, p. 140. Por sua vez, E. Lévinas afirma o seguinte: "O que designamos como rosto é precisamente a apresentação excepcional de si por si" ([1961] 2008, p. 181).

Tenho a certeza de que a maior parte das fotografias já tiradas, ou que serão tiradas, são ou permanecerão retratos. Isto não é apenas uma verdade, mas uma necessidade. Nós não somos mamíferos solitários, tais como o lobo ou o tigre, mas seres fundamentalmente sociais, a exemplo do elefante, da baleia ou do macaco. O que sentimos profundamente uns pelos outros, quer queiramos ou não, reaparece nos nossos retratos (MADDOW, [1977] 1982, p. 18).

Rodeados de espelhos, encontramo-nos atualmente no meio de uma profusão de rostos, além de mantermos um confronto quase permanente com o próprio rosto porque somos uma sociedade de indivíduos, ou seja, de pessoas conscientes de seu valor individual e relativamente autônomas em suas ações e em suas relações mútuas.

1.6 Antropometria

A celebração pessoal, porém, não funciona sem a contrapartida de um encontro quase predestinado entre a fotografia e a polícia; esta, sobretudo através do "bertillonage"[18], irá transformar a antropometria em uma temível arma de controle social. Além de constituir um dado fundador da vida social, o reconhecimento dos rostos torna-se um componente indispensável para a investigação policial. C. Dickens – em sua obra, *Pickwick's Papers* – conta que, no século XIX, os guardas de prisão, ao receberem um novo detento, mandavam-no sentar-se e desfilavam um a um à sua frente para memorizarem as linhas características de seu rosto a fim de estarem em condições de reconhecê-lo em qualquer circunstância; ao começar a organizar-se de forma mais racional, a polícia deparou-se com a necessidade de elaborar um dispositivo de controle menos

---

18. Método de antropometria judiciária desenvolvido em 1879 por Alphonse Bertillon e utilizado até 1970 [N.T.].

aleatório que, de imediato, permitisse identificar sem erro um reincidente. Pouco tempo depois de sua invenção, a fotografia foi adotada pelas instâncias policiais por ter sido considerada como um instrumento eficiente para o controle social.

O uso do retrato no momento da detenção estabelece-se durante as décadas de 1840-1850, mas de maneira ainda artesanal. A reação de Versalhes à Comuna criará um precedente que mostra a temível eficácia da fotografia na investigação de suspeitos: durante quase uma década, até à anistia de 1880, as fotos tiradas na euforia do acontecimento servem à polícia para identificar antigos partidários da Comuna. Ao evocar mais tarde as suas lembranças, Maxime du Camp observa que

> as vitrinas dos comerciantes de gravura e dos negociantes de papel desapareciam sob uma quantidade prodigiosa de painéis fotográficos que representavam os membros da Comuna, os delegados, os comandantes, em resumo, todo o estado maior da rebelião, com uniformes de uma fantasia, às vezes, muito divertida. Eles não tinham conseguido resistir à vaidade que os havia seduzido; à semelhança de atores de segundo plano, gostavam de se rever na aparência ilusória de sua espalhafatosa representação; foi uma grande imprudência. Nem todas essas fotografias permaneceram em Paris; um grande número desses clichês foram levados para Versalhes e, mais tarde, serviram para reconhecer numerosos culpados, muitos infortunados que andavam escondidos e que, talvez, teriam conseguido esquivar-se se não tivessem contribuído assim para se denunciarem a si mesmos (DU CAMP, t. 2, 1878-1880, p. 327-328).

O fato de servir-se da fotografia para fins de identificação judiciária e de repressão inaugurava uma longa série de usos, cuja aplicação continua em aberto. A mínima reportagem jornalística tem, às vezes, um terrível poder de denúncia. A experiência adquirida na investigação dos antigos partidários da Comuna leva a polícia a sistematizar o procedimento de registro fotográfico de suspeitos. O rosto torna-se um possível elemento de prova: a impressão facial precede, portanto, a impressão digital na administração da prova ou da investigação de antecedentes judiciários do suspeito. Cria-se um arquivo para classificar as fotografias segundo os delitos cometidos por seus modelos. Uma rede de distribuição favorece a difusão de clichês nas diferentes instâncias policiais. Mas o terreno da criminalidade não é assim tão fácil quanto o da repressão política. Nesse amontoado de fotografias, é difícil chegar a alguma conclusão: os diferentes cortes de cabelo, de barba ou de bigode embaralham as pistas. O recurso ao nome não é, de modo algum, mais confiável porque os suspeitos têm a possibilidade de declarar um apelido para evitar o cotejo perigoso com uma detenção anterior. A identificação de reincidentes levanta numerosos problemas depois que a lei de 1832 proibiu o uso de marcar os detentos com ferro em brasa. O acesso a uma melhor eficácia da fotografia judiciária exige uma organização diferente, um uso mais rigoroso do procedimento. A. Bertillon é o artesão meticuloso dessa vontade: tendo ingressado na superintendência de polícia em 1878, enquanto escrivão, ele fica impressionado com a desordem que reina entre as dezenas de milhares de fichas e de fotografias tomadas sob ângulos diferentes, sem método, e impossíveis de classificar. Nessas condições, compreende-se a incapacidade dos agentes para se servirem desse material com a finalidade de tentarem identificar, entre os suspeitos, os eventuais reincidentes. Em 1882, Bertillon inicia o seu sistema antropométrico: o estabelecimento de uma ficha para cada detido, anotando os elementos de sua identificação a partir de uma série de medidas de seu corpo.

A fotografia constitui uma peça mestra da antropometria. Mas é reconhecida igualmente a importância da cabeça da qual é anotada a altura e a largura; a orelha direita é, por sua vez, tratada com uma atenção semelhante. Bertillon mostra interesse também pelo tamanho, no lado esquerdo, do pé, do dedo médio e do mindinho, assim como da amplitude do cotovelo esquerdo; por fim, ele anota o tamanho e a envergadura dos braços e do busto. Em seu entender, o rigor desses registros baseia-se na permanência da ossatura humana depois que o indivíduo completa vinte anos, assim como na diversidade infinita dessas medidas de um indivíduo para outro e na facilidade com a qual todo o procedimento pode ser posto em prática.

A foto de frente e de perfil do detido aperfeiçoa tal dispositivo, empenhando-se em fixar o inapreensível do rosto e em conferir um caráter de necessidade à identificação mais grosseira das mensurações do corpo. Em 1888, devido à eficácia espetacular da antropometria nas tarefas policiais, Bertillon é incumbido de dirigir o serviço da fotografia judiciária, estabelecendo-a como uma encenação do rosto que, longe de favorecer o indivíduo, procura obter o maior número de informações a seu respeito. Trata-se de obter o registro mais natural possível: todas as marcas do rosto – pintas, cicatrizes, as rugas etc. – devem aparecer em plena luz. Uma série de instruções técnicas muito precisas para essa operação é adotada em todos os ateliês fotográficos judiciários[19]. Qualquer tipo de retoque é excluído para restituir ao sujeito a melhor aparência possível. Além disso, os rostos são fotografados com uma expressão neutra: o indivíduo não pode sorrir ou tomar um ar de desafio, parecendo destituído de sentimento, o que não favorece de modo algum os ímpetos de simpatia a seu respeito. Submetido a tal regime, ninguém consegue tirar proveito para si.

> As regras da fotografia judiciária, além de proibirem qualquer eliminação de rugas, não se eximem de acentuá-las ao posicionar em plena luz o sujeito a ser fotografado. Assim, obtém-se um rictus fisionomista que lembra um pouco o de uma pessoa que, ao sair do interior escuro de um quarto, penetra

---

19. BERTILLON, 1890. Sobre Alphonse Bertillon e o contexto social da instalação da antropometria, cf. PHÉLINE, 1985.

subitamente em uma rua ensolarada. Se essa ligeira contração facial – que não deveria ser levada ao exagero – não embeleza o retrato judiciário no sentido comum da palavra, pelo contrário, ela acaba caracterizando a individualidade em melhores condições em relação a qualquer outra expressão mais fugidia (BERTILLON, 1893, p. 99).

A fotografia judiciária é puramente funcional, operando um desnudamento sem complacência; ela é o oposto da fotografia de família, na qual os rostos são sorridentes, tomados em um ângulo favorável e, eventualmente, retocados no momento da revelação dos filmes.

Bertillon aperfeiçoa ainda a sua antropometria, acrescentando a lista e a descrição das marcas que singularizam o indivíduo, a cor dos olhos e dos cabelos. Evidentemente, impõe-se classificar a profusão das fotos segundo um sistema que permita, em um instante, encontrar em um fichário os rostos mais próximos das feições do suspeito. Em 1890, ao ser publicada a sua obra – *La photographie judiciaire, avec un appendice sur la classification et l'identification anthropométriques* [A fotografia judiciária com um apêndice sobre a classificação e a identificação antropométricas] –, Bertillon dispõe de 90.000 clichês relativos à população parisiense com algum registro na polícia. A classificação pelo nome foi excluída por causa das fraudes evidentes sobre a identidade civil. Bertillon imagina, portanto, uma classificação inicial baseada não sobre a qualidade do rosto, a sua singularidade (tarefa impossível), mas sobre as medidas que caracterizam o indivíduo. As fotografias são, neste caso, classificadas segundo a "altura da cabeça" e, em seguida, subdivididas de acordo com a sua "largura". Elas são divididas, de novo, segundo o comprimento do dedo médio esquerdo; em seguida, a amplitude do cotovelo, o tamanho e a cor dos olhos, além do comprimento do pé e do auricular esquerdos.

E, por fim, ele constitui a descrição dos sinais de identificação do indivíduo através daquilo a que atribui o qualificativo de "retrato falado".

> É um erro – escreve Bertillon – acreditar que é suficiente, para fixar uma fisionomia e conseguir a memorização das linhas características de um rosto, observá-las durante algum tempo e atentamente, além de impregnar de alguma maneira o próprio olho com essas feições. Salvo raras exceções, e a menos que alguém seja dotado de uma memória visual extraordinária, essa é uma tentativa votada a um insucesso certo... Na maior parte dos casos, a imagem obtida assim de modo desarrazoado apagar-se-á rapidamente do cérebro. Mesmo que se verificasse a sua permanência, as mesmas causas – que, às vezes, conferem a duas fotografias da mesma pessoa um aspecto totalmente dessemelhante – poderiam manifestar-se, impedindo a identificação no momento propício.

Para impedir, por qualquer meio, a obsolescência da memória quando se trata de reconhecer um reincidente, Bertillon recorre à imagem e à palavra, e não unicamente à memória, mas uma e outra respaldadas em medidas precisas que circunscrevem o rosto em suas linhas características. Sempre em sua obra, *La photographie judiciaire*, ele escreve que "a descrição dos sinais de identificação difere da antropometria no sentido em que ela se serve de palavras, com a ajuda unicamente da observação, sem o recurso a instrumentos". O retrato falado seleciona as linhas mais significativas do rosto de um indivíduo e, nomeadamente, aquilo que confere a singularidade de seu rosto.

> No fundo – escreve ele em sua obra, *Identification anthropométrique: Instructions signalétiques* (1893 [Identificação antropométrica: Instruções para a descrição dos sinais de identificação]) –, esse procedimento é semelhante ao que recorremos cotidianamente na linguagem usual, ao pretendermos fornecer, na hora, naturalmente sem nenhuma preo-

cupação de método, a um amigo nosso a descrição de uma pessoa ausente. Instintivamente, eliminamos todas as características sem valor, indiferentes ou medianas, as quais exatamente devido à sua banalidade escapam à nossa memória, ao passo que as características típicas – os dois ou, no máximo, três verdadeiros sinais de identificação – destacam-se sozinhas no meio da confusão de nossas lembranças.

O retrato falado assemelha-se um pouco à caricatura do indivíduo visado, limitando-se a colocar em evidência as linhas salientes, extravagantes; é uma espécie de descrição exagerada do rosto e das características físicas do indivíduo. Como é possível verificar, a ambivalência do rosto não é, de modo algum, o problema da polícia. Quanto ao retrato-robô, trata-se de outro expediente, mais tardio, no qual se manifesta uma abordagem positivista do rosto em que permanece unicamente a fisionomia; nas investigações, a eficácia não é necessariamente debilitada porque a caricatura do rosto é, muitas vezes, o melhor recurso para fixar a sua *gestalt*. A questão crucial, porém, que surge agora, à maneira de objeção, é a da semelhança.

1.7 A invenção do rosto

A promoção do indivíduo no palco da história é contemporânea do sentimento penetrante de que ele possui um corpo e a dignidade de um rosto, o qual exprime, diante de todos, a sua humanidade e, ao mesmo tempo, a sua dessemelhança pessoal. Em um conto muito significativo, no plano sociológico e antropológico, V.S. Naipaul evoca o trajeto de um ator que, do holismo da sociedade de origem na qual ele se sente fundido no cosmos – mal discernível daqueles que compartilham a sua situação –, chega até o individualismo de nossas sociedades ocidentais, em que ele evolui aos poucos até se posicionar como um "sou eu próprio", ou seja, um homem consciente de sua singularidade e autonomia. Em alguns meses de estadia nos Estados Unidos, esse homem, ex-empregado doméstico em Bombaim, conhecerá o processo de sua "individuação" acabando por se descobrir como detentor de um rosto e, em seguida, de um corpo. Na Índia, ele vivia à sombra do patrão, um funcionário do governo; à noite, ele encontrava os amigos, membros da mesma casta, exercendo o mesmo ofício e moradores na mesma rua. Quanto à esposa e aos filhos, ele só raramente os encontrava por residirem na longínqua aldeia natal. Certo dia, o patrão é nomeado para exercer novas responsabilidades em Washington; e esse homem sem importância vai acompanhá-lo. Tendo ocupado um pequeno cubículo da casa do patrão, em Bombaim, ele se depara com a mesma situação na urbe norte-americana; mas, aos poucos, ele toma coragem e ousa deslocar-se pela cidade, iniciando um comércio com os *hippies* graças ao tabaco que trouxe de Bombaim. Pela primeira vez, ele dissimula algo do patrão, apercebendo-se de alguns detalhes do que o torna uma pessoa diferente. A sua autonomia vai crescendo até que, certo dia, ele descobre com estupefação o rosto no espelho do banheiro, um rosto já não enquanto parte do corpo mais fácil de ser identificada do que as outras, mas um rosto como valor, como efeito de sua diferença e de sua dignidade de homem.

> Comecei a ir ao banheiro do apartamento simplesmente para examinar o meu rosto no espelho. Atualmente, eu mal posso acreditar, mas em Bombaim podia passar uma semana, ou até um mês, sem que eu me olhasse no espelho. E quando eu me olhava, já não era para examinar o meu aspecto, mas para me assegurar que o barbeiro não tinha cortado demais o cabelo ou verificar se uma espinha ia estourar. Aqui, aos poucos, fiz uma descoberta: minha cara era bonita. Eu nunca tinha pensado em mim desse jeito, mas eu me via como uma pessoa em quem ninguém repara com feições que serviam apenas para me identificar e nada mais (NAIPAUL, [1971] 2013, p. 42).

Ao mesmo tempo em que se descobre como indivíduo, homem distinto dos outros pela soberania do olhar que ele dirige a si mesmo, ele descobre o próprio rosto, sinal de sua singularidade, e o próprio corpo, como lugar separado, sinal material de sua individuação. Pouco a pouco, ele se liberta de sua antiga mentalidade, abandona os seus valores tradicionais, adapta-se à sociedade norte-americana por etapas sucessivas e chega a ter uma breve aventura amorosa com a faxineira de seu imóvel. Certo dia, ele decide abandonar o patrão sem sequer avisá-lo. Ele transpõe outras etapas de sua individuação, volta a encontrar a faxineira e se casa com ela, tornando-se assim cidadão norte-americano. As últimas linhas do conto são significativas, dando testemunho da descoberta de si como "eu" e, logicamente, da consciência de estar confinado em um corpo separado que marca as fronteiras da identidade própria e, enfim, do valor de um rosto grudado a esse corpo, como sua parte mais nobre, já que aí se afirma inevitavelmente a singularidade de si mesmo. "No passado – escreve o homem no termo de seu périplo – fui uma parte do fluxo do grande rio, eu nunca pensava em mim tocando uma vida própria, como uma presença. Então, olhei no espelho e decidi ser livre. Tudo o que a minha liberdade me trouxe é o conhecimento de que tenho um rosto e um corpo, de que devo alimentar e vestir esse corpo durante certo número de anos. E depois tudo terá um fim" (NAIPAUL, [1971] 2013, p. 72). "Então, olhei no espelho" – afirma o homem. Aí, na relação com esse rosto iluminado de maneira nova, tomou corpo uma significação inédita. O sentimento – já pressentido, mas ainda difuso – da individualidade começou a se desenvolver ao materializar-se em um rosto.

Em nossas sociedades ocidentais de estrutura individualista, a preeminência do rosto é nítida; assim, o reconhecimento de si mesmo ou do outro ocorre a partir da individualidade e não pelo fato de pertencer a um grupo ou da posição dentro de uma linhagem. A singularidade do rosto evoca a da pessoa, ou seja, a do indivíduo, átomo do social, *indiviso*, consciente de si mesmo, senhor relativo de suas escolhas, apresentando-se como "eu" e já não como "nós". A distinção individual transforma o rosto em um valor específico. O rosto implica o indivíduo e o indivíduo implica a singularidade do rosto: um e outro apoiam-se estreitamente. Para que o indivíduo adquira sentido do ponto de vista social e cultural, tem necessidade de um lugar para marcar com força suficiente o fato de ser alguém distinto, um lugar do ser suficientemente variável em suas desinências para significar, sem ambiguidade, a diferença de um indivíduo em relação a outro. Tem necessidade do corpo como marca do limite de si mesmo com o mundo exterior e com os outros, o corpo como reduto, como fronteira da identidade. Tem necessidade do rosto como território do corpo no qual se inscreve a distinção individual. O rosto de imediato é sentido. Nenhum espaço do corpo é mais apropriado para marcar a singularidade do indivíduo e assinalá-la do ponto de vista social. "Com exceção do rosto humano – escreve Simmel –, não há no mundo nenhuma figura que permita a uma tão grande multiplicidade de formas e de planos confluir em uma unidade de sentido tão absoluta" (SIMMEL, 1988, p. 138). Lugar de expressividade permanente e da diferença infinitesimal, o rosto é uma estrada régia para tornar o indivíduo distinto de qualquer outro e para traduzir a sua unicidade. Quanto mais importância é atribuída por uma sociedade à individualidade, tanto mais cresce o valor do rosto.

2
Do rosto à figura: as máscaras da fisiognomonia

> *Pergunto-me se é possível falar de um olhar voltado para o rosto porque este é conhecimento, percepção; penso, de preferência, que o acesso ao rosto é, de imediato, ético. Ao vermos um nariz, olhos, uma fronte, um queixo, tendo a possibilidade de descrevê-los, é que nos dirigimos a outrem como se tratasse de um objeto. A melhor maneira de encontrar o outro é aquela em que nem chegamos a observar a cor de seus olhos.*
> Emmanuel Lévinas. *Éthique et infini* (1982).

2.1 As meias-palavras do rosto

O rosto é, sem dúvida, uma anamorfose do indivíduo; mas não existe nenhuma posição ideal para endireitar a sua forma e para estabelecer, em uma figura simples e coerente, a cartografia de uma história ou de um futuro previsível, nem tampouco a descrição inequívoca de um caráter. Tudo isto está apenas sugerido, em transparência – às vezes, pressentido –, mas inacessível em seu conteúdo. O rosto exprime-se por meias-palavras, é um sussurro da identidade pessoal, não uma afirmação caracterológica a salvo de qualquer ambiguidade. Além disso, o que haverá de mais difuso que a noção de caráter na qual se apoia a fisiognomonia e a morfopsicologia? O rosto é tanto um dissimulador quanto um revelador; nele, o imprevisível prevalece demais em relação ao provável. A leitura semiológica realizada a seu respeito apresenta alguma aparência a um jogo de azar. A superfície do rosto tem uma profundeza temível. A evidência das coisas resguarda habitualmente o mistério. No face a face com o espelho, cada pessoa cruza diariamente com o mais inapreensível de seu ser.

Assim, apesar de servir de identificação para o indivíduo, o rosto não deixa de permanecer silencioso sobre o que se pode esperar dele. A maleabilidade de suas linhas características, de sua forma, enfrenta um enigma. A variação infinita de um detalhe em determinado rosto desestabiliza a expressão de conjunto que se desprende dele. Pelo fato de evocar tanto a semelhança quanto a diferença infinitesimal – ao mesmo tempo, identificando e distinguindo o indivíduo, assinalando a sua singularidade sem deixar de tornar-se semelhante aos outros –, o rosto suscitou a tentação no que diz respeito à classificação de seus traços fisionômicos. Houve quem procurasse fixar em uma figura simples a multiplicidade de suas formas; e porque parece haver uma desconcertante analogia entre as maneiras de ser das pessoas e a estrutura de seus rostos, têm sido numerosas, no decorrer da história, as tentativas de classificar, um pouco à maneira de uma botânica, as diferentes vergônteas que eram encontradas no mesmo grupo social, emparelhando-as termo a termo com uma psicologia: tal nariz implica tal dado do caráter, tal forma do queixo, em tal outro dado etc. A alma oculta do indivíduo teria assim, no próprio rosto, o seu espaço de revelação.

2.2 Os tratados de fisiognomonia[20]

Tal empreendimento é antigo, uma vez que já se encontram, na Bíblia, fórmulas que sugerem o seu programa sem deixarem de sublinhar o seu perigo; movimento pendular que

---

20. De *physis*: natureza e *gnomon*: interpretação, conhecimento.

prefigura toda a história da fisiognomonia. "Pelo semblante se conhece alguém; e pelo aspecto do rosto, a pessoa sensata. As vestes de uma pessoa, seu modo de rir e os passos de seu andar revelam quem ela é" (Eclo 19,29-30). Ou ainda: "O coração da pessoa modifica o seu rosto, seja para o bem, seja para o mal. Rosto alegre é sinal de coração em festa" (Eclo 13,25-26). Entretanto, no mesmo livro, encontra-se uma chamada à prudência: "Não louves uma pessoa por sua beleza, nem sintas aversão por ninguém devido à aparência" (Eclo 11,2).

Fisiognomonias mais sistemáticas surgem na Grécia, especialmente a partir de Pitágoras: antes de admitir um postulante em sua sociedade, os pitagóricos o submetem a um atento exame do rosto, das mãos, da postura e dos movimentos do corpo. Hipócrates mostra interesse pela fisiognomonia, tornando-a em um recurso do médico na elaboração do diagnóstico. A observação escrupulosa do rosto do doente e de sua compleição traz informações preciosas a respeito de seu estado e das chances de curá-lo. Durante muito tempo, aliás, medicina e fisiognomonia hão de desenvolver um projeto comum relacionado com terapêuticas que cuidam da pessoa em sua integralidade, e não de modo segmentário próprio da medicina moderna, fixada de preferência ao órgão afetado. As Escolas de Sócrates e de Platão subordinam também o recrutamento de discípulos à observação de seus rostos e de suas posturas corporais: "Que ninguém entre aqui se não for geômetra, se tiver uma figura disforme ou se os seus membros forem malproporcionados". Essa é a divisa que Platão manda gravar na fachada de sua Escola. Quanto a Aristóteles, em sua *História dos animais*, ele permeia o seu texto com observações fisiognomônicas: a anatomia comparada do homem e do animal, nomeadamente no tocante ao rosto, é o pretexto de uma inferência ao homem de características específicas do animal. O estagirita abre aí um caminho que, até o surgimento de Lavater, há de permanecer um dos mais comumente utilizados pelos fisiognomonistas, antes de ser adotado, de vez, pelo domínio da caricatura desenhada.

Assim, o pseudo-Aristóteles, em sua *physiognomonica* (séc. II d.C.), observa que "os bois são lentos e preguiçosos, além da ponta de seus narizes ser espessa e terem olhos grandes: são lentos e preguiçosos aqueles cuja ponta de nariz é espessa e têm olhos grandes. Quanto aos leões, eles são magnânimos e a ponta de seus narizes é redonda e achatada, enquanto os seus olhos são relativamente fundos: são magnânimos aqueles que têm as mesmas particularidades no rosto" (apud BALTRUSAITIS, 1983, p. 10)[21]. Nessa obra, o personagem de Aristóteles explica a Alexandre que se torna necessário julgar o caráter das pessoas pela observação dos respectivos rostos a fim de se precaver contra decepções demasiado grandes. Assim, a fisiognomonia seria útil para a nomeação de um ministro ou a escolha de um amigo; ou então, no mercado, para orientar a seleção criteriosa de um escravo ao deduzir, com atenção, o seu caráter mediante as suas feições. Desse modo, o soberano versado nesta ciência não tem de recear nenhuma surpresa. Segundo o pseudo-Aristóteles, o corpo e a alma estão em ressonância mútua e a observação de um ensina sem falha sobre a natureza do outro. O exterior é a revelação do interior.

Galeno (129-201), em uma perspectiva médica, mostra também interesse pela fisiognomonia, cujos dados são cruzados por ele com os quatro tipos de Hipócrates. Com Melampo, Polemon (séc. II) e Adamâncio (séc. IV), a fisiognomonia reencontra as tradições astrológicas e quiromânticas e se aproxima da adivinhação. A partir de então, dois caminhos divergentes hão de marcar a história dessa decifração da fisionomia humana: a abordagem naturalista que procede à análise minuciosa do rosto e raciocina sobre as suas formas, em busca de uma caracterologia suscetível de lhe ser aplicada; e uma

---

21. Para esta referência histórica, além da consulta a tratados, apoiamo-nos também em: MARIE, 1986. • MOURAD, 1939. • COURTINE & HAROCHE, [1988] 2016. • DELAUNAY. "De la physiognomonie à la phrénologie, histoire et évolution des écoles et des doctrines", 1928. • DUMONT. "Le succès mondain d'une fausse science: la physiognomonie de Lavater", 1984.

abordagem esotérica em que o rosto e o corpo são perscrutados à maneira das estrelas em busca dos indícios de caráter, mas também e sobretudo com a finalidade de detectar nele os sinais do destino.

As fisiognomonias árabes comentam, mais tarde, a herança greco-latina e propõem as suas próprias interpretações, promovendo também um projeto comum com a medicina, mediante o aperfeiçoamento dos diagnósticos. Fakhr ad-Din Al-Razi abre seu *Kitab Al-Firasa* (1209) com uma invocação a Alá e uma enumeração do que, em seu entender, garante a dignidade da fisiognomonia. Ao evocar a autoridade do Alcorão, da Suna e da razão, ele cita suratas e palavras do Profeta, além de propor, no tocante à razão, três considerações que resumem perfeitamente o empreendimento fisiognomônico tal como este irá desenvolver-se ainda durante muito tempo:

> 1) A pessoa é um ser sociável por natureza e não pode deixar de se misturar a seus semelhantes; ora, o mal espalhou-se entre os seres humanos. Se essa arte é capaz de nos levar a conhecer o caráter das pessoas, para o bem e para o mal, será possível tirar daí uma enorme vantagem.
> 2) Os criadores inferem qualidades sensíveis dos cavalos, dos asnos e de outros animais que desejam adestrar, as suas qualidades internas boas ou más. Se semelhante inferência é válida quando se trata de animais, sejam eles domésticos ou selvagens, e de pássaros, com maior razão ainda será válida quando se trata do ser humano.
> 3) Os princípios dessa ciência apoiam-se na ciência natural e os seus desenvolvimentos estão baseados na experiência. Ela está em pé de igualdade com a medicina; daí, segue-se que qualquer crítica dirigida contra a fisiognomonia é, por isso mesmo, dirigida contra a medicina[22].

---

22. A tradução integral para o francês de *Kitab Al-Firasa* [O livro da fisiognomonia] encontra-se em MOURAD. Op. cit.

Além da medicina, a fisiognomonia árabe fornece também sua contribuição aos tribunais quando se trata de investigações de paternidade ou de atribuição de responsabilidades aos suspeitos. Ela é igualmente uma arte da avaliação que permite julgar de relance os recursos de um escravo ou as aptidões sexuais das mulheres, assim como orientar a escolha dos conselheiros do sultão. Ela servia também para um autoconhecimento mais abalizado dos letrados.

Após esta digressão pelo Oriente, certo número de tratados vem influenciar o Ocidente Medieval, nomeadamente o *Secretum secretorum*, uma versão abreviada da obra falsamente atribuída a Aristóteles, ou o de Polemon. Na Idade Média e na Renascença, as fisiognomonias estão inseridas em uma visão unitária do mundo; em vez de limitar-se a relacionar as linhas características de um rosto com a identificação de um caráter, trata-se de estabelecer as correspondências do corpo e do rosto com os dados do meio ambiente visível e invisível. Uma medicina dos signos acaba inspirando uma fisiognomonia dos signos em que nada é deixado ao acaso porque tudo é profusão de sinais entregues à sagacidade dos iniciados. O corpo é a vestimenta de signos da alma; a superfície das coisas, uma simples tradução material do interior. A astrologia, a cabala e a quiromancia exercem influência nesses tratados que se inspiram uns nos outros e, às vezes, se repetem sem fornecerem uma nova contribuição. O ser humano está incluído no cosmos, seu rosto está em ressonância com a suposta linguagem das estrelas. A carne do homem e a do mundo não padecem de nenhuma separação e estão inscritas na trama de uma necessidade mútua. O corpo ainda não é uma realidade separada do mundo, dos outros e da própria pessoa a quem empresta o seu rosto (cf. LE BRETON, [1990] 2016). Como sublinha Youssef Mourad, "na Antiguidade e na Idade Média, estes quatro personagens – o médico, o fisiognomonista, o astrólogo e o mago – que, muitas vezes, encarnavam em um só personagem, desempenharam um papel social predominante: eles eram respeitados por todos, inclusive pelos reis" (MOURAD, 1939, p. 30).

É claro que essas formas de adivinhação nem sempre são aceitas unanimemente; a Igreja, por exemplo, manifesta desconfiança a seu respeito. Homens, tais como Alberto Magno (1193-1280), opõem-se à influência da astrologia e, em compensação, sublinham a importância da fisiognomonia enquanto determinação do caráter. Roger Bacon (1214-1294) dá testemunho de uma posição idêntica nos comentários que acompanham a sua tradução de *Secretum secretorum*, a obra apócrifa de Aristóteles. O próprio Rabelais, no *Tiers livre* (1546) zomba profusamente da fisiognomonia, da metoscopia (que consistia, a partir do modelo da quiromancia, em ler nas linhas da fronte, o caráter e o destino de uma pessoa) e de toda uma série de procedimentos divinatórios.

Em 1533, é publicada a obra, *De oculta filosofia*, de Cornelius Agrippa, um dos grandes textos cabalísticos da Renascença; numerosos outros tratado se sucedem no decorrer do século, acompanhando o avanço ainda discreto do individualismo, além de serem contemporâneos da rápida expansão dos retratos. No entanto, os fisiognomonistas assumem em relação ao rosto uma atitude inversa à dos pintores: confrontados com o mistério inerente à singularidade do indivíduo, ao deixarem sociedades de preferência comunitárias e rurais, os pintores dedicam-se a reconstituir a diferença infinitesimal que distingue uma pessoa em relação a outra; eles aceitam o inapreensível de uma existência a respeito da qual estão conscientes de sua incapacidade para fixar além de um frêmito. Pelo contrário, os fisiognomonistas evitam a complexidade infinita do mundo e a diversidade dos rostos que podem ser vistos aí, classificando as singularidades sob rubricas gerais. De certa maneira, eles reencontram os quadros sociais das antigas comunidades em que as pessoas eram classificadas em uma categoria associada à sua condição social. O artista pinta o indivíduo às voltas com a sua liberdade e, portanto, vítima de uma solidão relativa; os fisiognomonistas, por sua vez, lidam com categorias gerais, submetendo-se já não às classes sociais, mas às classes de caráter, além de continuarem a subordinar o singular ao geral, aliás, à semelhança do que se passava nas sociedades comunitárias.

Em 1586, publica-se o texto – *De humana physiognomania*, de Giovanni Battista Della Porta – que acabou conhecendo uma longa posteridade, tendo influenciado inclusive o suíço, J.K. Lavater. Obra exaustiva, que mistura as fisiognomonias gregas e árabes, dando maior importância às tradições populares, ela baseia-se na analogia microcosmo-macrocosmo, inspirando-se sobretudo na comparação com o animal e transformando o caráter em uma natureza exibida nas linhas características do rosto e do corpo, assim como nos comportamentos do indivíduo. Assim, não é deixado ao acaso nenhum detalhe dos volumes ou das linhas disseminados pela superfície da pele; até mesmo, as pintas suscitam comentários eruditos. G. Della Porta rejeita as influências astrais, mas fundamenta-se em uma analogia entre as características do animal e as do homem para inferir daí uma caracterologia singular mediante a qual Platão é comparado ao cão, Sócrates ao cervo etc. A semelhança ao animal confere à pessoa determinados traços psicológicos que, supostamente, lhe são próprios: o homem com cabeça de raposa será astuto etc. A fisiognomonia torna-se, sob a pena de G. Della Porta, uma semiótica das aparências sensíveis, em vez de uma superfície de projeção para respaldar uma conjetura astrológica. Ele busca o valor semiológico das características corporais cuja distribuição está em relação com os aspectos duradouros do caráter. Em sua obra, G. Della Porta estuda detalhadamente a morfologia do crânio. Por sua vez, F. Broussais, em seu *Cours de Phrénologie* (1836), evoca, aliás, uma aplicação judiciária das teorias de G. Della Porta, relatando o exemplo do Marquês Mascardi, secretário de Estado da justiça no reino de Nápoles, em 1778 e 1782: a esse homem, incumbia a pesada tarefa de administrar o direito de indulto. Ele mandava chamar à sua sala o condenado que não tivesse confessado o seu crime para observar o seu rosto e apalpar o seu crânio. De acordo com os resultados desse exame, ele mantinha a pena de morte se julgasse o homem culpado ou inapto a emendar-se; pelo contrário, ele concedia indulto se julgasse o homem susceptível de agir conforme a lei ou, então, se o crime, longe de estar inscrito nas linhas características do rosto e no relevo do crânio, era o produto contingente das circunstâncias e não de uma predisposição fatal (cf. LANTERI-LAURA, p. 24). O uso social das fisiognomonias suscita, às vezes, temíveis consequências para a existência daqueles aos quais elas são aplicadas.

Entre os séculos XVII e XVIII, aprofunda-se na cultura erudita – e, portanto, para o uso das camadas sociais privilegiadas –, a preocupação em fixar os quadros da experiência coletiva submetida lentamente à erosão do individualismo nascente. A margem de liberdade estendeu-se consideravelmente e novos rituais esforçam-se por inscrever o movimento complexo do mundo no interior de uma organização previsível. Já evocamos, acima, o avanço difuso do individualismo e de seu corolário, a evidenciação do corpo, como sinal material da pessoa e, até mesmo, símbolo da divisão entre os indivíduos. O corpo torna-se "fator de individuação", signo de diferença pessoal, tendo deixado de ser fator de ligação [*relieur*] do indivíduo com os outros e com o mundo; impõe-se organizar os rótulos de suas utilizações, codificar os contatos físicos e a relação com as diferentes matérias provenientes da vida orgânica (cf. ELIAS, [1939] 1990). As disciplinas pretendem otimizar a eficácia prática dos lugares de trabalho, de cuidados médicos, de educação e, ao mesmo tempo, controlar a existência dos atores (cf. FOUCAULT, [1975] 2018). No decorrer do século XVII, o corpo deixa de ser o condensador do mundo, o mapa dos augúrios astrológicos, tornando-se uma aglomeração de órgãos independentes de qualquer outra influência. Para R. Descartes, "todo o mundo visível em geral [é] como se fosse apenas uma máquina onde só há a considerar as figuras e movimentos das respectivas partículas" ([1644] 2006, 4ª parte, 188, p. 265). Quanto ao corpo, esse pensador escreve em suas *Meditações*:

Ocorria-me, em primeiro lugar, que eu tinha um rosto, mãos, braços e toda essa máquina composta de ossos e de carne, que se percebe também em um cadáver e que eu designava pelo nome de corpo ([1641] 2004, 2ª meditação, 6, p. 41).

Os tratados de fisiognomonia conhecem a mesma inflexão e abandonam as estrelas para se dedicarem com diligência à psicologia.

A preocupação em identificar o outro com precisão, visto que já não é dedutível de sua posição social, mas indivíduo antes de ser membro de um grupo, a preocupação em reduzir a parcela de mistério que ele encarna, a racionalidade apaziguadora que teria a pretensão de tornar o corpo humano em um reflexo banal do que é a pessoa "interior": eis as razões que levaram à redescoberta da tradição fisiognomonista. Em sua obra, *L'art de connaître les hommes* (1653 [A arte de conhecer as pessoas]), P. Cureau de la Chambre marca uma primeira tentativa, sem dúvida, fundamentada de maneira equívoca, de se distanciar das tradições ocultistas anteriores. Para esse autor, o corpo é uma linguagem natural para quem possui a sua hermenêutica, uma espécie de teatro em que se representa uma dialética do manifesto e do dissimulado. Mas é "em termos de órgãos e de funções que Cureau pensa as relações entre a alma e o corpo – escreve F. Azouvi – e é sobre esse princípio que será baseada a sua fisiognomonia" (AZOUVI, 1978)[23]. Fiel à estética do século XVII, à busca da moderação e do meio-termo, Cureau serve-se da medida e da temperança como o ideal de sua fisiognomonia. Por outros termos, ele erige a sua visão do mundo e a sua situação social e cultural como a norma ideal para avaliar o conjunto dos seres humanos. Por sua vez, Charles Le Brun, em sua conferência de 28 de março de 1671 sobre *La physiognomo-*

---

23. Cf. tb. RIESE, 1965.

nie de l'homme dans ses rapports avec celle des animaux [A fisiognomonia do ser humano em suas relações com a dos animais], reata o relacionamento entre os traços fisionômicos do animal e os do rosto de uma pessoa. Um grande número de seus desenhos mostra fisionomias humanas com marcas evidentes de formas animais: assim, sucedem-se retratos de homem-camelo, homem-coruja, homem-águia, homem-leão etc. Através da semelhança exibida em semelhantes traços fisionômicos, presume-se que uns e outros manifestem o suposto caráter desses animais. Do mesmo modo, ele atribui características humanas a estes últimos: um cavalo e um leão são assim apresentados com olhos de homem[24].

No século XVIII, verifica-se uma maior reserva em relação à fisiognomonia. Por exemplo, Buffon contesta os seus fundamentos: "A forma do nariz, da boca e de outros traços – escreve ele – interfere tanto com a forma da alma e com a naturalidade da pessoa quanto o tamanho ou a grossura dos membros influencia o pensamento..." Quanto à *Encyclopédie*, publicada entre 1751 e 1772 sob a direção de Diderot e d'Alembert, os seus autores adotam uma atitude crítica que não deixa de evocar a de Montaigne sobre o mesmo assunto. O redator do artigo sobre a "fisiognomonia" escreve que esta "é a expressão tanto do caráter quanto do temperamento. Mas nunca se deve proferir um julgamento a partir da fisionomia. Pelo grande número de linhas misturadas no rosto e no porte das pessoas, tal ocorrência pode se prestar a confusões; sem falar dos acidentes que desfiguram as características naturais e impedem a alma de se manifestar. Seria possível, de preferência, conjeturar a respeito do caráter das pessoas pelo atrativo que sentem por determinadas figuras que correspondem às suas paixões, mas ainda assim corremos o risco de nos enganar". Essa frase, ao derrubar o princípio da fisiognomonia,

---

24. Sobre a fisiognomonia animal, remetemos à obra já citada de Jurgis Baltrusaitis.

antecipa, aliás, curiosamente o teste de Szondi[25]; mas, sobretudo, sinaliza o movimento de revelação que permanece pendente em um rosto.

Entre 1775 e 1778, J.K. Lavater publica a sua obra – *Physiognomonische Fragmente* –, texto traduzido para o francês, em Haia, entre 1781 e 1803; e, posteriormente, em Paris, entre 1806 e 1809, em dez volumes por iniciativa de Moreau de la Sarthe. A obra é uma verdadeira suma sobre o assunto, marcando profundamente, até mesmo pelas polêmicas desencadeadas, boa parte do século XIX. Lavater nasceu em Zurique em 1741, é pastor, poeta, ensaísta e membro do Consistório dessa cidade. Goethe colaborou estreitamente para a elaboração dessa suma e, inclusive, redigiu, segundo Lavater, alguns de seus trechos. O sucesso do empreendimento é considerável. Opúsculos de vulgarização, difundidos em grande quantidade, contribuem para a sua irradiação: *Le Lavater portatif ou précis de l'art de connaître les hommes par les traits de leur visage* (1808 [O Lavater portátil ou o Compêndio da arte de conhecer os homens mediante as linhas características de seus rostos]); *Le Lavater des dames ou l'art de connaître les femmes sur leur physionomie* (1815 [O Lavater das senhoras ou a arte de conhecer as mulheres a partir de suas fisionomias]). No final do século XVIII, uma visita a Lavater, abrilhantada por uma consulta fisiognomônica com o mestre, é a passagem obrigatória de qualquer viajante na Suíça. Lavater exerceu uma influência duradoura sobre um grande número de seus contemporâneos, nomeadamente L.S. Mercier, C. Nodier, Eugène Sue e Grandville. Quanto a George Sand é uma adepta de Lavater, cujo "compêndio portátil" tinha sido posto em prática por ela em sua juventude.

---

25. L. Szondi inventou um teste que propõe uma análise das mais poderosas estruturas da identidade individual a partir da seleção sucessiva de fotografias de rostos em uma bateria de 48 escolhas possíveis. A escolha do rosto "mais simpático" e do "mais antipático" – repetida certo número de vezes – delimita negativamente, de alguma forma, o rosto interior do ator que aceita fazer esse teste projetivo. Cf. SZONDI, 1952.

Na sétima[26] de suas *Lettres d'un voyager* (1837 [Cartas de um viajante]), ela escreve: "No que me diz respeito, estou convencida de que esse sistema é bom e que Lavater deve ser um fisiognomonista quase infalível. Mas penso que um livro, por mais excelente que seja, não pode ser uma iniciação perfeita aos mistérios da ciência. Seria desejável que Lavater formasse discípulos dignos dele e que a fisiognomonia, tal como ele consegue aplicá-la, possa ser ensinada e transmitida à semelhança do que se passou com a frenologia".

Balzac descobre Lavater na segunda década do século XIX, em uma época em que a obra deste último era muito difundida, sobretudo através dos resumos de vulgarização; em 1820, o *Lavater* concebido por Moreau de la Sarthe, em 1807 – com as 600 gravuras que ilustram o texto – é reeditado sob a égide de um médico, J.-P. Maygrier. Balzac compra os dez volumes, em 1822, tendo encontrado nesse texto uma matéria-prima quase inesgotável para elaborar a fisionomia de seus personagens: um acervo não só de rostos, mas também de informações anatômicas, análises minuciosas de caracteres e de paixões.

> Convém reconhecer – escreve A. Prioult – a extrema riqueza das análises de Lavater; longe de se apoiarem unicamente na forma do rosto, na cor dos olhos e na pigmentação da cabeleira, elas estabelecem relações entre sentimentos, paixões e sinais, que, talvez, o autor das conversas [*propos*] de Alain não se recusaria a considerar como verdadeiras (PRIOULT, 1936, p. 207ss.)[27].

Todas as figuras de Balzac são vigorosos estudos de caracteres; de saída, constituem uma carteira de identidade moral a partir da qual o relato vai sendo elaborado. Neste exemplo

---

26. "1er septembre 1835 – Sur Lavater et sur une maison déserte. À M. F. Liszt" [1º de setembro de 1835 – Sobre Lavater e sobre uma casa deserta. Para M.F. Liszt] [N.T.].
27. Sem deixar de reconhecer a influência de Lavater sobre Balzac, M. Bardèche procura minimizar o seu alcance. Cf. BARDÈCHE, 1940, p. 554ss. Cf. tb. BALDENSPERGER. "Les théories de Lavater dans la littérature française", 1910. • VANNIER, 1972.

extraído de *Úrsule Mirouët*, trata-se da descrição do personagem de Minoret-Levrault:

> [...] ao ver Minoret-Levrault, um artista abandonaria a paisagem para pintar aquele burguês, tanto era ele original à força de ser vulgar. Reuni todos os elementos de brutalidades e obtereis Caliban[28] que, certamente, é uma grande coisa. Onde a forma domina, o sentimento desaparece. O chefe da posta, prova viva desse axioma, apresentava uma dessas fisionomias em que o pensador dificilmente encontra um vestígio de alma sob a violenta carnação produzida por um brutal desenvolvimento físico ([1842] 2013, p. 18).

E a de Goupil:

> Seu rosto parecia pertencer a um corcunda, cuja corcova tivesse crescido para dentro. Uma singularidade daquela fisionomia pontiaguda e pálida confirmava a existência dessa gibosidade invisível. Curvo e torto como o de muitos corcundas, o nariz dirigia-se da direita para a esquerda, em vez de dividir exatamente o rosto. [...] Aquele conjunto de coisas sinistras era dominado por dois olhos de cabra, com pupilas orladas de amarelo, ao mesmo tempo lascivos e amortecidos (p. 24).

Os romances de Balzac são dramas anunciados já pelos rostos de seus protagonistas, os quais se limitam a ser, efetivamente, o respectivo rosto desdobrado sob outra forma no decorrer das peripécias enfrentadas por eles.

A fisiognomonia conhece hoje um retorno de notoriedade, especialmente na vertente da morfopsicologia e sob a égide de L. Corman. Nas livrarias, é possível encontrar um grande número de obras de vulgarização que propõem "chaves" ou "os segredos revelados" do rosto. No entanto, a morfopsicologia

---

28. Cf. BALZAC. *Úrsula Mirouët*, [1842] 2013, p. 18, nota 4 [N.T.].

deixou de estar confinada unicamente ao domínio da curiosidade, conhecendo um amplo sucesso como método associado ao recrutamento dos executivos nas empresas, embora ela seja contestada frequentemente pelos psicólogos. Evocamos alguns momentos da longa história da fisiognomonia, cuja tradição nunca foi desmentida através do tempo. Sem a preocupação, evidentemente, de fazer uma recensão precisa a seu respeito, contentamo-nos em fornecer alguns pontos de referência propícios a evidenciar a continuidade de um pensamento que sabe se remodelar segundo os imaginários dos espaços sociais em que ela se desenvolve, mantendo ao mesmo tempo, com uma espécie de firmeza tranquila, a sua pretensão em elucidar as verdades do rosto humano. Nas páginas seguintes, o nosso objetivo consiste em esboçar uma antropologia da fisiognomonia, ou seja, em compreender a significação desse recurso e em analisar os fundamentos em que se baseia, assim como os imaginários do indivíduo e do respectivo rosto mediante os quais ela alimenta o seu procedimento.

2.3 O sentimento fisiognomônico

Em sua obra, *Ensaios*, Montaigne conta como certo dia, em um período de guerra, mas confiando na trégua anunciada entre os exércitos em confronto, ele inicia uma viagem que termina de modo bastante desagradável: assaltado no meio de uma espessa floresta por fidalgos mascarados, acompanhados por seus arcabuzeiros, ele é despojado de tudo o que possui. E debateram longamente sobre a sorte que o espera. Durante um instante, Montaigne teme pela sua vida quando vê, de repente, o chefe do grupo dirigir-se a ele e mandar restituir-lhe todos os bens. Reviravolta inesperada de situação. "O indivíduo que a todos comandava -- escreve Montaigne – desmascarou-se e revelou-me o seu nome, dizendo-me várias vezes que eu devia a minha liberdade ao meu rosto e à firmeza de minhas palavras, o que tornava tal tratamento indigno de mim." Em outra ocasião, quando um bando se preparava para pilhar a sua casa, o chefe deles renuncia também milagrosamente a tal projeto: "Mais tarde, repetiu (porque ele não se pejava de contar a coisa) que o meu rosto e a minha franqueza haviam superado o plano traidor que meditara". E Montaigne evoca outras situações nas quais pôde se gabar de sua fisionomia:

> Se meu rosto não respondesse por mim, e se eu não revelasse nos olhos e na voz a inocência de minhas intenções, eu não ficaria sem brigas nem ofensas tanto tempo, dada minha indiscreta maneira de dizer as coisas, a torto e a direito, e de tudo julgar temerariamente.

Montaigne, no entanto, não é ingênuo, nem adepto dos fisiognomonistas. A este respeito, ele evoca Sócrates, cujas qualidades de alma sobressaem muito pouco da feiura de seu rosto. Contudo, "há fisionomias que nos parecem favoráveis; e, entre inimigos desconhecidos que nos cercam, escolhemos de imediato um de preferência a outro, rendendo-nos a ele com mais confiança e sem que a beleza pese em nossa resolução". E Montaigne, um tanto indeciso, conhecendo bem as ambiguidades do rosto é, porém, incapaz de afastar totalmente o primeiro sentimento que emerge à sua vista. "O rosto [*mine*] é uma garantia frágil; merece, entretanto, consideração" (Livro 3, XII, p. 344ss.).

"O rosto é uma garantia frágil" – escreve Montaigne –, mas ele atua provavelmente como uma indução nas interações dos atores. O rosto do outro suscita um sentimento do qual nem sempre é fácil se desfazer. Um movimento de simpatia ou de desconfiança, uma curiosidade, um temor, às vezes, uma atração surge da "primeira impressão", aquela que, de acordo com o adágio, é difícil ser eliminada. De cada rosto emana uma ressonância afetiva, sensível desde o primeiro olhar e que fornece uma espécie de orientação às interações futuras. Essa "impressão" é uma cristalização – muitas vezes, decisiva – do sentimento que o outro suscita à vista de sua aparência, agindo à maneira de uma justificação que pretende estar em relação com a afetividade experimentada. Qualquer contato social está sob a influência desse halo de sensibilidade que se enraíza na irradiação do rosto; aí, estão fundadas, de imediato, as preferências e as aversões. G. Simmel tem razão ao afirmar que "graças à sua fisionomia, um homem é já compreendido por seus atos. A fisionomia, considerada como órgão de expressão, é, por assim dizer, de natureza totalmente teórica; ela não atua à semelhança do pé, da mão, nem como o corpo inteiro, tampouco é o fator da atitude interior ou prática de uma pessoa, mas limita-se a falar dela" (1981, p. 228). Qualquer encontro novo é prenunciado por esse julgamento claro e franco sobre o outro que baseia a sua avaliação no rosto. Esse "sentimento fisiognomônico" é compartilhado amplamente, servindo de anteparo às relações sociais. Superfície de projeção em que o imaginário do outro não tem nenhuma dificuldade em encontrar aí, de imediato, uma razão para respaldar uma atração ou aversão. Esse fio imaginário que liga o ato de olhar a um rosto encontra facilmente, na troca de palavras, a confirmação de sua primeira intuição.

Lavater observa, com toda a razão, que o "sentimento fisiognomônico" está amplamente espalhado. O comerciante estabelece o conhecimento dos fregueses de sua loja "à la tête du client" [pela cara do cliente]: "Quando um desconhecido chega à sua loja para vender ou comprar alguma coisa, não é verdade que ele o observa? E a impressão que lhe causa a fisionomia do homem não irá contribuir para o seu julgamento desde que o desconhecido vai embora? 'Ele tem o aspecto de homem honesto' ou então 'existe algo repugnante em sua fisionomia ou algo interessante'", se quisermos. Ele não julga de modo exclusivo... mas, em parte, de acordo com a aparência desse homem. E, desse exterior, ele tira a conclusão de seu interior: "Ele não me inspira confiança", "é simpático", "é talhado para o emprego" etc. Uma grande quantidade de expressões correntes caracterizam assim o olhar dirigido ao rosto e às atitudes do outro. Esse tecido de afetividades difusas modifica-se, em geral, no encontro mais elaborado: "a primeira impressão" dissolve-se e cede o lugar a uma avaliação mais modelada. Em compensação, como teremos oportunidade de analisar mais adiante, a fisiognomonia radicaliza tal sentimento, respaldando-o em demonstrações que pretendem ser quase infalíveis. Lavater considera o sentimento experimentado inicialmente como um dogma: "Confia – diria eu ao aluno de fisiognomonia –, confia sempre, sobretudo, na tua primeira e repentina impressão, muito mais ainda do que naquilo que te vier a parecer observação" (p. 74). Aí está, para ele, o fermento da fisiognomonia.

Até aqui evocamos as fisiognomonias oriundas da tradição erudita, mas um saber empírico, popular e de transmissão oral coletou, nos provérbios, uma soma de anotações sobre as aparências do rosto e do corpo e sobre os supostos traços de caráter da pessoa. E a grinalda de provérbios tecida de geração em geração desenha uma fisiognomonia original, frequentemente, contraditória (à semelhança das fisiognomonias eruditas). "Eles estabelecem que a forma duradoura de determinadas partes do corpo e, principalmente, do rosto, acaba atraiçoando certos aspectos, igualmente duradouros, do caráter, do temperamento do indivíduo", observam Françoise Loux e Philippe Richard em seu fecundo estudo sobre os provérbios das regiões rurais francesas (LOUX & RICHARD, 1978). Do mesmo modo que existe uma medicina das assinaturas, assim também existe uma fisiognomonia das assinaturas e o tamanho dos órgãos ou a sua conformação estão associados a qualidades morais: "olho aberto, bolso fechado"; "olhos perdidos, mãos ágeis"; "olho redondo, nada de bom"; "nariz arrebitado, mas não astuto"; "nariz curto, belo topete"; "nariz adunco, avarento"; "nariz pontudo, língua afiada" etc. Uma tendência fatal torna a analogia em uma propriedade natural: da observação do órgão, tira-se a conclusão imediata de um caráter moral próprio ao indivíduo. De um provérbio para outro, a correspondência estabelece-se com uma espécie de fantasia em que a fórmula concisa alia-se ao humor. O vínculo entre o traço do rosto e a psicologia pode estar fundado em um princípio de oposição: "rosto amável, coração de fel"; "rosto de ovelha e garra de lobo"; "cabeça grande, cérebro tacanho", "quem não tem cabeça é mais cabeçudo"; "os olhos pequenos enxergam de longe e, os grandes, de perto"; "lábios delgados, beijos enormes" etc. Pelo contrário, a inferência do físico para o moral pode estabelecer-se a partir da observação empírica e nomear a evidência, mas de um modo inesperado que leva a sorrir e ser mais eloquente do que parece: "a cabeça trabalha mais que os braços"; "a cabeça carrega os pés"; "olho fechado, homem adormecido"; "nariz ossudo, homem magro"; "nariz vermelho, vinho no estômago" etc. Às vezes, a correspondência vem da própria língua que torna as assonâncias entre as palavras no pretexto de uma semelhança que liga físico e moral, à maneira das cantigas infantis: "olhos negros vão para o purgatório; olhos cinzentos, para o paraíso; olhos azuis, para o céu". Ela pode também basear-se em um princípio de comparação entre os seres humanos e os animais: "olho de gato, pessoa perspicaz"; "focinho de ovelha e garras de lobo", "olho branco, olho de cão" etc.; "quem tem bom faro, é bem equipado". Ou estabelecendo uma relação dos órgãos entre si: "lábios abertos, riso largo" etc. Esboça-se aqui uma visão da pessoa que dá a impressão de um mundo finito, cujos elementos estão distribuídos desigualmente segundo os indivíduos e a sua boa sorte. Muitas vezes, porém, como observam F. Loux e P. Richard, uma espécie de desconfiança, de vontade de matizar os decretos do destino, faz com que uma compensação seja obrigatória. Se um indivíduo mostra uma qualidade moral, o físico não estará à altura dessa oportunidade ou, inversamente, a qualidade física é inquinada com um defeito moral – é impossível ser belo, inteligente ou corajoso sem pagar alhures por essa sorte: "bicho lindo não tem cauda bela"; "aos quinze anos, o diabo era lindo". A lista seria longa.

Ao contrário da fisiognomonia erudita, aquela que é transmitida pelos provérbios não tem a vocação de prejulgar o outro pela observação de seu rosto ou pela forma de seu nariz. Ela vai explicar, posteriormente, um incidente ou marcar as etapas de uma discussão; o julgamento do outro não se faz de imediato, repetindo o provérbio que satiriza o seu defeito, e a explicação subsequente a uma conduta ocorre mediante o uso da fala apropriada. Já afirmamos, em outro texto, que os provérbios contradizem-se com frequência, nomeando a sinuosidade do mundo e algumas de suas regularidades. A sua função social consiste em fornecer pontos de referências, princípios de explicação dos quais ninguém ignora os limites. Eles contribuem para balizar a coerência do mundo e a da evolução da pessoa.

Mais insidiosa, sem dúvida, a literatura de cordel propõe versões vulgarizadas das fisiognomonia eruditas para o uso do povo das zonas rurais e das cidades. A partir do final do século XVII, os colportores da Bibliothèque Bleu de Troyes, uma das fontes mais ativas da cultura popular ao Norte do Rio Loire – Quimper, em bretão, e Toulouse, em occitano, são outros lugares de impressão e de irradiação dessas coletâneas –, difundem opúsculos brochados, de preço baixo, obras anônimas de operários de tipografia e de tipógrafos às ordens do livreiro ou do impressor. Trabalho de compilação ou de registro de tradições orais da Champanha. Essas coletâneas impressas a baixo custo abordam todos os aspectos da vida cotidiana suscetíveis de interessar um público pobre e essencialmente rural (contos, almanaques, obras de piedade, de astrologia, de medicina, obras práticas etc.). Elas vulgarizam, para uso da zona rural, conhecimentos eruditos que, em sua época, haviam granjeado a simpatia do público letrado. Recitadas em voz alta, à noite, no sarau por algum aldeão alfabetizado, essas obras são, em seguida, comentadas e confrontadas com a experiência dos ouvintes e com os saberes tradicionais. Algumas dessas antologias expõem fisiognomonias inspiradas em G. Della Porta, nas quais os traços físicos são relacionados grosseiramente com os supostos caracteres morais daqueles que os exibem. O *Almanach des Bergers* [Almanaque dos Pastores], por exemplo, recorda em frases lapidares a Teoria dos Humores, inspirada em Hipócrates, extraindo dela uma psicologia em que as qualidades e as cores dos cabelos ou dos olhos, a forma do nariz, os dentes e a boca são descritos, termo a termo, como os sinais infalíveis de uma predisposição moral:

> Os que têm o rosto pequeno e curto, além de pescoço fino, e o nariz fino, longo e delicado significam pessoa de muito grande coração, apressada e colérica. Aquele que tem o nariz longo e alto por natureza significa proeza e ousadia, além de ser empreendedor. O nariz adunco, que desce até o lábio superior, significa pessoa maliciosa, impostora, desleal e repleta de grande luxúria... Aquele que tem o rosto ruivo e os olhos remelentos e também os dentes amarelos é pessoa pouco leal e traiçoeira, além de ter mau hálito. A pessoa que tem um pescoço longo e fino é cruel e sem piedade, apressada e desmiolada. A pessoa que tem o pescoço curto é repleta de fraude e de toda maldade e desengano e de malícia; assim, não se deve, de modo algum, confiar em tal pessoa ("Almanach des Bergers". In: MANDROU, 1973).

Trata-se de sistematizar as intuições desse "sentimento fisiognomônico" – a respeito do qual Lavater, com toda a razão, constata que ele orienta a qualidade de nossas relações com os outros, fundamentando, mediante a observação do rosto, as preferências e as aversões –, a fim de que a transparência interior de cada pessoa seja assegurada graças à topografia de sua fisionomia. Uma observação meticulosa deve comparar as características da alma com as do rosto para construir, finalmente, um sistema rigoroso de leis a fim de associar o físico com o moral. "Seria, portanto, um mal tão grande, eu me pergunto – proclama Lavater – ensinar as pessoas a julgar não mais obscuramente, mas com um pouco de luz? Substituir um sentimento grosseiro, errôneo e confuso por um sentimento mais delicado, justo e esclarecido?" (p. 27)[29]. Ilusão de um controle que não deixaria nenhum lugar à improvisação, nem à fantasia; contato que, em vez de ser entre uma emoção e outra – à semelhança do que se passa em uma interação na vida cotidiana –, inscreve, sob a égide da razão, a relação com o outro depurada de qualquer suplemento incontrolável.

2.4 Uma ciência dos rostos?

A fisiognomonia é um procedimento semiológico, empenhado em determinar certo número de particularidades do rosto humano, as quais são transformadas em "indícios" (cf. GINZBURG, 1980) e colocadas em relação com uma série de disposições psicológicas. Uma constelação de signos, formando um todo com determinado indivíduo, definiria uma estrutura de caráter que lhe seria própria. Trata-se de preencher a distância entre a descrição de si fornecida pelo ator, graças ao seu rosto, e a impressão que ele dá a outrem através de suas atividades sociais e do estilo de sua vida cotidiana. O rosto parece encarnar a verdade do sujeito, ser o lugar mais íntimo e expressivo de sua relação com o mundo. As fisiognomonias adotam tal maneira de ver, procedendo como se a fisionomia fosse o condensado da alma, uma fórmula psicológica que a vida desdobraria, em seguida, em toda a sua envergadura. Um inventário sistemático de sinais físicos remete metodicamente a uma soma de categorias morais preestabelecidas[30]. Os fisiognomonistas tornam o

---

29. Na psiquiatria, os diagnósticos são mais comumente estabelecidos desde os primeiros minutos da entrevista. A esse respeito, B. Cyrulnik suscita uma questão prenhe de consequências: "O que será que qualifica a impressão do doente a respeito de seu psiquiatra: os diagnósticos ou os adjetivos?" (apud CYRULNIK (Ed.), 1988, p. 17).

30. Ao celebrar uma "antropologia resolutamente física" em um texto recente, F. Dagognet procura reabilitar a fisiognomonia de Lavater: "Nosso corpo não deve ser situado nem confinado nas profundezas da carne, mas será capaz de se mostrar em seu anteparo. Tentaremos detectar aí as marcas da individualidade, estigmas, cicatrizes, rugas, em suma, uma grande quantidade de sinais, aliás, menos físicos do que

rosto em um palimpsesto a decifrar e não pretendem renunciar à ideia de que o rosto seja incapaz de ter algum sentido. E como essas significações lhes parecem ser demasiado difusas, eles constroem sistemas laboriosos que eliminam o rosto para considerar apenas a série de seus constituintes: uma fronte curta ou larga, lábios delgados ou carnudos, um nariz pontudo ou redondo etc. A aparência exterior de uma pessoa revela, de modo um tanto confuso, à maneira de um negativo, o seu interior.

Os fisiognomonistas pretendem estabelecer uma cartografia precisa dos vínculos que unem a conformação do rosto ao caráter do indivíduo.

> A fisiognomonia – escreve claramente Lavater – é a ciência, o conhecimento da relação que liga o exterior ao interior, a superfície visível ao invisível recoberto por esta. Em uma concepção estreita, a fisionomia é entendida como o aspecto, as linhas características do rosto, enquanto a fisiognomonia é o conhecimento de tais linhas e de sua significação... Aquele que, pela primeira impressão que o exterior de uma pessoa causa nele, julga com acerto o seu caráter, ou uma parte de seu caráter, é naturalmente fisiognomonista; alguém é cientificamente fisiognomonista quando sabe expor de maneira precisa e classificar, em determinada ordem, os traços e os sinais observados; enfim, o fisiognomonista filósofo é aquele que, pela inspeção desta ou daquela linha característica, desta ou daquela expressão, está em condições de deduzir as suas causas, além de fornecer as razões internas dessas manifestações exteriores (LAVATER, 1979, p. 6).

---

psíquicos. A aparência exterior da pessoa, quase cutânea e gestual, propõe-nos um texto delicado, mutável e bastante proteiforme, além de ser na verdade difícil de decifrar. Tal é exatamente o nosso programa: aprender a lê-lo". Ainda segundo Dagognet: "É menos importante rejeitar Lavater do que prolongá-lo e superá-lo". Ele próprio observa a singularidade desse projeto – "tão retrógrado que poderia ser considerado caduco" –, mas não pode furtar-se a ceder às positividades biológicas. O indivíduo nada seria além de seu corpo ou, mais exatamente, daquilo que alguns pretendem levar o seu corpo a exprimir (cf. DAGOGNET, 1982, p. 89-131).

De um modo mais contemporâneo, L. Corman, o fundador da morfopsicologia – termo que se limita a revestir a antiga fisiognomonia com novos ouropéis –, cujo sucesso é conhecido em relação aos processos de recrutamento dos executivos nas empresas, propõe a seu respeito a seguinte definição:

> A ciência das relações entre os traços da forma e os traços do caráter, no sentido em que esta ciência está fundada na percepção visual das ditas formas; no entanto, tal percepção está respaldada constantemente em uma intuição direta dos valores dinâmicos da pessoa interior. [Trata-se de] um meio de entrar em contato com as pessoas, de descobrir a sua diversidade, além de despertar o nosso interesse pelos rostos e pelas almas que estes revelam (CORMAN, 1985, p. 10-11)[31].

2.5 Tripartição do rosto

Uma constante das fisiognomonias consiste na divisão tripartida do rosto, a qual reproduz a divisão do corpo humano adotada pelas caracterologias: a cabeça encarna a inteligência; o peito (o coração), a sensibilidade; e o ventre, o instintivo, a vitalidade, a atividade. A mesma hierarquia segmenta o rosto: a fronte é o lugar do resplendor, da inteligência; das sobrancelhas até a base do nariz, estende-se a zona da sensibilidade; e da base do nariz ao pescoço, é a sede dos instintos, da sensualidade etc. "Para a morfopsicologia, essa consideração é essencial, traduzindo-se pela distinção de três patamares na altura do rosto: a zona mandibular; a zona do nariz e dos pômulos; por fim, a zona da fronte e dos olhos" (CORMAN, 1983, p. 29). Para Lavater,

> a vida animal, por exemplo, a última de todas e a mais próxima da terra, estender-se-ia em toda a região do ventre até os órgãos da reprodução que seriam o

---

31. A primeira obra de L. Corman, *Visages et caracteres*, foi publicada em 1932.

> seu núcleo central. A vida mediana ou moral teria sua sede no peito, tendo o seu centro e o seu foco no coração. Quanto à vida intelectual, aquela que ocupa o primeiro lugar na triarquia, ela reinaria em toda a cabeça e teria o seu núcleo central no olho. Consideremos agora o rosto como o representante e o resumo dessas três divisões: neste caso, a fronte até as sobrancelhas refletirá o intelecto; o nariz e os pômulos refletirão a vida moral e sensitiva; enfim, a boca e o queixo, a vida animal. O olho, por sua vez, será o centro e a soma de tudo (p. 5).

Uma axiologia dos órgãos reflete, portanto, uma axiologia das qualidades de natureza moral. Ainda hoje, as fisiognomonias contemporâneas encontram no rosto a mesma hierarquia de valores: por exemplo, L. Corman distingue da mesma maneira o instintivo, o afetivo e o intelectual. A pregnância do esquema tripartido – que lembra o esquema revelado por G. Dumézil nas sociedades indo-europeias entre os sacerdotes, os guerreiros e os criadores/agricultores – é tal que o médico e anatomista alemão, F.J. Gall, acredita também encontrá-lo em sua frenologia: na parte da frente do crânio, ele localiza a inteligência; no meio, as diversas paixões enraizadas no parietal e no temporal; e, por fim, os instintos situados na parte inferior e mais recuada. "Essa tríplice vida – escreve Lavater –, que é absolutamente impossível desconhecer na pessoa, torna-se objeto de estudo e de pesquisa apenas pela única razão de que ela se revela no corpo e de que as faculdades humanas são de natureza a serem vistas, sentidas e constatadas materialmente. Não há objeto no universo cujas propriedades e forças se tornem conhecidas para nós a não ser por suas manifestações exteriores e acessíveis aos sentidos" (p. 3). Excelente convicção surgida da adesão a uma racionalidade a respeito da qual torna-se impossível pensar que ela venha a isentar o corpo.

A morfologia persegue hoje a tentativa de adicionar os indícios físicos para chegar a circunscrever a verdade do ser humano. Esse indivíduo analítico não se esgota na soma dos três patamares que dividem o seu rosto. A estruturação em camadas prolonga-se mediante outras segmentações, consideradas também como indispensáveis ao estabelecimento da descrição moral da pessoa estudada. Assim, Corman estabelece ainda a distinção entre a zona da moldura, designada por ele como o "grande rosto", e a zona dos receptores sensoriais: "pequeno rosto".

> A moldura é, no rosto, a representante do corpo inteiro, desse corpo no qual se realizam, sem que se tenha consciência disso, processos funcionais inumeráveis e delicados, contendo todas as reservas de força vital de que cada um de nós pode dispor. Mediante a sua estrutura, a moldura indica, portanto, a vitalidade inconsciente, as reservas de força e de sensibilidade. Os receptores sensoriais, por sua vez... que são também as entradas do organismo, estabelecem o contato e as interações com o meio ambiente externo, mas desta vez em um plano consciente (CORMAN, 1983, p. 27).

O indivíduo adicional da morfopsicologia assemelha-se estranhamente a um castelo de cartas, a uma soma de atributos em que se dilui a pessoa viva, envolvida em uma existência real.

Trata-se de outra divisão que põe, ainda, em relação a "moldura" e os "receptores sensoriais", mas é percebida sob um prisma diferente. Corman opõe igualmente o "arcabouço ósseo e muscular" e "as partes moles" da face: o primeiro constitui a "moldura que dá, em particular, a forma ao contorno do rosto. É a parte mais fixa, aquela que já não se modifica no termo do crescimento; a ela correspondem, na ordem psicológica, os traços constantes do caráter, os elementos duradouros, antigos, inatos". Por "partes moles", Corman entende a gordura, os músculos cutâneos e a pele "que revestem o arcabouço, acolchoando as saliências e as cavidades, e assim determinam o modelado; elas podem modificar-se, mesmo após o termo do crescimento. Elas exprimem, por conseguinte, os traços variáveis do caráter, os elementos recentes, adquiridos. Nesse plano, as partes moles se destacam claramente do rosto; a sua importância é notória, sublinhada ainda pelo fato de que, em torno desses vestíbulos, estão principalmente agrupados os músculos cutâneos que desempenham um papel tão relevante nos movimentos expressivos" (CORMAN, 1985, p. 328).

A fisiognomonia é uma resposta negligente e autoritária ao mistério da relação e ao inapreensível de cada pessoa, assim como à suspeita de revelação que atravessa o rosto. À presença sempre um tanto às escondidas do outro, à dificuldade de saber quem ele é, o fisiognomonista opõe um fantasma de controle que subjuga o rosto à maneira de uma máscara, reduzindo-o a uma soma de componentes para a compreensão dos quais ele pretende ter a chave. Sem o saber, cada um possuiria na configuração de suas feições o condensado de sua personalidade, assim como as diretrizes de natureza moral que foram, são e serão as suas no decorrer de sua existência. O imprevisível das condutas, a ambivalência da relação com o mundo e o enigma da presença são assim removidos; diante daquele que pretende deter o conhecimento das fisionomias, o indivíduo nada é além da descrição de caráter esboçada por seu rosto, reduzido à situação de máscara ou de fisionomia. O rosto real é dissolvido.

2.6 O rosto e o seu interior

A fisiognomonia baseia-se no postulado de que as aparências do corpo e do rosto são a expressão inequívoca de uma interioridade a decifrar. O rosto é o palco em que a alma se revela, se incorpora, para indicar ao fisiognomonista, detentor das chaves para a sua compreensão, a verdade – escrita em uma linguagem pouco familiar – de uma pessoa que alimentava a crença de estar protegida por trás de suas feições, a salvo de qualquer suspeita. O fisiognomonista tem a certeza de estar no segredo dos deuses e ninguém à sua frente, nem mesmo o mais hábil comediante, consegue iludi-lo durante muito tempo sobre o que é realmente. Desmascarar o outro, separar em seu rosto o acessório do essencial, detectar os seus sentimentos reais, desvelar a alma sob os artifícios do corpo, tal é o empreendimento ambíguo a que se dedicam os fisiognomonistas. Forçar o rosto a denunciar a verdade da pessoa para além de suas obras e de suas aparências, talvez, falaciosas, exibidas aos outros, seguir os sinais até onde deixa de ser possível dissimular porque as coisas estão claramente escritas na superfície da fisionomia. Tornar esta última em um elemento de prova. Lavater, apesar de sua cordialidade, mostra uma grande firmeza:

> No exterior do indivíduo, há um grande número de coisas em que não existe nenhuma possibilidade de proceder à mínima dissimulação, e essas coisas são precisamente os indícios bem certos do caráter interior... qual pessoa, com toda a arte da mais sábia dissimulação, poderia acaso, por exemplo, modificar a seu bel-prazer o próprio sistema ósseo, exibir uma fronte fortemente abaulada em vez de uma fronte achatada; uma fronte encarquilhada em vez de uma arredondada? Quem conseguirá mudar a cor ou a posição das sobrancelhas, ter sobrancelhas fortes, arqueadas, se estas são finas, ou então se está desprovida delas? Quem poderá ter um nariz formado com fineza, se o seu nariz é achatado, obtuso? Quem poderá ter lábios carnudos, se eles são delgados?... Não há dissimulação que seja capaz de evitar os indícios certos, sensíveis, mesmo que seja impossível determiná-los mediante sinais e palavras. Aliás, se esses indícios forem considerados como indetermináveis, a culpa não é da pessoa que está sendo objeto de análise, mas do examinador.

O homem está grudado a uma fatalidade corporal que exibe o que ele é realmente sem a possibilidade de proceder à qualquer correção. O corpo determina o caráter que, por sua vez, determina o corpo, mas de acordo com uma espécie de necessidade desconcertante que parece excluir o trabalho do tempo e os esforços eventuais do ator para modificar a sua relação com o mundo. Algumas páginas mais adiante, Lavater escreve que "a pretensão em forçar uma pessoa a pensar e sentir como eu é como que desejar impor-lhe a minha fronte e o meu nariz, é pretender ordenar que a águia tenha a lentidão do caracol e que este avance com a rapidez da águia" (p. 50). Os traços do caráter estão fixados aos traços do corpo para o melhor e para o pior, tanto mais que o detetive fisiognomonista não pretende dar nenhuma trégua aos adversários. O próprio leitor é convidado a tomar posição: "Para mim, seria suficiente mostrar a meus leitores a sua face adormecida, tocar com um só dedo o contorno de sua fronte, desde o ponto mais elevado até a extremidade do frontal orbital. Não tenho o prazer de conhecê-lo, nem cheguei a ver o seu retrato, nem a sua silhueta, mas estou perfeitamente convencido de que me bastaria a silhueta de seu perfil, ou apenas os três-quartos de sua fisionomia, para descortinar de novo e sem nenhum outro indício, meus leitores atentos, esta verdade: é possível reconhecer, com certeza, o talento e o gênio nas partes móveis do rosto" (p. 126). Formidável ilusão de controle que não tolera nenhuma réplica. A verdade está aí, encarnada por um Lavater que ameaça até o leitor de lhe dizer poucas e boas a respeito de sua fisionomia, se este se obstinar na dúvida. A arte peremptória de enunciar ao outro a verdade – talvez, ignorada – contida nele sem que lhe seja possível replicar, torna a fisiognomonia em um procedimento de controle social, baseado na arbitrariedade do sinal físico e na autoridade de um especialista que reivindica uma legitimidade absoluta. Ninguém, se não é fisiognomonista, pode tomar a palavra; ele é o único que "compreende a linguagem mais bela, eloquente, justa, ingênua e expressiva de todas... ele a compreende nas fisionomias daqueles que, por sua vez, ignoram que a falam" (p. 24).

Lavater parece não supor, durante um só instante, que o uso dessa tentativa – consistindo em julgar a pessoa a partir não de suas obras, mas das disposições deduzidas de um sistema semiológico erigido sobre as aparências do corpo – possa ser incorreto ou duvidoso. "Formar, orientar, corrigir o coração humano" (p. 25): tal é o objetivo pedagógico proposto por ele. Dar indulto "quando o mais benevolente não conhecedor dos seres humanos é obrigado a condenar" (p. 73). Segundo Lavater, a fisiognomonia "favorece o amor pela humanidade" (p. 119).

> Estou falando por experiência: o bem que, por ser fisiognomonista, observo em um semelhante oferece-me mais de uma compensação relativamente à quantidade de mal que sou igualmente forçado a observar e a extinguir. Quanto mais observo as pessoas, tanto mais constato em todas elas certo equilíbrio de forças, tanto mais estou convencido de que a origem do mal nas almas é boa: ou seja, precisamente o que as torna malvadas – a força, a irritabilidade, a elasticidade – é sempre em si mesmo algo bom, positivo, útil, e cuja ausência poderia tornar impossível, para a verdade, uma quantidade infinita de mal, mas ao mesmo tempo também uma quantidade infinita de bem; e cuja presença provoca efetivamente muito mal, mas reforça em troca a possibilidade de uma quantidade de bem muito mais considerável (p. 72).

Em L. Corman, encontramos a mesma ingenuidade: "À medida que o leitor adquirir uma experiência mais aprofundada dos sinais morfopsicológicos, ele verá aumentar o seu conhecimento a respeito do ser humano. Mas terá necessidade paralelamente de ampliar a sua intuição, entrar em simpatia profunda com cada uma das pessoas que são objeto de sua análise". Sem perceber a mínima contradição, ele escreve algumas linhas mais adiante: "Impõe-se que todos os rostos de criança, de mulher, de homem, se tornem daí em diante, para o adepto, um problema a resolver. Impõe-se empenhar-se nessa tarefa com um desejo ardente de compreendê-lo, de revelar os seus segredos (CORMAN, 1985, p. 10-11).

O olhar do fisiognomonista desliza sobre o rosto do outro, limitando-se a ver aí uma superfície e uma configuração, um objeto a decifrar entregue à sua perspicácia. Ele perscruta, enquanto juiz indulgente, a ingenuidade facial daqueles que o cercam. Ao contrário da fisiognomonia espalhada nos provérbios, a fisiognomonia erudita não teme apresentar-se como "um instrumento para governar os outros" (COURTINE & HAROCHE, [1988] 2016, p. 29). Ela contribui para uma antropologia física que traduz o biológico em psicológico e pretende ler nos rostos as intenções dissimuladas. A arte dos fisiognomonistas é a do desvelamento, reivindicando tirar as máscaras daquele a quem é aplicada. Ela baseia-se na ideia de que o indivíduo dissimula os seus sentimentos, mas que é possível, para um conhecedor advertido, desvendá-los pela observação de suas feições. A fisionomia acaba denunciando o que a pessoa pretende dissimular. Uma arte da suspeita, de alguma maneira, desenvolvida por detetives perspicazes e perversos que julgam estar fora de qualquer conflito para reivindicarem a função de juízes.

O rosto – sendo privado de qualquer significação vívida, ou considerado como uma coisa, uma máscara, "um problema a resolver" – acaba tornando-se um volume e uma superfície, ou seja, o arranjo de traços fisionômicos em uma forma. A aposta da fisiognomonia consiste em passar do rosto vivo para a figura em duas dimensões, deduzindo a terceira – a do tempo e da aventura individual – da conjunção formada por essas duas iniciais. A fisiognomonia dissimula o rosto para falar apenas da figura, ou da fisionomia, o que dá no mesmo; ela nada exprime a respeito do rosto, transpassando-o para ler um mapa de geografia desenhado na carne, dotado de relevos e diferentes planos sobre os quais se aplicam dados de caracteres, qualidades de natureza moral ou social. Do mesmo modo que ela transforma o rosto em figura, assim também transforma o indivíduo em caráter; em ambos os casos, nada resta do ser vivo além do esqueleto, o qual deve ser considerado, por um passe de mágica, como o rosto do próprio indivíduo. Uma analítica do rosto é posta em relação com uma analítica dos sentimentos.

O corpo é uma soma de órgãos, enquanto a pessoa é uma soma de disposições psicológicas; o indivíduo fisiognomônico é a conjunção dessas duas séries, cujo quebra-cabeça deve ser colocado em ordem com o objetivo de harmonizá-las. Ele aparece à maneira de uma colagem, é uma espécie de manta de retalhos, um conjunto de características à semelhança do indivíduo biomédico que é um conjunto de órgãos. A analogia está longe de ser indiferente. Com efeito, a fisiognomonia é uma anatomofisiologia do sentimento; além de decompor, seguindo o modelo biomédico, uma série de traços de caráter associados às formas físicas que modelam o rosto e o corpo, ela torna o indivíduo em um produto de seu corpo, mesmo que admita às vezes a contragosto uma interação entre as maneiras de viver e a forma assumida pelo rosto. A fisiognomonia é um broto que cresce a partir do dualismo próprio a um imaginário social que, na origem, estabelece a distinção entre o corpo e a alma; além disso, mais tarde, distinguirá o indivíduo e o seu corpo (LE BRETON, [1990] 2016). Na fisiognomonia, a oposição entre a alma e o corpo traduz-se pela oposição entre a aparência exterior da pessoa, dotada da consistência de carne e osso, e o indivíduo interior, misterioso piloto em seu navio, guiando os movimentos do corpo, mas subordinado aos traços de caráter impressos em seu rosto, cuja eliminação seria impossível para ele sem questionar as leis inflexíveis. O corpo e a alma prosseguem a sua caminhada paralela, encontrando o lugar de sua reunião – em vez de ser na glândula pineal, como pretendia Descartes – no rosto trocado em fisionomia.

Qualquer sistema semiológico que coloca em relação um atributo do corpo e determinadas características pessoais baseia-se em uma arbitrariedade; daí, as divergências entre as leituras do corpo e as diferentes caracterologias, as correções mútuas dos autores por intermédio dos respectivos textos e as rivalidades entre escolas, o que torna a fisiognomonia uma disciplina altamente polêmica. Em sua obra, *Fenomenologia do espírito*, Hegel dedicou à fisiognomonia – e à frenologia de Gall – um estudo atento que culminou em uma severa crítica. O filósofo alemão coloca em evidência o caráter limitado das conclusões do exame fisiognomônico:

> Tais descrições engenhosas exprimem muito mais do que as qualificações de assassino, ladrão, indivíduo de bom coração, íntegro etc., mas ainda não dizem o bastante para o fim almejado, que é o de exprimir o ser "visado" ou a individualidade singular. São tão insuficientes quanto as descrições da figura que não vão além de uma fronte achatada, um nariz comprido etc. ([1807] 2016, p. 227).

Hegel denuncia a inanidade de estabelecer a correspondência entre uma série de indícios um tanto ridículos e uma série de categorias mentais que não deixam de ser igualmente simplistas. Outro inconveniente é a arbitrariedade de tal relação que o leva a uma ironia ferina: "Essas observações – escreve ele –, por seu conteúdo, não ficam atrás de outra desse tipo: 'Todas as vezes que há feira, chove', diz o vendedor. 'E também toda a vez que estendo a roupa para secar', diz a lavadeira" ([1807] 2016, p. 227). A fisiognomonia, que pretende desvelar a intimidade da pessoa, deduzir a sua interioridade unicamente pela observação de suas feições, é uma psicologia de fantasia. A vida interior não se deixa ler na forma de um nariz ou na superfície de uma fronte; qualquer observação fundada desse modo é uma conjetura que corre sério risco de ser desmentida pela experiência concreta e de cair no ridículo.

A crítica de Hegel prossegue ao observar com sutileza outro limite da fisiognomonia: a indiferença diante das obras do indivíduo, diante da existência real. Ela não se interessa pela pessoa em ação, mas pelo indivíduo teórico, dotado de caráter determinado por uma série de indícios: assim, a efetividade da pessoa está alhures; ora, a análise de suas obras é o único fundamento para um conhecimento mais abalizado do que ela é. Por essa atividade de colagem, associando um traço do rosto a uma particularidade psicológica, a fisiognomonia elabora, mediante a conjetura e a abstração, o retrato de um indivíduo virtual que, sem dúvida, nunca existirá. Ela baseia-se no postulado segundo o qual o caráter é um dado natural, uma maneira de ser que pode ser ignorada durante a vida inteira pela própria pessoa, mas que não deixa de estar presente nela; a predisposição para roubar, indicada por determinada forma do nariz ou da fronte, prevalece em relação à efetividade da existência concreta do indivíduo. Hegel cita Lichtenberg: "Se alguém dissesse: 'ages na verdade como um homem honesto, mas vejo por teu aspecto que te forças, e que és um canalha no teu coração', não há dúvida que até a consumação dos séculos qualquer sujeito de brios responderia com um soco na cara" ([1807] 2016, p. 227). Paradoxo realmente vexatório que não detém absolutamente as ambições da fisiognomonia: o ladrão não é aquele que passa ao ato e rouba algo, mas aquele que, talvez nunca tendo roubado, não deixa de possuir a disposição para cometer um ato semelhante como sugere tal indício de seu rosto. O ladrão não é, portanto, necessariamente aquele que a gente possa imaginar e, talvez, até mesmo o juiz que envia o delinquente para a prisão tenha, afinal, mais semelhança com aquele que a natureza marcou com o selo da disposição para roubar ou causar dano a outrem, ao passo que o próprio ladrão, impelido talvez pelas circunstâncias exteriores, esteja indene desses sinais.

A fisiognomonia torna a figura uma sina psicológica, mesmo que a conduta real da pessoa seja um desmentido contundente de tais pressupostos: ela torna o rosto uma declaração de culpa. A disposição para o roubo é o fato inelutável que retém a atenção após a evidenciação de determinado sinal do rosto. Para reivindicar o título de ciência, a fisiognomonia pretende limitar-se a essa constatação, observar unicamente o observável, subtrair o contingente, ou seja, a pessoa imersa em suas condições de existência. Um tanto à maneira do indivíduo que perdeu as chaves e vai procurá-las debaixo de um poste de iluminação porque é o único espaço que tem luz.

Finalmente, a pessoa permanece alguém perfeitamente desconhecido para si mesma se não solicitar o saber do fisiognomonista; ela é incapaz de tomar consciência de si ou, até mesmo, de se modificar, visto que a disposição que está nela é o único critério próprio para avaliar o que ela é. Uma ilustração impressionante da tendência para estabelecer uma supremacia dos sinais em relação à existência realmente vivida é fornecida por uma famosa anedota que oferece argumentos tanto aos fisiognomonistas quanto a seus mais obstinados adversários. Os fatos são relatados por Cícero:

> Em uma reunião, Zópiro, que declarava ser capaz de reconhecer a natureza de cada indivíduo pelo respectivo tipo físico, acabando por assacar a Sócrates todos os vícios, levou toda a assistência a caçoar de tal acusação, porque esta não encontrava nenhum desses vícios em Sócrates; então, foi o próprio Sócrates quem livrou Zópiro desse aperto ao dizer que esses vícios eram efetivamente inatos nele, mas que tinha conseguido desembaraçar-se deles mediante a razão (*Tusculanus*, IV, p. 37).

Mas, justamente, se a fisiognomonia não está em condições de exprimir a efetividade do indivíduo, colocando em evidência pretensas disposições que nunca virão à tona, então ela não passa de uma conjetura sobre a "aparência", exposta à mais contestável arbitrariedade. O seu uso social suscita um grande número de objeções. Sob a pena de R. Mucchielli, lê-se, por exemplo, esta desconcertante definição do caráter: "[...] é uma estrutura constitucional, de nível somatopsíquico, composta de propriedades, estrutura funcional cuja dinâmica condiciona as formas de comportamentos possíveis. Ele não é captado imediatamente, mas deduzido a partir de suas propriedades fundamentais" (1963, p. 5). Algumas páginas mais adiante, esse mesmo autor especifica o seu pensamento e afirma que "a abordagem morfológica parece ser a única capaz de evitar a incidência dos componentes históricos e culturais da personalidade, a fim de isolar em melhores condições – essa é, aqui, a finalidade – o nível caracterológico propriamente dito". Esse empreendimento torna-se realmente duvidoso: não se vê, de modo algum, o interesse em dissolver em tal grau a noção já ambígua de "personalidade"; separada de suas raízes históricas e sociais, ela perde toda a realidade. A abstração do procedimento caracterológico, e mais especificamente fisiognomônico, é aqui claramente reivindicada: o indivíduo concreto está diluído na determinação de um caráter puro, unificado a partir de um punhado de traços corporais, indiferentes tanto à singularidade de sua pessoa quanto ao ambiente social e cultural em que está imerso. O indivíduo teórico é o único que, segundo parece, tem importância para o fisiognomonista.

O mesmo ocorre, do ponto de vista estrutural, com a cranioscopia, com a frenologia de Gall ou com as diversas caracterologias baseadas na observação do corpo que pipocam no século XIX. Para Gall, cada uma das qualidades da alma está alojada em um domicílio cerebral acessível à palpação. Ele enumera vinte e sete localizações que acolhem vinte e sete faculdades morais, entre as quais podem ser citadas as seguintes: entendimento metafísico, senso da mecânica, amor pela prole, senso pelas cores, instinto carnívoro, astúcia etc. A inspiração criativa de seu mais importante discípulo, o médico alemão, J.G. Spurzheim, acabou encontrando trinta e cinco. O Dr. Crook de Londres e o Dr. Hoppe de Copenhague, na década de 1820, acrescentam a alimentividade. O discípulo francês de Gall, P.-M. Dumoutier, observando a falta de uma saliência do crânio em alguns suicidas, propõe uma trigésima sétima: a biofilia. Hegel não é menos irônico em relação a Gall, cuja pretensão consistia em tornar o espírito em "algo semelhante a um osso", ridicularizando-o copiosamente.

A réplica a semelhante julgamento, mencionada a propósito da fisiognomonia, deve servir aqui; assim, um tapa é capaz de mudar o aspecto das partes *moles* e lhes imprimir um deslocamento, demonstrando somente que não são um verdadeiro *Em-si* e, menos ainda, a efetividade do espírito. Aqui [na frenologia], a rigor, a réplica deveria ir até a quebrar o crânio de quem julga assim, para lhe mostrar, de uma maneira tão grossa como a sua sabedoria, que um osso não é para o homem nada de *Em-si* e, ainda muito menos, a *sua* verdadeira efetividade (HEGEL, [1807] 2016, p. 240)[32].

Através dessa crítica, Hegel lembra em substância que, se o corpo é o indivíduo, este é também outra coisa além de seu corpo; este não é a superfície de projeção inequívoca de uma psicologia ou de suas inclinações. E tampouco o rosto. O corpo não é um espaço de ambivalência para a pessoa a quem ele confere consistência, tampouco um espaço de debate permanente com o ambiente social e cultural que o modela (LE BRETON, 1985, 1992).

No entanto, a negligência do pensamento que pretendesse tornar um rosto, ou um corpo, ou a cor da pele, na identificação pura e simples de uma psicologia ou de uma inteligência está longe de ter desistido de sua pretensão. As velhas teorias evolucionistas basearam na observação do rosto e do corpo a sua certeza tranquila da superioridade moral e intelectual do indivíduo branco que colonizava assim, em nome do "progresso", sociedades consideradas pouco evoluídas ou inferiores. Os "arianos" justificaram o seu direito de supremacia em relação aos "semitas" mediante a mesma mística do corpo e, ainda atualmente, o racismo cotidiano respalda-se no que foi designado como "délit de sale gueule"[33] ou na busca do "fácies".

---

32. Sobre a frenologia, cf. LANTERI-LAURA, 1970.

33. Literalmente, delito por cara feia: expressão da década de 1980 que indica a forma de discriminação com base na aparência física, praticada particularmente na entrada de locais seletos, nas *blitz* ou na seleção de emprego [N.T.].

À semelhança do racismo, a fisiognomonia torna o ser humano em um produto dedutível da conformação de suas feições e de seu corpo. Ela naturaliza diferenças sociais e individuais, as desigualdades entre as classes sociais ou entre os povos. Do mesmo modo, Lavater naturaliza as oposições de gênero, tanto mais que a sua estima pelas mulheres não era assim tão elevada e, aliás, confessa que conviveu pouco com elas: "Raramente tive a oportunidade de conhecer as mulheres na situação em que estas deveriam ser estudadas e conhecidas, ou seja, no decorrer de espetáculos, dança ou jogo. Na minha juventude, cheguei praticamente a fugir delas e nunca namorei" (p. 186). No entanto, ele não deixa de dissertar por várias páginas sobre a inferioridade nativa das mulheres: "Elas são como o reflexo do homem, tiradas do homem, para se submeterem a ele, para consolá-lo como anjos, para aliviar os seus sofrimentos; afinal, a felicidade delas consiste em fazer filhos e em criá-los para a fé, esperança e amor" (p. 188).

Lavater convoca o leitor como testemunha: "Tu que pretendes estudar o ser humano examina a superioridade de uma figura humana em relação a outra. Embora o pai de todos tenha formado toda a raça dos seres humanos de um só e mesmo sangue, a igualdade natural destes é, contudo, um dos mais imperdoáveis preconceitos de um entusiasmo bem insensível e que se limita a afetar a bondade" (p. 76). Essas desigualdades entre os seres humanos são baseadas na natureza; Lavater denuncia as pessoas de seu tempo pelo fato de darem mais ênfase à instrução na formação individual. Em seu entender, o indivíduo não é uma construção do ponto de vista social, mas puro produto de uma essência biológica de origem.

> Conheço poucos erros tão grosseiros e palpáveis, apesar de serem ainda hoje apoiados e alimentados por mentes superiores, quanto aquele que consiste não só em fazer com que, no ser humano, tudo dependa da educação, instrução e exemplos, em vez da conformação primitiva, mas também em acreditar, por

conseguinte, que esta última seja a mesma em todos os indivíduos... As linhas características do rosto e as configurações, as disposições morais são transmitidas por sucessão. Após as proposições que temos demonstrado até aqui, quem poderia ainda duvidar que haja harmonia entre os traços fisionômicos e as configurações hereditárias, por um lado, e, por outro, as disposições morais recebidas pela mesma via? (p. 59-60).

A fisiognomonia apresenta-se como um dos capítulos de uma antropologia resolutamente física que acompanha de perto a pessoa através dos sinais fornecidos por suas feições, por seu ângulo facial, por suas antropometrias, por seu índice cefálico ou pela forma do crânio. O século XIX é invadido por uma paixão de classificar que dissimula dificilmente a sua vontade de descriminar com toda a boa-fé e de justificar, em nome da ciência, as desigualdades sociais ou os empreendimentos coloniais.

Ao pretender fundamentar-se unicamente na observação, os cientistas privilegiam critérios mensuráveis aos quais atribuem uma importância decisiva ao dotá-los de um imaginário em que todos os preconceitos da época contribuem para celebrar a perfeição do homem branco. Mais ainda, a perfeição das camadas cultas do velho mundo, fomentadoras dessas teorias e que, interiormente, prestam homenagem a uma providência que as alcandorou ao cume da hierarquia social e racial, adornando-as com todas as virtudes físicas e morais. Assim, sem falso pudor, Lavater explica que "o bom fisiognomonista terá de ser alguém forçosamente bem formado... do mesmo modo que as pessoas mais virtuosas dispõem de melhores condições para julgar a virtude, e as mais justas, a justiça, assim também os rostos mais harmoniosos pronunciam as melhores sentenças a respeito do que é bom, belo, nobre nas figuras humanas e, por conseguinte, a respeito do que nestas é ignóbil e defeituoso. A raridade de pessoas bem formadas é certamente uma das razões pelas quais a reputação da fisiognomonia é tão malfadada e esta se encontra exposta a tantas dúvidas... Não se arrisque a adentrar o santuário da fisiognomonia quem tiver a alma malconsolidada, a fronte vincada, a boca desfigurada ou for estrábico". Em outro lugar, não menos aturdido e desconcertante, ele escreve:

> Atrevo-me a defender que ela é combatida por quase todas as pessoas malévolas. E se houver alguém que pretenda tomá-la sob a sua proteção, pode-se supor que, para explicar tal atitude, existem razões particulares e fáceis de conceber. Mas por que, me perguntarão, a maior parte das pessoas malévolas declaram publicamente a sua aversão à fisiognomonia? – Porque elas acreditam secretamente nela; com efeito, a sua fisionomia seria diferente se elas fossem pessoas de bem, se tivessem a consciência tranquila e feliz (p. 11).

Assim o Outro, seja ele indígena do interior (camponês, operário, vagabundo etc.) ou de regiões mais longínquas, seria necessariamente feio e dotado de inteligência medíocre tal como é avaliado de forma indiscriminada pelas diferentes fisiognomonias eruditas ou pelos inumeráveis indícios corporais que se sucedem e rivalizam no decorrer do século a fim de contribuir para provar cientificamente a beleza e a inteligência daqueles que os inventam. Ao estabelecer os seus preconceitos antes de qualquer observação e ao basear-se nos mesmos para instaurar de maneira absoluta os critérios que os definem, eles fundam de fato "cientificamente" um estudo sobre o seu imaginário a respeito do Outro. Eles são, à sua revelia, as cobaias de um dispositivo experimental que lhes escapa; a teoria deles assemelha-se às manchas de tinta do Teste de Rorschasch nas quais se revelam todos os fantasmas que os habitam.

2.7 A face do Outro

O Outro é marcado sempre por uma feiura incontestável. Na falta de apoio de uma teoria mais erudita, o preconceito fisiognomonista funciona e descreve as pessoas dos outros espaços com os mais desairosos traços fisionômicos, como se a natureza estivesse empenhada em desacreditar a sua obra para além das fronteiras. Os relatos dos viajantes são abundantes em retratos pouco lisonjeiros. Tendo percorrido um pouco o mundo, F. Bernier – um "homem honesto" – propõe em seu texto, *Le Journal des Scavants* de 24 de abril de 1684, uma tipologia das raças humanas que ele chegou a conhecer, sem dúvida, uma das primeiras de uma sinistra posteridade. A primeira espécie inclui os homens do velho continente e de uma parte da África e da Ásia. A segunda espécie é a dos africanos:

> O fato de considerá-los uma espécie diferente deve-se às seguintes razões: 1) Os seus lábios grossos e seu nariz achatado... 2) A negrura que lhes é essencial e cuja causa não é o abrasamento pelo sol, como é costume pensar... 3) A sua pele que é como oleosa, lisa ou polida. 4) Os seus três ou quatro pelos de barba. 5) Os seus cabelos que, em vez de serem propriamente cabelos, são de preferência uma carapinha que se assemelha ao pelo de alguns de nossos cães d'água ...

A terceira espécie é a dos japoneses: "São realmente brancos, mas têm ombros largos, o rosto achatado, um nariz amassado, pequenos olhos de porco longos e encovados, além de três pelos de barba". Em seguida, vêm os lapões: "Trata-se de animais desprezíveis". E, por fim, os americanos: apesar de terem "o rosto inclinado de uma forma que não se parece com a nossa", F. Bernier não encontra nenhuma razão para considerá-los como uma raça diferente da primeira (apud POLIAKOV, 1987, p. 164).

Quanto menos a "espécie" ou a "raça" são valorizadas, tanto menos a figura humana é desenhada nas descrições de tais indivíduos que, para esses observadores, parecem usurpar o próprio nome por sua feiura e seus caracteres bestiais. Outro exemplo: Buffon, apesar de ser adversário da fisiognomonia, cuja redução do moral ao físico é considerada por ele como absurda porque "a alma não tem forma que possa ser relacionada a alguma forma material, é impossível julgá-la pela configuração do corpo ou pela forma do rosto". Sob a sua pena, porém, os indivíduos das sociedades afastadas são apreendidos mediante o preconceito fisiognomônico que, ainda hoje, avança como um fio condutor nas percepções racistas para descrever o Outro através de atributos físicos que são outros tantos juízos de valor. As linhas de Buffon estão longe de estarem isoladas quando, por exemplo, ele descreve tais indivíduos "cuja fisionomia é tão selvagem quanto os seus costumes. Com a aparência de terem degenerado da espécie humana, eles não deixam de ser bastante numerosos e de ocupar territórios muito vastos... Os selvagens que estão ao norte dos esquimós... assemelham-se a esses groenlandeses... o seu rosto é largo e esborrachado; têm o nariz achatado, mas os olhos são maiores que os dos lapões. Além de se assemelharem pela feiura, esses povos são parecidos pelo pequeno porte, pela cor dos cabelos e dos olhos, apresentando também mais ou menos as mesmas inclinações e os mesmos costumes. São todos igualmente grosseiros, supersticiosos, estúpidos". Outras tantas observações que, aliás, corroboram Lavater e que se sucedem, sob a pena de Buffon, desde o momento em que ele fala das comunidades humanas distantes, seja em que aspecto for, do modelo europeu. Para dar uma razão à feiura que atinge tal grau de generalização, ele evoca uma Teoria da Degenerescência, segundo a qual a proximidade dos polos ou do Equador seria nefasta às pessoas, alterando-lhes a natureza. Em sua descrição do hotentote, a animalidade do rosto chega a rivalizar com a de sua humanidade. Buffon tem dificuldade em acreditar que o europeu tenha uma cepa semelhante a desse hotentote, cuja desmesurada feiura está em harmonia com a sua existência bestial:

> A cabeça coberta de cabelos ou de uma carapinha, a face velada por uma longa barba coroada por duas meias-luas de pelos ainda mais grosseiros, os quais, pela sua largura e saliência, encurtam a fronte,

levando-a a perder o seu caráter augusto; além disso, não somente colocam os olhos na sombra, mas os afundam e arredondam à semelhança do que se passa com os olhos dos animais, os lábios espessos e avançados, o nariz achatado, o olhar estúpido e esquivo, as orelhas, os membros e o corpo peludos, a pele dura como um couro cru ou curtido, as unhas longas, espessas e imundas, uma planta do pé calosa em forma de chifre e, por atributo do sexo, mamas longas e pendentes até os joelhos, as crianças se revirando no lixo e se arrastando de quatro; o pai e a mãe de cócoras, todos repugnantes, todos cobertos de uma sujeira pestilenta. E esse esboço extraído do selvagem hotentote é ainda um retrato lisonjeiro porque, mais longe, há o homem no estado natural mais semelhante ao hotentote do que o hotentote em relação a nós ([1749-1788] 1833, t. 14, p. 22-23).

A cabeça simiesca do hotentote proíbe, na opinião de Buffon, o privilégio de um rosto de que, pelo contrário, o europeu pode orgulhar-se. No entanto, esse naturalista francês, apesar de aperceber-se de uma semelhança entre o hotentote e o macaco, não chega a tirar a conclusão de que ambos pertençam à mesma espécie. "A separação entre um e o outro – escreve ele – é imensa porque, no interior, o primeiro está repleto do pensamento e, no exterior, pela fala". Durante muito tempo, no decorrer dos séculos XVII e XVIII, irá travar-se um debate acalorado para saber o grau de humanidade ou de animalidade do macaco e do indivíduo africano, no momento em que a exploração do Novo Mundo ou da África dissipa as antigas lendas, sem deixar a velha Europa em confronto com populações infinitamente próximas e, no entanto, nos antípodas, cuja origem parece ambígua e indica, para os contemporâneos, uma espécie de transição entre o ser humano e o animal (cf. TINLAND, 1968). O macaco e o africano reunidos, segundo os observadores, pela conformidade hedionda das respectivas faces, suscitam a questão de saber se convém aproximá-los dos limites seja da humanidade ou da animalidade; ou então, ainda, separá-los, como faz Buffon, em nome da fala e do pensamento que afastam o segundo desse duvidoso parentesco. Na obra *Le nouveau dictionnaire de l'histoire naturelle, appliquée aux arts, à l'agriculture, à l'économie rurale et domestique, à la médecine* – publicada entre 1816 e 1819, em 36 tomos –, J.-J. Virey, no verbete "Homme" [Homem], escreve ainda a respeito do africano que

> a sua conformação chega mesmo a aproximar-se um pouco da conformação do orangotango. Todo o mundo conhece essa espécie de focinho dos negros, essa cabeleira lanosa, esses lábios grossos tão inflados, esse nariz largo e achatado, esse queixo recuado, esses olhos redondos e ao nível da cabeça que marcam a sua diferença de tal modo que seriam reconhecidos, à primeira vista, mesmo que fossem brancos como os europeus. A sua fronte é rebaixada e arredondada, a sua cabeça é comprimida nas têmporas, os seus dentes estão colocados obliquamente em saliência... Todas essas características mostram verdadeiramente algo que faz pensar na forma dos macacos e, se é impossível desconhecê-la no físico, ela chega a ser sensível no moral (Tomo XV, p. 167).

Na publicação de Diderot e d'Alembert, *L'Encyclopédie* (1751-1772), os mesmos lugares-comuns, aliás, já haviam sido defendidos no verbete "Nègre": "Além de serem diferentes por sua cor, eles diferem dos outros seres humanos por todas as linhas características do respectivo rosto, narizes largos e achatados, lábios grossos e carapinha no lugar dos cabelos, ao ponto de darem a impressão de constituir uma nova espécie humana. Se nos afastarmos do Equador em direção ao Polo Antártico, o negro fica mais claro, sem perder a feiura..."

Seria possível fazer o inventário detalhado dessas descrições edificantes que, no rosto do Outro, limitam-se a ver uma "fauce" ["gueule"] marcada por vestígios difusos da animalidade, ao ponto de evocarem os "negros", os japoneses, os chineses ou os lapões; e, sobretudo, o hotentote, contraponto absoluto dessa humanidade triunfante que vai denominando as coisas à sua maneira. O rosto é um atributo que se merece; assim, poucas comunidades humanas estão em condições de se vangloriarem de possuir um deles. Uma espécie de escala crescente de feiura e de bestialidade divide as "raças" à medida de seu distanciamento do homem branco europeu. O rosto é o mais significativo revelador de uma condição que nunca é percebida como uma partilha dos grupos humanos em diferenças e em parentescos, mas procede preferencialmente da degenerescência de um modelo adotado como ideal incontestável. Por fim, o Outro não é tanto um Outro, mas um degradado físico e moral, um desbotamento progressivo do modelo de origem que acaba por torná-lo cada vez mais irreconhecível. A hierarquia racial está baseada paradoxalmente nessas tipologias de acordo com uma escala da deterioração da semelhança.

Em sua obra, Lavater cita várias páginas de Buffon, bastante edificantes a este respeito; de J.J. Winckelmann que pensa que "a boca sobrelevada e inflada que os negros têm em comum com os macacos na região deles, é uma excrescência e um tumor ocasionado pelo calor de seu clima..."; de Cornelis de Pauw que fica espantado

> com o furor dos americanos para se disfarçarem e desfigurarem... Houve quem tivesse visto selvagens com a cabeça piramidal ou cônica, cuja parte superior termina em ponta; outros, com cabeça achatada, com uma fronte larga e a parte de trás derreada... Houve quem encontrasse canadenses que tinham a cabeça perfeitamente esférica, mesmo que a forma natural da cabeça de uma pessoa seja mais semelhante a uma figura redonda; esses selvagens chamados, por causa de sua monstruosidade, cabeças de bola, nem por isso parecem menos chocantes ao terem arredondado demais essa parte e violado o plano original

da natureza, do qual nada pode ser retirado, nem acrescentado, sem que daí resulte um defeito essencial que prejudica toda a estrutura do animal.

Lavater cita também J.M.R. Lenz, o qual acha singular "que os judeus carreguem com eles, nos quatro cantos do mundo, o caráter do Oriente, a sua pátria comum; quero dizer a cabeleira curta, negra, crespa, e a tez morena... Creio que os judeus destilam, em geral, mais fel que as outras pessoas. Considero também, como característica nacional da figura judaica, o queixo pontiagudo, além dos lábios grossos cuja linha central é vincadamente desenhada" (p. 160-162).

A fisiognomonia erudita de Lavater não consegue escapar aos preconceitos de seu tempo em relação a outras pessoas oriundas do interior (operários, camponeses etc.) e de regiões mais longínquas. As "fisiognomonias nacionais" elaboradas por ele não se distinguem, de modo algum, das descrições dos viajantes ou dos naturalistas de sua época; aliás, vai citá-los com regularidade como prova de suas demonstrações. "Com efeito, o bom-senso revolta-se – escreve ele – contra aquele que pretende defender que Leibniz e Newton tiveram, talvez, a fisionomia de um dos imbecis de nascença que nem teria conseguido andar com passo firme, nem fixar um olhar observador, nem compreender, nem sequer enunciar racionalmente a mínima proposição abstrata; que o primeiro desses homens ilustres concebeu a sua *Teodiceia* em um cérebro semelhante ao do lapônio, e que o outro pesou os planetas e dividiu os raios do sol em uma cabeça semelhante à do esquimó, o qual é incapaz de contar além de seis e considera inumerável tudo o que supera esse número" (p. 7). No que se refere aos franceses, Lavater afirma que os reconhece pelos dentes e riso; o italiano "pelo nariz, olho pequeno e queixo saliente; o inglês, pela fronte e sobrancelhas; o holandês, pela cabeça redonda e cabelos lisos; o alemão, pelos sulcos e dobras que cercam os olhos e marcam os pômulos; o russo, pelos lábios encolhidos e cabeleira branca ou negra" (p. 152).

2.8 A paixão pelas tipologias

Já vimos com Gall que, no século XIX, a face e a cabeça tornaram-se objeto de medidas incansáveis para classificar, hierarquizar os grupos sociais ou as comunidades humanas dispersas através do mundo ou do tempo e transformadas em "raças". O anatomista, antropólogo e naturalista holandês, Petrus Camper, calcula o ângulo facial deduzido do cruzamento de uma linha que parte do orifício da orelha até a base do nariz com outra linha esticada a partir da fronte e chegando à parte mais avançada do queixo: o ângulo resultante do encontro dessas duas linhas, observando o rosto de perfil, é proporcional, segundo Camper, à inteligência e à dignidade da pessoa. Esse ângulo diminuiria, de maneira deplorável, passando do grego para o africano.

> Segundo parece – escreve Camper –, a própria natureza serviu-se desse ângulo para marcar os diversos graus no reino animal e estabelecer um tipo de escala ascendente, desde as espécies inferiores até as mais belas formas que se encontram na nossa espécie. Assim, será possível ver que as cabeças das aves oferecem o menor ângulo, o qual se torna cada vez maior à medida que o animal está mais próximo da forma humana. Nos macacos, por exemplo, existe uma espécie em que o ângulo facial tem 42°, enquanto em outro animal da mesma família, que é um dos macacos mais semelhantes a uma pessoa, tal ângulo chega exatamente a 50°. Imediatamente depois vem a cabeça do negro africano que, à semelhança do calmuco, apresenta um ângulo de 70°; por fim, na cabeça das pessoas da Europa, o ângulo atinge os 80°. Dessa diferença de 10° é que depende o grau mais elevado de beleza do europeu, o que pode ser designado como beleza comparativa. Quanto a essa beleza absoluta que nos impressiona em tão elevado grau de algumas obras da estatuária antiga (tais como na cabeça de Apolo e na Medusa de Sisocles),

ela resulta de uma abertura ainda maior do ângulo que, neste caso, é superior a 100° (apud KREMER-MARIETTI. "L'anthropologie physique et morale en France et ses implications idéologiques". In: RUPP-EISENREICH, 1984, p. 328-329).

Um grande número de outros "eruditos", preocupados com a perda de uma boa oportunidade para deixar o nome à posteridade, precipitam-se a fim de propor o próprio cálculo do ângulo facial: Blumenbach, Cuvier, Broca, Geoffroy Saint-Hillaire, Daubenton, Owen etc. Eles obtêm resultados aproximados, diminuindo ou aumentando, segundo o caso, o número de raças visadas e a hierarquia de que fazem parte. Outros medem as capacidades de conteúdo do crânio, o índice cefálico (medida do quociente da maior largura da cabeça pelo seu comprimento) etc.[34]

2.9 Os estigmas do "criminoso nato"

O pensamento de C. Lombroso, no final do século XIX, é também de natureza biológica, mas se refere menos às "raças" do que às categorias sociais – delinquentes, criminosos, ladrões, prostitutas, revolucionários etc. –, transformadas em categorias absolutas. É possível nascer criminoso ou ladrão; trata-se de uma fatalidade orgânica contra a qual a única defesa da sociedade consiste em encarcerar, o mais cedo possível, o indivíduo suscetível de causar danos. O criminoso nato é uma tendência inata que se reflete em todo o seu ser: não só o rosto marcado por uma série de estigmas, mas também o volume de seu cérebro, o seu peso, a sua conformação, as suas circunvoluções e, evidentemente, a forma de seu crânio, propícia a

---

34. Sobre essa paixão pela medida e pela classificação, remetemos ao artigo de KREMER-MARIETTI (1984) e ao texto de FRESCO (1981, p. 94). Em sua obra *Le mythe aryen* [1971, O mito ariano], Léon Poliakov mostra os desafios políticos oriundos dessas teorias baseadas no cruzamento de um imaginário da raça com um imaginário biológico.

acolher numerosas anomalias. Estas estão também presentes no sacro, no olecrânio, nas vértebras, no fígado, no baço, no estômago etc. Verificadas ainda por suas tatuagens ou escarificações. A mínima parcela física do criminoso é suscetível de revelar a biologia malsã que o condena, de um modo implacável, a ser o que é. Em todas as circunstâncias, Lombroso justifica a sua antropometria pela análise de dezenas ou centenas de casos e por uma paixão sinistra pela autópsia: as vísceras são pesadas, analisadas, decodificadas. Ele compara sistematicamente as medidas respectivas medianas dos "criminosos", dos "loucos", dos "bárbaros" e das "pessoas honestas" que são, em seu entender, outras tantas categorias incontestáveis; tal fato confere, a determinadas páginas de suas obras, a conotação de um humor negro que se torna facilmente maçante. Ficamos sabendo, por exemplo, que "é possível encontrar duas vezes mais criminosos do que loucos incapazes de corar de vergonha... Para constatar um fato análogo, é necessário descer até os idiotas da última categoria e às mais grosseiras tribos selvagens" (LOMBROSO, 1895, p. 247). Ou então, ao comparar as rugas de "duzentos criminosos e duzentas pessoas normais", ele descobre que as rugas são mais precoces entre os criminosos, "duas a cinco vezes mais que nas pessoas normais com predominância da ruga zigomática (situada no meio de cada bochecha), a qual poderia ser designada como a ruga do vício, a ruga característica dos criminosos" (p. 206). Ou ainda, ao observar os maxilares, ele "constata o maior diâmetro do maxilar entre os homicidas e os pequenos delinquentes, enquanto o menor se encontra entre os batedores de carteira e os assassinos; tal diâmetro não está muito desenvolvido nos loucos, exceto aqueles que são atingidos por monomanias impulsivas" (p. 215). Ao comparar "quinhentas pessoas honestas e quinhentos criminosos", ele coloca em evidência que "os cabelos negros e castanhos são mais frequentes nos criminosos, ao passo que os louros não chegam a um terço dos infratores. O máximo dos cabelos negros encontra-se nos incendiários e ladrões, o mínimo nos estupradores; o máximo de cabelos castanhos é dado pelos ociosos, causadores de lesões e salteadores; uma maioria de louros encontra-se apenas no estupro e na extorsão. Os cabelos ruivos (apesar do que dizem os provérbios) são muito pouco frequentes" (p. 227). Conviria citar também páginas inteiras para ilustrar a paixão de Lombroso pela biologia, aliás, à semelhança do que se passa com numerosos autores de sua época, que o leva a investigar, na última célula do criminoso, a derradeira prova da fatalidade que o teria impelido ao vício. Apesar de ser contestado por um grande número de pesquisadores de seu tempo – Tarde, Baer, Manouvrier etc. que criticam nomeadamente o fato de fundamentar as suas teorias em fatos isolados e de ocultar a influência da instrução, assim como do contexto social e cultural, sobre a história dos indivíduos –, o seu pensamento não deixa de usufruir, na época, de um prestígio considerável.

No prefácio de sua obra, *L'uomo delinquente* (1876 [O homem delinquente]), Lombroso ameniza uma afirmação que volta frequentemente em seus escritos: a presença de numerosos estigmas no rosto e no corpo do delinquente. Ele repete – um pouco à maneira de Lavater para esquecer rapidamente tais distorções ao seu sistema – que o criminoso pode ter um rosto atraente, do mesmo modo que um cidadão honesto pode exibir traços fisionômicos bem acentuados. Em compensação, as estatísticas, para ele, são formais de tal modo que a probabilidade de encontrar estigmas nos delinquentes não é passível de contestação.

> Em resumo – escreve ele –, a fisiognomonia típica dos criminosos encontra-se, por exceção, no homem honesto, e quase regularmente no desonesto. Indivíduos que eu julgava serem honestos, ou que me davam tal impressão, e que tinham mais de uma característica criminosa, após alguns anos de observação revelaram-me ser possuidores de uma criminalidade latente: nada lhes faltava além da ocasião para se desenvolver (p. 253).

Para Lombroso, a anomalia social – o fato, por exemplo, de roubar, matar, prostituir-se ou levar uma vida de vagabundo – desdobra-se nas anomalias físicas: os estigmas que, segundo ele, se distribuem em profusão pelo corpo do criminoso. A conduta está toda sinalizada na conformação do rosto. Se a criminalidade é uma tendência inata, ela está inscrita na biologia: cada órgão, a começar pelo rosto, é um indício inevitável disso. Lombroso declara-se capaz de desvendar os primeiros sinais na criança porque estes aparecem sem rebuço no rosto dela, proporcionando a maior felicidade ao criminologista, cujo estado anímico não tem assim de se manifestar. Como distinguir um ladrão de um assassino, um vagabundo de um falsário? Lombroso propõe os respectivos retratos. Um tanto moderado nas primeiras linhas, como de costume, a sua paixão biológica acaba por conduzi-lo a uma lógica absurda: "A respeito da fisiognomonia dos criminosos – começa ele por escrever –, divulgam-se ideias que, em grande parte, são falsas. Os romancistas vão apresentá-los com um aspecto medonho: barba até os olhos e o olhar cintilante e feroz. Outros observadores – por exemplo, Lavater – passam de um excesso para outro e não acham nenhuma diferença entre eles e a pessoa normal. Uns e outros estão equivocados" (p. 220). Lombroso esboça, em alguns traços impactantes, a imagem de uma humanidade criminosa dividida em várias espécies perfeitamente distintas do ponto de vista biológico e, sobretudo, visual:

> Nos estupradores (quando eles não são cretinos), o olho é quase sempre saliente, a fisionomia delicada, os lábios e as pálpebras volumosas; na maioria, são esguios, raquíticos e, às vezes, corcundas... Os assassinos, os ladrões com arrombamento têm os cabelos crespos, o crânio deformado, os maxilares possantes, os zigomas enormes, além de tatuagens frequentes; estão cobertos de cicatrizes na cabeça e no tronco. Os homicidas habituais têm o olhar vítreo, glacial, imóvel, às vezes, sanguinário; o nariz, muitas vezes, adunco à semelhança das aves de rapina,

sempre volumoso; os maxilares são robustos, as orelhas compridas, os pômulos largos, e os cabelos crespos são abundantes e escuros. Com bastante frequência, a barba é rala, os dentes caninos muito desenvolvidos, lábios delgados. Muitas vezes, há nistagmo e contrações de um lado do rosto que mostram a saliência dos dentes caninos, como se tratasse de um sinal de ameaça. Um grande número de falsários e vigaristas analisados por mim tinham uma fisionomia em que se manifestava uma cordialidade singular, algo de clerical... conheci alguns deles com rosto pálido, olhos esgazeados e muito pequenos, nariz distorcido, muitas vezes, uma perda precoce dos cabelos e a cara de uma mulher velha... Em geral, muitos criminosos têm orelhas de abano, cabelos abundantes, barba rala, seios da face e maxilares enormes, queixo quadrado e saliente, pômulos largos, gestos frequentes, em suma, um tipo semelhante ao mongol e, às vezes, ao negro (p. 221-222).

A monstruosidade física repete a monstruosidade moral. Lombroso é assombrado pela ideia de uma degenerescência do criminoso e de uma partilha não menos equívoca das "raças".

À semelhança de um número de contemporâneos de Lombroso, Gabriel Tarde indica também o rosto como um elemento de prova que não deve ser negligenciado pelo policial: "Considerando um indivíduo que apresenta, no físico, o tipo criminoso bem caracterizado, concluiremos que isso é suficiente para estabelecer o direito de lhe imputar um crime cometido na vizinhança? Nenhum antropólogo sério se atreveu a propor tal brincadeira. Haveria, no entanto, um meio-termo a manter – talvez como indício, nada além disso – e, neste caso, os traços fisionômicos acusadores devem ser levados em consideração" (1890, p. 20-21). Em sua vontade de identificar o inapreensível da pessoa com a fatalidade de uma descrição positiva do que ele é moralmente através das linhas características de seu rosto e da forma de seu corpo, a antropologia física do século XIX (presente, ainda hoje, em determinadas formas de racismo) não hesita em confinar o indivíduo em um invólucro de carne, reconhecível mediante apenas a observação; o físico é o simples decalque do moral. Ela procede ao inventário das categorias abstratas: as diferentes "raças", a "pessoa criminosa" ou o "gênio" de Lombroso, servindo-se desse material para elaborar espécies biológicas cujas regras de funcionamento são lidas nas linhas características do rosto, na conformação do crânio ou no índice cefálico. Esse fantasma de controle do outro não poupa Balzac, o qual chega a formular, na esteira de Gall e de Lavater, uma prefiguração dos trabalhos que estarão em voga na última parte do século, especialmente, em torno da Escola de Lombroso:

> As leis da fisionomia são exatas – escreve Balzac nas primeiras páginas de seu romance, *Une ténébreuse affaire* [Um caso tenebroso] –, não só em sua aplicação ao carácter, mas mesmo em relação à fatalidade da existência. Há fisionomias proféticas. Se fosse possível, e a estatística viva tem a sua importância para a sociedade, obter um desenho fidedigmo dos condenados que morrem na forca, a ciência de Lavater e a de Gall provariam, invencivelmente, que na fisionomia dessas criaturas, até mesmo na das inocentes, há sinais estranhos. Sim, a fatalidade imprime a sua chancela no rosto dos que têm de morrer de morte violenta, seja ela qual for ([1843], p. 2).

Associação da beleza à virtude ou da feiura à degenerescência, de acordo com representações próprias desses homens da burguesia que projetam sobre os "selvagens" ou as classes mais pobres um olhar de entomologista pouco inclinado à compreensão sociológica da sorte que lhes coube. A diferença social ou cultural é naturalizada, encontrando as suas raízes em alguma inferioridade biológica nativa que não deixava outras escolhas além da miséria ou do vício. Essa fisiognomonia conforme à ortodoxia assemelha-se à caricatura, apesar de sua perfeita inconsciência relativamente a essa afinidade[35].

2.10 Sob a figura, o rosto

Nas tipologias do século XIX, que acabamos de evocar, ou nas teorias da Escola Italiana de Criminologia propostas por C. Lombroso, o rosto é dissimulado, reduzido a um tipo abstrato; a cabeça, no entanto, é privilegiada (ninguém tem a ideia de medir a mão ou o pé), servindo para criar as hierarquias ou as classificações pelo recurso às mais insólitas medidas. Para P. Camper, J.F. Blumenbach, G. Cuvier e outros autores, trata-se de dar as aparências de um fundamento científico ao racismo e, portanto, de justificar o empreendimento colonial pela demonstração da feiura e da pouca inteligência das populações subjugadas ou a subjugar em breve. O racismo está respaldado em uma ideologia corporal: considera o outro como alvo de remoques[36], ou seja, um anônimo sem rosto que carrega os estigmas de uma raça menosprezada. As atitudes racistas são herméticas a qualquer raciocínio e, frequentemente, refratárias à experiência. A partir do século XIX, o racismo fundamenta-se em crenças biológicas eminentemente variáveis de uma época para outra e, inclusive, de um "teórico" para outro, ganhando assim uma força de convicção mais consolidada e uma aparência de legitimidade respaldada em uma relação com a fantasia. Como já vimos, o racismo erudito não se distingue em nada daquele que repete os preconceitos do "sentimento fisiognomônico". O racismo procede de uma fantasmática do corpo e do rosto. A "raça" (ou o "criminoso", de acordo com Lombroso) é um clone gigantesco que torna cada um dos membros – que,

---

35. Ela contribuiu, aliás, para o sucesso das histórias aos quadrinhos. Cf. CORBEAU, 1991.
36. No original, "tête de turc" [cabeça-de-turco], espécie de dinamômetro, servindo de brincadeira nas feiras, em que a pressão se exerce sobre uma cabeça com turbante; e, por extensão, bode expiatório [N.T.].

segundo se presume, fazem parte dele –, em um eco incansavelmente repetido. A história, a cultura, a diferença individual são suprimidas em benefício do fantasma do corpo coletivo subsumido sob o nome de raça. Pensamento essencialista, refratário à experiência, que procede a um absolutismo de suas categorias (o judeu, o árabe etc.) e recusa qualquer confronto com a complexidade infinita do mundo.

O processo de descrédito apoia-se em um exercício negligente de classificação ligado a caracteres físicos facilmente identificáveis (pelo menos, no entender dessa crença) aos quais é associada imediatamente uma série de qualificativos de natureza moral. A diferença é transformada em estigma. O corpo estrangeiro torna-se o corpo estranho. A presença do Outro é anulada diante daquela mais identificável de seu corpo e de seu rosto. Esse Outro é um artefato de seu corpo. A anatomia é a sua sina. O ser do indivíduo tem a ver apenas com a evolução de sua aparência. Enquanto dissidente cartesiano, o racista deixa de atribuir o pleno direito ao intelecto para concedê-lo ao corpo e ao rosto. Nas circunstâncias em que se verifica a ausência de sinais físicos para realizar as discriminações, ele serve-se de toda a sua engenhosidade: assim, no período nazista, para identificar os judeus, os médicos procedem a medidas rebuscadas do nariz, boca, dentição, crânio etc. A estrela amarela exibida à vista dos transeuntes impele tal lógica a seu termo: deste modo, o "judeu" – que raramente se deixa reconhecer por seu físico, apesar das caricaturas e das descrições antissemitas – carrega uma marca exterior que o assinala inequivocamente à atenção dos outros. O racista aprecia tal evidência que o confirma em sua certeza de que o mundo é simples e transparente, além do fato de que um pertencimento racial está inscrito na própria pele (de preferência, na face).

O descrédito do Outro acarreta a impossibilidade de vê-lo através de seu rosto, ou seja, de sua singularidade enquanto pessoa: é tratado como "sale gueule" [cara de mau], "tête de Turc" [bode expiatório], tem uma "trogne" [caratonha], uma "tronche" [fuça], uma "cara de rato", uma "fácies". O aviltamento do Outro implica a bestialização de um rosto rebaixado à categoria de estigma. Ao indivíduo que, além do menosprezo, nada merece por parte do racista, é recusada a dignidade elementar do rosto. Uma categoria negativa vai defini-lo por contraste e indica já a conduta a seguir em seu caso específico: impõe-se começar por suprimir a humanidade do rosto para tomar a liberdade de menosprezá-lo, do mesmo modo que a possibilidade do desdém retira do outro a possibilidade do rosto. O racismo poderia ser definido, quase de maneira elementar, pela negação do rosto do Outro na medida em que este é privado de sua diferença infinitesimal para se transformar em representante anônimo que cristaliza em si a categoria odiada. O Outro pertence a outra margem, a outra espécie, a outra natureza, a sua cara identifica-se a determinado tipo. E o indivíduo, privado de rosto para exprimir a sua diferença, é redutível à sua categoria. Uma indeterminação deliberada vai classificá-lo sob caracteres sempre idênticos, impedindo-o de aparecer sob seu rosto singular. Por uma espécie de caridade interesseira, nada lhe é atribuído além de tal figura em negativo, de um antirrosto, de uma máscara às vezes já funerária (à semelhança do que ocorreu com a Alemanha nazista): o retrato-robô. Eis o que representam, por exemplo, as caricaturas antissemitas. O racista é, por sua vez, um fisiognomonista que permeia seu discurso com termos eruditos ou com uma metodologia que ele se esforça por manter longe de qualquer suspeita. Com toda a tranquilidade, ele assume o preconceito como sua principal razão de pensar, sem manifestar a mínima emoção; no entanto, difere do fisiognomonista no sentido em que procura as "raças" através da face, enquanto a fisiognomonia, em sua versão moderna, busca preferencialmente o "caráter", mas ambos procedem da mesma lógica de inferência do físico ao moral e da mesma eliminação radical do rosto.

A irrupção do rosto marca, em princípio, o reconhecimento do Outro e de sua igual humanidade. Em seu livro, *Lettre à un otage* [Carta a um refém], A. de Saint-Exupéry observa que os anarquistas – que o haviam aprisionado no momento em que efetuava uma reportagem sobre a Guerra da Espanha – têm o cuidado de nunca fixar o seu rosto, evitando o seu olhar. E tal provação termina, enfim, quando um dos anarquistas, aproveitando-se da troca de cigarros, cruza os olhos do cativo e esboça um sorriso. Mais constrangedor ainda, a dificuldade de se opor ao racista, mesmo que seja um inimigo mortal, se o interlocutor continua discernindo nele a persistência de um rosto: assim, um episódio da obra de André Schwarz-Bart evoca, no outono de 1938, a dificuldade para as crianças judias de continuar frequentando a escola na qual são maltratadas pelos professores e também pelos outros alunos. Ernie, um adolescente judeu, busca motivos de ódio contra os jovens alemães que o perseguem, mas – é difícil demais para ele – não consegue tornar tal tentativa em uma categoria abstrata e desprezível da qual ele pudesse se defender com toda a força necessária.

> Uma a uma, ele enumerou todas as razões passadas e presentes para execrar os *Pimpfe*; mas pareceu-lhe que, mesmo no caso de tais motivos serem tão numerosos quanto as estrelas no céu, eles nunca lhe provocariam sobre o sentimento desejado. Ele chegou ao ponto de repetir a si próprio que os *Pimpfe* eram animais com aparência humana, e acabou acreditando nisso. Mas sempre um pequeno detalhe vinha desmoronar o belo edifício: o brilho infantil de um olhar, o muxoxo de um lábio ou simplesmente uma nesga de céu introduzindo-se entre os combatentes. Ele serviu-se, então, de um estratagema [...]. [...] franzia levemente os olhos a fim de ver todas as coisas como que através de uma neblina; mas teve a impressão de que não podia odiar uma silhueta (SCHWART-BART, [1959] 2009, p. 270).

Com efeito, nunca existe na pessoa um rosto objetivável. O autorretrato é uma ilustração impressionante disso na história da pintura e particularmente na obra exemplar, neste aspecto, de Rembrandt. De seus quadros, emerge, de preferência, uma impressão de rosto. Um sentimento do rosto. Sentimento por causa do caráter um tanto difuso que marca este termo e porque toda percepção de um rosto é uma projeção afetiva. A seu respeito, não há percepção neutra, objetiva, separada de uma emoção ou de um julgamento. Impressão de rosto ou sentimento do rosto porque este é uma *gestalt*; ele não é – e aí está a ilusão contabilizável dos fisiognomonistas – a adição de uma fronte, de um nariz, de um olhar, de uma boca etc. Ele é um todo e é percebido como tal na vida real. A razão analítica aplicada ao rosto é um pensamento da suspeita; aliás, já vimos, a arbitrariedade, os preconceitos e os fantasmas sobre o outro que se encontram em seu bojo. O rosto não é uma projeção geométrica suscetível de uma divisão em suas diferentes partes; caso contrário, ele deixa de ser rosto e se torna figura, ou seja, aglomeração de traços fisionômicos. Ou máscara, isto é, conformação imóvel desmentida, permanentemente, pelo rosto real, cuja expressividade é infinita. O rosto não é uma natureza, um espaço biológico finito decalcando irrestritamente uma psicologia, por sua vez, finita, um tanto à maneira das peças de um quebra-cabeça que são montadas a partir de um modelo. Ele é afetado pela terceira dimensão da qual a fisiognomonia serve-se como se fosse uma resultante da projeção de sua forma e de seu relevo: a do tempo que passa, a relação da pessoa com a duração, com a sua história e com a educação recebida. Isso é o que oculta a caracterologia do rosto. E a história do indivíduo é tecida com a matéria do tempo: será que se pode falar de uma pessoa, deduzindo o tempo de sua vida a partir da forma de seu nariz ou de sua fronte?

Todas estas tentativas de reabsorção do moral pelo físico revelam, sobretudo, um amplo teste projetivo no qual se precipitam os preconceitos, os imaginários de uma pessoa e de uma época. O modo de proceder é mais eloquente em relação a quem o elabora do que a respeito dos rostos cujos caracteres são decompostos por ele.

3
O outro do rosto: a ordem simbólica

> *Rosto e discurso estão ligados. O rosto fala no sentido em que é ele quem torna possível e começa qualquer discurso.*
> Emmanuel Lévinas. *Éthique et infini* (1982).

3.1 Simbólica do rosto

O rosto é o lugar e o tempo de uma linguagem, de uma ordem simbólica. No decorrer da vida cotidiana, o ritual de suas utilizações prolonga o ritual das posturas, da linguagem gestual ou das proxêmicas. Os movimentos do rosto participam de uma simbólica, são os sinais de uma expressividade que se deixa ver, decifrar, mesmo que não sejam totalmente transparentes em sua significação. As mímicas, a direção do olhar, a postura da cabeça, por exemplo, são as matérias de um idioma facial compartilhado – com os matizes próprios da história e do temperamento de cada ator – pelo conjunto dos membros do mesmo grupo social. Os afetos que perpassam o indivíduo estão inscritos em todas as partes do corpo (agitação das mãos, dos braços, dos ombros, do busto, entonação da voz etc.) e, de maneira privilegiada, moldam as linhas características de seu rosto; eles traduzem-se por sinais graças à plasticidade da figura humana e à grande quantidade das combinações possíveis entre os seus diferentes componentes (olhos, sobrancelhas, pálpebras, lábios, língua, fronte, boca, olhar etc.).

Através desse modesto alfabeto, um imenso domínio de expressão é suscetível de acolher uma verdadeira gama de afetos no mesmo rosto, de traduzi-los para os outros, tornando-os compreensíveis e comunicáveis. "Uma modificação que diz respeito, na realidade ou na aparência, apenas a um elemento do rosto – afirma Simmel – altera imediatamente, de maneira integral, o seu caráter e a sua expressão: por exemplo, um tremor dos lábios, uma contração do nariz, uma maneira de olhar, um franzir da testa... É, com efeito, o rosto que encontra a mais perfeita solução para a tarefa de produzir, com um mínimo de modificações de detalhe, o maior número possível de alterações na impressão do conjunto" (SIMMEL, 1988, p. 137 e 143).

O rosto é um terreno de metamorfoses espetaculares que, no entanto, implicam apenas uma mudança ínfima de sua disposição; de um instante para outro, ele é capaz de exibir diferentes expressões. Os afetos vêm modelar-se nele de acordo com o prisma da simbólica que o encarna. Pela amplitude de sua expressividade e de sua posição eminente no conjunto do corpo, por sua conformação – nomeadamente, a presença dos olhos –, o rosto é o núcleo por excelência dos sentidos: por seu intermédio, o autor integra-se a determinada situação, cria as condições para ser compreendido no *face a face* das comunicações que tecem a vida cotidiana. Os sinais do rosto introduzem o ator no mundo, mas acabam sempre por superá-lo, considerando também que são compartilhados por uma comunidade social. Enfim, eles o desvelam porque o ator nunca é o indivíduo do *cogito*, transparente a seu pensamento e a suas intenções; pelo contrário, dividido pelo inconsciente, este nunca pode controlar totalmente o que ele permite ler em suas linhas características. Ele sabe que está exposto à ambiguidade, aos mal-entendidos oriundos da projeção imaginária dos outros sobre o que, supostamente, o próprio rosto exprime ou tem dificuldade a dissimular. Um verdadeiro mundo de fantasias interpõe-se entre as mímicas e a sua recepção pelo interlocutor;

daí, o absurdo das "chaves do rosto", escritas a partir do modelo das "chaves dos sonhos", as quais introduzem ingenuamente um sinal de igualdade entre uma mímica e uma significação. Voltaremos a este assunto.

Na interação, os sinais do corpo – e, sobretudo, aqui, os do rosto – precedem de alguma forma a fala, tornando-a inteligível. Não se pode conceber um face a face com uma figura de cera, cuja voz seria incapaz de modificar permanentemente o rosto para sublinhar ou modular as afirmações. A comunicação estabelecida com um interlocutor que usa uma máscara – tornando impossível distinguir nele qualquer traço fisionômico – suscita inquietação; daí, também as dificuldades de interação com o cego de nascença, cujo rosto – carente de exercício – é, muitas vezes, inexpressivo e encontra-se em defasagem constante com as afirmações proferidas. Nessas circunstâncias, verifica-se a perda de informações. É mais difícil engrenar a dialética da interação devido aos esforços que ela exige dos dois interlocutores, uma vez que ambos devem manter um diálogo sem o apoio das referências dadas habitualmente pelas mímicas; estas acabam sendo substituídas pelas entonações da voz que dispensam a sua familiaridade, alimentando a imaginação mútua relativamente ao rosto do outro.

Os olhares, as posições da cabeça, as mímicas são as fontes e os estuários dessa troca de significados e de afetos, que atravessa o face a face e prolonga, com suas indicações preciosas, aquelas que já haviam sido fornecidas pela voz e pelas outras partes do corpo. Mas, de maneira privilegiada, o face a face é um *rosto a rosto*[37]. No intercâmbio entre atores, o rosto é a capital, o lugar e o tempo em que se cristaliza o corpo da comunicação, por intermédio do qual se exprimem os seus mais manifestos sinais. Até mesmo na ausência de falas, o rosto permanece e dá testemunho das significações inerentes à copresença dos atores. Os rostos agem como reguladores dos

---

37. No original, *visage-à-visage*, fórmula não dicionarizada [N.T.].

intercâmbios. Ao afirmar uma "ordem expressiva" (E. Goffman), eles fornecem indicações preciosas que permitem uma modulação sutil do encontro.

O rosto torna-se facilmente um palco na medida em que se leem, em suas linhas características, os sinais que exprimem a emoção. Pelo fato de se deixar ler no contexto social, ele presta-se igualmente à representação, à duplicidade, modificando a sua atitude segundo um grau de sinceridade que chega ao paradoxo do comediante que representa, em horas fixas, os tormentos de uma dor que deforma seus traços fisionômicos ou uma franca hilaridade desencadeada por uma réplica já escutada inúmeras vezes. O comediante proporciona, de fato, aos espectadores os sinais sociais da emoção que encarna provisoriamente, sejam quais forem, aliás, os seus estados anímicos: no palco, o seu rosto traduz o seu amor apaixonado pela jovem protagonista, o seu despeito diante de um rival, a sua felicidade por ter sido finalmente escolhido, mas a arte do comediante ou da pantomima baseia-se no ritual do corpo – e, sobretudo, o do rosto – cujos sinais não poderiam ser alterados por ele sem conturbar a significação do espetáculo. Sob a ordem expressiva do personagem, ele suprime o que sente enquanto indivíduo que sonha em sua vida pessoal. A duplicidade é a própria condição do comediante que refaz, profissionalmente, em cada espetáculo à noite, o rosto de seu personagem sem levar em consideração as contrariedades ou as alegrias vivenciadas durante o dia.

A facilidade relativa de controlar as suas manifestações, de retê-las ou exagerá-las, e o conhecimento dos rituais que animam o rosto, conduzem às vezes a presumir determinadas significações que, supostamente, o indivíduo deve "exprimir". Uma ilusão da psicologia da vontade incentiva a acreditar em uma transparência da emoção na fisionomia e, simultaneamente, a suspeitar, às vezes, da duplicidade em um interlocutor que, segundo se presume, dissimula mais ou menos astuciosamente os seus verdadeiros sentimentos. O rosto, já afirmamos, é sempre o do Outro: ele não dispõe de mais clareza do que aquela que falta ao ator na apreensão de si mesmo. O mistério do rosto, nesse sentido, duplica o da pessoa (*persona*). Se ninguém é transparente a si mesmo, o rosto tampouco não deixa de se esquivar. O rosto de outrem é um indício, é decodificável a partir de certo número de sinais que são passíveis tanto de induzir em erro quanto de assinalar os movimentos afetivos. No entanto, o indivíduo que oferece a sua imagem (sem a ver) ou aquele que o observa são incapazes de ter a certeza de compartilhar as mesmas significações. Com efeito, por um lado, o indivíduo manipula os sinais e os símbolos de sua sociedade. E, por outro, ver consiste em decodificar, em correr o risco da projeção: o de atribuir ao Outro determinadas significações que não são necessariamente as dele.

De uma pessoa para outra reina uma distância que, segundo parece, nada é capaz de preenchê-la além do imaginário. A ambivalência domina o face a face. O rosto não é um painel de sinalização: ele se exprime sem dizer nada, traduzindo da maneira mais saliente o emaranhamento do sinal e do sujeito. Ele se expõe ao julgamento e à interpretação do outro.

> Você verá o rosto do traidor – diz um personagem do escritor sérvio, Danilo Kiš –, mas tome cuidado para não ser enganado pelas aparências: o rosto do traidor pode fingir a maior honestidade (1979, p. 13).

3.2 A botânica das emoções

Acabamos de traçar as grandes linhas de uma abordagem simbólica do rosto, através do ritual que o anima, mas alguns pesquisadores reivindicam, pelo contrário, uma natureza do rosto em que as diferenças culturais seriam apenas artefatos sem consequências, sem efeitos significativos sobre um fundo filogenético que permanece, mais ou menos, intacto através do espaço e do tempo das sociedades humanas. Lembremos as hipóteses de trabalho dessas abordagens etológicas em que o homem é percebido, de preferência, como espécie em vez de condição, como natureza em vez de cultura, como instinto em vez de *animal symbolicum*.

Em 1872, Darwin publica *The Expressions of the Emotions in Man and Animals*, texto em que ele estuda a origem e as funções da expressão facial e corporal no homem e no animal. "Enquanto o homem e os outros animais forem considerados como criaturas independentes – afirma ele – é certo que um obstáculo invisível irá paralisar os efeitos de nossa curiosidade natural para perseguir tão longe quanto possível a busca das causas da expressão" (1981, p. 12). Ele procede por observação direta dos que se encontram à sua volta; comenta acontecimentos dos quais foi testemunha no decorrer de sua existência; solicita a seus amigos cientistas, assim como a psiquiatras, médicos, missionários ou viajantes, para descreverem a expressão das emoções próprias de outras culturas. Ele recorre também a fotografias de rostos, pedindo a interlocutores para identificarem os sentimentos manifestados. A partir de 1867, ele envia um questionário a uma série de correspondentes espalhados pelo mundo afora, a fim de estabelecer uma comparação entre os esquemas de expressão da emoção das diferentes culturas: perguntas ambíguas que distinguem as emoções da experiência individual para torná-las, como faz C. Le Brun, em uma série de estados absolutos que se apoderam da pessoa; perguntas que já insinuam as respostas, inconscientes de suas ideias preconcebidas. "1) Será que a surpresa se exprime abrindo amplamente os olhos e a boca, além de elevar as sobrancelhas? 2) Será que a vergonha leva a enrubescer quando a cor da pele permite reconhecer essa mudança de coloração? Em particular, qual é o limite inferior do rubor? 3) Será que um homem indignado ou desconfiado franze as sobrancelhas, endireita o corpo e a cabeça, encolhe os ombros e fecha os punhos?" Seguem outras perguntas do mesmo tipo, relativas à reflexão, ao abatimento, ao bom humor, à zombaria, ao mau humor, ao desdém, à aversão, ao pavor, ao riso, ao melindre, à aquiescência e à recusa. Na questão 15, Darwin confessa – aliás, involuntariamente – a sua irresolução e os limites do seu método, ao escrever: "Será que é possível reconhecer uma expressão criminosa, ou ardilosa, ou ciumenta? Afinal, eu não estou em condições de afirmar a partir de que seria possível determinar tais expressões" (p. 17). Darwin recebe apenas trinta e seis respostas, mais ou menos, detalhadas oriundas de colonos, missionários e viajantes. Escrupuloso no processamento dos dados, apesar da arbitrariedade e das lacunas de sua metodologia, ele declara tratar com circunspecção as respostas que não são acompanhadas por nenhuma precisão.

Sem estudos diretos no campo, apesar de um número restrito de observações, um método ambíguo e redutor, adotando o postulado de uma continuidade entre o homem e o animal, além de ter dirigido um olhar exclusivamente biológico sobre a condição humana, Darwin conclui: "Quando o mesmo estado de espírito é manifestado em todos os países com uma notável uniformidade, o fato é por si mesmo interessante porque demonstra uma estreita semelhança de estrutura física e de estado intelectual em todas as raças da espécie humana" (p. 18). Os movimentos do rosto e do corpo encontram o seu fundamento nos vestígios de animalidade do ser humano e no desenvolvimento dos instintos que permanecem ativos nele. Em seu entender, as variações culturais são apenas um verniz negligenciável, uma camada superficial de diferenças, cujo fundo ancestral é amplamente reconhecível. No sistema de Darwin, a redução realizada pelo postulado da universalidade das emoções e de suas expressões não chega a suscitar objeções, visto que é estabelecido, de saída, que "determinadas expressões da espécie humana, os cabelos que se eriçam sob a influência de um terror extremo, os dentes que se descobrem em um acesso de raiva, são quase inexplicáveis se não for admitido que o homem viveu, outrora, em uma condição muito inferior e próxima da bestialidade" (p. 12). O procedimento é lógico:

ao suprimir a dimensão simbólica das manifestações da emoção, ao negligenciar os significados sociais e culturais que elas podem assumir em diferentes contextos, ao diluir exageradamente a condição humana, Darwin oculta na raiz o que faz a especificidade do homem. Desde então, uma ciência natural pode abarcar, no mesmo movimento, o estudo do homem e do animal; assim, procede frequentemente a etologia.

Darwin estabelece a universalidade das emoções e da expressão das mesmas. Assim, o rosto seria, em seu entender, um espelho da espécie e não o lugar e o tempo de um sistema simbólico utilizado pelos membros de um grupo social para traduzir as suas emoções e comunicar-se com outrem. Três princípios gerais, válidos para o homem e para o animal, explicam para Darwin a seleção das modalidades expressivas da emoção.

- O princípio da associação dos hábitos úteis: em determinada situação, caracterizada por uma tensão, uma série de atos é realizada para fornecer um alívio ou uma satisfação. Estes mesmos atos repetem-se, em seguida, pela "força do hábito", mesmo que a sua necessidade deixe de fazer-se sentir.

- O princípio da antítese: confrontado com uma situação inversa da precedente, o homem ou o animal é impelido a realizar os movimentos opostos, fora de toda utilidade prática.

- O princípio dos atos resultantes unicamente da constituição do sistema nervoso (descoloração dos cabelos sob o efeito do terror, tremedeiras musculares etc.).

Darwin aplica o princípio da seleção natural às manifestações das emoções: pelo fato de que elas têm um valor de sobrevivência, algumas modalidades de expressão fixaram-se de maneira duradoura no patrimônio da espécie, ao passo que outras, de menos valor, desapareceram. A panóplia das emoções características de uma sociedade, e a expressão simbólica das mesmas, não deve nada à educação por dependerem, em seu entender, de uma herança da espécie sobre a qual as sociedades humanas não têm nenhum controle. A herança e o inatismo estão na origem das manifestações próprias a um punhado de emoções imutáveis e em número finito, semelhantes àquelas experimentadas pelos primeiros homens e, além deles, apesar de alguns matizes, em numerosos animais. Assim, Darwin considera o pavor nestes termos: "Nos tempos mais recuados, o pavor foi manifestado de uma maneira quase idêntica àquela que conhecemos, ainda hoje, no indivíduo: quero dizer que a tremedeira, os cabelos eriçados, o suor frio, a palidez, os olhos desmesuradamente abertos, o relaxamento de grande número de músculos e a tendência experimentada pelo corpo de se encolher e ficar imóvel" (p. 388). Nessa visão naturalista, a espécie humana recebe instintivamente um repertório de emoções convocadas a se reproduzirem através do espaço e do tempo, graças a seu valor de adaptação. Essas figuras continuam a abalar as pessoas de um modo idêntico e a traduzir-se pelos mesmos sinais da face e do corpo, participando da única realização de um destino da espécie em que se verifica a desintegração de qualquer vestígio individual e social.

Um grande escritor, E. Poe – através de um personagem que é o próprio modelo do rigor e da inteligência, Dupin –, mostra a contragosto, pelo escárnio involuntário de suas afirmações, o quanto a teoria biológica das emoções é vazia de sentido:

> Quando quero descobrir a inteligência ou a estupidez, a maldade ou a bondade de qualquer pessoa, ou quais são os seus pensamentos em determinado momento, componho a expressão do meu rosto, aproximando-a o mais possível da expressão da referida pessoa e depois fico à espera para ver quais os sentimentos ou pensamentos que surgem no meu coração ou no meu espírito, como que para combinar ou corresponder à expressão ([1844] 2009, p. 6-7).

Uma correspondência, termo a termo, da composição dos músculos do rosto e da emoção experimentada, fora de qualquer contexto, indiferentemente do indivíduo e de sua origem social e cultural: eis um raciocínio que certamente não é vantajoso para Dupin.

Outros enfoques de pensamento, contemporâneos aos de Darwin, perseguem a exclusão da dimensão simbólica e empenham-se na mesma objetivação das emoções por vias próximas, complementares. Eles esboçam matrizes de perspectivas que, atualmente, ainda persistem em identificar as emoções fora de qualquer significação individual e social e, apesar dos desmentidos, continuam pretendendo afirmar a sua universalidade: em particular, os de G. Duchenne de Boulogne e de H. Spencer; mais tarde, em 1906, G. Dumas vai tentar a ligação entre esses dois ângulos de abordagem.

Em 1862, Duchenne de Boulogne publica *Mécanisme de la physiologie humaine ou l'analyse électro-physiologique des passions* [Mecanismo da fisiologia humana ou a análise eletrofisiológica das paixões]. Convencido de que as expressões não exigem mais do que dois ou três músculos, ele eletrolisa isoladamente os músculos faciais de alguns pacientes do hospital psiquiátrico em que trabalha apoiando um eletrodo no ponto de junção do nervo e do músculo. De acordo com seus próprios termos, ele se serve das "propriedades da corrente elétrica para provocar a contração dos músculos do rosto a fim de levá-los a falar a linguagem das paixões". À semelhança do que era preconizado por Le Brun, a expressão da paixão está na "mudança dos músculos"; ela reside na arbitrariedade da contração dos músculos de modo que um estímulo elétrico dado a propósito, segundo o ponto de imputação e a intensidade, produz os sinais tangíveis da paixão (alegria, tristeza etc.). A obra de Duchenne é ilustrada com fotografias que impressionam Darwin, aquelas dos pacientes faradizados, com o rosto crispado segundo afetos mais ou menos reconhecíveis.

Em livro publicado em 1906 (2. ed., 1948), G. Dumas relata, por sua vez, as experiências com os próprios pacientes, matéria-prima pouco reativa, e procura assim provocar, mediante um estímulo elétrico, o sinal facial do sorriso. Ele tira a seguinte conclusão: "O sorriso pode, segundo parece, receber uma explicação mecânica; é a reação mais fácil do rosto a qualquer excitação ligeira do facial. Não temos de apelar ainda para hipóteses psicológicas visto que, para nós, são suficientes as leis do equilíbrio, da direção do movimento no sentido da menor resistência e outras leis semelhantes" (p. 30). Ele contesta Darwin por ter conferido a seu princípio da associação dos hábitos úteis uma extensão fora de propósito quando, afinal, "a fisiologia muito simplesmente, a mecânica do corpo humano"[38] são suficientes, segundo Dumas, para explicar determinadas manifestações da emoção, nomeadamente, o sorriso.

Em 1855, Spencer acredita discernir uma correlação entre a intensidade de um sentimento e a descarga motriz que afeta especialmente os músculos do rosto. "Do ligeiro estremecimento causado por um toque em uma pessoa adormecida – observa ele – até às contorções da angústia e os saltos da alegria, há uma relação reconhecida entre a quantidade de sentimento e a soma de movimentos engendrados. Se negligenciarmos, durante um instante, as diferenças, veremos que, em razão de descargas nervosas desencadeadas por todos os sentimentos, estes têm a característica comum de causar uma ação corporal, cuja violência é proporcional à sua intensidade". Assim, a passagem do sorriso para o riso seria explicada por um aumento progressivo do prazer, um pouco como as virtudes dormitivas do ópio são suficientes para engendrar o sono.

> Uma contração muito leve desses músculos, com um franzido dos cantos exteriores dos olhos, acompanhada talvez por um movimento apenas perceptível

---

38. Herbert Spencer exerce igualmente uma influência importante sobre Darwin. Com efeito, este chega a citar trechos de sua obra – *Essays: Scientific, Political, and Speculative* (vol. II, 1863) – especialmente "a sensação que ultrapassa certo grau transforma-se habitualmente em ato material" ou, ainda, "um afluxo de força nervosa não dirigido começa por seguir, de maneira manifesta, as vias mais habituais e, sendo estas insuficientes, ele transborda, em seguida, para as vias menos utilizadas".

dos músculos que alargam a boca, implica uma onda fraca de sentimento agradável... aumentado pelo prazer, o sorriso vem à tona e, se continua a crescer, a boca entreabre-se, os músculos dos olhos e das cordas vocais contraem-se; e, sendo acionados os músculos relativamente extensos que governam a respiração, aparece o riso.

Spencer não diz o que acontece se, porventura, ainda houver um aumento do prazer, tampouco o que mede a sua intensidade. No mesmo terreno de uma fisiologia mecânica – que deixa pendente a questão das diferenças individuais e culturais ou, de preferência, que a reabsorve nos esquemas de espécie –, Dumas completa o sistema de Spencer ao acrescentar "que um músculo se contrai melhor à medida que encontra no organismo mais aliados e menos adversários. Trata-se sempre da mecânica, mas ela é um pouco mais complicada que a de Spencer e igualmente conforme à lei da direção do movimento no sentido da menor resistência" (p. 24).

Servindo-se do mesmo modo analítico, Dumas questiona-se, em seguida, a respeito das razões que levaram o indivíduo "a transformar um simples reflexo mecânico em um sinal tão corriqueiro quanto o sorriso deliberado" (p. 54). Em sua resposta que é um tanto concisa, este médico afirma que isso "se deve a um princípio de economia, de ação mais reduzida e, finalmente, de mecânica simples" (p. 56). Para ele, portanto, o sorriso é "a reação mais fácil dos músculos do rosto para uma excitação moderada; ele manifesta-se particularmente nesses músculos por causa de sua extrema mobilidade, mas na realidade a reação que ele exprime é geral e parece estar integrada mais ou menos ao sistema muscular inteiro" (p. 36). Mediante essa definição, Dumas explica que o sorriso esboçado no rosto da pessoa poderia também exprimir-se perfeitamente, segundo as espécies e a mobilidade dos músculos, em qualquer outra parte do corpo. Fiel à hipótese darwiniana de uma continuidade entre o ser homem e determinados animais no que diz respeito à expressão das emoções, mas levando esta lógica ao absurdo, Dumas estabelece que, para o macaco, a face é ainda o lugar da aparição do sorriso. O cão e o gato chegam a exibir um equivalente do sorriso, mas atenuado; e a cauda, particularmente móvel, vai prolongá-lo com uma expressividade mais nítida. Dumas ignora a existência do gato de Cheshire encontrado por Alice do qual Lewis Caroll confirma que o único modo de sorrir é por seu rosto. Ele tampouco participa de uma visão franciscana do animal que tem o mérito de suscitar justamente o sorriso do leitor: "Tive a impressão de que a gralha, e os pássaros em geral, conseguem também sorrir com os músculos das penas retrizes de suas caudas, órgãos naturalmente muito móveis e tanto mais aparentes quanto maior é o seu comprimento" (p. 37).

No entanto, Dumas conhece perfeitamente a influência do vínculo social e cultural no desenvolvimento da simbólica facial. Ao associar biologia e psicologia, ele sugere que "as excitações moderadas, sendo quase sempre excitações agradáveis, conseguimos, bem cedo e sem forçar os fatos, considerar o sorriso como o sinal natural do prazer" (p. 72). No entanto, essa expressão atua, em seguida, como sinal social que pode ser reproduzido e reforçado na criança pelo viés da educação, ao receber então todos os matizes próprios dos grupos sociais e do estilo dos atores. Ele chega inclusive a observar que os cegos de nascença são incapazes de reproduzir voluntariamente uma mímica, tal como o sorriso; o rosto deles permanece inalterado no decorrer da interação ao ponto de ser necessário solicitar-lhes para exprimirem voluntariamente a alegria, a tristeza ou outras emoções. Com sutileza, Dumas declara que a visão exerce um papel mediador na aquisição das mímicas, sem pressentir, no entanto, a influência dos pais, o afeto destes pelo filho e, sobretudo, a imagem que eles têm de sua cegueira. Com efeito, o aprendizado da simbólica do rosto e do corpo pode ser assumido de outra maneira por pais atentos e amorosos. Enfim, ao citar profusamente observações antigas de Lafcádio Hearn sobre o

Japão, ele lembra que o sorriso pode ser uma convenção social, desligada de qualquer conotação de alegria ou de prazer: assim, para anunciar a morte de alguém de suas relações a um terceiro, um japonês utiliza o sorriso, traduzindo nomeadamente o respeito pela intimidade do outro, a recusa ritualizada de implicá-lo na partilha de uma dor que não lhe diz respeito. Nesse texto, G. Dumas estuda o sorriso sob um ângulo fisiológico, travando um debate constante com C. Darwin, W.M. Wundt e H. Spencer. A dimensão simbólica do rosto – e, particularmente, do sorriso – não lhe escapa, sublinhando-a de passagem, mas sem aprofundar realmente a sua abordagem.

As teses darwinianas relativas a uma linguagem natural do corpo, selecionada com vistas à sobrevivência da espécie, são amplamente contestadas pela antropologia, através das primeiras réplicas de Mauss, Klineberg, Sapir, La Barre, Efron ou, mais recentemente, R. Birdwhistell e muitos outros[39]. Para as ciências sociais, o ser humano move-se em uma dimensão de realidade diferente daquela em que se encontra o animal, ele é criatura de sentido e de valores, não respondendo à objetividade do mundo, mas à interpretação que ele lhe confere. Em vez de ser organizado pelo biológico, o social é a criação simbólica do ser humano. Entretanto, não se extinguiu o debate com as teses naturalistas; ainda atualmente, numerosos trabalhos de inspiração etológica prolongam as intuições darwinianas e encontram, na noção de instinto, o substituto necessário e suficiente, segundo eles, para a acomodação do indivíduo ao seu meio. Mecanismos de desencadeamento inatos, tais como a impregnação ou a maturação, favorecem, no momento oportuno, a inserção do indivíduo em seu campo social; para um grande número de pesquisadores – e a maneira como a questão é suscitada torna esse caminho quase obrigatório –, a expressão

---

39. Alguns textos fundadores: MAUSS. "L'expression obligatoire des sentiments", 1968. • KLINEBERG. "Emotional Expression in Chinese Litterature", 1938. • EFRON, [1941] 1972. • LA BARRE, "The Cultural Basis of Emotions and Gestures", 1947.

das emoções depende mais de uma fisiologia que de uma simbólica. Um dos mais reputados pesquisadores nesse domínio, o psicólogo norte-americano, P. Ekman, fornece assim o princípio de suas pesquisas:

> Se for admitido... que existe, no nível do sistema nervoso, um programa que estabelece uma conexão entre as emoções específicas e determinados movimentos musculares faciais, é possível conceber que as condições de desencadeamento de emoções, ou seja, os acontecimentos que ativam o programa são amplamente determinados pelas aprendizagens sociais e do ponto de vista cultural variáveis, mas que, pelo contrário, os movimentos musculares faciais associados a essas emoções particulares são regidos pelo programa – contanto que regras de expressão não criem interferência – e são universais (1980, p. 1.415).

Desses movimentos faciais, P. Ekman, em colaboração com W.V. Friesen, propõe inclusive uma medida precisa – o Facs (*Facial Action Coding System*) – respaldado em uma análise meticulosa de seus substratos anatômicos: "Considerando que cada movimento resulta de uma atividade muscular, deduzimos que um sistema exaustivo deveria ser obtido pela descoberta do papel de cada músculo nas mudanças de aparência do rosto. Graças a este conhecimento, deveria ser possível proceder à análise de cada movimento da face em termos de unidades mínimas de ação anatômica utilizadas"[40]. Em 1971, Ekman, Friesen e Tomkins haviam proposto uma primeira grade de análise dos movimentos emocionais do rosto – o Fast (*Facial Affect Scoring Technique*) –, o qual identifica quarenta e três movimentos elementares da parte inferior do rosto, além

---

40. Para mais detalhes, cf. EKMAN & FRIESEN. "La mesure des mouvements faciaux". In: COSNIER & BROSSARD, 1984. Para uma resenha detalhada dos trabalhos sobre a expressão das emoções e que abordam nomeadamente o rosto, cf. FEYEREISEN & DE LANNOY, 1985. • CORRAZE, 1980b.

de vinte e um dos olhos e treze das sobrancelhas e da fronte: é como se tirássemos um peixe da água para estudar a maneira como ele nada pela contagem do número de suas escamas.

Ao inspirar-se nos trabalhos de Duchenne de Boulogne – o qual estimulava eletricamente os músculos faciais de um indivíduo para detectar as solidariedades musculares que esboçam as mímicas –, esses pesquisadores bastante indiferentes às interações reais entre os atores, passam um ano diante de seu espelho a contrair os próprios músculos faciais da maneira mais precisa, às vezes, com ajuda de leves picadas de alfinetes. Eles recorrem também ao estímulo elétrico a fim de determinar, com rigor, os músculos implicados na totalidade dos movimentos do rosto. Uma forma surrealista da investigação científica, mas sem humor, pretende fornecer assim as chaves universais dos movimentos do rosto nas interações com outrem. Animados pela certeza de uma linguagem natural das emoções, a qual seria anatômica e psicologicamente identificável, Ekman e Friesen esforçam-se por suprimir qualquer inferência individual no estudo da expressão das emoções; com efeito, para eles, tal inferência seria tanto mais deplorável para a elaboração de sua botânica na medida em que esta se baseia em um dualismo que opõe emoções objetivas, por um lado, e, por outro, o indivíduo em quem elas transitam e se "exprimem". "O conhecimento das bases musculares da atividade e a importância atribuída ao diagnóstico preciso dos movimentos permitem evitar o obstáculo relativo às diferenças individuais" (p. 110).

Em perfeita lógica com o dualismo contido em "expressão das emoções", o indivíduo é descartado, quantidade negligenciável que prejudica o esboço da emoção que convém colocar em evidência através da série muscular utilizada pela linguagem natural. O rosto desaparece atrás da face; a pele é suprimida igualmente da investigação. O indivíduo levado em consideração assemelha-se absolutamente a alguém dissecado com escalpelo que escapou da sala de anatomia e está disposto, sem rancor, a "exprimir" a sua alegria, o seu interesse ou a sua surpresa com as fibras musculares que lhe restam. Descartados igualmente os matizes do olhar, os movimentos do corpo, os gestos da mão, dos ombros, a posição do busto, a direção do rosto etc., que se emaranham a qualquer emissão de uma fala ou acompanham o silêncio, e sem os quais seria impossível conceber a existencialidade humana. A dimensão simbólica que permeia as pulsações do rosto é neutralizada em proveito de um modelo biológico que nada nos ensina sobre a maneira como o ator sente afetivamente os episódios de sua vida e os traduz para os outros. Ekman e Friesen esquecem que, ao olhar o outro, não vemos uma série de contrações musculares, mas uma pessoa sorridente ou triste, exibindo em seu rosto todos os matizes próprios à singularidade de sua história. Do mesmo modo que o cérebro não produz o pensamento, assim também não são os músculos que fabricam o sorriso ou a tristeza: é a pessoa que sorri ou pensa. Separadas da vida real, essas perspectivas excluem a ambivalência, a representação de diferentes papéis, as variações individuais, as modulações exibidas pelas dobras do rosto, ou seja, a pele desnuda, textura real em que é possível ler os sentimentos que um ator experimenta ou deixa ver; elas negligenciam o fato de que uma modificação ínfima do tônus muscular altera profundamente a *gestalt* do rosto.

Os sinais do rosto (e os do corpo) esboçam uma ordem simbólica e, portanto, manifestam certo número de recorrências por ocasião das interações sociais. Assim, é grande a tentação de ceder a uma ilusão de controle e de transparência para propor ao público uma chave dos gestos ou das expressões em que a polissemia do rosto e do corpo é reduzida a algumas fórmulas exemplares. Um desenho mostra uma fisionomia que significa a Alegria, outra a Dor, a Cólera ou o Desdém. Nesses dicionários dos gestos e das expressões[41], nenhum espaço é atribuído à ambivalência, às variações de natureza pessoal, social

---

41. "Para Ekman, o rosto é lido como um dicionário de tradução, termo a termo". Cf. WINKIN, 1985, p. 77.

ou cultural. A emoção é despojada inteiramente de conteúdo. Para invalidar esse gênero de iniciativa, basta apenas pensar nas mesas de pôquer em redor das quais cada jogador controla os seus afetos e elabora uma estratégia de mímicas próprias para proteger o seu jogo e para garantir a melhor chance.

Na ordem expressiva, a latitude de ação do rosto, comparada com a dos outros componentes corporais – braços, ombros, mãos, tronco, postura etc. – é infinitamente mais extensa, mais polissêmica. A margem de variações favorece a representação de um papel e os matizes individuais (pudor, discrição, autocontrole, dissimulação, arte do comediante ou da pantomima etc.). Margem que, de modo algum, leva em consideração uma abordagem etológica da emoção que extirpa, por força e por método, os movimentos do rosto e do corpo de seu terreno pessoal, relacional, social ou cultural. A análise, em termos de ciências naturais, privilegia o modelo biológico, aqui totalmente inadaptado, e descarta a singularidade que se exerce através do estilo e do temperamento de cada indivíduo. Ela ignora as consequências das significações que este atribui, com ou sem razão, às palavras e às mímicas de seu interlocutor [*vis-à-vis*]. Ela vai além do controle relativo que ele realiza sobre o que pretende dar a perceber de seus sentimentos e sobre a própria maneira de se apresentar. Apresentação de si impelida, além disso, a se recompor a cada encontro, segundo os interlocutores e a trama sutil das interpretações mútuas que se emaranham. Lembremos, a título de exemplo, a observação, com valor geral, de S. Freud em face de uma paciente:

> Quando estimulamos uma região sensível à dor em alguém com uma doença orgânica ou em um neurastênico, a fisionomia do paciente assume claramente uma expressão de mal-estar ou de dor física. [...] No caso de Fraulein von R., contudo, quando se beliscava a pele ou os músculos hiperalgésicos [...], seu rosto assumia uma expressão peculiar de prazer e não de dor. Ela dava gritos e eu não podia deixar de pensar que era como se ela estivesse tendo uma

voluptuosa sensação de cócegas – o rosto enrubescia, ela jogava a cabeça para trás e fechava os olhos, e seu corpo se dobrava para trás (FREUD & BREUER, [1895] 1990, p. 103).

Ao mostrar a parte do inconsciente na relação do indivíduo com o mundo, a psicanálise pôs termo, no seu nível, a essa visão orgânica que desconhece radicalmente a dimensão simbólica do comportamento humano.

Sem terem, de modo algum, mais habilitação para decifrar do que uma chave dos sonhos, exibindo uma grosseira evidência se adotarmos a sua lógica de história em quadrinhos, desligadas de qualquer interação real, essas chaves das mímicas desempenham a mesma função social, a de exorcizar a complexidade infinita do mundo, organizando-o em algumas figuras simples. Elas reduzem o individual ao tipo, negligenciando a apreensão da singularidade que se exerce às custas da coletividade; a sua preferência leva-as a evitar a desordem do que é vivo, apostando de preferência na aprazível regularidade das figuras teóricas.

No decorrer da vida cotidiana, a emoção não é um estado, mas uma sucessão de momentos, um mosaico inapreensível, ambíguo, transitório, uma maneira viva de estar no mundo, obsolescente como o fluxo dos encontros e dos pensamentos que atravessam a passagem das horas nomeadamente com a ressonância produzida pela presença de outrem. Ela emerge de uma pessoa imersa no cerne do mundo e não de um conjunto de músculos. Não há uma expressão da emoção, mas inumeráveis matizes do rosto e do corpo que dão testemunho da afetividade de um ator social em determinado contexto. Não há uma pessoa que exprime a alegria, mas um indivíduo alegre com um estilo próprio, com as suas ambivalências, a sua singularidade. Além disso, os movimentos do corpo e do rosto não são aleatórios, nem estão submetidos a uma arbitrariedade individual, eles tiram do interior do simbolismo social. O fato de estabelecer a universalidade das emoções e de enumerá-las é tão vazio de sentido quanto falar da universalidade relativamente à expressão delas. A variedade da condição humana não é, de modo algum, reconhecida no inventário do punhado de emoções que serve de base de trabalho a pesquisadores, tais como Ekman (alegria, tristeza, raiva, medo, aversão, surpresa), Tomkins (alegria, interesse, surpresa, raiva, aversão, medo, tristeza, vergonha), Izard (as mesmas, além do sentimento de culpa e desdém) etc.

Como se vê, mesmo para esses pesquisadores, a simples identificação das emoções, supostamente universais, suscita uma dificuldade significativa. Como seria possível que eles chegassem a um entendimento sobre as manifestações físicas das mesmas? O museu das emoções tem os seus conservadores, mas estes lutam para saber o que convém expor; eles não chegam a estar de acordo a respeito desse objeto que, no entanto, não deixa de ser apresentado à maneira de uma natureza incontestável. O mais insólito na afirmação da universalidade das emoções consiste em admitir que determinados grupos sociais ignoram tal expressão de uma emoção que, afinal, existe no absoluto. Por quê? Porque esses grupos a "reprimem". A melhor prova desse absoluto consiste justamente no esforço envidado por algumas coletividades para evitar que a expressão se manifeste!

Mesmo que Ekman, por exemplo, assinale as variações suscetíveis de caracterizar a manifestação de uma emoção, as pesquisas empreendidas na posteridade darwiniana acabam esbarrando no dualismo (a pessoa, de um lado, e, do outro, a emoção), na ambiguidade da noção de expressão (quem? e exprime o quê?), no exagero dos rostos que, supostamente, "exprimem" tal emoção. Esta última é naturalizada (no duplo sentido do termo): é pregada com um alfinete, como se tratasse de uma borboleta, sob a etiqueta de sua espécie. E anda-se à procura das mímicas faciais que lhe correspondem, como se a emoção fosse uma quantidade finita e inequívoca, destacável do ator social. Além disso, esses trabalhos estabelecem a distinção, da maneira mais arbitrária, entre o rosto e o resto do corpo, como se o riso de um ator não envolvesse nenhum movimento do busto, dos braços, das mãos, dos olhares etc. Daí, a predileção pelo recurso às fotografias e, sobretudo, aos trabalhos em laboratório sobre esse tema aos quais se dedicam, de bom grado, esses pesquisadores mais qualificados em botânica das emoções do que na observação da vida real e que acrescentam um capítulo inédito a um ramo frutuoso da literatura fantástica.

P. Ekman distingue o "método dos componentes" através do qual ele coleta por meio de fotografias ou de filmes "amostras das expressões manifestas em determinada situação por indivíduos que pertencem a culturas diferentes e a medida dos movimentos musculares faciais"; ele compara assim expressões faciais de atores sociais de proveniências culturais diferentes que, supostamente, "exprimem as mesmas emoções". O outro é o "método dos julgamentos" que consiste em mostrar fotografias de expressões faciais e perguntar, a correspondentes de diferentes culturas, as emoções que, de acordo com a presunção de tais juízes, elas exprimem. A emoção, porém, não é, de modo algum, isolável em laboratório. Fazer sobressair a alegria ou a dor, fora de qualquer contexto (mesmo teatral) não tem absolutamente sentido algum, a não ser o de naturalizar a emoção e reduzir à insignificância a grande quantidade de sinais e de símbolos que se misturam na sensação experimentada pela pessoa alegre ou sofredora (voz, entonação, gestos, olhares, postura, distância em relação ao outro, contatos etc.). À força de pretender fixá-los em um esquema simples, em uma espécie de retrato-robô que depura desmesuradamente todas as objeções possíveis, as emoções acabam sumindo do mapa, abstratas, despojadas do rosto que as esboça, tornando-se irrisórias à semelhança de um bosquejo que tivesse a pretensão de assumir o lugar da paisagem ou à semelhança de uma caricatura que pretendesse substituir a pessoa viva.

Os sentimentos emergem em um indivíduo concreto, em uma situação social e em uma relação particular a determinado acontecimento. A emoção é, ao mesmo tempo, expressão, significação, relação, regulação de uma interação. A tonalidade afetiva da relação do ator com o mundo é sempre simultaneamente uma relação com outrem, simbolizando-se através do vínculo social, implicando a modulação introduzida pelos outros e, portanto, a atividade de pensamento do ator. Ela molda-se na simbólica social e nos rituais em vigor; ela não é uma natureza descritível fora de qualquer contexto e independentemente do ator. A emoção experimentada destila-se no tempo, com duração variável, traduzindo-se por uma série de manifestações físicas. Em momento algum, o rosto ou o corpo cessam de se mover, de dar sinais de vida, a não ser quando são afetados pela morte. Fixar a emoção em uma estrutura facial tipificada à semelhança da máscara equivale a perder a existencialidade do ator. Tais investigações desconhecem o rosto, isolando um artefato: a fisionomia.

3.3 O efeito Kulechov

Na vida real, é unicamente a interação que elucida (de maneira relativa), no contexto de uma ordem simbólica identificável, a significação dos rituais do rosto dos atores. A este respeito podemos evocar a experiência decisiva de V. Pudovkin, que ficou na história do cinema com o nome de "efeito Kulechov", a qual, no entanto, é ignorada pelos pesquisadores que trabalham sobre as mímicas naturalizadas com a ajuda de fotografias, de desenhos estilizados, de filmes ou de pantomimas de emoções realizadas por comediantes. Este ator e diretor russo mostra que, na rodagem de um filme, o grande plano de um rosto nunca é totalmente significante em si. É unicamente a relação estabelecida entre os diferentes planos, ou seja, a evidenciação de uma situação precisa (uma sequência), que ilumina a sua presença com uma tonalidade particular; é unicamente pelo contexto que os movimentos do rosto e do corpo adquirem sentido. No cinema, a montagem orienta o olhar dos espectadores.

Para mostrar a projeção de sentido de que o comediante é objeto indiferentemente, às vezes, da qualidade de sua representação, Pudovkin utiliza, de um filme anterior, um grande plano do comediante Ivan Mozzhukhin, integrando esse plano em três séries de imagens em cada uma das quais este ator está presente: um prato de sopa fumegante; uma jovem morta; uma criança brincando. Sem nenhuma informação prévia, o público que assiste à projeção dessas três sequências é convidado a comentar a atuação de Mozzhukhin; verifica-se a unanimidade em relação ao talento do comediante e à amplitude de sua representação. É realmente impressionante a sobriedade mediante a qual ele consegue exibir em seu rosto as mais sugestivas expressões: a felicidade gulosa de um homem que vai saciar a sua fome; a dor intensa, mas contida, de um homem cuja mulher está morta; a ternura emocionada de um homem que observa o filho brincando. Ora, o público não se apercebeu da identidade dos planos, nem teve a sensação de que os movimentos do comediante são exatamente os mesmos de uma cena para a outra: a imagem anterior condiciona a decifração das mímicas do rosto – e pelo fato de que este oferece uma ampla latitude de significações –, a projeção realizada pelo espectador sobre o comediante é um engodo que confere sentido ao relato.

Em um filme, a significação não se encontra no conteúdo em si do plano, mas na relação significante que emerge de uma série de imagens na mente do espectador; do mesmo modo, no decorrer de uma interação social, o contexto fornecido pelos atores envolvidos condiciona as supostas significações que são trocadas entre um lado e o outro, através das falas utilizadas com profusão, além dos movimentos do corpo e do rosto. Significações sempre supostas, objeto de uma decifração recíproca dos parceiros através de sua sensação do plausível e da ideia que um faz do outro. No ato de comunicar-se, não existe conteúdo objetivo; tanto mais que a psicanálise nos ensinou que ninguém é transparente a si mesmo. Em cada pessoa, uma margem de probabilidade rivaliza com uma parte de imprevisível; e a sociologia não pode limitar-se unicamente à visão cartesiana do indivíduo segundo a qual este nada seria além do que ele pensa ser. Contra uma visão naturalizada da emoção, já evocamos a clínica que mostra a ambivalência de cada ator e a dificuldade para reencontrar a sua coerência.

Baseando-se em um belo texto de R.M. Rilke (1875-1926) sobre o unicórnio,

> "um animal que não existe". Mas, "eles nada conhecem a seu respeito [...], e o amaram [...]; ele, é verdade, *não existia*. Mas porque o amavam, puro animal, este acabou por existir".

G. Bateson estabelece que a significação inerente a cada interação "evolui e modifica-se, esboça-se e cristaliza-se sob novas formas, em cada movimento e em cada mensagem. Negar a presença do unicórnio não o impedirá de existir e, pelo contrário, acabará por torná-lo em um monstro" (BATESON, 1981, p. 129-130). Qualquer interação aparece, desde então, como uma negociação recíproca da significação, respaldada nas afirmações proferidas, nos gestos e nas mímicas permutados. Ela baseia-se na interpretação mútua do compromisso assumido por uma parte e pela outra, cuja apreciação dos movimentos do rosto é um precioso indicador; ela é uma criação provisória e aproximada que não pode aspirar a uma verdade na medida em que cada ator procede a um controle da apresentação de si segundo a ideia que ele faz tanto de si mesmo quanto do outro. A comunicação procede de maneira semelhante à da quimera de Rilke, através das projeções recíprocas, das interpretações, dos debates mais ou menos explicitados a seu respeito: a pretensão de identificar emoções manifestadas naturalmente equivale a enfiar uma máscara na quimera.

3.4 O rosto sem o Outro

O Mito de Narciso é uma espécie de parábola sobre a impossibilidade de ser sem o Outro: ele exprime que, para existir, há necessidade de cruzar o olhar do Outro, de se reconhecer nele e de responder ritualmente ao face a face. Narciso não se reconhece no reflexo que lhe é devolvido pela superfície da água. Ele fica enredado nas malhas do duplo, ou seja, o outro que é ele mesmo pelo qual, daí em diante, ficou perdidamente apaixonado. No termo do caminho de tal fascínio, nada existe além da morte. No local em que se encontra enterrado o seu cadáver, cresce uma flor temível: o narciso. Entre si e o espelho, impõe-se que o espaço ocupado pelo Outro permita a distância e introduza o vínculo social, a possibilidade precisamente de perceber o rosto desse Outro, enquanto Outro, e não de reconhecer nele o próprio rosto. Descolar a membrana do rosto de outrem do próprio rosto para desdobrar os respectivos traços fisionômicos em sua singularidade. A livre-disposição de si e de seu rosto implica o acesso à dimensão simbólica que especifica a condição humana e o vínculo social.

A modelagem do rosto é sempre uma ação do Outro. Nenhuma natureza expressiva do rosto (ou do corpo) se desenrola de acordo com o desfilar das horas biológicas que culminam, alternadamente, na maturação de diferentes funções. A simbólica do corpo (LE BRETON, 1985) e do rosto é constituída através da relação da educação e da identificação que liga o ator àqueles que estão à sua volta. Em compensação, a criança – isolada, entregue a si mesma, privada deliberadamente, ou não, do contato que visa a incentivar nela a simbolização com os outros de sua relação com o mundo – desenvolve, se sobreviver à situação que está vivenciando, uma simbolização própria, mas cujo valor de interação permite dificilmente a comunicação; a menos que haja um esforço de atenção e de uma longa paciência de seu interlocutor (cujo papel, aliás, pode ser o de conduzi-la a um modo de simbolização menos singularizado). Essa foi a situação por que passaram as crianças chamadas "selvagens" e, atualmente, a dos autistas ou de alguns esquizofrênicos. A um menor grau, os cegos de nascença – sem recusar, de modo algum, a sua integração social – sofrem, em sua relação com outrem, de uma falta de aprendizagem de manuseio de seu rosto, tornando-o em parte inexpressivo. Em vez de serem inertes, os diferentes rostos da criança chamada "selvagem", do autista ou do cego de nascença, existem simplesmente sem o Outro.

O sorriso ou o riso, por exemplo, são expressões que nunca transparecem no rosto de uma criança que, desde a sua nascença, tenha ficado isolada de todos os vínculos sociais, como é demonstrado pela história de algumas crianças "selvagens", observadas durante um longo período, em sua época, por testemunhas atentas. Apesar de sua ampla difusão cultural, não se trata de automatismos inscritos, de uma vez para sempre, na natureza do indivíduo e convocados a se desenvolverem um dia, a seu tempo, à maneira das flores japonesas em contato com a água. O sorriso ou o riso são as expressões de um ritual, dependendo de uma simbólica corporal, adquirida com a presença dos outros e renovada permanentemente pelos inumeráveis vínculos que se estabelecem, em cada instante, entre os atores. Eles pertencem a um universo de significações. Além dos traços fisionômicos, eles modelam as manifestações corporais peculiares (expressão verbal e gestual, direção do olhar etc.), de um modo reconhecível unanimemente pelos atores do mesmo grupo social. Do mesmo modo, o seu aparecimento, em vez de depender do acaso, apoia-se em condições sociais e culturais precisas. O riso ou o sorriso são os elementos de uma simbólica; assim, o homem triste ou ofendido aprendeu, de longa data, as configurações que se lhe impõem em determinadas condições, aquelas que lhe dão corpo. A criança chamada "selvagem", mantida de maneira duradoura fora do contato social – o qual, no entanto, chegou a conhecer necessariamente, pelo menos, nos primeiros anos de sua existência –, oferece um rosto irreconhecível às testemunhas, um rosto que ignora o sorriso e *a fortiori* o riso, assim como as lágrimas[42].

Aqui, não abordaremos as questões suscitadas pelas crianças selvagens. Limitamo-nos a lembrar que convém distinguir, por um lado, as crianças em situação semelhante à de Victor de Aveyron, privadas precocemente do contato com outrem, abandonadas ou perdidas, mas que haviam adquirido previamente defesas suficientes para garantir por si mesmas a própria sobrevivência, estabelecendo uma relação com o mundo original para cada uma delas; e, por outro lado, as crianças que foram cuidadas por um animal, tais como Amala e Kamala, além das crianças-lobo de Midnapore, que encontraram no animal os modelos de comportamento para garantir-lhes a sobrevivência. Evocaremos aqui, sucintamente, através de Victor de Aveyron, Amala e Kamala, além de Gaspar Hauser, as vicissitudes do rosto, privado do espelho que o Outro exibe permanentemente diante de nossos olhos.

A simbolização das linhas características do rosto ou dos movimentos corporais de Victor não é a prioridade de Itard, discípulo de Condillac, para quem a educação sensorial é a via privilegiada de acesso ao vínculo social; por isso, são raras as observações de Itard a esse respeito. No entanto, ele tem a impressão de que Victor está "desprovido de qualquer meio de

---

42. Cf. MALSON. *Les enfants sauvages* (1964), livro que, em anexo, contém a história (1801) e o relatório (1806) redigidos por Jean Itard. • TINLAND, 1968. • LE BRETON, 1985, p. 51-66. • BANKS-LEITE & GALVÃO, 2000. Michel Tournier, através do anteparo de uma ficção, lembra o enraizamento do Outro nas utilizações do corpo e da linguagem, além de mostrar os efeitos desestruturantes produzidos, gradualmente, por sua ausência. Certo dia, Robinson descobre que já não sabe sorrir. Esqueceu as linhas características do próprio rosto, por falta da possibilidade de descobrir um sorriso idêntico no rosto de outra pessoa. "Ele compreendeu que o rosto é essa parte do corpo modelado e remodelado, aquecido e animado permanentemente pela presença de nossos semelhantes. Um homem que acaba de deixar alguém com quem teve animada conversa: o seu rosto conserva, durante algum tempo, uma vivacidade remanescente que só aos poucos se extingue e cuja chama voltará a cintilar com o aparecimento de outro interlocutor. [...] Havia, na verdade, algo de congelado em seu rosto. [...] Nada além do sorriso de um amigo teria conseguido devolver-lhe o sorriso" (cf. TOURNIER, 1972, p. 80).

comunicação, sem exibir nenhuma expressão, nem intenção, nos gestos e movimentos de seu corpo". Em seu livro, *Mémoire sur les premiers développements de Victor de l'Aveyron* (1801 [Relato sobre as primeiras evoluções de Victor de Aveyron]) – redigido menos de dois anos depois da captura de Victor, em Aveyron (departamento francês ao sul do Maciço Central) –, ele conta que, extenuado com a má vontade de Victor em prosseguir os exercícios propostos para socializá-lo e sem ignorar o medo da vertigem que venha a ser experimentado pelo menino, decide abrir a janela e, segurando-o, vai deixá-lo pendurado, durante um instante, no vazio: "Foi a primeira vez, pelo menos no que me diz respeito – escreve Itard –, que ele verteu lágrimas. De fato, ocorreu posteriormente a circunstância que já relatei e em que o sofrimento de ter deixado a sua governanta, ou o prazer de reencontrá-la, levou-o também aos prantos". No relatório publicado em 1806, no qual Itard observa a lenta evolução de Victor rumo ao simbolismo social, este médico presta uma atenção particular às primeiras manifestações de alegria de Victor. Depois de uma fuga em que o menino é recapturado pela polícia e, durante mais de duas semanas, fica separado de seus tutores, Mme. Guérin – de alguma forma, a sua mãe adotiva – vai a seu encontro na prisão do Temple, em Paris.

> Mal se apercebeu da presença de sua governanta, Victor empalideceu e, durante um instante, desmaiou; mas ao ser abraçado e reconfortado por Mme. Guérin, ele se reanimou subitamente e manifestou a sua alegria por gritos superagudos, pelo entrelaçamento convulsivo de suas mãos; e tendo descontraído os traços de uma fisionomia radiosa, ele se mostrou em frente de todos os assistentes... como um filho afetuoso que, espontaneamente, viria lançar-se nos braços daquela que o tinha dado à luz.

"Tendo descontraído os traços de uma fisionomia radiosa", desse modo, o rosto de Victor desdobra-se lentamente para os rituais do espaço social em que está imerso.

Amala e Kamala – as meninas-lobo de Midnapore, na Índia – são recolhidas em 1920 pelo Reverendo Singh, em seu orfanato, o qual as retira do convívio com esses animais. Aliás, os movimentos de seus rostos (à semelhança do que se passa com o resto do corpo de cada uma) são moldados pelos modelos oferecidos pelos lobos, tendo adquirido comportamentos decalcados no contato com o animal: "Se nos aproximávamos, elas faziam caretas e, às vezes, mostravam os dentes como se recusassem nosso contato ou nossa companhia" (SINGH & ZINGG, 1980, p. 38). "Se tentássemos, às vezes, atrair a sua atenção, tocando nelas ou designando-lhes alguma coisa, elas se contentavam em lançar um olhar forçado, como se olhassem no vazio e se apressavam a desviar os olhos (p. 37). [As crianças do orfanato] "faziam o que podiam para levá-las a brincar, mas elas não aceitavam participar e se punham a atemorizá-las abrindo os maxilares, mostrando os dentes e, às vezes, jogando-se contra as colegas com um estranho ruído rouco" (p. 38). "Todas as vezes que farejavam algo, para identificar o objeto, o animal ou a pessoa, elas arrebitavam geralmente as narinas e tentavam encontrar a sua localização sorvendo o ar" (p. 45). Kamala sentiu o cheiro da carne, sendo preparada na cozinha, e "com um olhar feroz, ela tentou pegá-la, revirando os olhos, movendo os maxilares e bateu os seus dentes com um estrondo terrível" (p. 45). "Elas tinham o hábito de beber e de comer diretamente do prato, como os cães, e abaixando a boca, é assim que comiam os alimentos sólidos, tais como arroz, carne etc., sem o uso das mãos; quanto aos alimentos líquidos – por exemplo, a água ou o leite –, elas os bebiam com a língua geralmente como os cachorrinhos" (p. 48). "Quais podiam ser as suas emoções? Elas nunca riam. Apesar de seu rosto risonho, Kamala não exibia nenhuma sensação de alegria. Eu não a vi rir ou sorrir durante os três primeiros anos... exceto sinais exteriores de alegria ou de satisfação que exprimiam o seu aspecto e a sua atitude no momento de comer, quando ela tinha muita fome e especialmente quando, por acaso, encontrava carne" (p. 57).

Esses são exemplos em desordem, tributários da observação do reverendo que, em seu diário, empenha-se em transcrever as informações que lhe parecem mais interessantes. É claro que isolamos as passagens que dão testemunho da expressividade particular de seus rostos quando, afinal, o texto está cheio de observações relativas a outras manifestações de seus corpos não menos impressionantes: andar de quatro, olfato excepcional, vida noturna, gosto alimentar unicamente voltado para a carne crua etc. Lentamente, Kamala – cercada pelo afeto do reverendo e da respectiva esposa – abre o seu rosto para os ritos sociais das pessoas à sua volta. Amala, a mais jovem, morre de nefrite, apenas um ano após a sua captura. Na morte de sua companheira, Kamala derrama uma lágrima, o primeiro soluço percebido por Singh. Durante vários dias, ela fareja os lugares frequentados por Amala, os objetos manipulados por esta, ela arqueja com a língua pendente e acaba dando uivos. No dia 18 de novembro de 1921, brincando com os cabritos, o "seu rosto se iluminou ao ponto de esboçar um sorriso" (p. 74). Alguns meses mais tarde, quando Mrs. Singh lhe perguntou se tinha fome, "Kamala moveu a cabeça em sinal de aprovação" (p. 81); ela inclina a cabeça para dizer "sim" e vai agitá-la da esquerda para a direita para dizer "não" (15/12/1923).

Em 1926, Kamala abre-se cada vez mais rapidamente para a comunicação. Ao adquirir os primeiros fragmentos de vocabulário, ela participa da vida do orfanato, torna-se sensível ao frio e dá sinal de pudor. As linhas características de seu rosto começam a modelar os sinais, as mímicas, aptos a alimentar a comunicação. "O rosto de Kamala iluminou-se ao ficar sabendo que Mrs. Singh tinha voltado de uma viagem de alguns dias a Ranchi. A expressão de seu rosto manifestou distintamente uma sensação de alegria" (23/01/1926). "O tempo tinha passado e os hábitos de Kamala haviam mudado desde o dia de sua descoberta. Em 1926, Kamala era uma pessoa completamente diferente. Ao falar, o seu rosto mostrava sempre uma expressão acompanhada por alguns movimentos dos membros do corpo... Atualmente, era possível compreendê-la até certo ponto, a partir de suas expressões faciais e de seus gestos..." (1926). Ou ainda, "várias vezes, Mrs. Singh procurava, de maneira afetuosa, convencê-la a rever a sua atitude, mas ela não se movia do lugar em que estava. Diante de tais tentativas de persuasão prolongadas com insistência, a sua fisionomia mudava de cor, exprimindo a sua contrariedade" (20/01/1927). Kamala presenciou uma progressão rápida de sua aculturação nos anos subsequentes, nomeadamente, ao acesso à linguagem, a sensações diversificadas. Ela aprende a manipular um grande número de códigos. De espelho dos comportamentos do lobo, ela conseguiu ingressar aos poucos, com a ajuda do reverendo e da respectiva esposa, na simbólica social. Consolida-se a expressividade de seu rosto; trata-se de uma evolução exemplar, mas longe de ser única nos anais das crianças chamadas "selvagens". Em novembro de 1929, ocorre o óbito de Kamala, ainda em idade bastante jovem.

Em 1828, em Nuremberg, é descoberto Gaspar Hauser, com cerca de dezesseis anos, vagueando com um andar cambaleante pelas ruas. Detido até então em uma masmorra obscura, privado de qualquer relação social, alimentado unicamente com pão e água por um carcereiro invisível, sem nunca ter aprendido a falar, Gaspar é libertado por uma razão desconhecida e levado até à entrada da cidade com um bilhete em que estão rabiscadas algumas frases. Não nos demoraremos sobre a sua história que fez correr muita tinta sem que o seu segredo tenha sido revelado. Depois de uma primeira tentativa de assassinato que fracassa por pouco, Gaspar é morto em 1833; nesse meio-tempo, ele fica sob a proteção de um tutor, Daumer, adquirindo os sinais e os símbolos da comunicação social, além de ter aprendido a falar e a escrever. A sua história é conhecida, graças ao relato do jurista alemão, Anselm von Feuerbach (1775-1833), o qual acompanhou Gaspar de muito perto, tendo-se apaixonado por sua biografia. A propósito de seu rosto, A. von Feuerbach escreve o seguinte:

O seu rosto era, na época, muito comum: em repouso, ele era quase totalmente inexpressivo e a parte inferior, um tanto proeminente, dava-lhe um aspecto animalesco. O olhar bovino de seus olhos claros e luminosos era também uma expressão de estultice animal. A sua fisionomia modificou-se integralmente em alguns meses: o olhar tornou-se expressivo e adquiriu vivacidade, os traços proeminentes do seu rosto foram-se atenuando, cada vez mais, a ponto de ficar quase irreconhecível[43].

Em seu primeiro encontro com o adolescente, logo após a sua descoberta, Feuerbach afirma que teve a intuição de que a fisionomia de Gaspar iria provavelmente modificar-se; em seguida, ele chegou a lamentar o fato de que nenhum retratista tivesse tido a ideia de fixá-la na tela para avaliar, mais tarde, a sua evolução.

Somente alguns meses após a sua descoberta nas ruas de Nuremberg, o rosto de Gaspar perdeu a dissimetria de seus traços fisionômicos e a proeminência de seu maxilar; como se o contato com os outros e a educação recebida, além de terem restituído a sua fisionomia à significação compartilhada da comunicação social, acabaram por modelar a sua forma para fornecer-lhe uma aparência mais afável e comum. A influência recíproca dos rostos no interior de um grupo é um fenômeno conhecido nas famílias, sobretudo naquelas em que uma criança adotada começa a "assemelhar-se" aos pais adotivos.

É incontestável que o vínculo social modela os traços e sinais que se inscrevem no rosto; além disso, as crianças selvagens mostram-nos que ele contribui, de maneira singular, para modelar a sua forma. A este respeito, as modificações espetaculares que conheceram os rostos de Victor, de Kamala ou

---

43. FEUERBACH, A. "Histoire d'un individu sequestré dans un donjon et privé de toute communication avec le monde depuis sa tendre enfance jusqu'à l'âge de dix-sept ans" [1932], reproduzido em SINGH & ZINGG. Op. cit., p. 284; cf. tb. p. 309.

de Gaspar, entre outros exemplos aqui privilegiados, lembram a maleabilidade do corpo, a amplitude muitas vezes insuspeita de seus recursos que a nossa sociedade descobre em uma espécie de inadvertência e sem fazê-los frutificar, enquanto em outros lugares eles são cultivados (yoga etc.). Observemos igualmente, para limitar-nos a estes dois exemplos – o primeiro certificado pelo Abbé P.-J. Bonnaterre, e o outro, por A. von Feuerbach –, que Victor ou Gaspar não conseguem identificar o seu reflexo no espelho no período subsequente àquele em que ficaram sob a proteção de um tutor; é verosímil, porém, que a progressão de ambos na simbólica daqueles com quem compartilhavam o cotidiano os tivessem levado, um dia, a se reconhecerem, a distinguirem, por sua vez, a singularidade dos respectivos traços fisionômicos. Essa percepção – à semelhança do que se passa com a criança autista – implica, entretanto, a formação de um "eu" para apreendê-la, ou seja, a entrada ativa em um mundo de significação em que o rosto é importante, em que a identidade é consolidada e deixa de estar misturada com as dos outros, sem referência da individualidade própria. Ela implica também a capacidade adquirida por eles para discernir, daí em diante, os rostos diferentes dos outros, nomeando-os em sua unicidade.

3.5 O rosto autista

Na criança autista, o rosto é algo socialmente inacabado, ainda não aberto à comunicação. Um rosto sem o Outro; ou melhor, sem a consistência do Outro. Despojado das referências culturais das pessoas à sua volta. E a vacância da simbólica – que deixa os seus traços fisionômicos a descoberto – dá à diversidade das crianças autistas uma semelhança inapreensível (e, ao mesmo tempo, espetacular). Um parentesco na ausência dos sinais da face comumente compartilhados pelas pessoas à sua volta e uma proximidade na desordem que se tem a impressão de ler nesses rostos. Desordem que só parece como tal para um olhar indiferente ou apressado, que percebe de imediato o autismo como uma lacuna, um déficit e não como uma forma peculiar de organização da vida que tem para cada criança, na sequência dos meandros de sua história própria, uma tonalidade particular.

Através de seus comportamentos, de suas posturas, de seus gestos ou de suas mímicas, a criança autista manifesta outro uso do mundo e da interação – fora dos rituais que regem o funcionamento social, fora das significações e dos valores que lhes servem de fundamento –, mas não insensato, nem aleatório. São também ritos que ela implementa, mas íntimos, sem validação coletiva, ritos de separação, de preferência, aos de relação, formas organizadas e extremas de dissidência. São, à semelhança dos ritos sociais, modos de emprego para viver e situar-se face a outrem, prenhes de valores para ela (a tal ponto que, se os outros não os respeitarem, a sua existência pode ser deliberadamente posta em perigo), mas cuja significação só lhe pertence. Ritos, no entanto, abertos à paciência da decifração, à sagacidade de quem souber revelar o seu enigma.

O ritual do rosto da criança autista não é menor do que a de um ator bem integrado em seu grupo social; ele é somente individual, único, marcado pela ausência da simbólica facial comum. Cada uma dessas crianças fala um idioma corporal que tem sentido apenas para ela; ainda assim, alguns de seus traços, pelo fato de que ela recusa a simbólica de sua comunidade, assemelham-se aos dos outros. Algo permanece improdutivo na aparência e, no entanto, trata-se efetivamente de rituais íntimos, recorrentes e indexados a situações semelhantes àquelas que modelam os traços característicos da criança, levando as suas mãos a se aproximarem de sua boca e de seus olhos como que para prolongar, com uma segunda pele, o rosto demasiado exposto, temendo o desnudamento operado pelo olhar do outro. Um rosto a decifrar no qual tremeluz uma ausência que não é um vazio, nem uma chamada de atenção.

Referida à norma comum do grupo, isto é, à simbólica corporal, nomeadamente facial, o ritual íntimo que molda os movimentos do rosto autista é descrito segundo um vocabulário do descrédito que dá testemunho de um juízo normativo, de preferência, a brutal: cacoetes, estereótipos, caretas, maneirismos, parasitismos etc. A literatura psiquiátrica está repleta desses termos pouco atraentes. Longe de ser percebido como o esforço ritualizado de se separar de outrem, o comportamento autista é descrito como incapacidade de estabelecer a comunicação. Por isso, encontra-se dissimulada a atividade de pensamento da criança pelo esforço familiar que a leva a balizar a sua relação com o outro mediante um filtro de gestos, mímicas, posturas, deslocamentos e oscilações utilizados com método.

Inventividade paradoxal para evitar o Outro, não ser descoberta, manter-se ausente a seus olhos, observar quando ninguém está à espera de tal coisa, dissimular os seus olhos atrás dos dedos para ver sem desvelar os seus traços fisionômicos etc. A criança autista torna mais amenos os estímulos provenientes de seu ambiente ou de seu universo fantasmático; aliás, a fronteira entre esses dois domínios permanece embaralhada para ela. Nessa criança, tudo faz sentido e, não em menor grau, o seu rosto. Ela traduz à sua maneira os seus medos, as suas angústias, rejeições e desconfianças ou, pelo contrário, as suas conivências e a sua abertura. O seu rosto não indica, de modo algum, um déficit, mas outro uso facial da comunicação, uma diferença importante no estabelecimento da relação com o mundo e com outrem.

A desorientação no rosto da criança autista é o sinal de que ela se serve de um atalho, distinto para cada uma, mas que não deixa de ser caminho e possibilidade para reencontrar, um dia, a estrada comum. No acompanhamento terapêutico que lhe é proposto, a criança deve ler no rosto daqueles que cuidam dela o acolhimento do que ela é, a suspensão dos anteparos culturais; ela deve sentir as tentativas de reconhecê-la ao aceitarem a imagem de uma fisionomia cujas significações, muitas vezes, se esquivam, são ilusórias. O respeito pela ambivalência de que ela dá testemunho é essencial. Nesse sentido, o rosto dos terapeutas é impermeável à resignação, ao tédio ou à indiferença: ele torna sempre a criança em um sujeito reconhecido. Se, porventura, a criança autista vier a sentir-se objetivada, negada no olhar de outrem, ela acaba retornando a seu sistema de defesa, fecha o seu rosto aos sinais de contato que ela deixava ver e torna-se aos poucos inacessível.

Mediante um longo e lento trabalho de aproximação e de modelagem simbólica é que ela vai suportar o olhar de outrem, admitir o encontro e responder sem medo ao face a face; ela inscreve, então, o Outro no ser de seu rosto, abandonando os seus ritos íntimos para ter acesso aos da interação. O ritual já não é um exorcismo, um esforço de resistência, mas transforma-se e torna-se abertura ao mundo. O filme rodado por Bruno Bettelheim sobre a história de Marcia – uma menina autista que chegou aos treze anos na Escola Ortogênica de Chicago – mostra a metamorfose de identidade de uma adolescente que, aos poucos, se abre para as significações comuns; bastaria o rosto de Marcia, no decorrer de sua internação, para indicar as etapas de sua caminhada em direção à simbólica coletiva[44]. A afirmação progressiva do "eu" leva à significância inequívoca do rosto; ou, de preferência, à polissemia familiar que conhecemos nos outros e que eles próprios leem em nossos traços fisionômicos. Mas qualquer rosto de ser humano é legítimo e portador de um enigma semelhante ao da significação que ele contém.

---

44. No documentário realizado, durante vários anos, por Daniel Karlin para a televisão francesa no âmbito de um hospital de dia, *Frédéric, une autre naissance* [Frederico, outro nascimento], o menino está, pelo contrário, sempre decepcionado em sua expectativa pela mobilidade daqueles que se dedicam a ele. Aos poucos, ele abandona toda a confiança em outrem e retorna a ritos íntimos de separação que modelam cada vez mais o seu corpo e o seu rosto. Sobre a história de Marcia, cf. BETTELHEIM (1967) e a série de programas para a TV francesa, em 1974 – *Un autre regard sur la folie* [Outro olhar sobre a loucura] – realizados por Daniel Karlin com Bruno Bettelheim.

O cego de nascença é incapaz de seguir com os olhos o rosto de seu interlocutor e de oferecer-lhe a referência de um olhar que indique o grau de envolvimento na interação. Além disso, o seu rosto raramente é expressivo, impassível a despeito das circunstâncias; os seus traços fisionômicos parecem congelados, sem relação com a seriedade ou a leviandade de uma afirmação. O seu rosto ou os seus gestos raramente estão em condições de acompanhar, de maneira socialmente inteligível, o desenrolar de uma interação. Uma das fontes do ostracismo de que os cegos são vítimas está na dificuldade de decifrar o seu rosto enigmático, ainda por fazer, inacabado ou modelado de maneira inepta, rosto sem o Outro que é desestabilizador na proporção de sua falta de mobilidade. No decorrer da interação, cada ator está em posição de espelho diante de seu interlocutor, é capaz de identificar-se com ele, reconhecer os seus movimentos e as suas mímicas, além de estar, graças a esses sinais, suficientemente informado sobre o outro para que a interação se desenrole de um modo familiar com toda a segurança significante. No entanto, os traços fisionômicos pouco móveis do cego de nascença nada exprimem, não esboçam nenhuma das mímicas codificadas que marcam o desenrolar do encontro: não acentuam, nem modulam a fala ou a presença. Nesse sentido, eles encarnam uma "inquietante estranheza": apesar de serem aparentemente familiares em seus traçados, em seus componentes, eles são inapreensíveis pela ausência de brilho dos olhos, pela falta de mobilidade e de movimentos significativos. O movimento de reciprocidade e a congruência das expectativas mútuas que servem de fundamento à interação estão rompidos. O cego remete brutalmente à lentidão de um corpo; aliás, é a presença deste que o homem ocidental, no decorrer de sua vida cotidiana, procura esquecer (cf. LE BRETON, [1990] 2016). Rosto deslocado, que quebra o espelho da interação e cria uma dessimetria que deixa facilmente espaço para a inquietação. Nas representações coletivas, o registro expressivo limitado do cego de nascença chama a atenção para o seu rosto percebido como fechado, inacabado, imóvel[45], confinado em si mesmo, não manifestando, através de um sinal reconhecível, a preocupação com o outro.

A falta de estímulo visual impede a criança cega de imitar as pessoas à sua volta e de se identificar com elas. A sua aprendizagem motora fica, por isso mesmo, consideravelmente afetada. Se as pessoas à sua volta não estiverem atentas e disponíveis, nem forem afetuosas para levar na devida consideração essas dificuldades, a criança há de mostrar, durante muito tempo, as suas inabilidades, não se beneficiando de nenhum incentivo para modelar as linhas características de seu rosto e os movimentos de seu corpo de um modo socialmente conforme com as sensações que ela experimenta. E o rosto – como já afirmamos – não é uma natureza na qual amadureçam espontaneamente expressões, de imediato, universais, independentes dos esforços da criança para se apropriar delas. Ao visitar instituições que recebem jovens cegos, G. Dumas dá um testemunho profundamente sensível a respeito dos efeitos da educação:

> Foi fácil para mim, assim como para todo o mundo, distinguir nos primeiros olhares os cegos de nascença daqueles que começaram por ser clarividentes. Os primeiros não têm nenhuma mímica, nunca sorriem ao falar e deambulam no mundo dos rostos mortos. Os segundos, pelo contrário, têm uma mímica facial mais ou menos desenvolvida, de acordo com a idade em que foram acometidos pela cegueira; aliás, alguns têm uma mímica facial normal. Segue-se dessa diferença que os cegos capazes de mímicas sociais e de sorrisos parecem, em nosso entender, e estão, muitas vezes, mais próximos de nós na vida corrente do que dos cegos de nascença, mais ou menos iso-

---

45. Sobre as dificuldades da educação relativamente à criança cega de nascença cf. HENRI, 1958, p. 108ss. Obviamente, para a criança que se torna cega depois de ter adquirido a ordem simbólica própria de um grupo, o rosto é menos marcado, mais fluido, embora sofra, socialmente falando, da ausência de expressividade dos olhos. Cf. tb. OLIVEIRA, J. 2014.

lados de nós pela rigidez de sua máscara (DUMAS, 1948, p. 123).

Se houver pessoas à volta sensíveis às dificuldades futuras da criança em matéria de relação com os outros, elas estarão em condições de ensinar-lhe a mover os seus traços fisionômicos, orientando-a pela fala e pelas mãos para levá-la a sentir as modificações que afetam o seu próprio rosto. Através de um procedimento voluntário, a criança cega é capaz de aprender uma simbólica corporal recebida comumente sem esforços particulares no contato com as pessoas à volta, através dos processos de imitação e de identificação.

A incompletude social de seu rosto confere, às vezes, ao cego de nascença um desbotamento de seus traços fisionômicos: "Os tiques decorrentes da cegueira são tão característicos que os norte-americanos, na categoria dos 'maneirismos', atribuíram-lhes o nome de *blindisms*" – escreve Pierre Henri. No que se refere mais especificamente ao rosto, este intelectual cego francês observa "as posturas, gestos ou mímicas, enquanto reações a dores oculares (piscar os olhos ou coçá-los, desviar da luz, abaixar a cabeça), são, pelo contrário, práticas hedônicas que resultam de frágeis resíduos visuais (virar obstinadamente a cabeça para a luz, levantá-la em direção da lâmpada, passar os dedos abertos entre o olho e a luz)".

Rosto sem o Outro, atravessado às vezes por movimentos singulares, privado da referência dos olhos e, por essas razões, ambíguo, propício aos mal-entendidos, o rosto do cego de nascença parece exibir permanentemente uma falsa impressão, reservar para si o essencial, impedindo a implementação dos processos de identificação susceptíveis de garantir-lhe um tratamento menos estigmatizante.

3.6 Significação social do rosto

A existência de uma pessoa só adquire sentido ao ser alimentada por símbolos e por valores da comunidade social à qual ela pertence; o rosto não escapa à regra. Este é, ao mesmo tempo, semelhança e discernimento: semelhança por refletir a familiaridade dos outros rostos de seu grupo; e discernimento porque, apesar de tudo, algo nele permanece irredutível. Ele promove, simultaneamente, a ligação e a distinção. À sua maneira, ele reflete a posição contraditória de qualquer ator em um conjunto social: a de existir unicamente através de referências sociais e culturais, sem deixar de participar, de um modo pessoal, na criação coletiva do sentido.

O simbolismo social confere os seus sinais ao rosto para inscrever nele a familiaridade do olhar dos outros; ou do próprio olhar quando o ator se percebe a si mesmo em um espelho ou vê o seu rosto refletido em uma vitrina. Qualquer aparição do rosto é a de sinais de reconhecimento. A maneira de organizar a sua encenação (maquiagem, bigode, barba, corte de cabelo etc.), de produzir mímicas, de fixar o olhar nos outros, acaba por torná-lo no lugar da evidência familiar que permite reaver, de imediato, uma série de significações. O rosto nunca é uma natureza, mas uma composição. Ele é matéria para um trabalho sobre si e, ao mesmo tempo, para uma sutil influência social e cultural. A socialização modela a mais secreta intimidade corporal de um indivíduo, como é demonstrado pela sociologia e pela antropologia (cf. LE BRETON, [1990] 2016), não deixando de lado o seu rosto.

Através do rosto é possível ler a humanidade de uma pessoa e, com toda a evidência, impõe-se a diferença ínfima que estabelece a distinção entre um indivíduo e outro. Ao mesmo tempo, os movimentos que o perpassam, os traços fisionômicos que o esboçam, as sensações que emanam dele, lembram que o vínculo social é a matriz mediante a qual cada ator, segundo a história própria, forja a singularidade de seus traços fisionômicos e de suas expressões. Qualquer rosto entrecruza o íntimo e o público. Todos os seres humanos são semelhantes, mas nenhum é idêntico a outro.

4
Configurações sociais: o face a face

> Contaram-me que há agora, em Paris, condes
> poloneses que foram forçados ao exílio e à miséria por
> causa das insurreições e do despotismo; eles tornaram-se
> cocheiros de fiacre, mas encaram os clientes com tal
> catadura que os pobrezinhos sobem para a carruagem,
> sem saber por que, com o ar humilde de cães que
> entram em uma igreja.
> G. Tomasi de Lampedusa. Il Gattopardo
> (1963, p. 196).

4.1 Face a face

Os movimentos do rosto inscrevem-se no "dialeto do compromisso" (E. Goffman) no qual transcorrem os gestos, os contatos, as mímicas que marcam a cadência ritual de qualquer interação. As suas formas e distribuição dependem de uma ordem simbólica própria a um grupo; aliás, para o uso de cada agrupamento social, existe uma subordinação mútua à enunciação de uma linguagem e de gestos ou mímicas que a acompanham, precedem e prolongam. Qualquer manifestação da fala – inclusive, o silêncio – está respaldada em movimentos do corpo, às vezes, apenas perceptíveis, mas coerentes, organizados, inteligíveis. A gestualidade pode modificar-se profundamente em atores perfeitamente bilíngues que passam de uma língua para outra. Assim, R. Birdwhistell observa entre os índios kutenai, no sudoeste do Canadá, uma mudança radical de linguagem gestual dependendo do fato de falarem a sua língua tradicional ou o inglês; as mímicas estão adaptadas a determinada língua e não poderiam funcionar com outra. Elas variam também segundo os diferentes grupos sociais; ou dito por outras palavras, um uso social da língua é correlato a um uso social do corpo. Se existe uma língua materna profundamente arraigada na afetividade do ator, existe também um corpo materno que lhe corresponde: o uso do corpo e do rosto que o ator começou a adquirir ao pronunciar as primeiras palavras.

No intercâmbio de significação que é a comunicação, em que a intenção nem sempre é soberana, o corpo não é um canal menos importante que o da língua: é impossível dissociar um da outra, do mesmo modo que não se pode desajuntar o rosto ou as mãos para estudar separadamente as suas simbólicas. De maneira permanente, nas interações vivenciadas na vida cotidiana (cumprimentar, despedir-se, sentar-se à mesa de um bar, fazer compras, andar na rua, bater papo com os amigos etc.), a linguagem gestual e as mímicas misturam-se de maneira virtualmente inteligível para os atores que compartilham a mesma simbólica corporal ou ficam conhecendo os seus sinais mediante uma aquisição mais tardia. Os inumeráveis movimentos do corpo e do rosto não são deixados ao acaso ou à arbitrariedade de cada indivíduo, mas correspondem a uma organização social precisa que é modulada pelos dados da história pessoal do ator, nomeadamente por seu estilo e temperamento. Os ritos de interação são, antes de tudo, encenações ordenadas e mutuamente inteligíveis de posturas corporais e de movimentos do rosto.

Pelo compartilhamento da mesma ordem expressiva, os rostos refletem-se uns nos outros, indicando mediante uma relativa clareza (com todas as possibilidades da astúcia ou da interpretação abusiva) a ressonância mútua das palavras: acenos de cabeça, movimentos do busto, mímicas, inclinações da cabeça, tonalidade do olhar etc. Cada movimento do rosto através da dinâmica das expressões é um comentário sobre o desenrolar da interação e o grau de envolvimento mútuo dos atores; por seu intermédio, é possível ler o interesse ou o tédio, o aflorar das emoções, o prazer do encontro ou a preocupação em terminá-lo, com o efeito de contágio dos afetos que, às vezes, tornam imprevisível o desenrolar de uma interação. A este respeito, o despojamento dos filmes de Robert Bresson não consiste apenas na imagem, mas está também na atuação dos comediantes: em seus movimentos do corpo e em suas vozes mutuamente desunidos, privados em parte da evidência ritual que os torna familiares. Esse diretor de cinema francês dispensa os seus comediantes da submissão aos movimentos corporais e, especialmente, às mímicas, que conotam as emoções ou o grau de envolvimento na interação. Eles atuam com uma voz monocórdica, um rosto neutro, mantêm-se no limite do paradoxo, e essa tensão insufla uma enorme energia à imagem, surpreendendo de modo permanente o espectador e chamando a sua atenção para a especificidade da linguagem cinematográfica.

Essa aparência de ordem que rege, no tempo normal, os movimentos do corpo suscitou por parte de alguns pesquisadores a tentação de definir as suas leis de funcionamento, apoiando-se no modelo das línguas. Ao criar a cinésica, R. Birdwhistell parte da hipótese de que esses gestos recorrentes, significantes, distribuem-se de maneira sistemática e que o seu estudo diz respeito a um capítulo ainda inédito da linguística estrutural e, nomeadamente, da fonologia; seria possível confinar a semiótica do corpo à maneira de uma língua. A partir desse modelo, ele analisa a simbólica corporal em termos de "kinema" – unidade de base do movimento –, ainda não associado a um significado e equivalente do fonema para a língua (movimento vertical da cabeça etc.). Uma série integrada de "kinemas" formam um "kinemorfema" (equivalente gestual do morfema): por exemplo, um piscar de olhos ou um sorriso. A combinação de "kinemas" produz, portanto, sentido e respalda a interação com pontos de referência necessários a seu bom desenrolar. Este antropólogo norte-americano propõe, unicamente para o rosto, cinquenta e seis unidades elementares, recorrendo a mais de uma vintena de unidades descritivas; esse material de análise é difícil manipular (a título de comparação, a fonética de uma língua está limitada a uma trintena de sons). Birdwhistell esbarra no obstáculo de uma analogia levada longe demais em detrimento da especificidade da simbólica que se encarna no rosto, nas posturas ou nos gestos.

Com toda a certeza, é possível identificar analogias entre esses dois grandes sistemas de signos que são a língua e o corpo, mas as diferenças não deixam de ser essenciais. Os sinais manifestados através do corpo dão testemunho de uma polissemia bem mais acentuada que aquela que caracteriza a língua; a sua zona de ambiguidade é infinitamente mais extensa. A maior parte dos movimentos corporais já se encontra permeada pela hipótese de uma significação, contrariamente ao fonema que não consegue atingi-la a não ser pela combinação precisa de vários deles. Os sinais do corpo – e, nomeadamente, os do rosto – são esquivos, contingentes, propícios à projeção imaginária, ambíguos em sua manifestação, ao contrário dos signos da linguagem, mais enraizados, sujeitos a uma menor variação individual, mais acessível ao controle recíproco[46].

O corpo não é um subalterno da língua, funcionando ineptamente em uma estrutura igual à precedente. É difícil classificar as regularidades que se leem no rosto ou no corpo; segundo parece, é impossível elaborar um dicionário a esse respeito. Como já vimos, nada além do contexto permite aos atores uma projeção mútua de significações, respaldadas em uma ordem expressiva partilhada em comum pelos membros de determinado grupo social.

---

46. Cf. BIRDWHISTELL, 1973. "Un exercice de kinésique et de linguistique: la scène de la cigarette". In: WINKIN, 1981. • *Langages*, n. 10, 1968 (artigos de J. Kristeva, R. Birdwhistell etc.). Uma abordagem crítica: FEYEREISEN & DE LANNOY. Op. cit., p. 69ss. • GUIRAUD, 1980, p. 71ss. • LE BRETON. Op. cit., 1985, p. 67ss.

Esse tratamento do corpo no decorrer da interação suscita interditos específicos. O rosto e o sexo são mantidos à parte nas proxêmicas e usufruem pela negativa de uma atenção redobrada na medida em que, durante a interação, é impensável o contato com um ou com o outro. Mesmo quando, em nossas sociedades ocidentais (ou alhures, em sociedades em que os contatos físicos são menos proibidos), tocamos inadvertidamente em nosso interlocutor com um gesto de amizade bastante furtivo para sublinhar uma afirmação, o rosto ou o sexo são sempre evitados; mais ainda, estes, segundo parece, dispõem à sua volta de uma zona de proteção que os isolam do resto do corpo apesar de seu valor eminentemente social. No entanto, é possível tocar os braços, as mãos, os ombros, o peito e, até mesmo, as pernas.

A ritualização do contato é, evidentemente, diferente na relação amorosa. O mesmo ocorre quando se trata de um doente ou de um moribundo; é frequente tocar sua fronte como um gesto de apaziguamento ou de compaixão. O tratamento social da corporeidade da criança é também particular. Se, em nossas sociedades, existe uma clara orientação no sentido de evitar os contatos físicos, o movimento inverte-se quando se trata da criança: é socialmente recomendado tocá-la, mimá-la, acariciá-la, mostrar-lhe o seu afeto. O seu rosto é o objeto privilegiado da ternura: beijá-la nas bochechas, na fronte, dar tapinhas, fazer carícias etc.; até que a criança atinja os seus sete ou oito anos. O anúncio, mesmo distante, da puberdade faz com que lhe sejam aplicadas, bastante rapidamente, as regras de interação em curso em sua sociedade.

Nada de surpreendente que o rosto ou o sexo, associados no mesmo tabu do contato, se tornem lugares de predileção dos namorados. O recinto sagrado da pessoa, mencionado por Durkheim, encontra aí as suas duas fortalezas; ora, às vezes, basta um único olhar para derrubá-las ao verificar-se a intromissão do amor.

4.2 Da face ao indivíduo

Perder o prestígio [*perdre la face*], ficar bem-visto [*faire bonne figure*], estar com bom aspecto [*avoir bonne mine*], desempenhar um papel lamentável [*faire piètre figure*], salvar as aparências [*sauver la face*], fazer cara feia [*faire grise mine*][47]... Na linguagem corrente, a face ou a fisionomia valem pela pessoa em sua totalidade, pelo sentimento de identidade que a caracteriza e pela estima de que usufrui por parte dos outros. A face (ou a fisionomia) é aqui uma medida da dignidade social de que um ator é objeto. A este respeito, é conhecido o trabalho meticuloso empreendido por E. Goffman a fim de elucidar "os momentos e os seus homens", ou seja, os ritos de interação que reúnem os atores sob a égide de definições sociais a que eles devem se acomodar de modo que o intercâmbio, na medida do possível, não afete em nada a estima que eles sentem entre si e pensam merecer mutuamente. Qualquer interação é ameaçada de inépcias, defasagens, atos falhos ou lapsos, de ofensas que podem obstruir o seu desenrolar, mergulhando as partes envolvidas em um incômodo do qual convém livrar-se ritualmente o mais rápido possível. A vulnerabilidade do rosto faz com que, às vezes, algumas interações se tornem difíceis. Um ator perde o controle de suas feições, dominado por uma emoção viva demais ou por um ataque de riso, a ponto de ficar com o rosto desfigurado. "Para dissimular o seu desalento", o ator "dispõe do expediente de se desviar dos outros ou, então, de encobrir o rosto, a boca, em particular, com as mãos" (GOFFMAN, 1988). É rara a evocação específica do rosto por parte de Goffman: este recorre à noção de face que, de alguma maneira, metaforiza o rosto expressivo ao englobar simbolicamente a identidade social do ator, o sinal que ele oferece justamente à apreciação sem indulgência dos outros. Este antropólogo define a face enquanto

---

47. Os termos "face", "figure" e "mine", presentes nestas expressões, têm o sentido de cara, rosto [N.T.].

valor social positivo que uma pessoa reivindica efetivamente através da linha de ação que os outros supõem que ela adotou no decorrer de um contato particular. A face é uma imagem do eu delineada segundo determinados atributos sociais aprovados e, no entanto, compartilháveis visto que, por exemplo, pode-se dar uma boa imagem de sua profissão ou de sua crença religiosa ao dar uma boa imagem de si (GOFFMAN, [1967] 1974, p. 9)[48].

A nudez, a vulnerabilidade ou, pelo contrário, o controle, a clareza aparente, perceptíveis no rosto vão torná-lo em uma chave do intercâmbio, uma indicação a respeito da qualidade da interação; neste aspecto, ele simboliza a relação a outrem. Face a este último, ele é o sinal mais vibrante, mais expressivo de si; a pele do rosto encarna perfeitamente a zona sensível da relação com os outros.

"Um indivíduo salva as aparências [*garde la face*] quando a sua linha de ação manifesta uma imagem consistente de si mesmo, ou seja, apoiada pelos julgamentos e pelas indicações provenientes de outros participantes, além de ser confirmada pelo que é revelado pelos elementos impessoais da situação" (p. 10). A face resulta do olhar dos outros, de seus supostos julgamentos: no espelho dos outros, o ator percebe uma imagem satisfatória de si mesmo, reconhecendo-se nela. A simetria dos rostos frente a frente confirma os dados de uma identidade não contestada, que não se tornou precária por uma inépcia qualquer, nem está sob a ameaça de uma mancada. Os rostos

---

48. Goffman designa como figuração [*face work*] "tudo o que uma pessoa empreende para que as suas ações não a façam perder o prestígio [*perdre la face*] (nem perder-se ela mesma)" (p. 25). A tradição dos nômades árabes identifica moralmente o indivíduo através de sua face: *wajh*. O termo vale pela pessoa. "Quando um anfitrião, p. ex. – escreve o historiador, especialista do mundo árabe, J. Chelhold –, é lesado na pessoa de seu hóspede, ele declara que o infrator lhe golpeou o rosto, ou seja, insultou a sua honra. Ele leva o caso a um juiz, reclama o direito ao rosto e enuncia as mais exorbitantes reivindicações. [...] O culpado deve lavar-lhe o rosto, ou seja, declarar diante da tribo inteira e, até mesmo, dos transeuntes, que a sua honra está salva" (1958, p. 32).

dos atores em reciprocidade desaparecem diante dos sinais da familiaridade cotidiana do intercâmbio e da confirmação de si.

No entanto, o ator fica malvisto [*fait mauvaise figure*] ao mostrar, face aos outros, uma atitude desproporcionada em relação ao que lhe seria legitimamente permitido; ao exceder os seus direitos, esquecendo os seus deveres, a confortável segurança deve perder a sua altivez diante da reprovação das testemunhas. O ator, inadvertidamente, através de um ato falho ou lapso, acaba desvelando uma parte pouco recomendável do que ele é ou, então, supervaloriza a sua margem de manobra a respeito de outrem e descobre o seu equívoco. Ou ainda ele comporta-se de maneira lamentável [*fait piètre figure*] em uma situação em que reivindicava a sua eminência e acha ter "bonne mine" [um bom aspecto] ao oferecer um rosto em defasagem com o dos outros. O ator tenta salvar as aparências [*sauver la face*], mas a cara que ele oferece ao olhar deles desmente os seus esforços; assim, o rosto dos outros deixa de ser realmente um espelho, e trejeitos céticos ou sorrisos irônicos acompanham sem indulgência a tentativa do inepto para consertar a situação. "Quando uma pessoa *fait mauvaise* ou *piètre figure* – escreve ainda Goffman –, os fatores expressivos que semelhante atitude introduz no encontro torna impossível engrenar diretamente na maquinaria expressiva do momento" (p. 12). A menos que ela venha a enterrar a cabeça na areia [*se voiler la face*], evidentemente. Os esteios expressivos da reciprocidade são momentaneamente rompidos. A etiqueta de encenação dos contornos do rosto manifesta uma dissimetria desestabilizadora que remete o ofensor ou o inepto à sua atitude equivocada.

Sentir vergonha, levar as mãos ao rosto para escondê-lo, baixar os olhos na impossibilidade de encarar diretamente o olhar hostil do interlocutor, é um jeito de fazer cara feia [*faire grise mine*] e testemunhar o fato de ter perdido o prestígio [*avoir perdu la face*]. É marcá-lo ritualmente ao entregar-se, sem a defesa dos próprios olhos, aos olhares inquisidores daqueles que julgam. Ninguém perde o prestígio [*la face*] sem a desfiguração do rosto. A imagem clássica do culpado é a do indivíduo humilhado diante de sua comunidade, com os olhos pregados no chão, abandonado à vontade da multidão, sob uma forma simbólica de condenação à morte; ele deixou de ser capaz de olhar outrem "olho no olho", resignado à privação de seu olhar dirigido aos outros e restando-lhe apenas ser objeto de vergonha para a sua comunidade. O seu rosto é tanto mais público pelo fato de ter perdido o prestígio [la face] – o que equivale, aqui, a dizer que foi despojado de seu rosto –, desprovido da faculdade de se manter em uma posição igual à de seus interlocutores.

Da mesma maneira, a linguagem popular assimila o ator à sua face e, de modo singular, ao rosto que ele oferece aos outros. Àquele que infringe a conduta prevista pelo grupo, que perde o prestígio [la face] ou está prestes a perdê-lo, é proposta a ameaça de lhe "casser la figure" (ou a "gueule") ["quebrar a cara" (ou as "fuças")] se ele persistir em sua atitude. A degradação simbólica do ator, interpelado com semelhantes injúrias, reside já na perda da dignidade do rosto: tudo o que lhe resta é uma cara ou fuça que nada merece além de ser quebrada. A mesma desfiguração simbólica já está no insulto "ta gueule!" [cala a boca!], assim como no fato de se "payer sa tête" [gozar na cara de alguém], de "se foutre de sa gueule" [debochar de alguém]. Em algumas sociedades, perder o prestígio [la face] implica a obrigação de se matar. De matar para suprimir o ultraje. Ou de ser morto. Neste caso, reina a impossibilidade de reencontrar um rosto próprio que seja digno da reciprocidade dos outros. Perder o prestígio [la face] é, então, uma desfiguração que não deixa outra escolha além da morte.

Em nossas sociedades ocidentais, os intercâmbios reparadores (cf. GOFFMAN, [1971] 1973, p. 101-180) permitem ao provocador do tumulto e à sua vítima safarem-se dessa infração à regra de discrição e de respeito mútuo que rege as interações sociais. Ao pedir desculpas e apresentar as suas justificações ou súplicas, o ofensor modifica a significação de seu ato, anulando-lhe ritualmente a ambiguidade, além de afirmar diante das testemunhas que a sua relação à regra infringida é bastante diferente daquela que a sua atitude inicial deixava supor; ao fazer a sua confissão pública de culpa, ele evita a criação de um conflito duradouro e permite que os protagonistas sejam capazes de se olharem face a face, com toda a dignidade. O próprio ofendido consegue, às vezes, neutralizar tal briga mediante uma tirada de humor ou um riso que lhe permite manifestar a manutenção de sua dignidade e a sua indiferença frente à ofensiva do outro. Essa atitude desenvolta quebra a gravidade das palavras, fortalecendo a posição, durante um instante, desestabilizada do ator; pelo contrário, frente a esse rosto tranquilo que não se comove, o ofensor é obrigado a adotar uma disposição mais afável ou a modificar o seu ângulo de ataque.

Considerando que o rosto exibe a sua participação no intercâmbio, ele expõe o ator a fornecer respostas em todos os instantes de sua duração. Daí a necessidade de mostrar ritualmente o seu reconhecimento do outro – por exemplo, através do sorriso –, sinal de que não existe nenhuma má intenção. Um sorriso de rotina marca, muitas vezes, o rosto dos atores que entram em contato, acompanhando o acolhimento e as primeiras medidas do intercâmbio ou da solicitação de um serviço, antes de desaparecer do rosto para retornar, de modo semelhante, apenas no momento em que os atores se despedem. O sorriso torna-se indispensável, não como expressão de uma alegria refletida no rosto após um encontro inesperado ou o prazer de receber um cliente e, até mesmo, o de começar um dia de trabalho, mas vale como convenção de entrada e de saída da interação. Ritual mínimo de consagração do outro e de consagração de si pelo outro.

A "desatenção cortês" (Goffman) é indispensável apenas nos lugares em que se cruzam desconhecidos. A interação impede a discrição do rosto. E o sorriso dá testemunho de um compromisso social mínimo mediante o qual os atores se fortalecem mutuamente na estima que têm uns pelos outros e afirmam o caráter agradável e pacífico do vínculo entre eles. Daí, o uso astucioso do sorriso pelo qual um ator tenta ritualmente mostrar as suas boas intenções a um interlocutor mais ou menos crédulo. Lúcido, este último falará de um sorriso "meloso" ou "meio lá, meio cá". Quem se recusa a sorrir é suspeito de ser distante, altivo, ríspido ou "gentil como um caixeiro"[49]; haverá sempre alguém para lhe dizer que "um sorriso não custa nada". A importância do sorriso na comunicação fática é tal que se torna obrigatório em determinados espaços: recepcionistas, vendedores, adidos de imprensa, responsáveis por relações públicas encarregados de acolher os clientes ou os visitantes. Figuração social tanto mais poderosa na medida em que se dirige ao rosto do outro, fixando-o nos olhos e fornecendo-lhe um sinal tangível da atenção de que é objeto. Esse sorriso, porém, não é aquele da vida cotidiana; além disso, o do cliente não repercute, de modo algum, no rosto da recepcionista. Com efeito, o sorriso funcional desta não se dirige a um rosto, mas a um cliente cuja identidade só escapa à indiferença na medida em que a deferência que lhe é devida socialmente exige, talvez, uma atenção mais meticulosa às suas expectativas.

4.3 Interação e ato de olhar

"[...] o olho – afirma J.-P. Sartre – não é captado primeiramente como órgão sensível de visão, mas como suporte para o olhar" ([1943] 2007, p. 331). Simultaneamente, os olhos recebem e fornecem informações. O olhar dirigido por um ator a outro indivíduo não é percebido como neutro. A distribuição dos olhares ao fixar o rosto do parceiro contribui para a trama da interação; assim, a suposta significação dos mesmos indica o curso da interação, do mesmo modo que eles tornam

---

49. No original: "aimable comme une porte de prison" [literalmente, amável como uma porta de cadeia]. Cf. XATARA & OLIVEIRA, 2002, p. 72 [N.T.].

compreensíveis as mímicas que acompanham a voz[50]. Tais intercâmbios participam da regulação da interação. Certamente, o ato de olhar não está separado de uma atitude global do ator que se exprime através do corpo inteiro. A tonalidade afetiva de uma interação traduz-se tanto pelos movimentos do corpo e do rosto quanto pela qualidade, período de tempo e direção do olhar. Convém precaver-se para não isolar este último da trama simbólica que atravessa as movimentações físicas dos parceiros da interação. O olhar é solidário de uma maneira de estar em face do outro, não sendo analiticamente destacável, nem o único envolvido na interação. Através das trocas de olhares, trama-se a matéria de um tratamento mútuo dos rostos, além de se deixarem ver e interpretar os indícios significativos que concorrem para o desenrolar do encontro. O ritual do ato de olhar é variável segundo as sociedades, correspondendo a uma ordem simbólica que é diferente não apenas de uma cultura para outra, mas também de um grupo social para outro. Ele conhece igualmente variações segundo as posições sociais respectivas dos atores envolvidos, o seu grau de parentesco ou de familiaridade; neste sentido, qualquer análise demasiado rígida da interação dos olhares fica exposta ao desmentido de um ritual múltiplo e contrastante.

Os olhos são reguladores da interação. Para comprovar tal afirmação, basta pensar no constrangimento experimentado diante de um interlocutor [*vis-à-vis*] que, durante a sua fala, esconde o olhar atrás de óculos de sol. Goethe evoca esse mal-estar em suas discussões com o amigo e poeta alemão, J.P. Eckermann:

> Tenho sempre a impressão de que vou servir de objeto de observação minuciosa para essas pessoas; aliás,

---

50. Convém sublinhar que o olhar dirigido ao rosto do outro não é fixo, mas procede, de preferência, a uma espécie de varredura. Desse modo, as câmaras de leitura ótica mostram que "olhar alguém diretamente nos olhos" não é uma expressão totalmente correta. Cf. COOK. "Regard et regard réciproque dans les interactions sociales". In: COSNIER & BROSSARD, 1984, p. 132.

> com os olhos assim predispostos, elas pretendem perscrutar o recanto mais profundo de minha alma e inspecionar as menores dobras de meu envelhecido rosto. Enquanto elas procuram assim me conhecer, toda igualdade leal é suprimida entre nós e não posso me compensar examinando-as por minha parte, porque sou incapaz de saber algo de uma pessoa de quem não vejo os olhos enquanto ela me fala e que tem o espelho de sua alma encoberto por dois pedaços de vidro que me tornam cego (05/04/1830; ECKERMANN, t. 1, s.d., p. 227-228).

A dissimulação dos olhos atrás de óculos escuros filtra uma grande parte das informações apaziguantes que servem de respaldo à interação; ela torna irreal o intercâmbio e provoca uma relativa inferioridade daquele que não dispõe do mesmo recurso e cujo rosto, por contraste, aparece de maneira desconcertante a descoberto.

Em uma discussão face a face, com efeito, os atores das sociedades ocidentais raramente desviam o próprio olhar de seu interlocutor, de tal modo que os seus rostos encontram-se em estreita correspondência, refletindo-se um no outro; do mesmo modo, ao andarem lado a lado, por exemplo, no passeio de uma rua, eles cruzam frequentemente os seus olhares, sinal de um compromisso comum, mas também de uma atenção necessária às indicações do rosto. Reguladoras do intercâmbio, estas orientam a sequência da conversa: seja apoiando uma reflexão ao buscar um reconhecimento no olhar do outro; espreitando o momento propício para tomar, por sua vez, a palavra; mostrando a seu interlocutor que ainda se tem algo para dizer ou procurando os sinais de sinceridade a respeito de sua fala etc.

Esquivar-se do olhar do outro nestas condições, dissimular os próprios olhos sob os óculos de sol ou não olhar diretamente a face (expressão prenhe de sentido) do interlocutor, dá testemunho de uma duplicidade inepta ou de um distúrbio que não facilita a vivacidade da comunicação. Se essa atitude de constrangimento não for justificada pela timidez ou por uma emoção qualquer, o ator deixa de usufruir da estima de seus pares. "No decorrer de uma conversação, ele nunca chega a fixar os meus olhos": quem não cessa de esquivar os olhos e se recusa simbolicamente a levar em consideração o rosto do outro, cria um mal-estar e expõe-se a receber um tratamento semelhante, a conhecer a mesma indiferença, uma vez que pode ser colocado a distância ou ser alvo de suspeita. Do mesmo modo que o olhar nunca é neutro, assim também a sua ausência tampouco o é. Nas estampas de cunho popular ou nas histórias em quadrinhos, o traidor tem um olhar ameaçador e os seus olhos esquivos observam de esguelha. Na interação cotidiana, aquele que não olha para o interlocutor cria uma dissimetria, uma desigualdade na troca, em detrimento do outro, impelido desde então a se questionar sobre a suposta significação de tal atitude. O olhar esquivo de um ator conota um mal-estar, uma vontade de afastamento; neste caso, o contato dos rostos é interrompido. Daí, o grito daquele que busca restabelecer uma situação ameaçada: "Olha para mim quando falo contigo". O face a face implica a mediação do rosto e não pode ser estabelecido sem que o olhar seja dirigido mutuamente pelos interlocutores[51]. "Faz-se como que uma espécie de vazio – escreve Francis Jacques – desde que a fala e o olhar já não dispõem do contato apaziguante do rosto a rosto, e uma hesitação é perceptível, de maneira ainda mais sutil, se a fala desmente o olhar" (1982, p. 175).

Pelo olhar, leva-se em consideração o rosto do outro e, portanto, simbolicamente, o seu sentimento de identidade. No tratamento social dos parceiros da interação, o olhar do outro dirigido a si é fortemente investido. "Ele nem olhou para mim", "ele mal te olha quando fala contigo" são clichês que exprimem a decepção de não ter sido reconhecido, de nem

---

[51]. Sobre o ato de olhar na vida social cf. EXLINE, 1963, 1971. • ARGYLE & COOK, 1976.

sequer suscitar a modesta atenção de um olhar que, durante um instante, garanta a certeza de existir. O fato de não ter sido visto, no momento em que alguém se dirigia ao outro, é insuficiente até mesmo para dar respaldo a uma "face", a qual acabou sendo resguardada por não ter sido inferida pela legitimidade que lhe atribui o olhar à sua frente[52]. Reveladoras são, por exemplo, as primeiras frases da obra do novelista, crítico literário e acadêmico negro norte-americano, Ralph Ellison, sobre a condição negra nos Estados Unidos.

> Sou um homem invisível... Sou um homem com substância, de carne e osso, fibras e líquidos, e talvez até se possa dizer que possuo uma mente. Sou invisível – compreende? – simplesmente porque as pessoas se recusam a me ver... A minha invisibilidade não é também uma questão de acidente bioquímico que tenha atingido uma epiderme. A invisibilidade mencionada por mim tem a ver com uma disposição particular dos olhos das pessoas que encontro ([1952] 2013, p. 25).

Pelo contrário, a expressão entusiasta proferida por um fã ao evocar o seu ídolo – "Ele olhou para mim" – tem valor de batismo, outorgando-lhe uma dignidade inesperada. O olhar permite a existência, do ponto de vista social, do rosto, legitimando a presença do indivíduo para o mundo e para os outros. No decorrer de uma interação, a duração do olhar dirigido ao rosto próprio é experimentada como uma marca de reconhecimento de si, suscitando no locutor a sensação de ser apreciado, além de lhe conferir a medida do interesse de sua fala para o auditório. Pelo contrário, os olhares ausentes, ou que se dirigem noutra direção, dão testemunho do declínio de

---

52. Diversos estudos mostraram que um olhar dirigido a si aumenta a tensão emocional; que dirigimos nosso olhar para alguém com tanto maior naturalidade quanto maior for a afeição por essa pessoa; que um indivíduo a quem se atribui, da maneira mais arbitrária, uma competência qualquer acaba atraindo para ele um maior número de olhares (cf. ARGYLE, 1982).

uma atenção vencida pelo tédio. No entanto, um olhar que se detém, durante um longo período sem razão aparente, suscita uma reação de constrangimento ou de fuga. É conhecida, a este respeito, a experiência de Phoebe C. Ellsworth e seus colaboradores que utilizam cúmplices para olhar fixamente, com uma expressão neutra, os motoristas parados em um sinal vermelho. Confrontados com essa insistência inesperada, que rompe tão claramente com as regras de discrição, incomodados por uma situação que, a seu ver, é incompreensível, tais motoristas dão partida mais rapidamente, apressando-se em deixar o lugar do estresse (cf. ELLSWORTH et al., 1972).

O prisma sob o qual se apresenta o rosto (e, portanto, o olhar) é um dado ritualizado que condiciona a tonalidade do encontro. A inclinação lateral da cabeça e do busto conota, para nossas sociedades, uma atitude de escuta, de franca disponibilidade. Siegfried Frey e seus colaboradores observam assim que a pintura europeia foi sensível, desde a Renascença, ao poder expressivo da flexão lateral da cabeça; essa atitude sobressai nos quadros que representam virgens com o menino. Em compensação, as figuras da autoridade nunca inclinam as cabeças; antes pelo contrário, estas são mantidas aprumadas. Através de uma série de experiências, Frey et al. mostram que o mesmo personagem, captado a partir de uma montagem fotográfica segundo dois ângulos de flexão diferentes da cabeça, é visto de maneira contraditória. "Os personagens que haviam sido percebidos como orgulhosos, distantes, autoconfiantes, arrogantes, impiedosos, austeros, esquivos etc. – depois que a posição das respectivas cabeças foi ligeiramente inclinada – acabaram por se tornar, para os observadores, humildes, benevolentes, tristes, amáveis, solícitos, sonhadores, receptivos, afetuosos etc." (FREY et al., 1984, p. 195). A inclinação do rosto, portanto, não é uma posição neutra, mas indica, pelo menos em nossas sociedades ocidentais, e para um número apreciável de situações, certa tonalidade afetiva. O ângulo de flexão mal é perceptível a olho nu, mas ao acompanhar uma atitude global do ator e uma entonação particular da voz, revela-se um indício precioso de regulação no decorrer do encontro; de novo, ele ilustra que a significação do rosto não pode ser abstraída do contexto do intercâmbio, nem dos movimentos globais do corpo. Em determinada situação, o mínimo detalhe torna-se realmente significante em relação à soberania do rosto.

4.4 Troca de olhares

O olhar – afirma o sociólogo alemão G. Simmel – é um vínculo

> tão íntimo e, ao mesmo tempo, tão sutil que a única possibilidade de estabelecê-lo consiste em enveredar pelo caminho mais curto: a linha reta de um olho para o outro, de modo que a mínima distância, o menor olhar de lado destruiria completamente o seu caráter único... Todas as relações entre as pessoas, as suas simpatias ou antipatias, a intimidade ou frieza entre elas, seriam transformadas de uma maneira inapreciável se deixasse de haver trocas entre os olhares (SIMMEL, 1981, p. 227).

Por intermédio desse intercâmbio, é estabelecido o contato entre os rostos dos dois atores. Breve tateio ocular em que se faz sentir a nudez mútua do rosto mediante uma reciprocidade isenta de limites além daquele dependente da duração do contato. Aqui, o ritual incide, de preferência, sobre este último ponto: no decorrer das interações da vida cotidiana, o contato realizado pelos olhos é infinitamente frágil, de modo que a reciprocidade se mantém por um fio precário que, em geral, se rompe imediatamente. Um ator ou o outro, muitas vezes os dois, ao mesmo tempo, desviam o olhar e seguem o seu caminho. Essa troca furtiva não tem, em princípio, nenhuma incidência sobre o desenrolar do cotidiano. A interação – apoiando-se, em nossas sociedades ocidentais, em um apagamento ritualizado do corpo (LE BRETON, [1990] 2016, cap. 6: "Apagamento ritualizado ou integração do corpo", p. 149-172) – exige que nada interfira nesse olhar, que ninguém sinta o seu peso insistente. Nos passeios, lojas ou botequins, por exemplo, uma espécie de complacência social faz com que os olhos dos transeuntes ou dos consumidores se cruzem sem problema; uma indiferença ritual preside o contato ocular e dissipa o constrangimento suscetível de emergir graças a esse momento.

Assim, a interação fortuita nos transportes coletivos, nas salas de espera ou nos elevadores proíbe os contatos visuais, além da entrada de um novo parceiro acolhido, em geral, com um breve sorriso. A proximidade física torna, assim, o olhar do outro ainda mais inconveniente, transformando-o eventualmente em um sinal de provocação ou de falta de consideração, um "abuso da situação". O rosto apresenta-se à maneira de um recinto sagrado do indivíduo; desse modo, ao fixá-lo, o olhar do outro corre o risco de criar algum constrangimento. Na promiscuidade dos transportes coletivos, ele acrescenta uma ameaça intolerável: a de ser esbulhado momentaneamente de sua intimidade.

Por ocasião de uma conferência ou de uma representação teatral, em compensação, os olhares da assistência estão voltados unanimemente para aquele que faz a apresentação. Mas, aqui, a reciprocidade de olhares é impensável: o olhar do conferencista flutua acima de seu auditório. Ele é capaz de fixar-se, durante um instante, em determinado rosto, mas está sujeito a um constrangimento semelhante àquele experimentado na rua ou nos botequins; sendo mais prolongado o período em que um rosto da assistência for fixado, tal atitude presta-se a suscitar algum mal-entendido.

Em princípio, o cruzamento dos olhares permanece neutro: os rostos conservam a sua impassibilidade e nada transparece do contato estabelecido durante um instante. Considerando que se trata do início de um encontro possível, de uma perda de compostura, de um imprevisto que pode avançar longe demais, as convenções sociais limitam cuidadosamente tal ameaça; no entanto, às vezes, "desde a primeira vista" (segundo os termos da lenda), desencadeia-se um encontro amoroso ou amigável. O imperativo da "desatenção cortês" não foi capaz de conter a emoção, o rito tolerou um suplemento: o desvelamento resultante de fixar os olhos nos olhos desencanta a emoção; ocorre o reconhecimento mútuo. Tornou-se possível uma tomada de contato direta com o outro. A abertura do rosto ao olhar já indicava, sob uma forma metonímica, o encontro futuro (ROUSSET, 1981).

A troca de olhares pode superar a indiferença cortês, sem que, por isso, seja desencadeada uma interação mais duradoura; no entanto, acaba modificando a relação do indivíduo com o mundo. O olhar é uma instância que confere, ou retira, um valor. Assim, uma troca pode reunir, muitas vezes, para o melhor ou para o pior, atores em posições dissimétricas, de modo que um deles esteja em uma posição difícil (doente, marginal, incapacitado etc.), enquanto o outro se beneficie dos sinais aparentes de uma identidade social incontestável. Através desse olhar cúmplice, o ator em situação problemática acreditou sentir um reconhecimento do que ele é. O sentimento de identidade vacilante é restaurado pela eficácia simbólica de um olhar que representa, involuntariamente, o conjunto da comunidade que tem dificuldade para integrar o ator: eis o que se passa com o doente ansioso com a sua sorte que busca uma segurança no olhar dos cuidadores; com a pessoa que se acha vítima de uma injustiça e procura uma aprovação à sua volta; ou com o indivíduo exposto ao racismo que encontra o reconhecimento de sua dignidade. O prestígio [*la face*] perdido é reencontrado através da mútua captura dos rostos, bastando a troca de um simples olhar para restituir simbolicamente ao ator a envergadura da identidade de que julgava estar privado. O contato fica por aí, mas a eficácia fez o seu trabalho, produzindo a metamorfose. O sentimento de identidade de um ator nunca é um fato resultante da objetividade, mas o efeito de uma construção simbólica submetida permanentemente à aprovação dos outros.

No final do filme de F. Fellini, *Le notti di Cabiria* (1957 [Noites de Cabíria]), a jovem prostituta interpretada por Giulietta Masina anda, em estado lastimável, ao longo da margem do rio no qual tinha sido jogada por seu último amante que lhe havia roubado as economias e tentado estrangulá-la. Arrastada pela correnteza, ela escapou por um triz do afogamento; mas, tendo sido explorada, humilhada em sua existência e em seus sonhos, nada lhe resta. O seu desespero é absoluto. E, de repente, aparece à sua frente uma banda de música da aldeia, heterogênea e emocionante, na qual se misturam todas as figuras populares da humanidade. Assistindo a esse desfile, com os olhos rasos de lágrimas, alguém no meio da multidão dirige-lhe um sorriso. Em eco, após uma breve hesitação, o rosto de Cabíria se ilumina. Ela tinha perdido a honra [*la face*], no sentido mais profundo em que a própria vida é aniquilada, mas vai reencontrá-la mediante essa fugidia cumplicidade que a reconhece através de uma afeição generosa, inequívoca. Ela reencontra a sua dignidade. A divertida banda seguiu o seu caminho, mas esse olhar foi suficiente para conseguir a metamorfose da jovem mulher. A vida continua.

Através de uma breve interação, contanto que as defesas de natureza social sejam suspensas e sem que estas venham a afetar a imagem do ator, o olhar cruzado com o outro pode ser uma fonte de emoção, viva ou discreta. O encontro não tem necessariamente continuidade; aliás, pode satisfazer-se apenas com a intensidade desse contato. A nudez mútua dos rostos, tendo-se livrado da necessidade da indiferença atenciosa, alimenta a sua energia com a raridade desses momentos. A emoção surgida desses rostos a descoberto sem utilidade prática, impelida apenas pelo movimento de celebração de um instante de abertura sem ambiguidade ao outro, foi cantada frequentemente, por exemplo, por Georges Brassens (cf. a canção *L'Auvergnat* [O originário do departamento de Auvergne]) ou por Yves Montand (cf. a canção, *L'étranger* [O estrangeiro]).

Habilitado, do ponto de vista social, para conferir uma legitimidade e garantir a existência, o olhar usufrui de igual prerrogativa para contestá-la, negá-la ou suspendê-la. A tonalidade das trocas oculares nem sempre é auspiciosa. A mímica de desaprovação ou de menosprezo, maneira ritual de romper a etiqueta da discrição, assinala a tentativa, mais ou menos coroada de sucesso segundo a situação, de intimidar o outro, de reprovar a sua aparência ou o seu comportamento. Ostensivo, acentuado por uma careta, o olhar emite um juízo de valor. Ele opõe-se às raízes simbólicas de um sentimento de identidade que deve ter o acordo dos outros. A vítima, porém, pode ignorar a agressão ritual de que é objeto e seguir o seu caminho, enfrentá-la com um gracejo ou uma atitude indiferente, desenvolta; mas pode transigir com ela baixando os olhos, aceitando assim ser "fuzilado pelo olhar" e fornecer ao ofensor a satisfação de ter sido bem inspirado por agir assim. Temendo um excesso mais grave, ela pode submeter-se – pelo menos, provisoriamente – a esse tratamento, esperando que o ofensor se contente com isso. Exasperada, ela pode também responder pela agressão física à agressão simbólica e pretender "casser la figure" [quebrar a cara] daquele que procurou levá-la a "perdre la face" [perder o prestígio, a honra]. "Você viu como ele olhou para mim"? O "racismo corrente" reside quase sempre nesse olhar insistente que julga de forma expedita, mas raramente se reserva um tempo de espera.

O olhar é um contato que toca o Outro; além disso, a sua tatilidade está longe de passar despercebida no imaginário social. Eis o que tem sido mostrado à sociedade pela linguagem corrente: é possível contemplar com enlevo, chocar ou fuzilar com os olhos, perscrutar. Ter um olhar que transpassa, olhos que metem pavor. Não ter medo [*ne pas avoir froid aux yeux*], persuadir alguém a [*forcer le regard d'autrui*] etc. A tensão do face a face, ao desnudar os rostos, traduz-se também por uma série de expressões: fazer cara fechada [*se regarder en chiens de faïence*], olhar atravessado, com bons / maus olhos, de soslaio etc. Assim também, os namorados flertam [*se font les yeux doux*], chocam / se devoram com os olhos etc. Aqui, o tateio ocular é o prelúdio de contatos mais íntimos. Um olhar pode ser implacável, invejoso, perspicaz, insistente, tranquilo, carinhoso, atraente etc. Seria longa a enumeração dos qualificativos que atribuem ao olhar (aqui, dirigido necessariamente ao rosto do outro) uma tatilidade capaz de torná-lo, segundo as circunstâncias, em uma arma ou em uma carícia que visa o aspecto mais íntimo e vulnerável de um indivíduo. O olhar tem uma força simbólica cuja acuidade é difícil descartar. Os olhos do Outro estão dotados do privilégio de atribuir ou de retirar significações essenciais.

4.5 Encarar[53]

No caso em que os indivíduos não se conhecem, nem foi iniciado claramente nenhum intercâmbio, ninguém deve sentir o peso da atenção do outro; desse modo, os olhares limitam-se a encarar-se de raspão sem fixarem os rostos e uma olhadela discreta pode ser dirigida ao outro sem seu conhecimento (este último pode fingir que não se apercebeu disso). Do mesmo modo, sentados à mesa no passeio em frente do botequim, os consumidores observam os transeuntes, fixam os seus rostos com discrição para protegê-los do constrangimento e evitar o mal-estar de serem descobertos; nessas condições, é admissível ficar olhando a multidão ou os transeuntes. A esse respeito, a tradição literária é fecunda desde Restif de la Bretonne a W. Benjamin, ou desde E. Poe a E. Jünger. Ao ficar à espreita de um rosto no meio da multidão, o indivíduo faz "mine de rien" [cara de quem não quer nada], respeitoso da indiferença ritual que é admissível em tal situação, despistando ao exibir os sinais

---

53. No original, *dévisager* (*visage* = rosto, fisionomia): olhar para a cara de alguém, não tirar os olhos de (incluindo a ideia de vigilância ou suspeição). Cf. *Dicionário Houaiss*. Além disso, o antepositivo *dé* é suscetível de revestir as noções de separação, privação ou negação [N.T.].

da discrição, a garantia de suas boas intenções. Ele põe em cena uma impassibilidade não menos ritualizada que a do ladrão que se aproxima da bancada de um verdureiro, fingindo um total desinteresse, pega rapidamente uma fruta e vai embora como se nada fosse, sem interpelar quem quer que seja através de um rosto do qual havia suprimido cuidadosamente qualquer expressividade suscetível de chamar a atenção.

No trem ou no elevador, cada um permanece em seu universo fechado, apesar dos esforços exigidos para concentrar a sua atenção, o que é difícil quando o outro se encontra, justamente, à sua frente, face a face. A preservação da intimidade do rosto do outro ocorre mediante a obnubilação da vista que interpõe uma espécie de anteparo entre os atores; apesar de tratar-se de uma postura sutil, cada um é capaz de reconhecê-la de imediato. Do mesmo modo que a transgressão não escapa a ninguém. É costume, exceto na paquera ou na tentativa de intimidação, olhar para outrem com discrição. Os olhos deambulam, deslizam sobre o outro sem se deter nele, com cara de quem não quer nada [*mine de rien*]. Se, inadvertidamente, eles cruzam-se durante uma fração de segundo o constrangimento é mutuamente superado pela prossecução do movimento ocular em direção a outro ponto que se torna, então, o objetivo inesperado de um olhar comprometido na busca de uma saída honrosa. Um breve sorriso fornece também uma maneira elegante de escapar do incômodo ao reafirmar a pureza de suas intenções. Do mesmo modo, um olhar prolongado demais e detectado por aquele que é vítima dele cria um constrangimento recíproco. Alguns expedientes visam, então, prevenir o incômodo ou suprimi-lo. O indivíduo perscrutado pode livrar-se da situação inconveniente em que se encontra imerso, ignorando deliberadamente o olhar dirigido para ele e mantendo o seu rosto fora de qualquer comprometimento; ele mostra assim ritualmente que escarnece dessa insistência. A simulação foi bem-sucedida, as aparências estão salvas, os olhos cruzam-se, mas retomam mutuamente uma atitude reservada, sem ruptura notável da regra de discrição. Se a réplica chegou tarde demais, a vítima pode defender-se de uma maneira que, por sua vez, leva o indiscreto a perder o prestígio [*la face*]: "Deseja a minha foto, é isso?", "Nunca viu ninguém parecido comigo?" Ao reagir desse modo, a vítima mostra a sua resistência a uma ação percebida como usurpadora indevidamente de algo de sua substância.

Em outro contexto, o olhar insistente funciona como instauração do intercâmbio. O garçom do botequim não pode ignorar o cliente que, desse modo, chama a sua atenção, embora ele prefira, durante um instante, negligenciar os impacientes porque deve atender outros clientes e, afinal, não dispõe mais do que de dois braços. Em princípio, também, o animador do debate não pode fingir, durante muito tempo, que não vê o rosto indignado de um participante que pede a palavra, embora demore a dar-lhe a oportunidade de falar. A paquera baseia-se em um ritual diferente, no sentido em que autoriza o olhar insistente do homem dirigido à mulher e que esta, em princípio, finge [*fait mine de*] ignorar (quando o homem é alvo do mesmo olhar de paquera por parte da mulher, o constrangimento ocorre com frequência). Na paquera, o fato de encarar o outro tem, sobretudo, valor de teste, mede a sua disponibilidade, procede a sondagens para avaliar a sua chance. Se os olhos não se esquivam ao convite, o outro pode responder com um sorriso encorajador; e, a partir daí, efetua-se o encontro. A rendição do rosto leva já a prever a do corpo.

A moral do olhar inclui a do rosto, zona da intimidade a preservar. Encarar [*dévisager*] o outro é uma atitude que convoca a desaprovação. A ordem simbólica que rege os encontros funciona como uma disciplina, uma moral da ação recíproca cuja transgressão gera o mal-estar do ator que se sente vítima de uma indiscrição ou de uma insolência sem que haja qualquer justificação. E a troca de olhares põe face a face dois indivíduos através da "mais imediata e pura reciprocidade que possa existir" (SIMMEL, 1981, p. 227). O olhar não deixa ninguém indiferente pelo fato de expor – sem que o ator possa defender-se dessa investida – a intimidade do rosto a uma tomada de poder simbólica. Encarar, fitar os olhos à força de insistência, sem que a reciprocidade seja possível (a menos que a situação venha a redundar em uma guerra de nervos na qual o ator perscrutado olha o outro com a mesma firmeza), equivale a des-figurar [*dé-visager*], a despojar a vítima da fruição de seu rosto, tornando-o em um objeto de investigação.

4.6 "Mau-olhado"

O ato de olhar é uma das funções por excelência do rosto: além de mostrar a nudez das fisionomias, ele fornece informações a respeito do outro. No rosto, os olhos assumem maior destaque, sem dúvida, do que a boca, as orelhas, a fronte ou o nariz que são traços menos bem diferenciados na *gestalt* das feições, menos reveladores e dignos de um menor investimento. Na axiologia dos componentes do rosto em que tudo é essencial para o sentimento de identidade do ator, os olhos são soberanos.

Separados do rosto que os envolve e lhes dá uma significação, os olhos são causa de inquietação. "Os olhos vivos do comediante que nos olha através da máscara são assustadores, não fazendo parte do comediante, nem da máscara..." (KREJCA. "Le regard du masque". In: ASLAN & BABLET (Eds.), 1985, p. 206). O caráter insólito dos olhos e o poder que move o olhar devem ser, em parte, neutralizados pela familiaridade de um rosto cujas mímicas e movimentos são reconhecíveis. Ao ignorarem o rosto, os olhos queimam com uma força que mete medo; a sua humanidade está como que em expectativa, perigosamente ameaçada. O cinema de terror usou e abusou disso. Impõe-se ser capaz de devolver o seu olhar para que o do outro, fixado sobre si, perca uma parte de sua carga inquietadora; ora, a troca de olhares só é possível mediante um rosto. "Ataduras que envolviam a cabeça inteira, camada sobre camada, até deixar ver apenas um único olho que não pertencesse a ninguém", observa Rilke ([1910] 2009, p. 29). A impossibilidade de capturar os movimentos do rosto do outro, a desrealização que o envolve por causa de suas feições dissimuladas sob a máscara ou a atadura, torna o encontro difícil, privando-o das mais elementares referências. Pela dificuldade de perceber nele o vaivém das emoções, a interação está desprovida da singeleza de evidência, tornando-se mais aproximativa e insinuando os mal-entendidos. Às vezes, a angústia.

Sem brilho nem rosto, os olhos suscitam pavor; para numerosas tradições, eles são a janela da alma. Mas o afloramento da alma nos olhos implica a humanidade do rosto em volta deles; caso contrário, o olhar (p. ex., no cinema de terror), separado das características que o inserem em sua expressividade, é associado ao mal e, até mesmo, ao diabólico. A força desprendida dos olhos é matizada pelo rosto que os envolve; este lembra os limites da condição humana de quem a traz em seu bojo. No entanto, alguns indivíduos não conseguem neutralizar a violência que jorra dos próprios olhos. A sua comunidade imputa-lhes o poder de fazer o mal, limitando-se a olhar para a sua vítima. O mau-olhado pode ser o atributo involuntário de uma pessoa cujo contato, mesmo ocular, é funesto; a influência é exercida independentemente da vontade daquele que é seu alvo. Ela é atribuída a determinadas categorias sociais, em geral, estigmatizadas: ciganos, idosas, doentes, estrábicos, cegos etc. O fato de que os olhos deles se detenham um pouco demais sobre a pretensa vítima, ou de que esta sinta o peso de um olhar inesperado, pode bastar para desencadear a crença e explicar, em seguida, um infortúnio que nada deixava pressagiar. O ato de olhar traz a infelicidade, a má sorte [*la guigne*][54].

Os olhos tocam o que eles percebem e comprometem-se com o mundo. Assim, o olhar dirigido ao outro nunca seria indiferente: ele causa dano à sua integridade, contém a ameaça

---

54. Explicação de D. Le Breton: esse termo deriva de *guigner*, cujo sentido é observar com os olhos semicerrados, de esguelha, deitar o rabo do olho [N.T.].

de uma irrupção emocional. Neste sentido, não é de modo algum surpreendente que a Igreja tenha combatido os olhares "concupiscentes" ou supostos como tais. Ver já é dar-se além da medida, e ser visto dá, em relação a si mesmo, um poder do qual o outro pode tirar proveito.

> Ver – escreve Jean Starobinski – é um ato perigoso. Essa foi a paixão de Linceu, mas também a causa da morte das esposas de Barba Ruiva. A este respeito, as mitologias ou lendas são singularmente unânimes: aprendemos com Orfeu, Narciso, Édipo, Psique e Medusa, que, à força de desejar estender o alcance de seu olhar, a alma se entrega à cegueira e às trevas (1962, p. 14).

Ser visto, porém, nos exemplos citados, revela estar dotado de uma virulência semelhante. Na mobilidade dos olhos e em seu poder de apreender as coisas apesar da distância, existe em germe uma periculosidade que se desenvolve contra aquele cujo rosto encarou de frente esse olhar nocivo; com efeito, o mau-olhado é uma ação que força a vulnerabilidade do indivíduo em relação ao próprio rosto. Ele implica um face a face, mesmo que seja distante e rápido, assim como o veneno de um olhar que não pode ser esquivado e atingiu o seu alvo com grande agastamento da vítima. O mau-olhado é também a arma daqueles que pretendem intencionalmente causar prejuízos, em circunstâncias em que as representações comuns lhes conferem esse poder: feiticeiros, adivinhos etc.

Vimos que, através da eficácia simbólica mobilizada, um olhar de agradecimento pode restaurar o sentimento de identidade de um ator em dificuldade, o que é comprovado igualmente pelo olhar mútuo dos namorados. No entanto, esse deslocamento de energia pode ocorrer também em detrimento desse mesmo ator: tal situação encontra-se nas crenças relativas ao "mau-olhado", à "mal jovence"[55], a "œil noir" [olhar

---

55. Feitiço que afeta as amas que deixaram de produzir leite [N.T.].

com cara feia] etc. Desta vez, o olhar do outro é portador de infelicidade. O poder tátil dos olhos, acompanhado da intenção nefasta do observador, produz um efeito de metamorfose que retira uma parte da soberania da vítima. O "mau-olhado" atinge a mãe demasiado confiante que se abandona, indefesa, ao olhar invejoso de uma mulher, talvez ciumenta, ou que deixa o próprio filho nas mãos dela; ele afeta o homem que foi bem-sucedido na caça ou na pesca, provocando a inveja dos outros membros da comunidade etc. Ele insinua-se no ingênuo que não tomou as devidas precauções e atraiu para si a raiva daquele que tem a reputação de "olhar com cara feia". A inveja é o móbil do contato malfazejo estabelecido pelos olhos fixados no ponto mais exposto e vulnerável da vítima: o seu rosto. O mau-olhado pode ser mortífero, provocar doenças ou esterilidade, debilitar a vítima, apoderar-se de sua alma, arruiná-la etc. Com uma etimologia semelhante à de *guigne*, *envie* [inveja] deriva do latim *invidere*: olhar de modo malévolo, lançar mau-olhado, donde invejar (cf. Dic. Houaiss). Mediante a energia malsã emanada da inveja, esta tem o poder de desestabilizar a existência do indivíduo invejado se, porventura, ela tiver o controle de um de seus atributos.

Os olhos de outrem tocam o rosto e, de maneira metonímica, atingem o indivíduo inteiro. Nessas circunstâncias, a virulência possível de um olhar só pode ser diminuída pelo uso de um véu ou de outro objeto que sirva de anteparo, dissimulando as feições da pessoa. Por sua condição, o rosto é indefeso, a menos que seja suprimido como tal; simultaneamente, por seu intermédio, é estabelecido o mais absoluto reconhecimento do outro. O ser humano está no mundo por meio de suas feições, de seu olhar, da pele desnuda de seu rosto; é também mediante tudo isso que a legitimidade de sua existência pode ser disputada pelos outros. Outra *coincidentia oppositorum*, encarnada pelo rosto, é essa mistura sempre precária de força e de vulnerabilidade.

4.7 Sob o fascínio de Medusa[56]

A força de percussão do olhar e a possível nocividade deste encontraram a sua mais significativa expressão social na mitologia grega com a Medusa, cujos olhos emitem um fogo tal que petrifica quem a fitar. O próprio rosto desta górgona é horroroso, mistura impressionante de humanidade e de animalidade, de beleza (ela não deixa Posídon, deus dos mares, insensível) e de feiura, de masculino e de feminino. Ele é, de preferência, face na qual reina o caos e ocorre a desfiguração de qualquer reconhecimento possível.

> A cabeça – escreve J.-P. Vernant – ampliada, arredondada, evoca uma face leonina; os olhos estão arregalados; o olhar, fixo e penetrante; a cabeleira é abundante e emaranhada, igual à crina de animal ou eriçada de serpentes; as orelhas são dilatadas, deformadas, semelhantes, às vezes, às do boi; o crânio pode ter chifres; a contração dos músculos da boca aberta estende-se até atravessar toda a largura do rosto, deixando ver fileiras de dentes com defesas de fera ou presas de javali; a língua projetada para a frente acaba formando uma saliência no exterior; o queixo está coberto de pelo ou barba; a pele, às vezes, marcada por profundas rugas. Essa face, em vez de se identificar com um rosto, apresenta-se como uma careta (VERNANT, 1985, p. 32)[57].

Figura de pesadelo, o pavor destilado pela face de Medusa repercute no infeliz que, ao encará-la, fica imediatamente petrificado.

Medusa é criatura portadora de morte, talvez, porque o caos de seus traços fisionômicos – a esse respeito, é inadequado

---

56. No original, *Méduser*: do grego *Medousa*, ou seja, Medusa, uma das três Górgonas. Cf. adiante a descrição dessa figura, por J.-P. Vernant [N.T.].
57. A respeito desta górgona, do mesmo autor (1989), cf. cap. VI – "Au miroir de Méduse", p. 117-129.

falar de desfiguração por corresponder à sua própria natureza – nada pode significar além do absoluto da alteridade, o umbral do inominável: a morte. Mas apenas o seu umbral porque a loucura que desestabiliza esses traços é feita ainda de elementos reconhecíveis, cuja ordem está apenas embaralhada. Medusa reina, de fato, na região dos mortos, proibindo a qualquer ser vivo de entrar aí. Ela é o lugar do limite extremo, do qual ninguém retorna, onde ver é imediatamente perecer. A face de Medusa anuncia já as dissoluções a que não escapa a pessoa que ela captura sob o fogo de seu olhar; em sua moradia, desaparecem as referências que separam o rosto da desordem que se apodera deste por ocasião da morte. Ela exprime a fronteira entre o vivo e o nada.

Lembremos os mais importantes aspectos do mito. Perseu – filho de Zeus, rei do Olimpo, e da Princesa Dânae – prometeu ao Rei Polidecto que lhe traria a cabeça de Medusa. Atena vai ajudá-lo nesse empreendimento, oferecendo-lhe um escudo de bronze para a sua proteção. De acordo com a observação de J.-P. Vernant, o mito é construído a partir de um tema: o do "olhar, da reciprocidade do ver e do ser visto". Como escapar à virulência do olhar? Essa questão surge já no momento do confronto com as Greias, as irmãs das Górgonas: três idosas que dispõem apenas de um dente e de um olho, de que elas se servem alternadamente. Perseu apodera-se desse único olho na altura em que uma das idosas vai entregá-lo à outra; além disso, ele pede às Greias que lhe indiquem o caminho para encontrar as Ninfas, as únicas capazes de fornecer-lhe as informações necessárias. Ao ficar sabendo do lugar onde procurá-las, ele joga o olho no Lago Tritonis para que, imersas na cegueira, as Greias fiquem impedidas de prevenir as suas irmãs. As Ninfas, por sua vez, prestam ajuda a Perseu, entregando-lhe três objetos indispensáveis para a execução de sua tarefa: o capacete de Hades, que torna invisível o seu portador, ocultando as feições do ser vivo sob as dos mortos; as sandálias aladas que libertam da gravidade e da distância; e, por fim, a sacola para guardar imediatamente a cabeça da Górgona depois de cortá-la porque os seus olhos continuarão a produzir o seu poder de morte. Perseu, mais tarde, saberá usá-la para se desembaraçar de seus inimigos. Hermes acrescenta, por iniciativa própria, uma espada com lâmina curva. Invisível, Perseu não deve deixar o seu olhar perder-se no olhar de Medusa porque, de imediato, estaria morto. Com o apoio de Atena e tomando todas as precauções – servindo-se do escudo de bronze como espelho a fim de neutralizar a morte suscetível de jorrar dos olhos da Medusa –, Perseu aproxima-se dela sem olhá-la, vai decapitá-la com a espada de Hermes e enfia imediatamente a cabeça na sacola. Em seguida, ele oferece a cabeça a Atena, a qual vai fixá-la no centro de sua égide, conservando o terrível privilégio de petrificar quem ousar fitá-la. A cabeça de Medusa ou *Gorgoneion* serve de motivo para vasos, moedas, esculturas monumentais; inclusive, ela está desenhada no escudo de Aquiles. Figura de ambivalência, ela protege quem a detém e fere mortalmente os adversários.

Enraizado profundamente no imaginário coletivo, o tema da Medusa percorre toda a arte ocidental (Caravaggio, Parmigianino, Rubens, Bernini, Lorrain, Klimt etc.) (CLAIR, 1989), ilustrando o poder do ato de olhar. Ele chama a atenção para a ambivalência do indivíduo diante do próprio rosto, sempre vislumbrado indireta e rapidamente, inapreensível em sua verdade em que se anuncia a lenta progressão de uma morte inevitável e em que se encarna a sua precariedade e o seu poder... Por intervenção de Perséfone, Medusa torna-se a guardiã do Hades; com efeito, ser despojado do próprio rosto, é sinal de morte. E diante da Górgona, é impossível a existência de qualquer rosto.

5
O rosto é um outro

Conheço tão pouco o meu rosto que, se me mostrarem outro do mesmo gênero, eu não saberia dizer em que aspecto ele é diferente (salvo, talvez, depois que faço o meu estudo dos rostos).

Mais de uma vez, ao encontrar em uma esquina de rua o espelho de uma loja, que pretende pegar-nos de surpresa, acabo me confundindo com qualquer transeunte, contanto que este tenha a mesma capa de chuva e o mesmo chapéu; sinto, no entanto, certo mal-estar, até que ao passar, por minha vez, no reflexo do espelho, faço, um tanto constrangido, a retificação.

Um pouco mais longe, volto a perder o meu rosto. Há já vinte anos que cessei de me reconhecer sob as minhas feições; deixei de habitar esses lugares. Eis o motivo pelo qual vejo facilmente qualquer rosto como se fosse o meu; acabo por adotá-lo, depositando nele minha confiança.

Henri Michaux. *Passages* (1963).

5.1 Ambivalência do rosto

A evidência do rosto dissimula o quanto ele escapa, por todos os lados, às tentativas de circunscrevê-lo, de apreendê-lo, de fixar de uma vez para sempre a fugaz familiaridade que, às vezes, ele deixa entrever. Para o indivíduo – pelo menos, no Ocidente –, o rosto é, provavelmente, o primeiro motivo de admiração, seja ao olhar para si mesmo em um espelho ou em uma fotografia, ou ao procurar – por exemplo, no relacionamento amoroso – compreender as feições e o olhar do outro.

Refletir sobre a significação do rosto em uma perspectiva antropológica equivale a abordar o mistério do corpo sob o seu ângulo mais insólito: do mesmo modo que a ambiguidade do corpo humano consiste em manifestar-se simultaneamente como ser e ter, essência e atributo, assim também o rosto é o indivíduo e, ao mesmo tempo, este tem um rosto. O indivíduo é o seu corpo, ele é o seu rosto; ao mesmo tempo, ele não cessa de sentir-se outra coisa. O dualismo que opõe a mente ao corpo surge dessa ambiguidade, tornando o corpo em um ter, um atributo do indivíduo. Do mesmo modo, o rosto desliza facilmente para o registro da posse. Se, para o indivíduo que se questiona a respeito de sua identidade, o fato de seu enraizamento a um corpo aparece à maneira de um mistério, mais ainda se esquiva o rosto que ele contempla no espelho e do qual verifica, no decorrer do tempo, a fragilidade e as metamorfoses. E dessa distância entre uma imagem de si – em parte, inconsciente, estável durante a vida – e a aparência visível, sujeita ao sabor das circunstâncias, emerge o sentimento de ser difícil formar uma unidade, de estar dividido entre o ser e o ter do rosto e do corpo; de estar dilacerado entre a evidência do invólucro corporal e a recusa da fragilidade, do envelhecimento e do avanço progressivo em direção à morte. A relação com o rosto e com o corpo passa por essa ambivalência, o que nunca ocorre de maneira inequívoca.

Além de ser, para a pessoa, o sinal de sua soberania, o rosto é o sinal mediante o qual ela pode apreender, de imediato, com a maior energia a sua não coincidência consigo mesma, a sua impossibilidade de existir sem estar separada. Pela alquimia de uma relação com o mundo, de um estilo próprio, que modela o seu rosto do qual ela é a única possuidora, e pelo uso pessoal que faz dos sinais que a valorizam do ponto de vista social, em referência às normas do grupo, o rosto é para a pessoa o espaço de sua soberania: maquiagem, cirurgia ritual ou estética, tratamento dos cabelos, do sistema piloso etc. Simultaneamente, porém, ele encarna o seu desapossamento. A pessoa que passa muito tempo a contemplar o seu rosto fica, às vezes, confusa, à semelhança do autor de um lapso repentino cujo significado é motivo de apreensão: irrompe a inquietação, escapando algo de si. "No cerne da evidência, há o vazio", afirma E. Jabès, poeta judeu, nascido no Cairo e naturalizado francês (JABÈS, 1978, p. 199). Sobretudo na evidência do rosto, desde que o olhar seja menos apressado e procure circunscrever o enigma contido em seu bojo. O rosto é sempre, para si mesmo, o lugar mais próximo do Outro. O lugar das significações dissimuladas, no qual precisamente o sentimento de transparência do sujeito a si mesmo – tal como é possível encontrar a formulação elaborada por Descartes no *cogito* – encontra o seu primeiro desmentido e acaba esbarrando na intuição de um mundo oculto no âmago de si mesmo, simultaneamente, próximo e inacessível. "Não me pareço comigo", comenta a pessoa que, sem complacência, passa demasiado tempo diante do espelho. Questionada por seu rosto, o abalo experimentado, em vez de ser de ordem estética (achar-se feia ou banal), reside mais profundamente na estranheza de ter este rosto, e não um outro.

Ao observar o seu rosto em um espelho ou em uma tela – por exemplo, através de um ensaio de autoscopia com a ajuda de um magnetoscópio – e, até mesmo, em uma fotografia, o ator sente raramente a satisfação narcísica de se encontrar aí plenamente. Aliás, em nossas sociedades ocidentais, é reduzido o número de atores que apreciam, sem ambiguidade, o respectivo rosto e se reconhecem imediatamente nele, sem nenhum constrangimento; o que prevalece, muitas vezes, é o mal-estar, a decepção, respaldados no sentimento confuso de falta de coincidência consigo. Paradoxo espantoso: o rosto único que apresenta o autor ao reconhecimento dos outros e, até mesmo, ao amor do outro, é vivenciado frequentemente por ele com um sentimento de alteridade que o leva a uma espécie de relutância diante de suas próprias feições. O fato de se contemplar em uma projeção exterior de si é algo constrangedor para a maior parte dos atores.

O rosto é, simultaneamente, simples demais para conter a existência, dar a conhecê-la aos outros, entregá-la ao reconhecimento destes e, no entanto, aberto demais apesar de tudo para não deixar pressentir o essencial. Tal disparidade é propícia à ambivalência que marca a relação da pessoa com o próprio rosto. Sentimento de uma confissão que é demasiado eloquente ou não exprime o suficiente, suscitando a dúvida. O rosto está no umbral de uma revelação, formulando uma promessa sem nunca estar em condições de cumpri-la, mas levando a crer em cada segundo que, finalmente, chegou o momento. É conhecida a dissimetria que divide sagitalmente as duas metades do rosto em duas partes dessemelhantes; aí, revela-se outra dissimetria entre o sentimento de si e o sentimento de seu rosto.

A dissimetria está também presente, de maneira radical, no sentido em que o rosto é sempre percebido de fora; aí está outra fonte, não menos insuperável, do sentimento de estranheza para a pessoa que percebe as suas feições no espelho. O lugar mais íntimo, o momento do corpo em que se enraíza a identidade, é também o mais dissimulado. A pessoa está despojada do rosto que ela oferece aos outros com prodigalidade. Ela é a única que não cessa de se ignorar, não tendo acesso ao próprio rosto a não ser por intermédio de um objeto separado dela: o espelho, a fotografia, a tela de vídeo, o cinema ou o reflexo das vitrinas. Neste sentido, o rosto é *coincidentia oppositorum*, encarnando o paradoxo de ser o lugar (e tempo) mais conhecido e investido do corpo, ao ponto de identificar o indivíduo; e, ao mesmo tempo, ele permanece o mais estranho, aquele que se vê com espanto, aquele cuja perda (a desfiguração) acarreta, muitas vezes, a destruição da identidade pessoal, a eliminação radical do gosto de viver. Reflexo do espelho ou fotografia, retrato ou tela de vídeo, o rosto é sempre o do Outro. O único que nunca veremos, é o próprio rosto, exibido sempre por intermédio da imagem, nunca em sua realidade viva (exceto ao tocá-lo, mas, para o indivíduo ocidental, o tato está longe de ter o valor da visão). A pessoa passa um tempo demasiado longo a questionar os seus traços fisionômicos, o seu olhar, reconhecendo-se neles e, no entanto, descobrindo-se como um estranho. Confrontado com o próprio rosto, a pessoa é posicionada em relação íntima com o Outro.

Rembrandt, o autor de inumeráveis autorretratos, foi assombrado – sem dúvida, mais do que outros pintores – por essa ambivalência, por essa dificuldade em capturar-se, em parecer-se consigo mesmo. Essa paixão pelo rosto atravessa a sua obra inteira, manifestando-se nos quadros de 1629: em uma tela, ele aparece como um homem firme, de rosto enérgico, refinado, digno representante de uma burguesia opulenta e confiante no futuro; em outra, vai mostrá-lo com a figura bem diferente de um homem devasso, frequentador de tavernas e dado à bebida, as feições grosseiras, iluminadas por uma gargalhada desbragada que revela uma boca cheia de restos de dente na gengiva. Uma luz amarelada acentua ainda a vulgaridade das feições e a vulnerabilidade ao tempo. Com alguns meses de intervalo, emergem na tela esses dois rostos de Rembrandt, os dois polos de sua existência unidos por uma proximidade precária e desconcertante: a impossibilidade aos seus olhos de se reconhecer em uma só figura. No mesmo ano, Rembrandt pinta outros três autorretratos animados por uma expressão mais séria, apreensiva: de uma tela para outra, Rembrandt é o mesmo e o outro, deparando-se infatigavelmente com o enigma do rosto. Ele procura a parecença consigo mesmo, tornando a pintura em um espelho do rosto interior. Ele exprime, com toda a sua energia, uma preocupação íntima que não poupa, de modo algum, as pessoas de nossas sociedades para quem o rosto é o próprio sinal de sua soberania e de sua fragilidade.

5.2 O rosto é um Outro

O nosso rosto toma posse de nós, no mínimo, do mesmo modo que nos apossamos dele. Ele toma posse de nós no sentido de que consegue despistar-nos e, de alguma maneira, zomba de nossa cara [*se paye notre tête*]. Ao enclausurar-nos nele, condena-nos a uma ambivalência a seu respeito. Ele é um peso, às vezes, difícil de suportar pelo fato de ser o mais expressivo sinal da presença ao outro, a marca em que o envelhecimento, a precariedade e, até mesmo, a feiura (de preferência, a sensação da feiura porque esta nunca é um fato em si, mas um julgamento) inscrevem, com toda a evidência, um vestígio que, no Ocidente – considerando o sistema de valores de nossas sociedades, impregnadas de pavor ao enfrentarem o envelhecimento ou a morte –, as pessoas desejam que se mantenha o mais discreto possível. No sentido em que o rosto nos identifica e nos impõe limites, ele leva-nos a refletir, por contraste, todos os rostos que não somos. Daí a atração pelo disfarce, pela máscara e pela tendência manifestada por um grande número de atores a algum descrédito relativamente a seu rosto. O "eu sou um outro" assume naturalmente os aspectos da relutância diante do próprio rosto, prenhe de uma estranheza inquietante. A figura humana abriga o inapreensível do Outro no âmago do eu[58].

Michel Tournier, romancista do rosto por excelência, e Édouard Boubat, o fotógrafo, dedicaram-se a uma experiência de grande alcance antropológico. Em 1973, eles solicitam a uma centena de escritores para escreverem o que sentem diante dos respectivos retratos, realizados por esse fotógrafo. De saída, um bom número recusa-se a participar do projeto:

---

58. Uma experiência mostrou, aliás, que os atores, posicionados frente a uma imagem distorcida do próprio rosto, têm dificuldade em reconhecê-lo e, às vezes, cometem erros consideráveis de apreciação; nas mesmas condições, eles identificam mais facilmente o rosto de um estranho visto apenas algumas horas antes. Reveladoras, do ponto de vista social, da pregnância das representações coletivas mais valorizadas, as mulheres tendem a identificar-se, de preferência, com um rosto aprumado e magro, enquanto os homens são apreciadores do rosto robusto e largo. Cf. SCHNEIDERMAN, 1956.

alguns contestam a frivolidade da ideia; outros consideram-se demasiado idosos e, ao mesmo tempo, lamentam o fato de não terem tido a oportunidade de participar de tal experiência vinte anos antes. Atitudes reveladoras. Outros, pelo contrário, aceitam tal desafio com prazer e se deixam levar sem parcimônia pelo narcisismo inerente a essa iniciativa. No entanto, um clima geral depreende-se do comentário desses escritores: a surpresa desolada ao se reconhecerem em tal rosto. A sensação de que o Outro tem precedência ao eu, além das reservas suscitadas pelo rosto desse Outro.

> A impressão que não cessava de assombrar E. Boubat, escreve Michel Tournier, era a de fotografar rostos mal-amados.
> – "Poxa, eles carecem de autoestima! Detestam-se!" – vociferou ele ao colocar as fotos em cima de minha mesa. E certamente que, além da pose no antinarcisismo, existe a ruminação sorumbática diante dessa máscara imerecida que obscurece mais de uma página deste livro[59].

O indivíduo é ambivalente diante do rosto que ele oferece ao mundo. Eis algumas reflexões desses escritores a este respeito, não exaustivas, mas significativas de uma atitude comum:

• "Para falar a verdade, não me aprecio tanto assim, não me acho atraente, evito olhar para mim nos espelhos, passo diante deles como pé de vento... Não fico horas a ajeitar as pestanas" (Alphonse Boudard).

• "Sempre rasguei as raras fotos que me representavam e adotei como princípio intangível desconfiar de qualquer retrato... Esse meu duplo, será que sou eu mesmo? Duvido muito" (Rachid Boudjedra).

---

59. TOURNIER. *Miroirs*: autoportraits (photographies d'Édouard Boubat) [Espelhos: autorretratos (fotografias de Édouard Boubat)], 1973, p. 8. Os comentários subsequentes – elaborados pelos escritores a propósito de fotografias que os representam – foram extraídos dessa obra.

- "Se por acaso... um espelho reflete o meu rosto... tenho necessidade de algum tempo para admitir que esse olhar surpreendido é o meu... Não me pareço comigo" (Michel Butor).
- "Só contra a minha vontade é que sou capaz de entender a totalidade dessa cachola [*bouille*] hirsuta. Então, vem o choque; busco rapidamente os meus olhos e 'divirto-me a valer'. Não posso levar isso a sério – então, isso, sou eu! – sobretudo, não nas fotos" (J.-P. Chabrol).
- "Nunca senti nenhum prazer em olhar para mim. Fujo dos espelhos e detesto fotografias... é sem dúvida porque o meu rosto me lembra o que sou e não o que eu desejava ser" (B. Clavel).
- "...Com essa cara [*gueule*]..., comento para mim mesmo, suspirando. Sem tempo para modelar outra, nem para reclamar por perdas e danos a meus pais e mães" (René Fallet).
- "Esse rosto... será o meu? Não, oh, absolutamente não. A foto atira-me à cara [*au nez*] uma espécie de homem atarracado paternal, contente consigo, bem tranquilo, vovô bonacheirão... Eu, isso aí? Nada a ver!... e, no entanto, algo me impele, contra a minha vontade, em direção desse rosto que não é, sem deixar de ser, o meu..." (Roger Ikor).
- "Um rosto medíocre, sem sinal particular, com as asperezas retocadas por uma cordialidade bem interpretada" (Michel Tournier).

A arquitetura infinitamente tênue do rosto, com a sensibilidade à flor da pele que se lê nela, é uma maneira de afirmação inequívoca e imediata da fragilidade da condição humana. O rosto é a parte ruim para o indivíduo a quem se pede para tomar a palavra. São raros os que aceitam reconhecer-se nele. Diríamos uma máscara malfadada que, a cada um, dissimula o rosto interior infinitamente mais sedutor; afinal, é motivo de espanto que este nunca apareça. A ambivalência reina e suscita esse rosto desiludido ou amargurado; cada um parece dizer que merecia uma melhor sorte[60]. Michel Leiris escrevia da mesma maneira: "Fico horrorizado de olhar para mim, de improviso, em um espelho; com efeito, por falta de preparação, acho sempre que a minha feiura é humilhante" (1939, p. 26).

Qualquer fotografia é *memento mori*, como observa Susan Sontag; sobretudo quando se trata da fotografia de um rosto. Ela é também o que, de maneira irônica, permite ao modelo escapar do esquecimento. A imagem perdura no retrato ou na fotografia, continuando a atiçar as lembranças e as emoções muito para além da morte daquele que deixou a sua efígie. No entanto, à medida que envelhece, a pessoa vai sentir uma lástima ainda maior por essa imagem. E, depois, ela será tudo o que resta.

5.3 O rosto de referência

Cada pessoa, segundo parece, tem um rosto de referência à bitola do qual ela avalia o seu rosto de hoje; no entanto, o primeiro é o único que deve ser *levado em consideração* [*envisageable*]. Um rosto interior que deixou de reproduzir a realidade atual das feições. O rosto de referência pertence à juventude, sendo revelado por inumeráveis afirmações. Ele persegue uma espécie de existência fantasmática na memória do ator, marcando uma coincidência impossível consigo para quem contempla o seu retrato em uma fotografia ou olha para si em um espelho. A diferença avaliada pela nostalgia experimentada é aquela deixada pelo envelhecimento. Ao comentar o seu rosto, servindo-se comedidamente das palavras doloridas

---

60. Eis uma das raras reflexões positivas, a de René Barjavel: "Gostaria de ter sido o seu filho". Um exemplo de olhar positivo em relação a si mesmo é o de Jacques Lacarrière: "Quanto mais observo o meu rosto, tanto mais acho que ele se parece comigo... e mais ainda porque essa adequação se fez fatalmente com o decorrer dos anos... Ele aprecia a luz, o ar, o vento, o sol, a noite estrelada, o horizonte. Tenho um rosto de ar livre, não de rato de biblioteca" (1990, p. 144-145).

do poeta francês, François Villon[61], a testemunha dirá: os meus olhos afundaram-se nas órbitas, deixando de ter o brilho de outrora; a minha fronte está marcada por rugas e seu volume aumentou em detrimento dos cabelos; o meu queixo está vincado etc. Como se o rosto de hoje adquirisse valor apenas no espelho do rosto de outrora. O envelhecimento assemelha-se a um mal que corrói o rosto de referência (e também o ser inteiro) – o único verdadeiro, de alguma maneira, original, diríamos –, o da jovem maturidade, o que conheceu o amor, o despertar para o mundo, a facilidade dos contatos com os outros[62]. Aos poucos, verifica-se a alteração dos traços fisionômicos, as rugas aparecem e se aprofundam, os cabelos embranquecem ou caem, o olhar dos outros se torna menos atento, resvala facilmente, qualquer sedução é eliminada ou presumida como tal.

Envelhecer é retirar-se lentamente de seu rosto. E perder, pouco a pouco, o benefício da atenção dos outros. Na história do autorretrato, também, a dor dessa eliminação é sensível. Evoquemos apenas duas imagens impactantes à guisa de símbolos. Em 1650, Nicolas Poussin elabora o seu autorretrato, ostentando uma peruca de gala: o rosto altivo, o olhar firme, deixando ver a energia de um homem em seu apogeu. Em 1665, outro retrato vai mostrá-lo com os cabelos descuidados, a cara franzida, um vinco de azedume cortando os lábios, uma raiva melancólica malcontida, olhos no limite da súplica. Rosto desfigurado em contraste com aquele que ele havia pintado quinze anos antes. Poussin está nos últimos meses de sua vida. Rembrandt, também em 1665, alguns anos antes de sua morte

---

61. "Les regrets de la belle heaulmière" [Os lamentos da bela armeira (vendedora de elmos)]. In: VILLON, [1461] 1876, p. 41. Cf. tb. COSTA, D., 2014 [N.T.].

62. Em *Miroirs* (TOURNIER, 1973), numerosos escritores avaliam o seu rosto atual em referência ao de outrora. Eles descobrem que são vítimas de uma catástrofe íntima, infinitamente lenta, na qual aos poucos o seu "verdadeiro" rosto, o único concebível para eles, teria sido aniquilado. De maneira exemplar, P. Gascar exprime tal sentimento: "De algum modo, não deixamos de ter 19 ou 20, embora seja impossível fixar, em um algarismo, a idade que assumimos plenamente. O resto – as rugas, os cabelos brancos, o sobrepeso, a rigidez da artrose –, tudo isso não passa de encenação, subserviência às convenções" (TOURNIER, 1973, p. 94).

(1669), mostra um de seus rostos de idoso, arqueado pelos anos e pelas provações, um sorriso de amargura desenhado sobre uma pele enrugada; no canto esquerdo da tela, o perfil de um velho apenas esboçado, ainda mais idoso, à espreita de outro homem que se apronta para se despedir. Em seus últimos anos, Rembrandt não cessa de se pintar como sempre fez, reproduz os rostos desiludidos do mesmo homem que não foi poupado pela existência.

> Eu olhava – comenta Oskar Kokoschka – o último autorretrato de Rembrandt: feio e desfigurado, horrível e desesperado; e tão maravilhosamente pintado. E, de repente, compreendi: ser capaz de olhar para si mesmo desaparecendo no espelho – nada mais para ver – e pintar a si mesmo como o "nada", a negação do homem. Que milagre e que símbolo! (apud BONAFOUX, 1985, p. 127).

No Ocidente, o envelhecimento é vivenciado à maneira de um processo de se tornar feio, assim como de um desapossamento; ele tem todas as aparências da desfiguração. Doença venenosa que avança de modo implacável e frente à qual o ator avalia a sua incapacidade a despeito de todos os seus esforços. O rosto de referência fica cada vez mais distante; algo de sagrado e de íntimo desfaz-se com o passar do tempo e, segundo parece, nunca pretende cessar tal transformação. O rosto é a juventude no imaginário social do mundo ocidental. São raros os homens, ainda menos numerosas as mulheres, que se fitam olhos nos olhos diante do espelho ou do respectivo retrato fotográfico e conseguem reconhecer-se sem nostalgia, aceitando a inscrição da extensão temporal em suas feições. A percepção do rosto do idoso não depende de uma natureza, mas de uma avaliação social e cultural à qual cada um adere à sua maneira. Ela é apreendida na mutualidade dos valores de uma época. O rosto de referência traduz, neste sentido, a resistência interior do ator diante de um envelhecimento inevitável de que se deve ter receio de acordo com o ensino propalado pelos valores ocidentais. Veremos mais à frente que o recurso à cirurgia estética é uma forma voluntária de reificar o rosto de referência ou o que ainda resta dele, a derradeira tentativa de opor uma vontade de controle em relação a um rosto que, pouco a pouco, corre o risco de escapar dos valores sociais, deixando de respaldar, de maneira auspiciosa, o sentimento de identidade.

> Recuso-me simplesmente a me reconhecer nele – afirma Manès Sperber. De certeza, ele não pertence a ninguém senão a mim, mas deixou também de ser o meu: aquele em que, durante tantos anos, eu estava acostumado a me reconhecer (1976, p. 9).

A sensação do desaparecimento do rosto de referência assinala para o ator o momento difícil em que a alteridade predomina sobre a familiaridade. A ambivalência desfaz-se então em benefício do Outro. Outrora, o indivíduo reconhecia-se em seu rosto, talvez, com um sentimento de ambiguidade, mas finalmente ele se aceitava e tinha apreço por essa figura exposta à vista dos outros; atualmente, dividido em dois, esse mesmo rosto é, ao mesmo tempo, uma lembrança lentamente desbotada no decorrer da existência e uma nova realidade que vai aparecendo aos poucos, mas diante da qual ele se sente estranho. O Outro abriu caminho sob as feições. O lento trabalho da morte tornou-se sensível à consciência e o indivíduo recusa-se a reconhecê-lo. O rosto é então desapossamento; ele evoca facilmente a imagem da maquiagem (teatral), da máscara. Não da máscara consentida que multiplica as possibilidades do rosto – por exemplo, no carnaval –, mas a máscara no sentido do empobrecimento, do vazio. "A velhice – escreve Marcel Jouhandeau – é uma máscara atrás da qual, pouco a pouco, nos esquivamos antes de desaparecermos completamente". Uma forma lenta e natural de desfiguração. O príncipe siciliano, Dom Fabrizio Salina – o "Leopardo" de Tomasi di Lampedusa –, envelhecido, desiludido, já abandonado à atração da morte, olha para si em um espelho com uma melancolia proveniente da falta de compaixão da existência em relação ao homem: "D. Fabrício olhou-se ao espelho do armário e reconheceu mais depressa o seu traje do que a si mesmo: muito alto, ressequido, as faces encovadas, barba de três dias, mais parecia um daqueles ingleses maníacos que deambulam nas gravuras dos livros de Jules Verne [...]. Um Leopardo em péssima forma. Por que razão havia de querer Deus que ninguém morresse com a própria cara? Porque a todos assim sucede, morre-se com uma máscara no rosto [...]" (TOMASI di LAMPEDUSA, [1958] 1963, p. 243).

Em seu artigo sobre "Das Unheimliche" (1919 [O estranho]), Freud lembra um momento penoso de sua existência, que ele associa à irrupção do duplo no imaginário, mas que traduz igualmente o aparecimento inesperado e indesejável, sem que nenhuma defesa possa ser mobilizada, de seu próprio rosto afetado pela alteração de que falamos.

> Eu estava sentado sozinho em um compartimento de vagão-leito – escreve Freud – quando, após uma violenta sacudida da marcha, a porta que levava ao banheiro vizinho se abriu e um homem de certa idade, em roupa de dormir e boné de viagem, entrou no meu quarto. Supus que ele tivesse errado de direção ao sair do banheiro que se encontrava entre os dois compartimentos e que tinha entrado no meu por engano. Precipitei-me para informá-lo, mas percebi, totalmente desorientado, que o intruso nada era além da minha própria imagem refletida no espelho da porta de comunicação. E ainda me lembro que essa aparição me incomodou profundamente ([1919] 1972, p. 274).

A defasagem com o rosto de referência pode ser sentida como um transtorno e, até mesmo, uma destruição do sentimento de identidade. A este respeito, são reveladoras as primeiras linhas do relato autobiográfico de Manès Sperber no decorrer das quais este exprime o seu espanto de se encontrar, repentinamente, diante de um rosto que ele não chega a reconhecer: "Eu acabava de entrar nos meus sessenta anos quando o rosto – que observo, pelo menos, uma vez por dia no meu espelho – pareceu-me bruscamente como sendo estranho" (SPERBER, 1976, p. 9). Assim, começa uma longa busca da memória; ora, de acordo com a confissão do próprio M. Sperber, semelhante tentação havia sido rechaçada, até então, por ele com firme relutância. No mesmo momento, uma breve perda de consciência vai levá-lo a enfrentar a intuição de sua morte. As páginas da longa autobiografia têm, segundo parece, a tarefa, quase explícita, de preencher a distância entre o rosto de outrora – cujas diferenças sucessivas que o marcaram, desde a juventude até a maturidade, nunca modificaram o sentimento de identidade que, por seu intermédio, era experimentado por M. Sperber – e o rosto de hoje que se havia tornado irreconhecível, estranho, máscara. Esse relato está construído, de maneira original, segundo um movimento pendular entre o passado reconstituído e o presente do escritor, desde a plenitude do rosto até o seu desbotamento. Os recursos de sentido proporcionados por esse retorno a si, assim como a busca de uma fidelidade entre a existência de outrora e a de agora constroem uma ponte entre os dois períodos da vida que, assim, são reconciliados. Uma busca de identidade dedica-se à tarefa secreta de recompor o rosto perdido através da escrita e da anamnese dos acontecimentos que lhe haviam conferido o seu relevo mais saliente quando esse rosto – no qual se encarna a identidade vivenciada do modo mais pleno – era capturado ativamente pelo olhar dos outros, os *significant others* (em que se tornam, involuntariamente, os leitores). "Devo a ideia de escrever as minhas memórias, em primeiro lugar, a essa desidentificação parcial, a esse afastamento espantosamente sereno e quase insensível de meu próprio rosto, que me levava a acreditar que eu chegaria, talvez, a me afastar de meu próprio passado com serenidade" (SPERBER, 1976, p. 10).

A escrita em Sperber apresenta-se claramente como a resignação a ficar sem o rosto e, para além disso, sem a história pessoal. Ela é uma conjuração da perda. Trata-se de se encaminhar em direção ao desaparecimento, de se preparar para morrer, reunindo pela última vez os espaços mais proeminentes da memória, todos os momentos em que uma flama de significação havia iluminado a existência. Despertar ainda, pela última vez, o rosto de referência. Manès Sperber pressente que a escrita é um esforço no sentido de cativar o desconhecido que se instala em si, além de desfazer os traços fisionômicos da pessoa para deixar aí a sua marca. Desconhecido que emerge igualmente do olhar cada vez mais estranho e distante dos outros, a começar pelo próprio. Pouco a pouco, ao abandonar o seu rosto, a pessoa aprende a desaparecer. A escrita ou a memória evocada a um terceiro são os derradeiros recursos para reter ou reavivar um rosto que se dissolve e se prepara para o esquecimento.

Procedemos a uma análise mais aprofundada de Manès Sperber pelo fato de ser um autor que encarna, de maneira exemplar, uma atitude comum sob formas mais corriqueiras. No interior de ritos sociais – às vezes, puramente fáticos –, a palavra realiza, muitas vezes, a obra de ressurreição de um rosto desaparecido: eis o que se passa com a tentativa repetida de pessoas idosas que falam sem interlocutor real, além de ficarem ruminando tal lembrança distante em que o rosto estava intacto e suscitava, por parte dos outros, um interesse hoje desmentido. Evocação, para o idoso, de proezas, de lembranças amorosas ou esportivas, enquanto para a mulher trata-se da recordação do tempo em que ela era "bela": "Eu era linda antigamente, entende; hoje, não é a mesma coisa"; "A gente envelhece, que remédio, mas tempos atrás…" Lembranças de uma sedução desaparecida, que faz eco no homem à recordação de suas conquistas. Apesar da desigualdade social do rosto a respeito da qual Simone Signoret observava que, em relação a um idoso, comenta-se – "Il a de la gueule" [Que boa aparência] –, enquanto a respeito de uma mulher murmura-se: "C'est une vieille peau"[63] [É lixo, bagulho].

Fazer renascer, durante um instante, o rosto de referência, aquele correspondente ao sentimento de identidade que forneceu a melhor resposta à expectativa do indivíduo: tentativas irrisórias, votadas muitas vezes ao fracasso ou à indiferença geral, mas a tal ponto essenciais que ele acaba se grudando a isso sem temer ser considerado "entendiante". Lembranças de um momento em que o rosto de referência reinava sem nenhuma restrição, respaldando um sentimento de existir que, eventualmente, podia não ser tão auspicioso quanto o relato deixa pressentir; mas, pelo menos, nesse momento, o rosto intacto estava lá, oferecendo uma plenitude que só atingiria o seu apogeu mais tarde, à medida de seu afastamento. A pessoa ignorava que, um dia, ele seria aniquilado, deixando de ter a existência fantasmática de uma memória, cuja evocação suscitaria o enfaramento ou a indiferença dos interlocutores.

O rosto de referência não desaparece realmente, mas está disseminado nos inumeráveis olhares dos amigos e das relações de então. Os encontros com antigos colegas encontram o seu sentido no compartilhamento de lembranças um tanto idealizadas. Nessas circunstâncias, pouco valorizadas do ponto de vista social pelos outros (fala-se, muitas vezes, com desdém implícito, das reuniões de "antigos combatentes"), a lembrança do passado, entre pessoas da mesma idade, conjura os efeitos do tempo sobre os rostos, a igualdade das condições anula os efeitos devastadores da comparação. Essa evocação dos tempos áureos da existência, que se tornaram de repente peripécias de uma epopeia, é uma desforra em relação à indiferença social. No entanto, o sentimento da perda relativamente ao rosto de referência é tanto mais intenso na medida em que os outros investidos afetivamente, depositários da memória comum, vão desaparecendo aos poucos. É o olhar dos outros,

---

63. Literalmente, pele envelhecida; cf. CAMPOS, 2011, p. 283 [N.T.].

sobretudo, que contribui para a perda do rosto. Ou para a sua revivescência.

5.4 As projeções do rosto

Qualquer projeção do rosto para fora de si suscita a ambiguidade de se reconhecer nele, mais ou menos, fielmente e de se encontrar diante de si, separado, implicando a necessidade de se defender de um sentimento de estranheza que será tanto mais impactante se a imagem escapar a qualquer controle e se impuser ao olhar. O confronto com a própria imagem em uma tela de vídeo manifesta tal situação de maneira exemplar. Os formadores que utilizam o vídeo em suas aulas práticas conhecem perfeitamente a relutância dos participantes em serem filmados, o evitamento ou o mal-estar diante da câmera, a mobilização do humor ou da autoironia que traduzem igualmente o desassossego diante de uma investigação que, de repente, desdobra o real em seu reflexo. O medo é, às vezes, tão intenso que alguns estagiários deixam a sala, rejeitando absolutamente as indiscrições da câmera: o olhar estranho manifestado por esta é percebido como uma ameaça para a integridade própria, suscitando o receio difuso de que a identidade vacile, respaldada em um imaginário afetado por uma imagem-vídeo grosseira, violenta, mas que não deixa de se confundir com o olhar dos outros e, neste sentido, é portadora de um indício de realidade que o autor não pode remover com um encolher de ombros. Estranheza inquietante de olhar para si mesmo, com o rosto descoberto, à maneira como é visto pelos outros. Imaginário e realidade, subitamente, confundidos. É deveras significativo o fato de que Freud, no artigo sobre *unheimliche*, tenha utilizado justamente, como prova de sua demonstração, a lembrança penosa já evocada.

A aceitação do fato de ser filmado nem sempre prevê o desejo do ator de visionar ulteriormente as sequências rodadas; neste caso, também, voltam a manifestar-se muitas vezes a fuga, o constrangimento e a decepção. As risadas contínuas do grupo de estagiários que assiste à reprise das imagens gravadas, em um momento em que os acontecimentos filmados estavam longe de gerar a mesma hilaridade, constituem uma ilustração inequívoca das reações de defesa mobilizadas. O confronto com a imagem exterior de si não deixa ninguém indiferente.

> Não se pode esperar que o recurso à imagem-vídeo – escrevem M. Linard e I. Prax – se reduza a um único efeito simples e, igualmente, positivo para todo o mundo, ou seja, uma ajuda à autopercepção. Verificou-se, pelo contrário, que essa imagem tendia, de preferência, a despertar angústia ou real mal-estar em alguns e, em outros, a reativar mecanismos de defesa associados, em boa parte, à personalidade, portanto, diferentes uns dos outros, para não dizer, contraditórios (1984, p. 96-97).

Eis a constatação dessas duas psicólogas, especializadas em Tecnologias de Informação e de Comunicação, que elaboraram uma profunda reflexão sobre o uso da autoscopia no âmbito de seus grupos de formação.

As relações entre a imagem de si e a imagem-vídeo são prenhes de ambivalência, sobretudo por ocasião de uma primeira experiência. Elas traduzem a defasagem inevitável entre a imagem de si, íntima, arraigada amplamente no inconsciente, respaldada em um ideal do qual procede um sentimento de identidade que é sempre mais ou menos precário, nunca totalmente acabado, mas que não deixa de fornecer matéria primeira relativa à conduta da vida individual, por um lado, e, por outro, uma imagem exterior, independente de si, decepcionante, mas tal como é percebida pelos outros. Esta última analisa detalhadamente o rosto e as expressões do ator, despojando-o sem indulgência de todo o imaginário que o protege. E a imposição dessas imagens torna-se tanto menos contestável porque elas dispõem justamente dos atributos da técnica, ou seja, da objetividade; elas administram uma prova, mas não são um espelho.

O vídeo é algo distinto nomeadamente pelo fato de que assistir à reprise (e também ao vivo) da imagem filmada escapa à soberania do indivíduo; este fica enclausurado em uma mímica, uma fala ou um gesto. Um rosto impossível de modificar impõe-se a ele com uma espécie de arrogância sem que ele possa esboçar qualquer defesa. Inversamente, diante do espelho, ele permanece o senhor de suas posturas, de seu olhar e do período de tempo da exposição. Diante da própria fotografia, o indício mais afastado de realidade torna o confronto menos acerbo; na pior hipótese, o ator pensa que não é "fotogênico", maneira elegante de evitar um dissabor. Além disso, o vídeo é uma ferramenta social, expõe a imagem de si ininterruptamente ao olhar dos outros, procedendo desse modo sem a complacência do espelho, ou seja, firmando o indivíduo em um espaço, grupo e período de tempo. A tela do vídeo destitui a imagem do espelho de sua onipotência, finalmente reconfortante. Forçando a intimidade. Para o ator envolvido, ela não aparece como uma duplicação pura e simples daquilo que ele acredita ser para os outros. Sem nenhuma sutileza, a imagem-vídeo mostra as coisas sem compromisso. A autoscopia provoca, frequentemente, uma desilusão e, às vezes, insinua uma dúvida sobre o sentimento de identidade pessoal, sempre à mercê do julgamento dos outros (e do próprio). Obrigando a proceder à avaliação de si na nudez do mediador técnico, ela preserva o ator de suas defesas habituais.

Os atores têm necessidade de tempo para cativarem a força de questionamento suscitada pelo confronto com a imagem-vídeo; a este respeito, o papel do grupo é decisivo, além de suscitar a confiança, espalhando-a em cada um de seus membros de modo a tornar possível um trabalho sobre si indene de ameaça para a identidade[64]. Um clima de confiança mú-

---

64. O papel do animador é, aqui, essencial: "O que faz a eficácia da autoscopia, faz também o seu perigo. Não é evidente que, para 'formar' um indivíduo, se deva começar pela 'autoscopia', entregando-o indefeso a experiências (para não dizer, experimentos) selvagens e incontroláveis. A prudência mínima aconselharia que a

tua e de igualdade se impõe, tornando a ferramenta-vídeo no exercício, não de um poder, mas de uma negociação. Nessas condições, um procedimento de elucidação sobre si torna-se possível através do vaivém entre a imagem refletida na tela, a apreciação a seu respeito por parte dos interlocutores (submetidos, mais tarde, à mesma experiência e, por isso mesmo, propensos a manifestar a sua compreensão) e o olhar do ator que aprende a aperfeiçoar o conhecimento de si mesmo, a corrigir os seus defeitos (p. ex., na aprendizagem de uma técnica), a cativar uma imagem de si percebida, desde o começo, como pouco aprazível ("Esse aí, sou eu!?" "Por que faço esses trejeitos?" "Isso não me deixa mais jovem." "Realmente, não sou nada fotogênico" etc.). A menos que, evidentemente, ela venha a confirmar o ator, com o acordo do grupo, em relação ao sentimento que ele já experimentava a seu respeito.

Mas a imagem-vídeo (a do cinema ou da fotografia) pode também sinalizar o caminho de uma reconciliação com uma imagem mais agradável de si e, nomeadamente, de seu rosto. Na década de 1950, S. Tomkiewicz e J. Finder utilizaram o retrato fotográfico para facilitar, em adolescentes assombrados pelo "medo de serem feios", a aquisição de um olhar menos depreciativo sobre eles mesmos (cf. TOMKIEWICZ & FINDER, 1967, 1970-1971)[65]. A sessão de fotodrama reúne um paciente voluntário e um terapeuta que manipula o aparelho fotográfico para uma centena de tomadas; o próprio jovem decide a respeito de suas poses, de suas atitudes, dos lugares em que tem vontade de ser fotografado. Durante todo o período da experiência, entre uma e três horas, uma intensa verbalização leva o jovem a exprimir as suas emoções e expectativas, a

---

câmera não se torne o monopólio de algum especialista: cada um no grupo filmaria alternadamente e os animadores, mediante um treinamento prévio, seriam advertidos com toda a clareza não só dos perigos que ela apresenta para a integridade do outro, mas também de sua responsabilidade em relação à repercussão possível de suas observações" (LINARD & PRAX, 1984, p. 54). Estas são, para M. Linard e I. Prax, as condições deontológicas da prática da autoscopia nos grupos de formação.

65. Sobretudo, convém ler TOMKIEWICZ, FINDER, MARTIN & ZEILLER, 1979.

dar nome ou mostrar as partes de seu corpo que lhe desagradam e, especialmente, as particularidades do próprio rosto. No diálogo terapêutico que acompanha as tomadas fotográficas, ele tenta dar um sentido a seu medo, a indicar com precisão os conflitos íntimos que o atenazam em relação a seu corpo ou rosto, a nomear o seu receio em relação ao olhar dos outros. A fala restaura uma confiança em si confirmada pelo investimento do terapeuta em sua tarefa e, em seguida, pela visão das imagens. Após a revelação destas, elas são comentadas com o terapeuta, algumas são destruídas, outras afixadas à vista de todos. O jovem começa por entregar-se com relutância a uma experiência que lhe mete medo e, ao mesmo tempo, o atrai, aprendendo a cativar a sua imagem, a levar em consideração o fantasma na relação com o seu corpo e rosto, a ser menos vulnerável aos olhares dos outros. Assim, ele preenche as brechas do narcisismo elementar sem o qual fica difícil tocar a existência.

A adolescência é um período de fragilidade em que a ambivalência da relação com o rosto conhece os seus episódios mais críticos: as feições modificam-se bruscamente, verifica-se o desenvolvimento do sistema piloso, além das mudanças no corpo; ao mesmo tempo, o sentimento de identidade tem dificuldade para se estabelecer. O adolescente conhece, muitas vezes, uma crise pessoal que repercute na apreciação de seu rosto, conferindo-lhe o sentimento de ser feio, de ter dificuldade para se reconhecer em um rosto que, de acordo com o seu desejo, deveria ser diferente. A acne juvenil, a eritrofobia (o medo de enrubescer) e um grande número de outras manifestações somáticas, focalizadas no rosto, alimentam o mal-estar experimentado por um jovem em busca de identidade, ainda pouco hábil para cristalizar um sentimento mais consolidado do que ele é, do que pode esperar de sua vida futura. O medo de ser feio é, para o jovem, um indício ou sintoma do sentimento de não estar integrado na sociedade e, até mesmo, de ser mais ou menos mantido à parte por esta.

De maneira significativa, esse medo de ser feio é tanto mais impactante, sem dúvida, na medida em que a criança é menos investida pelos pais. Na instituição em que Tomkiewicz e Finder empreenderam as suas experiências, durante uns trinta anos, o grau de dismorfofobia é mais elevado nos adolescentes oriundos de meios populares e de lares desunidos: mais ou menos rejeitados pelos pais, eles não chegaram a investir na própria pessoa visto que ninguém lhes prestou uma real atenção. A tarefa dos terapeutas consiste, entre outros aspectos, em reconciliar os jovens com os próprios rostos e corpos, percebidos apenas no sentimento de sua imperfeição, feiura e ausência de valor. Desde 1952, através da fotografia, esses terapeutas levam os jovens a olharem para si de modo diferente, estimulando-os a cativar a imagem de si através de um apoio psicológico que os investe de um valor do qual eles não acreditavam ser depositários[66].

A "imagem de si" fornecida pela técnica é, evidentemente, insuficiente. Empreendida em um meio hostil, dividido, agressivo, a experiência vai reforçar, pelo contrário, a ambivalência, confirmando a percepção pejorativa de si. A apropriação favorável da "imagem de si" está associada à qualidade do acolhimento do grupo no âmbito do qual desenrola-se a experiência. Ela depende da qualidade do olhar das testemunhas. A antropologia conhece perfeitamente a eficácia simbólica que emerge do olhar do outro e cujo poder, segundo a sua orientação, é capaz de ser mortífero, mas também de livrar de um peso de morte (LE BRETON, 1991).

Nesse contexto sensível em que determinado ator com dificuldades de natureza pessoal assume o risco de se expor aos olhares dos outros, qualquer palavra pronunciada é portadora

---

66. Uma extensão realmente positiva do fotodrama foi realizada por M. Kimelman com uma dezena de pacientes hospitalizados em psiquiatria por distúrbios diversificados que iam do autismo à depressão. Cf. KIMELMAN, TOMKIEWICZ & MAFFIOLI, 1983, p. 75ss.

de um peso de existência. Ela pode atingir o irremediável e enraizar alguém no sentimento absoluto de sua imperfeição ou, inversamente, libertá-lo de um complexo ou de uma imagem deteriorada de si. A tarefa dos animadores ou do grupo consiste em transformar o instrumento, mais ou menos perseguidor, em uma ferramenta suscetível de induzir no ator referido a elaboração de uma imagem de si mais propícia; em afixar uma significação no rosto, em mostrar a sua dignidade, as qualidades contidas em seu bojo a despeito do julgamento dos outros. Desde então, o relacional pode tomar a dianteira em relação ao social e derrubar o poder negativo de uma imagem. Mas apenas com essa condição[67].

5.5 O rosto dissimulado

A ambivalência do indivíduo diante de seu rosto suscita as mais desconcertantes peripécias quando ele já não se reconhece diante do espelho ou quando o seu rosto, alucinado diante dele, torna-se um motivo de perseguição, um duplo separado dele que vai em seu encalço sem lhe dar tréguas, ou quando ele tem de retornar incessantemente ao espelho para garantir a continuidade de sua existência, ter a certeza de que não

---

[67]. Cf. uma experiência de videoexploração empreendida, durante várias semanas, com um grupo de adolescentes "socialmente desadaptados" e que sofriam de transtornos de personalidade, sob a égide de um educador que eles conheciam e de uma psicóloga que não fazia parte dos funcionários do estabelecimento. O contrato estabelecido com eles sublinha que o educador (ou a psicóloga) não faria filmagens, a não ser que tal pedido lhes fosse feito expressamente; os adolescentes dispunham à vontade da instalação-vídeo em um espaço transicional em que ninguém é objeto de julgamento. Após a desordem das primeiras sessões, esses adolescentes marginalizados, pouco à vontade em relação a seus corpos, começam a levar em conta a sua aparência: exprimem juízos mais favoráveis a respeito de seus rostos e de suas pessoas, preocupam-se com a sua apresentação (penteado etc.). Em compensação, o animador desestrutura-se, perde as defesas habituais de sua função e se acha envolvido, sem tréguas, aos grandes planos agressivos dos jovens; e, diante de sua imagem que ele procura reprimir (idade, cabelos ralos etc.), ele acaba entregando os pontos. Desse modo, a experiência é cancelada, mostrando com brutalidade a ambivalência da ferramenta-vídeo. Cf. LINARD & PRAX, 1984, p. 110-161.

ocorreu a oscilação pressentida da identidade. "A insustentável leveza do ser" (M. Kundera, *Nesnesitelná lehkost bytí*, 1982) é colocada em evidência, de maneira singular, nesses momentos. O inconsciente apodera-se do indivíduo à maneira de um *daimon* e desconjunta a sua identidade ao ponto de aterrorizá-lo nem que seja com a visão das próprias feições ou de ocultar qualquer reconhecimento destas. Do mesmo modo que o sentimento de identidade, assim também o sentimento do rosto, que lhe está ligado, é um dado precário que pode ser afetado profundamente pelas vicissitudes da existência pessoal.

A clínica identificou um sintoma, associado a certas formas de psicose e que, muitas vezes, lhes servem de prelúdio – o "sinal do espelho" – no decorrer do qual o indivíduo examina, durante um longo período de tempo e minuciosamente, o próprio rosto refletido no espelho; ao mesmo tempo, ele o apalpa em todos os sentidos, além de exercitar-se a fazer diferentes mímicas etc. O contato visual e tátil é frequente e pode prolongar-se durante várias horas. Muitas vezes, o indivíduo, consciente de seu comportamento insólito, isola-se de seus familiares e dedica-se, às escondidas, à conduta que se impõe a ele; no entanto, desde que esta é descoberta pelas pessoas à sua volta, ele aplica-se a ela abertamente, sem nenhuma moderação, incapaz, no entanto, de conferir uma significação à sua conduta. O psiquiatra francês, Paul Abély, considera essa atitude de fascínio como a tentativa de dissipar a inquietação surgida de um sentimento de despersonalização. O indivíduo em crise dedica-se a uma busca de limites, de confiança diante de uma realidade que parece esquivar-se, recorrendo ao sinal manifesto que serve de esteio ao sentimento de identidade: o rosto. Ele cessa de ter medo do julgamento irônico dos outros diante da ruptura de uma convenção social que torna as poses, na frente do espelho, em momentos provisórios, sem terem a sua finalidade em si mesmos e surgindo da necessidade de se arrumar, de se vestir, de se barbear ou de se pentear. Esforço irrisório, apesar das conveniências sociais, de se ligar à solidez do rosto no momento em que se desagrega o sentimento de identidade. Última defesa pressentida pelo sujeito, antes da catástrofe que o ameaça. O "sinal do espelho" é um elemento de diagnóstico bastante preocupante. Um dos pacientes que recebeu os cuidados de P. Abély explica a sua conduta com a seguinte declaração: "É para me encontrar comigo mesmo" (ABÉLY, apud CORRAZE, 1980a[68]).

Outro episódio desconcertante oriundo da ambivalência do rosto – a autoscopia – que traduz o desdobramento do sujeito que, angustiado, vê a própria imagem separar-se dele e levar uma vida autônoma em sua proximidade.

> A alucinação autoscópica – escrevem os psiquiatras franceses, H. Hécaen e J. de Ajuriaguerra – caracteriza-se, em geral, pela aparição repentina, diante dos olhos espantados do sujeito, de um verdadeiro duplo dele mesmo, como se um espelho tivesse sido colocado bruscamente à sua frente" (1952, p. 310-343).

Visão, muitas vezes, efêmera que não resiste ao esforço do sujeito envolvido para obter uma melhor compreensão da mesma, a qual acaba por desaparecer. A aparição especular é portadora de todos os sinais da vida: move-se, é expressiva, autônoma. Ela não incide unicamente sobre o rosto, englobando o sujeito na totalidade, mas é evidente que o rosto desempenha um papel fundamental na medida em que é o único componente capaz de identificar, sem ambiguidade, o indivíduo em toda a sua precisão, além de suscitar a mais insistente angústia: ver-se observado, independentemente de si, pelo próprio olhar. As formas de autoscopia são múltiplas, indo da alucinação visual em que o sujeito se vê vivo fora de si mesmo como se fosse uma forma separada de um espelho, sem que haja o sentimento do duplo, até a consciência experimentada de perceber, a alguns passos, um ser idêntico em todos os pontos a si

---

68. Cf. o debate proposto por J. Corraze em torno desse sintoma: ABÉLY, apud CORRAZE, 1980a, p. 40ss. • DELMAS, 1929.

mesmo. Incluindo também a divisão interior sentida pelo sujeito, sem que este seja projetado para fora. A autoscopia pode ser conhecida também em circunstâncias bastante raras, fora de qualquer contexto patológico e permanecer uma experiência única (sonho, coma, fadiga, febre etc.) ou estar associada, de maneira mais duradoura, a uma alteração da personalidade (esquizofrenia, despersonalização, lesões cerebrais etc.)[69].

Com um sentimento de angústia extremo – lutando contra um adversário invisível que o assombra –, o personagem do *Horla*, de Guy de Maupassant, enfrenta de repente o desaparecimento do próprio rosto diante de um espelho silencioso que não reflete nada.

> [...] enxergava-se como em pleno dia, e eu não me vi no espelho!... Ele estava vazio, claro, profundo, cheio de luz! Minha imagem não estava lá... e eu estava diante dele! Eu via o grande vidro límpido de cima abaixo. E eu olhava para aquilo com um olhar alucinado; e já não ousava ir em frente, já não ousava fazer qualquer movimento [...].
>
> Como tive medo! Depois, eis que de repente comecei a me avistar em uma bruma, no fundo do espelho, em uma bruma como através de uma toalha d'água; e eu tinha a impressão de que aquela água escorria da esquerda para a direita, lentamente, tornando a minha imagem mais precisa, a cada segundo. Era como o fim de um eclipse. [...]

---

69. Encontra-se em Guy Maupassant uma série de contos que, em um clima de angústia, ilustram o tema do duplo sob formas autoscópicas: *Lui* (1883), *Le Horla* (1886-1887), *Un Fou?* (1884), *Qui sait?* (1890). Inspiração associada, certamente, à progressão sentida por este escritor da paralisia geral que iria provocar a sua morte em 1893, com 43 anos. A esse respeito, o neurologista e psicólogo francês, Paul Sollier, evoca uma alucinação autoscópica vivenciada por Maupassant e relatada a um amigo: "Estando à mesa de trabalho, pareceu-lhe ouvir a porta se abrir. A sua empregada tinha recebido instruções para nunca entrar enquanto ele estivesse escrevendo. Maupassant virou-se e qual não foi a sua surpresa ao ver entrar a sua própria pessoa que veio sentar-se à sua frente, segurando a cabeça com a mão, e pôs-se a ditar tudo o que ele escrevia. Ao terminar, levantou-se e desapareceu a alucinação" (SOLLIER, 1903).

Consegui, enfim, enxergar-me por completo, como faço todos os dias ao olhar para mim (MAUPASSANT, [1887 (segunda versão)] 2006, p. 113) [70].

A perda do reflexo de seu rosto no espelho (ou o seu irreconhecimento) – vivenciada de modo angustiante, mas provisório, ligada à despersonalização, acompanhando uma psicose ou um estado-limite – pode tornar-se uma realidade duradoura e, quase sempre, definitiva; quase indiferente, no caso de um idoso que se encaminha para o que a psiquiatria designa como demência orgânica. Várias observações foram elaboradas a este respeito: Jacques Postel, tendo solicitado a uns cinquenta idosos atingidos por "demência tardia" para desenharem uma pessoa, além de tê-los questionado sobre o conhecimento do próprio corpo, levou-os a enfrentarem, em um clima de confiança, a respectiva imagem especular (POSTEL, apud CORRAZE, 1980a)[71]. Este neuropsiquiatra francês distingue diferentes etapas no irreconhecimento progressivo de si: nos dois primeiros grupos, os sujeitos reconhecem sem dificuldade o próprio rosto, muitas vezes com um sentimento de depreciação diante dos efeitos do envelhecimento que marca as suas feições; a única diferença em relação aos indivíduos saudáveis da mesma idade tem a ver com ligeiras amnésias. No terceiro grupo, os doentes chegam a reconhecer-se, mas manifestam certa indiferença diante do respectivo reflexo especular, considerado com distanciamento. Para se referirem a si mesmos, eles utilizam frequentemente o sobrenome e falam do próprio rosto na terceira pessoa: "É Eugénie – diz uma mulher (referindo-se a si mesma); estou vendo o seu retrato". A partir do grupo subsequente, o aspecto operatório e simbólico da imagem de si é alterado: assim, ao quarto grupo, pertencem os idosos que

---

70. A mesma imagem angustiada encontra-se na primeira versão (1886) do conto. O medo do duplo que devora o sujeito é um tema recorrente da obra deste escritor; aliás, é sobejamente conhecida a sua recusa em se deixar fotografar ou em deixar publicar a sua fotografia nos jornais.
71. Cf. tb. AJURIAGUERRA, REGO & TISSOT, 1963.

já não conseguem reconhecer o respectivo reflexo especular e também são incapazes de identificar a sua fotografia. Através da dessimbolização de sua relação com o mundo, eles perderam a faculdade de conferir um sentido ao próprio rosto refletido pelo espelho, mas discernem ainda vagamente uma forma humana. No grupo seguinte, estão os idosos que perderam a faculdade não só de reconhecer o próprio rosto, mas também de identificar, a despeito dos esforços dispendidos, uma forma humana; no entanto, uma espécie de fascínio é exercido sobre um ponto do reflexo, como se ficassem apegados à imagem, sendo impossível conhecer precisamente a sua significação. No último grupo, a alteração é ainda maior visto que os sujeitos já não dispõem de linguagem em decorrência do desaparecimento das próprias funções instrumentais; este último estágio é o da "alzheimerização completa" (cf. AJURIAGUERRA et al., 1963). Na progressão da demência, a identificação do rosto refletido em um espelho é uma derradeira forma de resistência, a última oportunidade de atribuir uma significação e, até mesmo, um valor, a um sentimento de identidade nessa fase terminal.

5.6 O duplo

A ambivalência surgida da relação com o próprio rosto radicaliza-se no imaginário social sob a forma do duplo: os relatos, transmitidos de geração em geração, por via oral, ou aqueles evidenciados pela literatura ou pelo cinema, abordando-o como se fosse um mito, dão testemunho da inquietação do indivíduo frente ao inapreensível do próprio rosto. Receio diante da proximidade desconcertante entre a imagem e o modelo, entre o reflexo e o rosto, ambivalência surgida das tendências opostas do ser humano, receio atiçado pelo temor de perder os seus limites, de ver vacilarem as bases de um sentimento de identidade vivenciado como precário, ao passo que, inversamente, a efígie adquire vida, uma tendência psicológica até então reprimida desenvolve-se rapidamente e separa-se do indivíduo por uma espécie de parto. Com efeito, o duplo identifica-se, sobretudo, com os traços do rosto visto que estes singularizam, sem ambiguidade – e de modo muito mais evidente que a forma do corpo ou as roupas –, o ator. O confronto com o próprio rosto afastado de si e identificando um outro, sem deixar de permanecer o mesmo, é o móbil do medo. "O duplo – escreve M. Guiomar – deve ser fisicamente um sósia[72], condição necessária sem a qual uma qualidade de duplo perde-se na alucinação anônima" (1988, p. 289). Nesses relatos, o espelho é o lugar em que, com maior frequência, se verifica a revelação do duplo, adquirindo vida um rosto que acaba por se separar de seu possuidor para empreender a existência própria.

No filme de terror, *Der Student von Prag* (1913 [O estudante de Praga]), rodado na Alemanha com roteiro de Hanns H. Ewers – baseado em uma história do romancista norte-americano, Edgar A. Poe, e em um poema do dramaturgo francês do período romântico, Alfred Musset –, Baldwin, o estudante, exercita-se diante de um espelho em golpes de esgrima quando surgiu Scapinelli, o homem que lhe propõe uma fortuna sob a única condição de que lhe deixe levar do quarto o que lhe agradar; ora, o cômodo está vazio e desprovido de qualquer tipo de ornamento. O estudante aceita tal proposta. Após ter fingido uma busca infrutífera, Scapinelli aproxima-se do espelho, mostra o reflexo do estudante e pergunta-lhe se ele é capaz de segurá-lo. Acreditando que se tratava de uma brincadeira, o jovem volta a aceitar o desafio, mas vê com horror o seu reflexo tomar a consistência de um ser vivo, transmutar-se em um outro si mesmo e, com docilidade, seguir o mago.

Em um grande número de relatos relativos ao duplo, o espelho é o espaço natural em que se objetiva o outro que, de reflexo inicial, se torna um corpo. Assim, o lugar de gestação do duplo implicaria, de saída, o rosto. A semelhança das feições é a única prova suscetível de autentificar o desdobramento do

---

72. Cf. mais adiante, p. 240-242, a explicação detalhada desse termo [N.T.].

indivíduo e de provocar o pavor. No filme mencionado, Baldwin é perseguido por seu duplo, animado de vida própria: ao encontrar-se com a namorada, esta descobre que o espelho não envia nenhum reflexo do rosto de seu companheiro; então, ela pergunta-lhe o motivo desse fato. Enquanto o estudante envergonhado oculta as feições e não sabe o que responder, o duplo mostra o seu rosto irreverente na soleira da porta. Intercambialidade de traços fisionômicos e, ao mesmo tempo, desapossamento de si. Exasperado pela perseguição, seguido permanentemente por esse duplo, que prejudica todos os seus projetos, Baldwin dispara contra ele; o duplo desaparece imediatamente. À semelhança de Dorian Gray – romance filosófico, *The Picture of Dorian Gray*, de Oscar Wilde –, o estudante chega a acreditar que se livrou desse pesadelo e precipita-se para se olhar em um espelho; nesse mesmo instante, é afetado por uma dor fulgurante e morre. Como havia ocorrido com Dorian Gray, o reencontro com o rosto perdido decreta a sua morte: para ambos, é impossível olhar-se de frente em razão do grande número de abusos cometidos no decorrer de suas existências. A identidade moral deles aniquilou a própria identidade física, uma vez que o rosto é, por excelência, o lugar em que se verifica o cruzamento de uma com a outra. Nessas condições, a espoliação do próprio rosto (ou reflexo) nada é além do prelúdio do desaparecimento de si. O rosto não pode ser perdido, nem que seja durante um instante, sem se perder para sempre. No filme mencionado mais acima, encontramos o paradigma do imaginário do duplo: a gestação a partir do espelho, a perseguição que estorva todas as ações empreendidas pelo herói – e, nomeadamente, o impede de levar a bom termo a sedução da mulher amada – e a morte pelo fato de acreditar que, suprimindo o duplo, ele livrar-se-ia de uma influência devoradora[73].

---

73. Lembremos que, para Otto Rank, "o infortúnio do herói decorre de sua natureza egocêntrica, de sua disposição para o narcisismo... Na psicanálise, estas alterações são consideradas como um mecanismo de defesa mediante o qual o indivíduo se separa de uma parte do ego contra quem ele se defende e de quem teria o desejo de escapar". O ego divide-se e projeta alhures as pulsões recalcadas, até o momento em que estas se

O duplo, erigido no imaginário para preservar-se e opor-se à morte – segundo O. Rank, uma imagem factícia de si –, transforma-se a si mesmo em rosto de morte visto que é, simultaneamente, desdobramento de si cuja permissão se deve unicamente ao fato de ter perdido o enraizamento no próprio corpo. O rosto do duplo é arrancado do indivíduo aterrorizado, de repente, destituído de sua identidade; este observa o outro si mesmo que se tornou autônomo e toma consciência de que a sua realidade é a do vapor úmido na vidraça, ou seja, a do reflexo de um rosto que deixou de ter. Na literatura, ver com os próprios olhos o seu rosto animar-se mediante uma vida autônoma ou separar-se de si, além de vir contemplar a alguns passos o indivíduo aterrorizado, é um tema recorrente que foi abordado, por E.T.A. Hoffman, A. von Chamisso, G. de Maupassant, Edgar A. Poe, além de F. Dostoiévski. Ainda pode ser encontrado, muitas vezes, como pano de fundo, em obras contemporâneas, nomeadamente no cinema[74].

O espelho é o umbral do além, sendo associado à morte por um grande número de crenças. O desdobramento brutal do rosto em uma zona de influência da morte, na proximidade de um cadáver, é particularmente perigoso; então, o contágio é fácil e o inepto deixa-se facilmente capturar em reflexo antes que isso venha a ocorrer com a sua própria existência. As precauções não são menores quando se trata de um doente cujas emanações são suscetíveis de alterar a alma e de antecipar a morte da pessoa vulnerável que se aproximou de sua cabeceira.

---

tornam mais fortes que os mecanismos de defesa e invadem o ego do sujeito, sob uma forma persecutória. Esses pontos – analisados criteriosamente por este psicanalista austríaco (cf. RANK, 1973, p. 85) – não serão abordados aqui por estarem muito além de nosso objetivo.

74. O romance *The Other* (1971) de Thomas Tryon – adaptado ao cinema, em 1972, por Robert Mulligan, com o mesmo título – reúne toda a temática do duplo, com a originalidade de inseri-lo na gemelidade. Holland e Nils são dois irmãos gêmeos de semelhança quase absoluta; no entanto, a afabilidade de um opõe-se diametralmente ao comportamento criminoso do outro. Um acidente tira a vida de um deles, mas qual? Para o gêmeo sobrevivente, o irmão continua presente a seu lado, acabando por adotar o seu caráter.

Numerosas são as recomendações culturais no sentido de cobrir os espelhos da casa do defunto para favorecer a partida da alma que correria o risco de permanecer cativa. O espaço em que se revela por excelência o rosto da pessoa é aquele em que a morte se faz esperar, em que ela se anuncia; trata-se de uma das presumidas moradas da alma e do duplo. Outra prova ainda da ambivalência que estabelece a relação do indivíduo com os seus traços fisionômicos. Quebrar um espelho é sinal de morte ou de maldição, como se o rosto – refletido, muitas vezes, por ele – tivesse de permanecer forçosamente no ponto em que o aço o havia capturado e, agora, estilhaçado no chão. Essas precauções rituais exprimem, de uma maneira difusa, que ver as próprias feições e questioná-las não é algo evidente; tal operação, apesar de ser uma das mais simples e correntes da vida cotidiana, dissimula uma provação terrível para quem a executa. O psicanalista já mencionado, O. Rank, e o antropólogo escocês, J. Frazer, comentam inumeráveis tradições culturais em que é importante desconfiar do risco que alguém corre ao se olhar no espelho quando as circunstâncias não se prestam a efetuar tal ato (cf. RANK, 1973. • FRAZER, "O tabu e os perigos da alma". In: FRAZER, 1982, p. 189ss.)[75]. O reflexo do rosto na água, no metal, no espelho ou em outra superfície refletora é percebido, com as singularidades próprias de cada sociedade, como uma emanação da alma; tal identificação implica a necessidade de se proteger de um confronto intempestivo. A alma está do lado da morte. E o espelho é a interface em que se esquiva a firmeza das referências, a zona de turbulência que circunda a irrupção possível do perigo.

    A assimilação entre o espelho e a morte, através de uma alusão à fragilidade do rosto, é corrente nas tradições regionais francesas. Analisemos simplesmente o exemplo de uma lembrança contada ao professor de letras e folclorista francês de língua bretã, Anatole Le Braz, por seu avô, marinheiro da Ilha

---

75. A esse respeito, o Mito de Narciso é revelador.

de Sein, na Bretanha. Após o naufrágio de um navio estrangeiro que causou numerosos mortos, os quais foram enterrados de acordo com o ritual cristão, os ilhéus, segundo o costume, dividiram entre si os restos que flutuavam no mar. Impossível que alguém viesse reclamá-los. Deste modo, o avô de Le Braz encontrou um belo espelho que carregou em triunfo para a sua casa; depois de ter sido admirado pela vizinhança, o objeto foi pendurado na parede de um cômodo, quase sempre, inocupado no qual eram alojados os hóspedes que vinham do continente. Passados alguns meses, uma afilhada chegou à ilha para participar do *pardon*[76] de São Gwenolé, tendo sido convidada a ocupar o quarto de hóspedes. A dona da casa mostrou-lhe, evidentemente, o belo espelho colocado em destaque na parede, mas não deixou de ficar surpreendida ao vê-lo encoberto como que por uma névoa e escorrendo gotas, semelhantes a lágrimas. Desorientada, ela anunciou a novidade ao marido: "O espelho tem, com certeza, algo que não é natural; dá para ver que está chorando". O homem riu-se dela. Mas na manhã seguinte, a mulher precipitou-se em direção ao quarto, ao ouvir um grito, tendo encontrada a afilhada aterrorizada diante do espelho: "... E foi a vez da dona de casa recuar apavorada porque, no espelho, aparecia um rosto de mulher que não era o seu, nem o da moça, tampouco o de uma pessoa de suas relações. Tratava-se – contou ela, mais tarde – de uma figura pálida com os cabelos molhados que gotejavam." O espelho foi, então, jogado no mar (LE BRAZ, 1928, t. 2, p. 172).

O imaginário social é igualmente fecundo em crenças ou relatos relativos à perda de substância à qual se expõe a pessoa que deixa o próprio rosto separar-se de si sob a forma da fotografia ou do retrato: como se o pintor ou o fotógrafo subtraíssem, assim, a alma do modelo. Ao entregar a qualquer um essa parte essencial de sua identidade, o modelo corre o risco de

---

76. Romaria com indulgências anexas, realizada principalmente na Bretanha: ela é organizada em uma data fixa e dedicada a determinado santo [N.T.].

ser objeto de manipulações suscetíveis de lhe arrancar a vida; a pessoa que oferece o próprio rosto ao outro arrisca não só de perder a honra [la face], mas sobretudo de perder a vida. No texto, "The Oval Portrait" (1842 [O retrato oval]), o escritor norte-americano, E. Poe, relata a história de um pintor que se empenha de alma e coração em executar o retrato da esposa, enquanto ele a abandona, dedicado inteiramente à sua arte. A cada pincelada, parece que uma parcela da vida é retirada do modelo e que, lentamente se extingue o seu rosto; o toque final na tela decreta o último suspiro da mulher, enquanto o retrato anima-se estranhamente com as cores da vida.

Entre Dorian Gray e o seu retrato, a identidade é absoluta, e esta só ocorre precisamente pela semelhança com o rosto. O que distingue o modelo de sua efígie deve-se unicamente ao desdobramento psicológico de Dorian; tendo sido trocado pelo retrato do qual conserva para sempre o rosto juvenil, deixando de recear o desgaste decorrente do tempo, o modelo projeta contra a tela as tendências cuja atualização havia sido recalcada outrora por ele. Ao retrato que o representa em sua realidade viva, ele delega o peso dos crimes que comete com toda a desfaçatez, sem nunca sentir remorsos, nem os estigmas do tempo. Consciência objetivada de suas condutas, o retrato altera-se a cada abuso, envelhece, degrada-se através de uma espécie de aritmética do mal que é trocada por uma fealdade crescente. O "mal", ou seja, aquilo que não se pode olhar de frente senão depois de ter projetado a responsabilidade sobre um outro cuja semelhança com ele verifica-se detalhe por detalhe, mas do qual ele se separa. Desprendido da tela, preservado dos ultrajes do envelhecimento, o seu rosto permanece em sua eterna juventude, enquanto seus companheiros envelhecem e ficam atônitos diante de sua vitalidade sempre intacta. Em compensação, o retrato intumesce, desfigura-se, torna-se uma coisa inominável em que Dorian lê o seu rosto moral. Por um obséquio que mistura estranhamente metáfora e metonímia, mas cujo rosto enquanto sinal da identidade é a garantia, Dorian Gray desdobra-se e desculpa-se da repercussão moral de suas ações; além de tornar a ambivalência inerente à condição humana em uma dualidade, ele controla o conteúdo desta ao apostar, simultaneamente, nos dois domínios. A conclusão do romance vê o duplo tomar posse de Dorian. E acreditando apunhalar a tela por aversão do que esta encarna, ele acaba logicamente por suicidar-se. As próprias feições decompõem-se, apodrecem, passando a assemelhar-se com o hediondo retrato da história, enquanto este transforma-se para converter-se na figura inicial de um Dorian Gray resplandecente de beleza, sem deixar de ser uma criatura pintada.

Os retratos ou as fotografias desencadeiam, em algumas comunidades humanas, o medo de que a pessoa seja enfeitiçada, atribuindo ao possuidor da imagem um poder sobre si necessariamente prejudicial. Viajantes do começo do século XX, ou ainda atualmente, relataram os obstáculos encontrados por aqueles que procuram fotografar determinadas populações relutantes a tal prática. A pessoa que deixa o próprio rosto em mãos estranhas aceita que lhe seja subtraído o próprio sinal de sua existência com o risco de morte que permanece assim pendente. O antropólogo, J. Frazer, relata uma história pitoresca que mostra a diferença de tratamento do rosto e da economia por duas sociedades opostas. Na Coreia, para prevenir os perigos evocados acima,

> em vez de cunhar a efígie do rei, as moedas recebem apenas alguns caracteres chineses. Para eles, seria um insulto colocar o rosto do rei em objetos que passam pelas mãos mais vulgares e, muitas vezes, rolam na poeira e na lama. Na primeira vez em que os navios franceses abordaram a Coreia, o mandarim enviado a bordo ficou horrivelmente chocado ao verificar, por um lado, a leviandade com que esses bárbaros do Ocidente tratavam o rosto de seu soberano, ao reproduzi-lo em moedas e, por outro, a displicência com a qual o colocavam nas mãos de qualquer um, sem se preocuparem absolutamente

em saber se lhe seria demonstrado o respeito a que tinha direito.

A ofensa à imagem é, aqui, uma ofensa à própria pessoa.

Nas sociedades muçulmanas rurais, a imagem é também equívoca, nomeadamente nos meios populares. A fotografia de um indivíduo corre o risco de expô-lo ao controle de alguém, atraindo o mau-olhado (o do estrangeiro, cujo rosto não é identificável e a respeito do qual se ignora os poderes misteriosos à sua disposição); o infortunado que se deixou fotografar fica desapossado de uma parcela de sua alma.

No conto do escritor, já mencionado, Michel Tournier – *La goutte d'or* (1986 [A gota de ouro]) –, o Pastor Idriss, tendo sido fotografado, sem sua autorização prévia, por um casal de turistas que lhe prometeu uma foto, decide fazer a viagem à procura desta. Com efeito, nessa expectativa interminável de recebê-la, ele acabou sendo repreendido pela mãe: "É um pouco de ti que foi embora... Se depois disto ficares doente, como será possível te curar?" Os acontecimentos desfavoráveis afetando Idriss serão, daí em diante, atribuídos a esse poder que permite ao outro manipular a sua alma através do reflexo fotográfico; o uso maléfico da fotografia permite explicar o infortúnio. A crença é banal e exige preservar-se dessa vulnerabilidade; a não ser que, em seguida, a vida da pessoa seja marcada pela angústia permanente do perigo.

Nesse mesmo romance, M. Tournier fornece uma excelente ilustração da obra de criação produzida pelos atores que se servem das tradições, dos ritos ou das crenças da respectiva sociedade, deslocando-os ou transformando-os, à maneira de cada um, a fim de conferir um sentido a acontecimentos que, caso contrário, não teriam explicação e, até mesmo, estariam em contradição com as ideias mais comumente compartilhadas. Assim, Idriss acabaria encontrando um ancião, ex-militar do exército francês durante a Segunda Guerra Mundial, que considera, pelo contrário, que uma fotografia pode, em determinadas condições, proteger da maldição. Esse ancião usufrui do privilégio temível de ser o único homem do oásis em posse de uma fotografia. Ele expõe à criança uma singular mestiçagem de crenças improvisadas para seu uso próprio. À pergunta de Idriss que pretende saber se uma fotografia pode ser nefasta, ele responde que, para não causar prejuízo ao homem que ela representa, esta deve ser afixada com firmeza na parede, além de ser mantida sob vigilância para não cair nas mãos de algum cafajeste. Na foto amarelada deste ancião, é possível ver três militares: o próprio ainda jovem na companhia de dois amigos do mesmo regimento. Nos dias subsequentes ao momento em que essa foto havia sido tirada, o tio idoso de Idriss – que tinha assumido o compromisso de enviá-la aos colegas – fica sabendo da morte de ambos:

> Acho que esta foto deu-me boa sorte por ter ficado comigo. Quanto aos outros, os dois companheiros, é claro, não foi culpa deles terem deixado ir embora a sua imagem. Isso não se deve fazer. Não posso furtar-me de pensar que se eu tivesse conseguido enviar a foto a cada um, talvez, nada lhes tivesse acontecido.

Em um caso como no outro, propício ou nefasto, o rosto separado da pessoa não se apresenta como uma realidade indiferente, estando comprometido com a existência e, nesse sentido, exigindo uma vigilância indefectível. O rosto é demasiado precioso e vulnerável para deixá-lo na mão de quem quer que seja.

Alguns fotógrafos, por sua vez, não negam a vertigem experimentada ao se apropriarem de um rosto através da objetiva e, em seguida, ao terem a possibilidade de contemplá-lo à sua maneira quando está fixado no papel. Ben Maddow, por exemplo, confessa que "cada um sente, em seus melhores retratos... não somente certa verdade espiritual, mas também algo diferente: uma espécie de avidez calorosa e benfazeja. Além do novo sentimento experimentado por qualquer fotógrafo, se for honesto, no momento em que aperta o botão: a exaltação particular proporcionada pela posse da foto. Você 'capturou' o sujeito: ele é a sua presa para sempre ou, pelo menos, até que o próprio papel vire pó" (1982, p. 120). A fotografia, sobretudo a de um rosto, retira uma parte da substância do indivíduo assim exposto.

5.7 Dissimetria do rosto

O reflexo do espelho, o retrato pintado, a fotografia e a imagem-vídeo são imagens ambíguas no sentido em que, em princípio, fixam a identidade, confrontando o indivíduo com o sentimento íntimo que ele tem de si mesmo; é possível também que, nelas, venham esbarrar de maneira vigorosa as ilusões ou as fantasias. E o lugar em que deveriam se consolidar as certezas torna-se facilmente o espaço em que elas se rompem. A morte já está contida, às vezes, na imagem captada fora do sujeito, à semelhança do que se passa em grande número de histórias relativas a duplos. No melhor dos casos, o indivíduo enfrenta a questão de sua identidade, procurando mediante os seus próprios recursos a tolerar essa imagem e, eventualmente, a aceitar a vivência de uma perda parcial de si mesmo; ele chega a empenhar-se, às vezes, a alcançar a sua imagem ideal, através de manipulações sobre si (cirurgia estética, maquiagem), a fim de que uma imagem insuportável se torne caduca.

A luta trava-se no palco do imaginário, sem dúvida, mas não deixa de envolver a relação da pessoa com o mundo e, até mesmo, a sua existência. Torna-se difícil encontrar o acordo entre o ideal do eu e a realidade do rosto ou do corpo; existe sempre um viés que dissimula ao indivíduo o sentimento de sua perfeição e, portanto, do confinamento em si mesmo. Ele depara-se com o sentimento de incompletude e, por conseguinte, desperta nele o desejo, a busca, a necessidade do olhar do outro. No entanto, o mais surpreendente é que, no plano físico, nenhum rosto apresenta uma simetria perfeita de suas duas partes.

Cada qual pode fazer a experiência a partir do próprio rosto se a fotografia é tirada bem de frente e se houver cuidado em efetuar a separação vertical, dividindo ao meio a fronte, o nariz, a boca e o queixo. Se dobrarmos essa primeira fotografia, levando-a a passar pelo mesmo tratamento, então, a cada metade, é possível associar a respectiva parte simétrica, ou seja, ligar as duas metades da parte esquerda para uma imagem e as duas metades da parte direita para a outra. A assimetria é então rompida e apresenta dois rostos harmônicos, mas profundamente diferentes um do outro. Assim, é possível obter três rostos que se assemelham aos de três pessoas diferentes: o rosto real e os dois rostos de tonalidades opostas, rigorosamente simétricas. O imaginário do duplo, de maneira estranha, toma corpo. Os dois rostos – obtidos mediante o emparelhamento das duas metades idênticas – são profundamente contraditórios. Para Pierre Abraham, um dos primeiros a ter evocado explicitamente essa dissimetria, eles corresponderiam às duas faces superpostas do indivíduo: a primeira, encarnando o seu rosto interior, secreto; e a outra, o seu rosto social, aquele que ele mostra aos outros. Esse ensaísta francês acabou elaborando, de maneira decepcionante, uma fisiognomonia, acompanhada por uma caracterologia: assim, ele analisa o caráter de Baudelaire, de Béranger, de P. Langevin etc. (ABRAHAM, 1934).

Procedimento tão fútil quanto o da fisiognomonia, o qual postula uma equivalência estrita entre os sinais manifestos do rosto e as qualidades morais do homem; no entanto, essa constatação da desigualdade entre as duas metades da figura humana é, contudo, fascinante pelo fato de mostrar que a ambivalência da relação do indivíduo ao próprio rosto é uma questão de estrutura. O próprio corpo está dividido e votado a uma espécie de indecisão, encarnando de fato a dialética do Mesmo e do Outro. A pessoa não dispõe de um único rosto, mostrando a cada instante dois rostos opostos, misturados, confundidos estreitamente um com o outro, e cujo efeito de superposição de imagens confere-lhe a sua expressividade e vivacidade. O *cogito*, cuja crença consistia em capturar na face resoluta do filósofo a prova manifesta da sua soberania sobre si mesmo e sobre o mundo, perde aqui a sua última prova; em seu ímpeto entusiasta, ele não havia percebido a divisão íntima de um rosto no qual o filósofo teria conseguido ler o incentivo a um pouco mais de prudência. A psicanálise encontra, neste aspecto, uma espécie de verificação experimental de que o *cogito* e o ego – que é a sua afirmação – limitam-se a ser ilusões necessárias à relação da pessoa com o mundo. Uma parte essencial daquilo que interfere nas escolhas e no curso da existência do indivíduo escapa a seu entendimento, extraindo de outro lugar o seu móbil; o inconsciente designa precisamente aquilo que lhe faz falta para ter a plena posse de si e para ser idêntico a seu pensamento. Se o rosto parece ser, à primeira vista, o sinal manifesto daquilo que representa o indivíduo, e se todas as fisiognomonias articulam-se a partir desse imaginário, ainda assim o signo mais radical da identidade não deixa de esquivar-se. Ao acreditar ver as próprias feições no espelho, do mesmo modo que ele imagina ser o senhor de seu pensamento e de sua ação, o indivíduo ignora que, em vez de um só, os rostos contemplados por ele são vários[77]. No entanto, essa inapreensível fronteira, que zomba do ato de olhar, é a própria condição do rosto.

5.8 O reconhecimento dos rostos

O reconhecimento do rosto, enquanto primeiro elemento da identificação de si e do outro, é uma operação que cada um

---

77. Nos estudos mais aprofundados de esculturas ou de retratos pintados, a história da arte estabelece diferentes períodos nos quais se alternam simetria e dissimetria do rosto. É obvio que uma obra dissimétrica mostra a expressividade que brilha no rosto humano; inversamente, o estudo de uma obra simétrica distancia-se do indivíduo, conferindo um aspecto mais solene ao personagem representado. As figuras que se destacam, p. ex., nas abóbadas das igrejas ortodoxas, baseadas em uma simetria rigorosa e em um esboço preciso do rosto, atribuem aos santos uma dimensão hierática, uma presença cujo fascínio é proporcional à sua abstração.

realiza, no mesmo dia, inúmeras vezes, e sem o qual a existência social seria, aliás, impensável; seria impossível imaginar uma comunidade humana na qual fosse preciso, por falta de uma memorização suficiente, descobrir-se a si mesmo pelas feições mutáveis e, a cada instante, renovar o seu conhecimento do outro. Do ponto de vista social, é absurdo conceber pessoas sem rosto de quem fosse possível guardar uma lembrança.

Somos, assim, capazes de memorizar e discriminar milhares de rostos[78], com variações individuais suscetíveis de serem importantes; algumas pessoas têm uma memória quase infalível, ao passo que outras se distinguem por sua distração formidável a este respeito. A posição social do ator – e, nomeadamente, a sua profissão – desempenha aqui provavelmente um papel determinante. A vida profissional impõe, ou não, uma atenção qualificada aos rostos dos outros. O professor encontra centenas de alunos em suas diferentes turmas e, muitas vezes, é levado a se lembrar dos alunos dos anos anteriores; às vezes, muitos anos mais tarde. O médico ou a enfermeira, o político, o vendedor, por exemplo, são profissionais que devem lembrar-se de numerosos rostos; a prática cotidiana deles acaba por treiná-los para esse reconhecimento. Na relação com os outros, a capacidade de memorizar as feições é necessária para fornecer ao interlocutor o sentimento lisonjeiro de ser reconhecido e nunca deixar a suspeita de indiferença. O fisionomista é um indivíduo cuja memória visual é quase indefectível. Aliás, esse termo designava, outrora, uma profissão

---

78. Em neuropsicologia ou psicologia cognitiva, têm sido publicados trabalhos sobre os mecanismos do reconhecimento dos rostos. A partir da leitura desses estudos, a postura do antropólogo permanece indecisa: por um lado, devido à subordinação da análise a modelos biológicos que conduzem à eliminação pura e simples de todos os aspectos simbólicos e afetivos, aspectos considerados, sem dúvida, pouco científicos, mas sem os quais o reconhecimento dos rostos não se distingue, de modo algum, do aprendizado das tabelas de multiplicação ou das páginas de um anuário; por outro, tal rejeição implica privilegiar experimentos em laboratório, isolados da existência real das pessoas e de suas preocupações cotidianas, acabando por tornar esses estudos decepcionantes e abstratos. Feitas essas ressalvas, recomendamos, para uma contextualização desses trabalhos, a obra de BRUYER, 1987.

nas grandes estâncias termais: trata-se do personagem que, "à entrada do 'privado' em que se joga bacará, é encarregado de acolher os frequentadores habituais e de repelir os indesejáveis" (BRUNEAU, apud RENSON, 1962, p. 397). Filtragem dos indivíduos pelo reconhecimento visual dos respectivos rostos, chegando ao ponto de identificar antigos maus pagadores.

Imaginemos, em um ápice, uma sociedade em que é permitido a cada indivíduo trocar de rosto à vontade, com a ajuda de máscaras criteriosamente concebidas; privadas de consistência e de duração, as feições se tornam variáveis, animadas por atores brincalhões, extasiados pelas inúmeras possibilidades à sua disposição. No entanto, a partir daí, qualquer instituição torna-se caduca. É impossível saber a identidade de quem quer que seja; é fácil não só inventar novos rostos, mas também copiar o rosto dos outros para usá-lo provisoriamente. O imaginário perde-se em um dédalo de variações prazerosas; é possível, do mesmo modo, prolongar o sonhar acordado fazendo desaparecer os relevos do rosto, de modo que este se torne em uma superfície lisa, puramente funcional, privado não apenas do nariz, à semelhança do personagem de Gogol, mas também dos outros de seus atributos. A possibilidade de multiplicar o próprio rosto ou, inversamente, de fazê-lo desaparecer, redunda na mesma eliminação do indivíduo; e, por consequência, de qualquer instituição social inscrita na extensão temporal. Torna-se difícil de conceber [*envisageable*] a interação, salvo sob o império da pulsão; entre o Mesmo e o Outro, deixa de existir o viés do rosto. A impossibilidade de identificar o outro implica, como corolário, à de identificar-se. Sem um rosto único que faz parte de um indivíduo único e sempre o mesmo, envelhecendo e morrendo com feições idênticas, é impensável qualquer relação com outrem, exceto no palco da fantasia.

Entretanto, no decorrer da vida cotidiana, o reconhecimento dos rostos pode prestar-se a confusões e esquecimentos, apesar das consequências desagradáveis que daí decorrem tanto para quem cometeu esse erro lamentável quanto para quem não foi reconhecido. Uma pesquisa empreendida com uma vintena de homens e mulheres, durante oito semanas, e tratando precisamente das dificuldades encontradas, às vezes, para identificar com precisão um rosto, culminou na elaboração de um inventário dos mais frequentes mal-entendidos a esse respeito. A pessoa encontrada é percebida erroneamente como desconhecida ou, então, é confundida com outra. Ou ainda, ela evoca um sentimento de familiaridade, mas é impossível identificá-la com mais precisão; de fato, ela é desconhecida para o indivíduo. Ou, enfim, a pessoa encontrada é, de imediato, percebida como conhecida, sem que a memória, deficitária, consiga dar respaldo a esse sentimento (YOUNG, HAY & ELLIS, 1985). Mal-entendidos inevitáveis em nossas sociedades em que as relações sociais se ampliam muito além do círculo familiar e englobam contatos com interlocutores numerosos, mutáveis, que participam de instituições indispensáveis ao exercício da vida cotidiana de qualquer ator (escola, comércios, hospital, banco, correios, médico, dentista etc.).

Os mal-entendidos são frequentes em indivíduos que ocupam profissões em que são levados a entrar em contato com um grande número de interlocutores, servindo-se de uma postura não indiferente sem ser, no entanto, essencial. Relações, cuja estratégia pode suscitar uma expectativa recíproca, um envolvimento afetivo, embora provisório, que provoca uma aparência [*semblant*] de familiaridade: por exemplo, contato entre um doente e a equipe cuidadora no hospital. Em geral, tais confusões ou esquecimentos produzem um constrangimento mútuo, ligado à ferida narcísica que eles infligem a quem não foi reconhecido e a suspeita de indiferença ou negligência que, desde então, pesa sobre aquele que cometeu o erro. A importância narcísica que cada um atribui ao fato de ser reconhecido é uma espécie de garantia social à limitação dos erros. A este respeito, constata-se em nossas sociedades midiáticas o seguinte paradoxo: centenas de rostos (da televisão ou do cinema), que hão de permanecer estranhos para sempre à esfera dos conhecimentos diretos do ator, tornam-se familiares; enquanto os rostos da vizinhança podem, por exemplo, permanecer na sombra, identificados vagamente, menos facilmente reconhecíveis em um contexto diferente daquele do bairro.

Com certeza, a memória dos rostos não é um dado imobilizado, sob papel celofane, semelhante ao conhecimento, adquirido de uma vez para sempre, de um alfabeto. Ela é suscetível de ajustamentos, de modulações. É possível identificar um rosto muito tempo depois do último encontro, apesar dos efeitos do envelhecimento, das modificações que afetam a sua disposição: corte de cabelo, maquiagem, cabelos tingidos ou, para um homem, uso de barba, bigode. Na memória, a *gestalt* prevalece em relação à variação dos detalhes; aliás, esta é alterada apenas modestamente pelo tempo que passa. A diferença infinitesimal que distingue a *gestalt* de um rosto de outra é imediatamente percebida pelo ator, ainda que este seja incapaz de especificar a diferença, embora evidente, que ele percebe entre dois indivíduos. Os inumeráveis autorretratos de Rembrandt ilustram esta vida sutil do rosto, sempre idêntico, sem nunca ser o mesmo ao longo das horas, dos dias ou dos anos; e, todavia, no decorrer da existência, o rosto permanece semelhante com a mesma configuração sutil, cujos traços fisionômicos não podem ser apreendidos sem perspicácia ["esprit de finesse"].

Uma variação mínima das feições, de seu volume, de suas linhas e de sua intensidade é suficiente para distinguir profundamente uma fisionomia de outra. O rosto não é uma coleção de traços fisionômicos. Humpty Dumpty, o personagem de Lewis Carroll, não deseja compreender o jogo sutil da diferença infinitesimal e torna o rosto na adição de uma série de figuras, recusando que Alice tenha a possibilidade de ser reconhecida graças a seu rosto. Ela exprime o seu desacordo, afirmando ao interlocutor que o rosto é o lugar em que cada um se distingue do outro.

> É justamente do que me queixo – disse Humpty Dumpty. O seu rosto é igual ao de todo mundo... os

> dois olhos, tão... (marcando o lugar deles no ar com o polegar) nariz no meio, boca embaixo. É sempre a mesma coisa. Agora, se você tivesse, por exemplo, os dois olhos do mesmo lado da cara... ou a boca na fronte... isso me ajudaria um pouco (CARROLL, [1871] 2009, cap. VI – "Humpty Dumpty", p. 161).

Mas o rosto é justamente uma totalidade, uma *gestalt*, e não um conjunto de fragmentos ou de elementos justapostos.

Existe, no entanto, um transtorno da personalidade – a prosopagnosia – que se traduz pela incapacidade de reconhecer os rostos na sequência de uma lesão dos hemisférios cerebrais; além da dificuldade para discriminar os rostos, essa alteração assinala sobretudo a incapacidade para individualizar, para identificar a singularidade do outro. O sujeito percebe uma familiaridade imprecisa ao olhar o rosto de alguém ou, até mesmo, o próprio rosto, sem conseguir, no entanto, discernir a sua origem; ao olhar-se em um espelho, ele pode questionar-se se está olhando para si mesmo ou para outra pessoa, procurando frequentemente adquirir tal certeza através de mímicas.

Esse transtorno da percepção é isolado, sem que a sua origem se encontre em uma patologia associada (esquizofrenia, angústia etc.), tampouco em uma alteração dos sentidos visto que o sujeito registra os outros *stimuli* de seu ambiente: a sua sensorialidade não está afetada. Aliás, ele não apresenta nenhum outro distúrbio intelectual, mas perdeu a significação do próprio rosto e do rosto dos outros. No máximo, ele consegue identificar – fazendo um esforço de síntese e orientando-se mediante alguns indícios significativos – um rosto particular; ele serve-se, contudo, do procedimento utilizado por alguém que vai juntando os elementos de um quebra-cabeça para reconstituir uma figura. E tal reconhecimento ocorre apenas para aqueles que são portadores de um detalhe marcante: cicatriz, forma particular do nariz ou dos lábios, a cor dos cabelos etc. O rosto é examinado minuciosamente e privado de dignidade e de carga afetiva, sendo colocado na categoria de qualquer objeto do ambiente. Perdeu-se o sentido de sua *gestalt*, persistindo apenas a apreensão de uma soma de detalhes que exige um penoso esforço de reflexão antes de tornar-se o indício possível do reconhecimento; nem mesmo o investimento afetivo é suficiente para reverter a situação. Ao sofrer desse tipo de agnosia, a pessoa deixa de reconhecer tanto a esposa ou os filhos quanto os colegas de trabalho ou o seu médico. Por outro lado, no decorrer de uma interação, qualquer das informações que atravessam o rosto resta-lhe inacessível; incapaz de decifrar os sinais expressivos nas feições de seus interlocutores, ela deve orientar-se pela modulação da voz ou pelo tato para dar continuidade a uma conversa.

5.9 Semelhança

Os rostos dos indivíduos do mesmo grupo dão testemunho de um aspecto de parentesco que os diferencia – às vezes, à primeira vista – das pessoas dos grupos vizinhos. Semelhança desconcertante para os outros que têm dificuldade para discernir as diferenças: "São todos iguais; como será possível reconhecer o que torna um diferente do outro"? A semelhança é, em um primeiro momento, a impressão que se impõe aos olhos do estranho que entra em uma comunidade humana afastada da sua. Um asiático confrontado com ocidentais tem dificuldade para encontrar a diferença entre vários rostos. E vice-versa. Na África Negra, um ocidental conhece a mesma dificuldade inicial em distinguir um indivíduo de outro; o esforço, porém, não é menor para o africano que dá os primeiros passos na França. O discernimento dos rostos implica uma experiência do Outro, uma atenção mais sensível aos detalhes, um investimento afetivo mais atento e curioso, o qual acaba dando a esse Outro a consistência que lhe vem do interesse que lhe é manifestado. Com efeito, no âmbito de cada grupo humano, cada rosto é sinal e distingue-se dos outros. No âmago da semelhança, há o espaço possível da diferença ínfima que estabelece a distinção entre o rosto de cada ator e o de seus semelhantes, tornando-o um indivíduo reconhecível; aliás, tanto mais facilmente identificável quanto maior o investimento afetivo de que ele é o objeto.

A semelhança, reunindo sob a mesma expressão de familiaridade dois indivíduos que se ignoravam anteriormente, é uma das mais frequentes fontes de erro e devaneio em relação ao rosto. Uma sentença corrente, evocada muitas vezes, chega a atribuir um sósia, vivendo alhures no mundo, a cada indivíduo. Excelente imagem da ambivalência da relação da pessoa com o próprio rosto; versão pacificada relativamente ao imaginário do duplo. Vestígio moderno do tema do andrógino ou maneira simbólica de conjurar o espanto de ser o que se é, de ter as suas feições, compartilhando a sua condição com um semelhante.

O sonho da semelhança é a maneira mais simples de colmatar a distância em relação ao outro, graças ao imaginário, quando o amor é robusto e procura ocultar a diferença e realizar a fusão, não prestando nenhuma atenção aos desmentidos dos fatos, os quais devem ser os servidores do afeto. O rosto presta-se facilmente a esses paralelismos, a esse rito familiar ou amoroso que se esforça por repelir a sombra da autonomia do outro. Participar de sua substância, através da semelhança, é uma maneira de exorcizar o risco de separação que se anuncia já nas diferenças mínimas, suprimindo-as, mas esquecendo a principal diferença de sua singularidade física. Apesar de todo o amor do mundo, o outro é um ser fisicamente distante: eis o que a semelhança procura fazer esquecer ou inclusive – às vezes, nos casos extremos – negar.

Por ocasião do nascimento de uma criança, os familiares debruçam-se sobre o seu rosto para distinguir os sinais de semelhança: "O queixo saiu ao pai", "os olhos são os da mãe", "a fronte é a do avô, igualzinho..." O imaginário do sangue, da hereditariedade, tenta encontrar ainda mais provas do vínculo, torna fértil um imaginário da semelhança, entendido como herança biológica, que desdenha muitas vezes as aparências. O rosto da criança transforma-se em uma colagem de traços fisionômicos de várias pessoas. O amor já o envolve com as suas exigências. E o berço da criança se torna um lugar de altercação entre as famílias. No livro *Le dernier des justes* [O último dos justos], o escritor francês, já mencionado, A. Schwarz-Bart, relata o debate que se trava em torno do recém-nascido da família Lévy:

> Com quem se parecia? A pergunta nunca foi formulada. Ficou evidente a presença da forma tradicional dos Lévy, transmitido a contragosto pelo franzino Lévy pai. *Mutter* Judite não perdeu tempo examinando olhos, nariz, boca, como ela teria feito se subsistisse a mínima dúvida a respeito da "origem" do recém-nascido [...]. "Ele se parece conosco". Por mais que a Srta. Blumenthal tivesse evocado a robusta natureza de sua falecida mãe, chamado a atenção para o lábio costurado com pequenos pontos sintomáticos e insistido sobre um nariz curto que, visivelmente, provinha do lado dos Blumenthal, de nada adiantou: a criança não era de seu sangue ([1959] 2009, p. 130-131).

Mas as horas de encanto em que o círculo familiar comunga em redor da semelhança não duram além de um momento. "Ao crescer, o enigma vivo acabou desmentindo as duas partes: verificou-se que ele não era Lévy, nem Blumenthal, mas um cruzamento desconhecido de criatura humana com uma besta germânica. O recém-chegado, Moritz, parecia antes de tudo desejoso de não ficar mal entre os seus pequenos camaradas valentões e saía-se muito bem, aliás, dispondo de um físico apropriado".

Na tradição popular, a semelhança do filho com os pais tem valor de confirmação da legitimidade da filiação; sobretudo, a semelhança com o pai, visto que a paternidade nunca é tão garantida quanto o é a maternidade. Ela afasta a suspeita de filiação adulterina, além de fortalecer o sentimento de identidade familiar: "Qui tient de père et mère n'est pas bâtard" / quem se parece ao pai e à mãe não é adulterino [Quem sai aos seus, não degenera]; "si l'enfant ressemble au père, je ne dis pas putain à la mère" [Se o filho é a cara do pai, não digo que a mãe seja puta]; "les copeaux ressemblent à la souche" / as lascas de madeira parecem-se com o cepo [Filho de peixe, peixinho é]. Pelo contrário, "grande honte fait à sa mère qui ne ressemble pas à son père" [Quem não se parece com o pai, enche de vergonha a mãe]. No entanto, considerando que o caráter próprio do saber popular consiste em adaptar-se às sinuosidades do mundo e em ter uma resposta pronta para todas as situações, constata-se que "on peut être frères sans se ressembler"[79] [é possível que os irmãos não sejam parecidos uns com os outros]; nesse caso, a discordância, além de moral, é física.

A fisiognomonia proposta por J.K. Lavater faz com que a semelhança entre as gerações se torne uma fatalidade que nada pode desmentir. A filiação é um destino que está inscrito no rosto e, por isso mesmo, condiciona também o caráter do indivíduo. "Por que razão essa criança – escreve Lavater –, infinitamente melhor que o pai, de cuja presença foi privada precocemente, tem na fisionomia um tão grande número de coisas repulsivas?" Convém trocar esses termos e afirmar: "Por que conservou essa feiura"? E Lavater exprime o seu desacordo em relação aos reformadores que – à semelhança de Helvétius – defendem que o indivíduo depende das circunstâncias e da educação recebida. O pensador suíço julga essas ideias contrárias à experiência e vai contestá-las dizendo que "os traços fisionômicos e as configurações são transmitidos por sucessão, assim como as disposições morais" (LAVATER, [1775-1778] 1979, p. 60). Um raciocínio bastante singular de Lavater acaba conferindo uma grande amplitude à lealdade do indivíduo em relação à sua ascendência:

---

79. Escolhemos estes provérbios na obra de LOUX & RICHARD. Op. cit., p. 330-331.

> Compreendemos, da maneira mais clara, a razão pela qual tantas pessoas – lindas ao nascerem e que, ao crescerem, se deterioram – estão longe, no entanto, de ter o aspecto tão feio quanto o de um grande número de outros indivíduos; a razão pela qual tantas pessoas feias – que modificam a sua conduta e se tornam virtuosas – estão longe, no entanto, de serem tão lindas e atraentes por suas fisionomias quanto o são muitos outros indivíduos menos confiáveis que elas (p. 60).

Mas Lavater não se afasta, de modo algum, dos adágios populares que consideram o filho como o eco do pai.

Nas situações extremas em que o desmantelamento do indivíduo é levado ao limite, em que a sua vida está por um triz, parece que as camadas geológicas do rosto dissolvem-se, desbastando os traços singulares do indivíduo para deixar espaço a uma espécie de rosto original: por exemplo, em *Nick's movie* – filme de W. Wenders –, Nicholas Ray, no momento de morrer, olhando-se em um espelho, pensa reconhecer o rosto da mãe. À beira da morte ou em pleno revés, o ser humano volta a encontrar nas próprias feições uma filiação simbólica que o remete a seu nascimento e ao primeiro rosto. Um testemunho comovente foi-nos legado pela escritora soviética, E. Guinzbourg, a respeito de seus anos de deportação nos campos soviéticos. Confrontada com a humilhação, a fome e o esgotamento, ela evoca um momento em que, juntamente com as companheiras de infortúnio, se depara com o tesouro inédito de um grande espelho em um vestiário. "O espelho azulado devolve centenas de olhos cheios de amargura e angústia em busca da própria imagem. É apenas na semelhança com a minha mãe que eu me encontro no meio das outras. 'Pavotchka, presta atenção, não me reconheci a não ser ao lembrar o rosto de minha mãe, eu me pareço mais com ela do que comigo'" (GUINZBOURG, 1967, p. 301). A semelhança é, aqui, uma esperança, confirmando que o desmantelamento do ser não atingiu o essencial. Ela é a lembrança da dignidade e do amor, mesmo que a identidade esteja limitada a um sopro; e pode ser uma promessa de renascimento quando se trata de idosos ou de enfermos graves que ficam chamando pela mãe, sonham com ela ou, de repente, se deparam com a sua imagem diante deles. Eis o termo de um caminho circular em que a mãe que acolheu o neném é agora aquela cujo rosto permanece de vigia à sua passagem pacificada para a morte.

A semelhança é também, às vezes, uma vontade, um desejo de se identificar a um modelo de prestígio que leva o admirador a tomar de empréstimo as feições de seu ídolo. Além das maneiras de ser, os sinais copiados são essencialmente aqueles relacionados com o rosto: por exemplo, um estilo de penteado. A assimilação com o outro, o desejo irrepressível de revestir o rosto deste para colmatar qualquer distância, levam numerosos jovens, por exemplo, nos Estados Unidos, a recorrer à cirurgia estética para modelar o próprio rosto segundo o de Elvis Presley ou de Michael Jackson ou de outro artista famoso. Procedimento simbólico de identificação que toma ao pé da letra a fantasia para marcá-la em sua carne. O admirador não se contenta com os recursos do imaginário para assumir a aparência do próprio corpo do comediante ou do cantor. A vontade de metamorfose, mediante a via da máscara, está aqui claramente manifestada, conduzindo à sublimação de uma vida percebida como medíocre ao revestir-se, sem custo, de uma nova personalidade, graças a uma operação cirúrgica feita no próprio corpo e em sua existência. O procedimento não é, talvez, suficiente para dar respaldo ao sentimento de identidade no sentido pretendido, mas os benefícios secundários não são negligenciáveis no bairro ou no grupo de companheiros. A vedete admirada é clonada, sem o saber, e reina em inúmeros lugares sob a forma de simulacros.

A assimilação ao outro pode ser traduzida igualmente por uma ascese, uma oração dirigida a um rosto interior a fim de se confundir com ele. Jacques Lacarrière, já mencionado, escreveu sobre a semelhança dos homens do Monte Athos, na Grécia, a qual é desejada, cobiçada, antecipando já o desígnio de Deus: "Aqui, a semelhança é tão perfeita entre as feições imaginárias dos santos e os rostos reais que os detalhes exteriores – tais como a barba, os cabelos, a indiferença em relação aos cuidados do corpo – não são os únicos responsáveis desse resultado. Como será que se efetua no corpo, nos ossos e na carne, essa lenta amálgama, esses sutis arranjos que moldam, pouco a pouco, os rostos vivos a partir dos rostos dos mortos?" A identidade do homem pela prece, pela comunhão em torno do mesmo ideal: "Não se trataria, aqui, de dar a cada um o rosto do outro, de conferir feições únicas à comunidade? Eis a explicação para a semelhança, em tantos afrescos bizantinos, dos rostos da multidão. Trata-se não da indigência do pintor, nem da imperícia do pincel, mas da imagem antecipada das multidões do outro mundo, desse grande rosto anônimo que será o de todos" (LACARRIÈRE, 1975, p. 52). Mais tarde, esse escritor francês encontra um ermita que lhe explica o significado dessa semelhança:

> É porque, nesta vida, a santidade ou a ascese deles já transformou o seu rosto, deu-lhes a aparência do que todos nós seremos na vida eterna. Essa é a igualdade no Senhor. Seremos todos idênticos e diferentes, tal como idênticos e diferentes são todos os pontos de uma circunferência em relação ao centro.

A semelhança, no entanto, não corresponde ao idêntico, nem é uma duplicação; ela introduz um transtorno que consiste em misturar intimamente o Outro e o Mesmo, em conciliar a igualdade das feições e a ínfima diferença. A semelhança cria uma camada superposta de rostos, ao passo que a organização social apresenta-se, sobretudo, sob a forma da ruptura e de uma singularidade bem consolidada. A semelhança, porém, pode confinar-se em si e anular qualquer distinção, deixando dois indivíduos face a face de tal modo que é difícil distinguir a identidade de cada um. Sósia é um personagem de uma antiga comédia do dramaturgo romano, Plauto (c. 251-184 a.C.) – *Anfitrião* – cuja posteridade, fascinada por semelhante situação, criou um termo genérico para designar o indivíduo que se assemelha, detalhe por detalhe, sem nenhuma exceção, a outro. O argumento da peça – que se prestou, aliás, a inumeráveis versões na história do teatro – consiste nas artimanhas do deus Júpiter, apaixonado por Alcmena, uma linda mortal. Para conseguir o seu objetivo, sem provocar a suspeita da jovem mulher, Júpiter assumiu as características de Anfitrião, seu marido. Mercúrio vai facilitar a iniciativa do deus, transformando-se em Sósia, o escravo de Anfitrião; a sua tarefa consiste em manter afastado este último, enquanto Júpiter prosseguia o idílio com Alcmena. Já no retorno da guerra contra os inimigos de sua pátria, Anfitrião envia às pressas Sósia ao encontro da esposa. Tendo sido repelido, à porta da casa, por um homem que, além de provocá-lo para uma briga, revela-se como o seu duplo:

> Com certeza – afirma ele –, quando o contemplo e reconheço a minha aparência, que é do mesmo jeito como eu sou (já me examinei no espelho várias vezes) é parecido demais comigo! Tem igualmente o chapéu e as roupas; é tão semelhante a mim mesmo! [...] o corte de cabelo, os olhos, o nariz e até os lábios; as bochechas, o queixo, a barba, o pescoço. Ele todo! (*Anfitrião*, 441-445. In: COSTA, L., 2010, p. 96).

Sósia está profundamente perturbado com o sortilégio.

> Deuses imortais – vocifera ele –, imploro que confiem em mim! Onde foi que eu morri? Onde foi que me transformei? Onde perdi a aparência? Será que eu mesmo me abandonei por lá, será que por acaso me esqueci? Pois esse aí possui as feições que, até agora, haviam sido minhas (*Anfitrião*, 455-458. In: COSTA, L., 2010, p. 97).

Contando, mais tarde, a sua desventura a Anfitrião, que não acreditava em nada do que ouvia, Sósia serve-se desta fórmula exemplar que exprime a violência experimentada por aquele que, de repente, reconhece em si uma extrema semelhança com outro: "Então ele tomou, de uma só vez, minha aparência junto com o meu nome" (*Anfitrião*, 459. In: COSTA, L., 2010, p. 107).

A comédia de Plauto ilustra o desvario que emerge no âmago do vínculo social quando deixa de ser possível identificar quem quer que seja. De regresso ao lar, Anfitrião não compreende a esposa quando esta lhe diz que ele acaba de deixá-la depois de ter passado a noite em sua companhia; ele chega a duvidar da fidelidade da esposa. Alcmena, por sua vez, põe-se a questão de saber se Anfitrião e Sósia estão com o seu juízo perfeito; somente a intervenção de Júpiter consegue resolver o mal-entendido. Curiosamente Alcmena dá à luz gêmeos: o filho de Anfitrião concebido antes de sua ida para a guerra; e o de Júpiter, do qual presume-se que a gestação tenha durado onze meses (?). Singular reduplicação em estrutura abismal do tema da peça: a da dissolução da diferença infinitesimal que favorece a transferência de identidade. A origem do termo "sósia" é surpreendente no sentido em que parece sugerir que tal analogia dos rostos é um fato tão excepcional que, além da intervenção divina, nada pode explicar semelhante fenômeno.

5.10 A gemelidade

O transtorno oriundo do confronto com dois rostos em que um parece ser a duplicação do outro vem do fato que essa proximidade anula a diferença ínfima que tranquiliza cada um em relação à sua singularidade. Uma turbulência é introduzida na regularidade e na familiaridade do mundo; ao suspender, durante um instante, a segurança ontológica, ele questiona o próprio princípio da identidade e da individualização. Qual garantia pode ter alguém de ser ele mesmo se os limites são passíveis de ser dissolvidos a um grau tão elevado? A figura do duplo toma corpo na trama da sociabilidade. Assim, os gêmeos encarnariam certa repetição da aparência. Aliás, entre eles, a semelhança ocorre em todos os pontos: mesmo rosto, mesmos olhos, mesma cor dos cabelos e mesmas expressões. E alguns pares de gêmeos experimentam ainda a necessidade interior de afastar a sombra de uma possível diferença para comungar na fusão gemelar – a *società intrageminale* (GEDDA, 1948 e 1951) – com o objetivo de se oporem, em melhores condições, aos infelizes "sem iguais" (TOURNIER, 1975) que povoam o mundo com a sua imperfeição. A relação face a face dos gêmeos pode ser de tal modo sutil que o psicólogo francês, especialista da psicologia da infância, René Zazzo – lembrando a dissimetria de qualquer rosto –, observou que, em um grande número desses indivíduos, um deles exibe o sorriso, de preferência, à esquerda, enquanto o outro prefere o lado direito (ZAZZO, 1984). Os gêmeos, no entanto, são muitas vezes os últimos a verificarem que se assemelham a um grau tão elevado. Diante do espelho, o gêmeo pode experimentar a sensação de que, em vez de estar olhando para si mesmo, se trata da imagem do irmão ou da irmã de quem, aliás, ele não se distingue; ele tem de fazer, por exemplo, uma mímica para se convencer de que o reflexo corresponde perfeitamente a ele mesmo. Ao observar fotografias, ele deve fazer um esforço de memória para identificar quem está representado nessas imagens; as histórias pitorescas, a este respeito, são numerosas. A gemelidade é uma ilustração impressionante do "eu é um outro".

Se, para algumas sociedades, as gestações gemelares são um sinal de fecundidade, existem outras que mostram a sua ambivalência ao decretar um tempo com o objetivo de amenizar a situação para conjurar os riscos de perturbação que ameaçam a comunidade. A ambiguidade da gestação gemelar é tal que só a morte dos gêmeos, ou a de um deles, pode restituir o mundo a uma ordem humana provisoriamente desestabilizada. A dificuldade para conceber a anomalia simultânea de um nascimento repetido, demasiado incomum para ser acolhido sem transtorno, e a de uma criança dada à luz com um duplo na confusão de uma semelhança recíproca, leva à solicitação ritual da morte para tentar precisamente canalizá-la e neutralizar a ameaça daí decorrente.

Entre os irigwe da Nigéria, a gestação gemelar confronta a comunidade com a temível questão da feitiçaria. Os gêmeos, supostamente, teriam poderes perigosos à sua disposição. E para restaurar a ordem rompida por esses nascimentos simultâneos, convém que um deles – aquele em que se encarna o princípio malévolo da feitiçaria – seja condenado à morte; em seguida, o sobrevivente é purificado, graças a um ritual apropriado. Os gêmeos que acabam de ser dados à luz serão conduzidos pela progenitora ao

> "santuário de determinada seção feminina que detém o medicamento que permite controlar as propriedades dos gêmeos" – observa o antropólogo norte-americano, W. Sangree. "Nesse momento, é oferecida às duas crianças uma beberagem composta, sobretudo, de água salobra passada pelas cinzas, que em geral acaba por provocar a morte dos recém-nascidos. Os irigwe dizem que, às vezes, o gêmeo bom volta à vida, mas que o gêmeo dotado do poder maléfico continua morto" (SANGREE, 1971, p. 68).

Acontece, porém, que a beberagem é dada somente ao primogênito (o mau) dos gêmeos; supõe-se que o gêmeo sobrevivente detém um poder mágico, mas isento de qualquer influência malsã, como se o fato de ter nascido duplicado e permanecer único tivesse o condão de lhe atribuir um poder dobrado, expurgado de qualquer aspecto negativo (SANGREE, 1971, p. 68).

Entre os mundang do Chade, a gestação gemelar deixa também pairar uma ameaça de morte sobre o grupo familiar de base. Longe de ser um sinal de fertilidade, esse nascimento é, de preferência, sinal de atenuação ou de desaparecimento das forças vitais e fecundantes. Os gêmeos recebem um nome solene porque o seu destino pouco comum vai assimilá-los ao do rei. À semelhança do que se passa com este, o consumo mais rápido da energia que está neles torna a sua vida mais breve; e se um deles não morrer, o progenitor do sexo oposto é, por sua vez, ameaçado. A crença nessa ameaça está enraizada solidamente no imaginário social dos mundang.

> No entanto – observa o antropólogo e etnólogo francês, Alfred Adler –, de acordo com o costume, durante o crescimento de gêmeos mistos, cada um terá de pegar um gafanhoto. O menino corta o inseto em dois e afirma: "Minha mãe tem de morrer". A menina faz o mesmo, dizendo: "Meu pai tem de morrer". A expectativa é que, mediante esses dois gestos opostos e complementares, sejam anuladas as ameaças contrárias que eles enunciam e mantêm em vigor. Mas, segundo dizem, é algo sem efeito: ou os gêmeos crescem e um dos pais morre; ou um dos gêmeos morre e os pais sobrevivem (ADLER, 1973, p. 176).

Na tradição cultural mundang, a referência à semelhança é evocada etimologicamente no termo que designa o fato da gemelidade. Em outras sociedades, especialmente na África Ocidental, a chegada de gêmeos é, pelo contrário, um sinal propício de fecundidade: tanto o duplo nascimento quanto a semelhança excessiva não são considerados como um obstáculo à vida em comum ou como uma fonte de pavor. De uma sociedade para outra, o efeito de duplicação criado pela gemelidade suscita a ambivalência ou a boa sorte, através das fantasias que ela desperta e do mistério do duplo que ela deixa ver; em nenhuma parte, ela é acolhida na indiferença.

6
Ocultação do rosto

> *Conta-se a história de um homem feio; tão feio que devia usar uma máscara – a de um jovem santo de beleza radiante – para não assustar as pessoas. E esse indivíduo procurava conformar a sua existência com as expectativas fundadas nesse rosto, levando uma vida austera e dedicada aos outros. Certo dia, um de seus discípulos deu-se conta de que o mestre dissimulava o rosto sob uma máscara e, de improviso, conseguiu arrancá-la. Semblante contrito, o santo já não se atrevia a olhar diretamente para o discípulo, o qual não se eximiu de comentar: – Mestre, por que o senhor usa uma máscara exatamente semelhante a seu rosto?*

6.1 Caretear

A careta [*grimace*] é o momento de pausa do rosto em que as convenções cessam, durante um instante, de regular a interação. Trata-se de uma expressão exagerada que vai além do sinal familiar para interpelar o outro ou zombar dele; ou então, ela assinala a perda de controle de um indivíduo que se depara, repentinamente, com uma surpresa desagradável. Nesse sentido, a arte da pantomima fica a meio-caminho entre a ordem expressiva e a careta, fingindo a desmesura, sem exceder a medida conveniente: comporta-se exatamente no limite em que a regra começa a ser infringida; sabe pertinamente até onde pode ir. A careta [*grimace*] é um biombo, à semelhança da máscara (*grimace* deriva do frâncico *grimâ*: máscara), mas que se exibe com o rosto descoberto, com a pele desnuda e distendida; trata-se de uma liberdade assumida em relação à ordem expressiva e às condicionantes da identidade.

As nossas sociedades conhecem três figuras diferentes da careta: a lúdica, que zomba descontraidamente das regras e da obrigação de seriedade ou de calma jovialidade que preside as relações sociais; a de rebelião, de depreciação do outro, de revolta, ela pode substituir o insulto, mas é a arma do pobre, de quem não dispõe de outros recursos para replicar a uma situação em que ele se encontra em desvantagem; e, por fim, a de contrariedade, mediante a qual a surpresa faz perder o controle da expressividade admissível na interação.

A careta é uma emanação do princípio do prazer, à semelhança do chiste, liberando forças interiores votadas ao recalque. Ela é a alegria de viver para o careteiro e seu público. E a arte do careteiro – que atualmente já não subsiste a não ser entre os palhaços – é um espetáculo conhecido, pelo menos, desde a Antiguidade grega no tocante às nossas sociedades ocidentais. Com os saltimbancos, os malabaristas, os cuspidores de fogo e outros atores cômicos, os careteiros participaram, durante muito tempo, na animação das praças públicas, antes de se misturarem à multidão dos carnavais, circunstância em que a careta jocosa impressa nas máscaras é o sinal da hilaridade de todos. Alguns chegaram a obter uma grande notoriedade. *La Grande Encyclopédie* (1882-1886) evoca a lembrança de um careteiro genial que exercia a sua arte no Boulevard du Temple, em Paris, tendo granjeado uma formidável reputação "pela habilidade com a qual ele sabia, mediante a ajuda de sua fisionomia grotesca, exprimir de uma maneira hedionda, mas bem específica, diferentes ordens de sensações, tais como o sofrimento, a alegria e o medo". Depois de ter exercido o seu talento na rua, munido de escudela para recolher os donativos do público, o sucesso crescente proporcionou-lhe as condições para mandar construir uma barraca de madeira a fim de continuar apresentando o seu espetáculo, o que se tornou uma excelente fonte de receita. Barnum, em busca incessante das mais insólitas variedades humanas, contratou James Moris, o "homem borracha", que esticava a pele do próprio rosto da maneira mais extravagante possível. "A sua pele – afirma este *showman* e empresário do ramo do entretenimento norte-americano – é tão elástica quanto a borracha, dispondo de uma enorme faculdade de expansão. A pele do nariz, pômulos, braços, peito e pernas pode ser estendida a meio metro do corpo; além disso, com a pele do queixo e do pescoço, ele consegue cobrir o rosto inteiro" (INDERGAND. "Grimaces et frimaciers". In: BAUDINET & SCHLATTER, 1982, p. 23).

De um modo lúdico, o careteiro desprende-se de sua submissão à ordem simbólica que rege os sinais do rosto, brincando com os seus traços fisionômicos, tirando partido das sensações que atravessam os músculos e divertindo-se com as reações indignadas ou cúmplices daqueles que observam os seus exercícios. A careta é uma manifestação infantil de felicidade, uma irrupção do princípio de prazer que consegue contornar ritualmente o princípio de realidade que dirige as interações. Ela proporciona à criança uma fruição semelhante àquela experimentada através do uso de palavras tabus, uma vez que ela tem a ver com o mesmo gosto pelo obsceno quando ainda não está totalmente subjugada à lei comum do rosto e das normas corporais, nem à da moral da língua. A careta faz parte de um ritual lúdico da criança que, aos poucos, toma posse de seu corpo e saboreia a liberdade que descobre nessa evolução. O prazer volta a ter ascendência sobre a educação que prossegue o seu caminho. A criança usufrui da careta que faz ou percebe no rosto do outro, do mesmo modo que se deleita com uma palavra grosseira que pronuncia ou ouve dizer à sua volta: testemunho disso é precisamente o fenômeno bem conhecido de crianças hílares e que fazem caretas – espremidas umas contra as outras, com o rosto colado à vidraça de um carro – provocando um automobilista, segundo os casos, cúmplice ou azarado, o qual nada procura além de se proteger, o mais rapidamente possível, da ofensiva infantil contra a ordem expressiva.

Miguel Ángel Asturias – em seu romance, *Maladrón: Epopeya de los Andes verdes*, publicado em 1969 – relata as aventuras de um punhado de conquistadores perdidos nos Andes, durante a conquista espanhola. Separados de sua Companhia, eles estão em busca da junção mítica dos dois oceanos. Adeptos de uma seita hospitaleira em sua condição de aventureiros impiedosos, a dos Saduceus Careteiros, eles prestam culto ao Mau Ladrão, o "verdadeiro mártir do Gólgota, crucificado como ladrão quando, afinal, era filósofo e escriba, perito em política e descendente dos sumos sacerdotes". Tendo se tornado na mente deles o "Príncipe dos Ladrões", ele "dissimula em melhores condições os lucros e os riscos da conquista" porque "a religião de Jesus Cristo não era conveniente para homens como eles que se dedicavam às coisas materiais, à guerra com sangue e à paz com ouro. A paz e a guerra. O ouro e o sangue. O mundo dos demônios e, por acréscimo, os prazeres carnais". Os adeptos da seita rezam, diariamente, durante longas sessões rituais de caretas destinadas a celebrar os sofrimentos do Mau Ladrão na cruz. Religião do escárnio e do desafio, a careta torna-se o essencial de sua liturgia.

> Essa maneira silenciosa de orar, sem palavras, com a ajuda de caretas burlescas e de horríveis contorções, foi introduzida por ocasião da reforma da lei original dos saduceus, após a morte de Nosso Pai na cruz. Como se faz dele a caricatura mais ingrata – não é que chegaram a chamá-lo de Babu, nome de origem deplorável visto que vem de babuíno... a fim de desacreditá-lo pelos séculos dos séculos, atribuindo-lhe uma cabeça de gigante, de rufião e de réprobo, contraída na hora da morte pelas convulsões da agonia e pela tormenta dos remorsos –, os seus continuadores e discípulos decidiram transformar em ritual a pantomima trágica e celebrá-lo mediante a representação desse arrasta-pé facial.

Astúrias leva a seu limite a significação social da careta, mistura de escárnio e de rebeldia, de esperteza e de independência, tornando-a no sinal mais manifesto de uma liturgia de cafajestes.

A ruptura realizada na ordem habitual da comunicação é igualmente nítida no cinema de terror ou nas histórias de quadrinhos que usam à profusão do "rictus sardônico"; aliás, eles haviam sido precedidos pela iconografia cristã ao representar, muitas vezes, o diabo ou os espíritos malignos com feições contorcidas. O aspecto de transgressão é pressentida perfeitamente pela mãe que exorta o filho a parar de fazer caretas: "Se você continuar, vai ficar desse jeito".

Em determinadas situações, a careta é uma dissidência ritual, uma zombaria dirigida contra as convenções sociais que estabelecem a encenação coletiva do rosto. Como tal, ela visa a difamação daquele contra quem se dirige, sendo o grau inferior do desafio no sentido em que assinala já o fracasso do careteiro e a última tentativa que ele faz para não perder o prestígio [*la face*] e obter as risadas da assistência ou restabelecer sem custo a própria dignidade. Mas ninguém se iluda: a perda de seu prestígio [*la face*] ocorre com maior certeza quando ele se livra assim dos hábitos rituais do rosto. A careta pode ser um equivalente físico do insulto, dando testemunho então, em um indivíduo em posição de fragilidade, de sua recusa em deixar ao outro uma fruição inequívoca de sua vantagem. A criança repreendida pelo adulto não tem outros recursos além de mostrar-lhe a língua antes de correr, por medida de prudência, para se proteger em lugar mais seguro. Algumas caretas já são inclusive repertoriadas e participam comumente da provocação lúdica: fazer fiau [*faire un pied*/pé *de nez*/nariz = apoiar o polegar na ponta do nariz]; gozar a cara [*faire la nique*]; vesguear [*loucher*]; mostrar a língua [*tirer la langue*]; fazer biquinho [*faire un cul de poule* = fazer cu de galinha] etc.

A careta de surpresa é outra figura no momento em que a amplitude da decepção elimina no indivíduo, em um ápice, a etiqueta corporal das conveniências. Perante a rudeza do golpe recebido e a rapidez do ato ofensivo, perde-se provisoriamente a honra [*la face*], de modo que o indivíduo deixa de manifestar interesse pela relação com o outro; neste caso, a careta é o breve estremecimento do tempo em que a surpresa livra o indivíduo de seus deveres de expressão. No caso em que o dissabor é demasiado intenso, este assemelha-se, como sabemos, a fazer uma cara feia ["une soupe à grimace" = sopa de caretas].

6.2 Caracterizar[80] (o rosto de um ator)

Em 1959, o escritor norte-americano, John H. Griffin, obcecado pela segregação racial no sul dos Estados Unidos, decidiu colocar-se "na pele de um negro" e, durante um mês, entre o Alabama e o Mississippi, viver realmente a vida de um homem de cor preta, eliminando qualquer sinal de sua condição de branco. Com a ajuda de um medicamento usado habitualmente contra determinadas doenças da pele, de um tratamento com raios ultravioletas, além do acréscimo de alguns produtos de maquiagem, ele pôs em prática a sua ideia. Griffin, porém, descobre rapidamente a primeira dificuldade de sua experiência, com a qual nem sequer havia sonhado, ou seja, a metamorfose de seu rosto que lhe era devolvida pelo espelho:

> Em uma onda de luz refletida pelo quadro branco – escreve ele –, o rosto e os ombros de um desconhecido – um negro feroz, calvo, muito escuro – fixava-me com intensidade no espelho. Ele não se parecia, de modo algum, comigo... Eu esperava encontrar-me disfarçado, e isso era outra coisa... Tudo o que podia subsistir do John Griffin anterior havia sido reduzido a nada. A minha própria personalidade passava por uma metamorfose de tal modo perfeita que eu experimentava uma profunda angústia... Fiquei aterrorizado com uma metamorfose tão completa. Era diferente de tudo o que eu havia ima-

---

80. No original, *grimer* [N.T.].

ginado. Tornei-me dois homens: um que observava, enquanto o outro estava apavorado, sentindo-se negroide até o mais recôndito de suas entranhas ([1961] 1962, p. 20).

A ocultação do rosto próprio sob outros traços fisionômicos, mesmo que ela seja consentida, redunda sempre em uma experiência de desdobramento de si.

A caracterização[81] (ou a maquiagem livre) é uma atividade que suscita no ator energias antropológicas semelhantes às que são desencadeadas pelo uso da máscara: além de sobrecarregar a pele do rosto com cores provisórias, ela vai torná-la irreconhecível em toda a sua extensão, mas com uma flexibilidade que não está à disposição da máscara visto que o próprio ator pode desenhar, com a ajuda de um espelho, os motivos que lhe convêm. A caracterização deixa o indivíduo fora dos ritos sociais admitidos na vida corrente, a não ser que ele participe de um desfile de carnaval ou de uma diversão coletiva; contrariamente à maquiagem que procura, de maneira sutil, sublinhar os traços fisionômicos, a caracterização não tem a vocação cosmética de embelezar ou valorizar. O uso de cosméticos inventa outros rostos, momentâneos, de tal modo que uma camada de cor ou uma linha acabam modificando o aspecto. Ao contrário da máscara que se coloca já acabada sobre as feições, a caracterização introduz a extensão temporal e a maleabilidade, deixando ao indivíduo a iniciativa das figuras com as quais deseja revestir-se; este não é prisioneiro de uma forma, dispondo de sua maneira própria de fazer o traçado e de aplicar uma cor, permanecendo livre no uso de suspensões de movimento ou na fruição das etapas que percorre. Além de ter a possibilidade de suprimir ou de acrescentar a seu bel-prazer, ele é o supervisor de suas metamorfoses. A atividade de caracterização serve-se de um prazer dispendido à profusão; no entanto, a angústia pode

---

81. No original, *grime*; nos parágrafos subsequentes, o autor refere-se a este termo em relação com *masque* [máscara] e *maquillage* [maquiagem] [N.T.].

facilmente advir no decorrer da experimentação. Esse percurso através das identidades mutáveis mobiliza o investimento afetivo e, sobretudo, as ambivalências do indivíduo, o qual é suscetível de abandonar com júbilo a sua caracterização ou, pelo contrário, apegar-se a esta com um sentimento de medo, ou ainda pretender desfazer-se imediatamente dela, após a irrupção de um ataque de angústia.

A caracterização realiza uma suspensão momentânea do sentimento de identidade e de suas condicionantes, restaurando o princípio de prazer; assim, compreende-se que seja utilizada frequentemente como mediador terapêutico. De certa maneira, essa maquiagem livre do rosto assemelha-se à associação livre das imagens na cura analítica, tornando-se uma representação a partir da matéria pulsional, graças à relação de transferência com um terapeuta. A palavra que questiona a trajetória da criança ou do adulto em dificuldade, colocado diante dos instrumentos da caracterização, orienta o caminho em direção à metamorfose, evita as sinuosidades, além de contribuir para a simbolização da angústia. O rosto maquiado está em busca de uma identidade mais propícia, dissimula as suas feições e avança lentamente para outro rosto; e, desde então, o grau de investimento da atividade de maquiagem repercute sobre a relação do indivíduo com o mundo. De transparência em transparência, acrescentando uma camada à outra, ele procura a pureza impossível de um rosto inalcançável; no entanto, a sensação de proximidade vai, aos poucos, devolvê-lo ao mundo. É difícil, então, livrar-se da duração privilegiada vivenciada durante esses momentos em que se torna possível descurar a própria identidade sem medo de perecer.

> Do mesmo modo que há necessidade de tempo para penetrar nessas águas profundas – diz Nancy Breitenbach, profissional desta atividade –, assim também é preciso tempo para sair delas. A maquiagem livre é bastante mobilizadora e a realização de rostos íntimos implica um dispêndio físico e psicológico

consequente. No momento em que a limpeza, no final da sessão, é feita de maneira precipitada, e em que os participantes permanecem absortos por aquilo que acabam de viver, eles carregam a própria energia com eles. Fora do tempo e das normas, é difícil para eles voltar a um comportamento normal (1987, p. 186).

Outra maneira de caracterização, mais radical, refere-se não à forma do rosto, nem à sua apresentação, mas à sua cor: a sua intervenção faz-se mediante produtos químicos, muitas vezes, tóxicos, essencialmente cosméticos ou medicamentos desviados de seu uso habitual. Ela empenha-se a provocar um clareamento da pele, em particular, entre os africanos ou antilhanos: procura-se um efeito, sobretudo, no nível do rosto, em vista do aumento de sedução e embelezamento, cujo obstáculo imaginário é a atual cor negra. O objetivo consiste, antes de mais nada, em suprimir uma desvantagem: a cor da pele é vista como o mau objeto do qual a pessoa deve desembaraçar-se para que, enfim, a vida seja vivenciada em melhores condições.

O africano ou o antilhano, deparando-se de maneira pungente com a sensação de sua diferença e, até mesmo, confrontados com o "racismo comum", podem experimentar a cor da própria pele como a razão de ser de suas dificuldades, alimentando o desejo de modificá-la. O clareamento cutâneo pode oferecer a sensação de abertura aos outros, de integração mais bem-sucedida e, inclusive, de uma sedução daí em diante indefectível. Um grande número de jovens maquia-se "porque se sentem mais bonitos assim"; o jovem participa de um imaginário relativamente ao prestígio da pele "branca" que enaltece a imagem que ele tem de si mesmo. A maquiagem realiza uma sublimação, suprimindo a negrura da pele. A coloração mais clara é vivenciada como uma oportunidade de participar, finalmente, do vínculo social. Trata-se de uma maneira simbólica de filiar-se à sociedade de acolhimento; desse modo, a causa de todos os males é, em parte, eliminada.

Para outros atores, essa prática realiza uma equiparação estilizada das maneiras de ser do "branco" – tal como a experimentam, por exemplo, os "sapeurs", dândis africanos (cf. BARROS, 2013) –, mas sem vontade particular de identificação com ele. É possível que a busca seja de um entremeio, a criação de um espaço lúdico em que o ator representa e escarnece de dois sistemas culturais, beneficiando-se simultaneamente das vantagens de um e de outro. Assim, o ator cria para si uma "área transicional" (WINNICOTT, 1953) que lhe permite assumir, de maneira mais favorável, a sua condição de migrante e a sua hesitação entre duas culturas. Em outros casos, a "maquiagem" – no sentido em que implica uma intervenção, muitas vezes, nociva sobre o rosto – é uma atitude talvez mais ambígua. Uma busca mais dolorosa de identidade pode prevalecer relativamente à representação[82].

Desfazer-se do próprio rosto, à maneira como alguém tira uma peça de roupa, com a mesma facilidade desconcertante, tal parece ser o sonho secreto: eis o que nos ensina o júbilo desencadeado pelo uso da máscara ou da caracterização; assim como o desejo de retomar tais práticas na época do Carnaval ou através de atividades lúdicas. O recurso ao véu prolonga ainda a tentação da metamorfose, o jogo sutil entre o desejo de estar presente e, ao mesmo tempo, alhures, identificado com os seus traços fisionômicos e inventor fascinado de outros rostos. Oscilação entre o Mesmo e o Outro que fornece ao ator os numerosos perfis de seu rosto interior.

6.3 Maquiar

A maquiagem é uma intervenção relativa aos cuidados de beleza, consistindo em aplicar no rosto produtos que visam

---

82. Cf. os trabalhos de Joseph Ondongo, "Noir ou Blanc? Le vécu du double dans la pratique du 'maquillage' chez les Noirs", 1984. • "La peau, interface de la pathologie transculturelle – Un exemple : la pratique du Xessal au Congo". In: REVERZY & CARPANIN-MARIMOUTOU, 1989.

realçar o seu brilho, valorizar a sua sedução graças a um remanejamento simbólico da aparência oferecida aos outros: tem a ver não tanto com a ocultação do rosto, mas com a sua revelação, a sua apresentação mediante sinais. Contrariamente à caracterização ou à máscara, a maquiagem é uma intervenção que é a cara da pessoa[83], conferindo à mulher (mais raramente, ao homem) o rosto que, para ela, é o mais agradável: trata-se de uma atividade, cujo uso inscreve-se no decorrer da vida cotidiana, mostrando-se aos outros – a quem se destina, de qualquer maneira, do ponto de vista simbólico –, contrariamente, neste aspecto, à caracterização ou à máscara que permanecem atividades marginais, praticadas em lugares e tempos bem delimitados.

A transformação da aparência do rosto, o seu embelezamento ritual, visa facilitar a relação com os outros e o reconhecimento, para a mulher, de um atrativo que se impõe a ela como uma obrigação. Ao alterar o recorte das feições e ao acrescentar-lhes sutis traços coloridos, a maquiagem modifica – suavizando ou enrijecendo, dissimulando ou colocando em evidência – a tonalidade delas. Ao proceder dessa forma, ela aplica toques não somente ao rosto que põe em cena, mas também e sobretudo, à imagem que a mulher deseja fornecer aos outros. E de acordo com a sua obra, a maquiagem oferece uma imagem sem que haja a certeza de que esta corresponda perfeitamente àquela que pretendia dar; com efeito, a ambivalência pode imiscuir-se também aí, como ocorre em tudo o que diz respeito à relação íntima com a imagem de si. A sessão de maquiagem desenrola-se inteiramente no palco do imaginário. A flexibilidade do uso do cosmético leva a mulher a modelar para si um rosto que a torne mais próxima de seu ideal; na sedução, mas também no excesso, quando as mulheres maquiam-se exageradamente para contrariar, mediante uma negação demasiado evidente, os traços fisionômicos de

---

83. No original, *colle à la peau*, literalmente: adere à pele. Cf. XATARA & OLIVEIRA. Op. cit., p. 100 [N.T.].

sua idade. E, sem dúvida, a maquiagem seria sempre uma restauração da imagem de si realizada no imaginário; em completa independência, às vezes, do julgamento de outrem que, por exemplo, é capaz de achar a maquiagem escolhida totalmente desvantajosa para a mulher.

A maquiagem é também um tempo de narcisização que vai agir, durante um período mais longo, no lugar em que a pessoa mais investe em si. Graças às manipulações simbólicas aplicadas sobre a pele, ela realiza um momento de investimento lúdico: um de seus efeitos consiste em respaldar o sentimento de identidade. Do mesmo modo, a esteticista ou o cabeleireiro trabalham sobre os aspectos do corpo e do rosto, conferindo-lhes um valor, e fortalecem o sentimento de si. Aschenbach, o personagem de *A morte em Veneza*, vive essa metamorfose com satisfação nas mãos de um cabeleireiro obsequioso que conseguiu apreender a dor secreta do homem que envelhece, oferecendo-lhe sem custo a ilusão de uma juventude reencontrada.

> Aschenbach, estendido negligentemente, incapaz de uma reação e, pelo contrário, recobrando alento diante do que se passava, observou no espelho o recorte das sobrancelhas que se arqueavam de maneira mais simétrica, os olhos tomarem a forma de amêndoas e brilharem com maior intensidade, graças a uma ligeira pintura sob a pálpebra; mais abaixo, no lugar em que antes a pele estava flácida, amarelenta e ressequida, ele viu aparecer um carmim delicado; os lábios, ainda há pouco anêmicos, avolumando-se, tomavam uma cor de framboesa... (MANN, [1912] 1971, p. 104).

A maquiagem espalha o seu elixir da longa vida sobre o rosto, manipulando o tempo e a carne; ela serve-se da cumplicidade entre o profissional, agora designado como "visagista", e o cliente.

Que a maquiagem seja uma atividade de confirmação da identidade pessoal, um momento propício de narcisização, fica também demonstrado cotidianamente nas prisões, nos estabelecimentos hospitalares de longa internação ou nas instituições para pessoas de terceira idade, que acolhem esteticistas ou procedem, graças à mobilização dos cuidadores, à realização de cuidados de beleza nos prisioneiros, doentes ou idosos; tais indivíduos, à margem do vínculo social comum, provisória ou definitivamente, encontram, graças a esses cuidados, a autoestima e o gosto de agradar que lhe está associado. Essa modesta atividade, pelas estruturas antropológicas que mobiliza, assemelha-se às vezes a uma devolução ao mundo para alguns indivíduos. Agir sobre o rosto para embelezá-lo é agir simultaneamente sobre a identidade para reforçá-la; às vezes, para algumas mulheres, a maquiagem é uma segunda pele, uma espécie de veste facial que as protege e sem a qual elas se sentem desnudas e vulneráveis.

Os gregos estabeleceram uma distinção entre *kosmetikós*, ou seja, a toalete, os cuidados do corpo – a higiene, diríamos nós hoje –, e *kommotikós* (BURGELIN, 1977), isto é, a maquiagem destinada não aos cuidados, mas à encenação do rosto com a ajuda de produtos em vista de aumentar a sedução pessoal: se a primeira prática apresenta-se como um imperativo, a segunda, pelo contrário, desde a Grécia antiga – de preferência, hostil ao uso de produtos –, inaugura uma precaução que está começando a desaparecer nas sociedades ocidentais contemporâneas.

Para resumir as razões que alimentaram, através do tempo, a relutância de nossas sociedades em relação à maquiagem, pode-se retomar a enumeração apresentada por O. Burgelin e prolongar o seu movimento. Em primeiro lugar, há o desprezo pela religião, ou seja, o ultraje a Deus por modificar a sua criação, embelezá-la, alterar a natureza da mesma. Sinal de orgulho contra o qual se insurgem os Padres da Igreja. O perigo físico resultante da aplicação, sobre a nudez do rosto, de substâncias muitas vezes nocivas para a pele. A história da maquiagem fornece, com efeito, numerosos exemplos de envenenamento, de irritação e doenças de pele, de escoriações, desencadeadas pelo uso de produtos maldosados, traficados ou utilizados indevidamente. O perigo moral: a mulher que se maquia deixa pairar uma dúvida sobre a sua virtude; essa é no mínimo a opinião, retomada no decorrer dos séculos, pelos adversários da maquiagem, desde o historiador e filósofo grego, Xenofonte, discípulo de Sócrates. E essa é também a percepção adotada, frequentemente, em relação aos cosméticos pelas tradições populares que se deixam adivinhar nos provérbios. A mulher que se maquia para realçar a beleza de seu rosto não usufrui de nenhuma indulgência: "Temps caillebotê, femme trop fardée, n'a pas longue durée" [Nuvem carneirinho, mulher produzida demais, não dura muito]. O artifício acrescenta ao rosto um suplemento agradável, mas que engana a natureza. E não se pode confiar nisso. Mais explícito, outro provérbio afirma: "Les femmes fardées sont femmes le jour et guenons la nuit"[84] [Mulher produzida, princesa de dia e bruxa à noite]. No mundo rural, em que são predominantes os valores relacionados com o trabalho e a família, a mulher maquiada introduz uma anomalia perigosa para o equilíbrio social; ela é – talvez, a contragosto – um elemento de desestabilização ou discórdia na trama coletiva pelo fato de passar por cima dos valores comuns e pelas fantasias que acaba suscitando nas pessoas à sua volta. Ela mostra o atrativo do desejo em uma sociedade voltada para o trabalho. A Igreja condenou também a maquiagem pelo apelo de sedução que ela lança e pela turbulência que introduz em uma moral que deveria estar essencialmente voltada para a família e a procriação, mundo sem lugar para o desejo, a não ser a título de perigoso suplemento. Feiura e vulgaridade: o tema retorna como um motivo recorrente entre os adversários da maquiagem. É possível encontrá-lo, aliás, nas tradições populares: "La femme pour se faire belle se fait laide" [Para se fazer bonita, a mulher torna-se feia]. A mulher que usa cosméticos deve ter, provavelmente,

---

84. Literalmente: as mulheres maquiadas são mulheres de dia e macacas à noite [N.T.].

a pretensão de dissimular alguma imperfeição porque a beleza natural não tem necessidade de nenhum retoque. E, por outro lado, a própria maquiagem é uma atividade para criar a feiura. A este respeito, La Bruyère escreve: "Se as mulheres fossem, naturalmente, iguais ao que se tornam com artifícios, se perdessem em um momento todo o frescor de sua tez e se tivessem o rosto tão aceso e vidrado quanto ele se torna mediante o carmim e tintas com que se maquiam, elas ficariam inconsoláveis" ([1688] 2012, p. 34). A imagem da prostituída maquiada demais ou a das semimundanas do século XIX são reproduzidas nas estampas de Épinal – capital do departamento de Vosges (Nordeste da França) –, através de um imaginário social que manifesta repugnância e, ao mesmo tempo, fica fascinado pelas mesmas. A mentira é o último argumento dos adversários da maquiagem; esta é um embuste que dissimula a verdade dos traços faciais e, por isso mesmo, é portadora de uma suspeita relativamente à mulher que acha necessário recorrer aos cosméticos. A crítica é tão antiga que já se encontra no *Górgias* de Platão, texto em que a noção de *kommotikós* é rebaixada à categoria de adulação: "A maquiagem, coisa falsa, nociva, ignóbil e indecorosa, a qual, servindo-se de formas, cores, esmaltes e indumentária, de tal modo seduz os homens que, andando sempre estes no encalço da beleza estranha, descuidam da que lhes é própria e que só se obtém por meio da ginástica" (465b, XX). Baudelaire, por sua vez, toma uma postura exatamente contrária a essa condenação moral, tornando a maquiagem em um acréscimo propriamente humano a uma natureza contestável: "Passemos em revista – escreve ele –, analisemos tudo o que é natural, todas as ações e todos os desejos do puro homem natural, nada encontraremos além do que é hediondo. Tudo o que é belo e nobre é o resultado da razão e do cálculo. O crime, cujo gosto o animal humano hauriu no ventre da mãe, é igualmente natural" (BAUDELAIRE, [1863] 2006). Este teórico da arte faz o elogio do artifício pelo qual a mulher se inventa por sua própria iniciativa, servindo-se de um prazer tanto mais intenso na medida em que não tem outra razão; em sua opinião, a maquiagem realiza uma sublimação da carne.

> Assim – comenta ele –, se sou bem compreendido, a pintura do rosto não deve ser usada com a intenção vulgar, inconfessável, de imitar a bela natureza e de rivalizar com a juventude. Aliás, observou-se que o artifício não embelezava a feiura e só podia servir à beleza. Quem se atreveria a atribuir à arte a função estéril de imitar a natureza? A maquiagem não tem por que se dissimular, nem por que evitar se entrever; ela pode, pelo contrário, exibir-se, senão com afetação, ao menos com uma espécie de candura (p. 876).

A maquiagem é uma escrita do prazer, um obséquio cujo preço é da ordem do supérfluo.

Se a maquiagem foi considerada, em determinadas épocas, sob suspeita, ela encontra-se atualmente bem integrada nos rituais da vida cotidiana de milhões de mulheres. O mercado de cosméticos tornou-se um dos mais prósperos, diversificado segundo as idades; paralelamente, verifica-se a multiplicação dos institutos de beleza. A sedução torna-se uma indústria florescente e um imperativo social difícil de contornar. Hidratar, vitalizar, regenerar, rejuvenescer, limpar, embelezar, tais são as palavras-chave que acompanham esses produtos; por seu intermédio, as pessoas obtêm, supostamente, a sedução – para não dizer, a beleza –, mediante unicamente a aplicação de um creme ou de um pó e, sobretudo, pela participação simbólica em um ambiente social que pretende tornar a estética em uma presumida ética da felicidade.

No discurso da Modernidade, a beleza é o resultado de um esforço, de uma construção, de uma encenação erudita, e não uma natureza dada generosamente; ela edifica-se, é retocada para obter maior realce, orienta-se de acordo com determinadas tonalidades. Deve-se criar as condições para obtê-la, mantê-la, aperfeiçoá-la, prestar-lhe incessantemente toda a atenção para que o seu brilho não empalideça. A Modernidade inaugurou um discurso autoritário sobre a beleza: em vez de fruição, ela se tornou trabalho penoso; e, em vez de prazer, desassossego. Com efeito, a mulher que não fica atenta "aos cuidados de beleza" é suspeita – pelo menos, em determinados círculos – de promover a ruptura de um vínculo social, cuja consistência se dissolve, conferindo à aparência a sua maior profundidade; sobretudo, no que diz respeito ao rosto, vulnerável ao olhar sem complacência do outro. A aparência da juventude é a obrigação que se impõe ao rosto. O discurso da maquiagem (assim como o da cirurgia estética) é captado pelo discurso social que dá crédito e valor apenas à juventude, à sedução e à vitalidade; ele insere-se em uma resistência obstinada contra qualquer sinal de envelhecimento, de doença ou de morte. Toda precariedade é banida e recalcada cuidadosamente. E a maquiagem é apresentada como o sinal da juventude, a passagem obrigatória da sedução.

- "Em 1990, a maquiagem deixa de ser um disfarce. Ela sublima a pele. Faz aliança com a epiderme. Já não se aplica para enganar, mas para valorizar a verdadeira beleza. Para ajudar a pessoa a ser ela mesma. Com simplicidade. Autenticidade. Atrás do natural, dissimulam-se texturas sensuais, confortáveis, eficazes" (*Vital*).

A maquiagem que sublima a pele, faz aliança com a epiderme e não tem o objetivo de enganar, mas de revelar: diríamos que se trata de uma refutação sistemática das principais objeções à sua prática adotadas pela tradição. A maquiagem engendra a "verdadeira beleza", com naturalidade, pelo fato de se confundir com o corpo, é "autêntica" e, com certeza, "ajuda a pessoa a ser ela mesma". Fórmula mágica do individualismo democrático que caracteriza a nossa época. A beleza manifesta-se em todas as mulheres, mas cada uma tem de criar as condições para exibi-la e, sem o recurso a esses produtos, ela só se inscreve no rosto por falta de opção. Tal é o paradoxo da maquiagem que prevalece em relação ao que é natural, invisível, autêntico, a fidelidade a si mesmo: o que ela suscita já está presente, mas torna-se necessário o dom para levá-la a emergir.

Dessa escrita discreta surgem, evidentemente, a beleza e a juventude. Binômio indissociável da Modernidade porque, atualmente, uma e outra são os produtos presumidos de uma eficácia simbólica: o que é natural, com certeza, mas através dos sinais infinitamente construídos do "natural"; a discrição, com certeza, mas com método e sutileza porque esta é o fruto de um trabalho prévio; a sinceridade, com certeza, mas passando por uma modificação da aparência, a sagacidade de uma apresentação mediante sinais que nada deve revelar dos bastidores.

O elogio do natural apoia-se em um recalcamento do corpo, na ocultação de suas rugas, de seu envelhecimento e de sua morte pendente. Sublimar a pele é uma maneira elegante de dizer que se deve suprimir todo o trabalho do corpo. A Modernidade não é, de modo algum, hospitaleira da corporeidade, tolerando-a enquanto pensada a partir do modelo da máquina ou enquanto depurada de qualquer vestígio de organicidade (LE BRETON, 1990).

A maquiagem é um prazer para os sentidos, sem deixar de trazer em seu bojo uma ameaça de funestas consequências e uma angústia onipresente. O discurso publicitário não pode furtar-se a lembrar à mulher o perigo (?) das rugas e do envelhecimento, além de exibir o espectro de uma sedução que, aos poucos, se esvanece. Uma grande parte do discurso relativo aos cosméticos está baseada na instigação sutil, dirigida à mulher, de uma fobia de envelhecer; como se a beleza do rosto se encontrasse, por falta de opção, na luta eficaz contra a inscrição do tempo no corpo.

- "Um olhar visivelmente mais jovem... Embelezamento imediato do contorno dos olhos prolongado pela ação vigorante e regenerativa..." – Y. Saint-Laurent.
- "Cuidado cotidiano para desacelerar os inconvenientes da passagem do tempo. Preserva os sinais exteriores de sua juventude... Um formidável recurso para lutar contra o envelhecimento... evita rugas e devolve ao rosto brilho, flexibilidade e firmeza" (*Symbiose*).

- "Suspensão do tempo: um creme que, pela primeira vez, permite reprogramar o processo de hidratação das peles secas... evita a formação de rugas e pés de galinha" (*Hydratant time zone*).
- "Precaução: primeiro tratamento contra o tempo. Age sobre as causas de modo a evitar os efeitos do envelhecimento cutâneo".

Os termos utilizados em um grande número de publicidades sobre produtos cosméticos são singulares: segundo parece, a primeira razão de ser desses textos é a obsessão relativamente às rugas e, somente por acréscimo, a lembrança do prazer da estetização do rosto. Trata-se de um discurso de defesa, em vez de fruição; um discurso de terror contra o tempo e a fragilidade do corpo. E quando a maquiagem deixa de ser eficaz, a cirurgia estética liberal vai substituí-la com as suas ofertas de *liftings*, de supressão das bolsas sob as pálpebras etc. Em nossas sociedades, o rosto não é o lugar do envelhecimento; aliás, não há nenhum lugar porque o espaço simbólico acabou por torná-lo em seu limite. Fora da juventude, não há salvação.

6.4 Cobrir(-se) com véu

Numerosas sociedades impõem o uso do véu que oculta o rosto a fim de dificultar o reconhecimento da pessoa ou protegê-la das más influências. As razões são múltiplas e não abordaremos a evocação detalhada desse uso visto que o nosso objetivo diz respeito ao rosto e aos efeitos de metamorfose da identidade decorrentes da prática de cobrir-se com véu e de tirá-lo. O antropólogo escocês, já mencionado, J. Frazer – em sua obra, *O ramo de ouro* –, enumera um grande número de sociedades que decretaram, em relação a alguns de seus membros, um tabu que os impede de mostrar ou ver o respectivo rosto. Entre as razões invocadas, existe aquela que consiste no medo da vulnerabilidade do rosto do indivíduo que encarna o poder, objeto de inveja que o coloca à mercê da ação de espíritos ou sortilégios; assim, alguns dignitários, mais expostos que os outros membros de sua comunidade, ficam muitas vezes cobertos com véu na frente dos súditos e, até mesmo, dissimulados atrás de uma cortina.

A ocultação do rosto equivale, aqui, à do homem ou da mulher cuja intimidade é protegida e cuja identidade é preservada. Receio do mau-olhado; distância ontológica que afasta um alto dignitário dos súditos, vinculando-o a um *status* no qual ele já não é realmente um ser individuado, através de seu rosto, por ter deixado de ser redutível à humanidade comum; receio de um resplendor de que ele deve proteger aqueles que estão à sua volta, à semelhança de Moisés ao descer do Sinai após ter recebido as Tábuas da Lei; indignidade dos súditos em fixar os olhos em um soberano que participa de uma essência divina; e dissimulação da identidade pessoal sob o anonimato do véu, tratando-se das mulheres árabo-muçulmanas. Em todos esses casos, o véu opera uma retirada simbólica do ator para fora da trama das relações sociais estabelecidas no face a face, tornando-se uma proteção eficaz por dissimular o princípio mais tangível da individuação. O véu é um anteparo que evita o contágio dos rostos e preserva o dignitário da inveja dos súditos, além de proteger estes últimos contra a força que emana do poder.

Nas tradições do Maghreb, às quais vamos dedicar um estudo mais detalhado, o véu é um limite simbólico estabelecido entre o domínio privado, ou seja, o ambiente familiar em que a mulher pode andar com o rosto descoberto, e o domínio público no qual, mediante o véu, ela esquiva o próprio rosto ao olhar da sociedade masculina. Trata-se de uma tradição já antiga, inclusive, anterior ao islamismo, sendo possível encontrar alguns de seus aspectos nas tradições hebraica e cristã[85]. O Alcorão, no entanto, acabou por retomá-la, conforme é possível ler na surata XXXIII: "[As esposas do Profeta] não serão

---

85. Sobre os aspectos históricos, recomendamos a obra de TILLION, 1966.

recriminadas [se aparecerem com o rosto descoberto] perante os seus pais, os seus filhos, os seus irmãos, os seus sobrinhos, e perante as suas mulheres crentes ou as suas escravas [...]" (57). Ou ainda: "Ó Profeta! Prescreve às tuas esposas, às tuas filhas e às mulheres dos crentes, para que [ao saírem] cubram o rosto com um véu; isso é mais conveniente, para que se distingam das demais e não sejam molestadas [...]" (61)[86]. Fora de casa e da presença dos familiares, a mulher coberta pelo véu é protegida da cobiça dos outros homens ao percorrer o espaço eminentemente masculino da rua, ou seja, o espaço fora de sua casa. O véu simboliza a sua colocação entre parênteses sociais em benefício dos primos, em uma sociedade estritamente endogâmica. Instala-se um anteparo em relação à sua condição de mulher e à sua individualidade; o seu espaço específico é o da casa, o único lugar em que o seu rosto pode ser visto, protegido simbolicamente pela proximidade dos familiares.

> Dize às mulheres crentes para baixarem os olhos com recato, conservarem o pudor e não mostrarem os seus atrativos, além dos que normalmente aparecem; para cobrirem o colo com véus e não deixarem ver os seus atrativos, a não ser a seus esposos, seu pai, seus filhos, seus irmãos e seus sobrinhos, aos filhos de suas irmãs ou às mulheres destes, a suas escravas ou aos domésticos isentos das necessidades sexuais, ou às crianças que ainda não discernem a genitália da mulher; [...] (Surata XXIV – "AN NUR" (A luz), 31. In: Alcorão).

Pelo véu, a mulher árabo-muçulmana dá testemunho de sua subordinação à "república dos primos" (TILLION, 1966), a essa sociedade de homens que estão à sua volta no decorrer da vida cotidiana, exercendo vigilância em relação à sua conduta, e de quem ela é, de algum modo, a encarnação da honra. Ao

---

86. Surata XXXIII – "AL AHZAB" (Os partidos). In: Alcorão, 1994.

sair com o rosto descoberto, transgredindo assim as tradições e expondo-se à cobiça, ela torna-se passível, em determinadas regiões, de repreensão por um comportamento leviano que põe em perigo a honra da família[87].

Nos lugares em que a mulher é conhecida pelos transeuntes, a retirada do véu – se ela não é casada – pode suscitar comentários hostis. "Na minha cidade – diz uma mulher –, se porventura vou para a rua sem véu, é muito penoso de suportar o olhar acusador, prenhe de críticas, de inculpação, por parte dos primos, irmãos e pais; com efeito, para eles, se estou sem véu, é para me esbaldar. O véu protege contra isso" (ALLAMI, 1988, p. 150). O rosto da mulher é posto definitivamente a descoberto, apenas no túmulo, pelo marido, por um dos filhos ou irmãos. Se a mulher morre sem familiares a seu lado, o estranho que vier retirar-lhe o véu vai realizar tal gesto pedindo-lhe interiormente perdão por ter sido obrigado a executá-lo em decorrência das circunstâncias.

A vocação do rosto coberto é, muitas vezes, a do frêmito, suscitando o suplemento de mistério que faz de sua presença, ou da presença do outro, um acontecimento que escapa ao que é banal. O véu insinua o imaginário, leva a acreditar na multiplicidade do possível, suspendendo durante um momento as referências da identidade. O rosto e o nome suprimidos deixam planar a hipótese mais agradável ao desejo. Mas o espaço de encantamento e de mistério encontra-se entre o momento em que o véu é colocado no rosto e o momento em que é retirado: antes e depois, tudo entra na ordem do real. O outro deixa de sonhar com a infinitude de um desejo que não teme nenhum desmentido; é também difícil sonhar consigo mesmo porque, afinal, cada um conhece os próprios limites. A ação recíproca

---

[87]. Pelo contrário, o ritual da retirada do véu da filha do mais alto dignitário, quando o grupo está prestes a ser vencido por um grupo hostil, é uma lembrança inequívoca, para a tribo, da honra que ela se expõe a perder se não conseguir rechaçar o inimigo; ele desencadeia um choque psicológico propício a galvanizar as energias. Cf. ALLAMI, 1988, p. 99-127.

entre o véu e o rosto detém a chave do fascínio. "Obstáculo e signo interposto – escreve Jean Starobinski –, o véu de Popeia engendra uma perfeição dissimulada que, por sua própria fuga, exige ser recuperada por nosso desejo. Aparece assim, em virtude da interdição oposta pelo obstáculo, uma verdadeira profundidade que se faz passar por essencial" (1961, p. 10). No entanto, basta que o rosto fique a descoberto e desaparece, em parte, o fascínio. O face a face introduz outra forma de devaneio, esnobando já não da sombra, mas da luz. É dirigido pelos códigos sociais e pelas condicionantes da identidade. O rosto coberto por véu permanece, em compensação, um rosto ilimitado, uma disponibilidade de rosto que pode ser revestido pelo imaginário com todas as virtudes: é o rosto de todos os rostos. O fato de retirar a máscara, nessas circunstâncias, equivale a escapar ao sonho para reencontrar as necessidades diurnas do princípio de identidade.

Esse dado antropológico, já detectado por nós no uso da máscara ou da caracterização de um ator, encontra-se no uso do véu e, inclusive, no tecido social rigorosamente ritualizado do mundo muçulmano. Com efeito, o véu, além de ser um sinal de subordinação cultural das mulheres à "república dos primos", é um objeto simbólico próprio para proteger a mulher em seus deslocamentos fora de casa, assegurando-lhe igualmente, contra as representações sociais, uma zona de liberdade, a respeito da qual ela vai decidir se tira partido ou não. Coberta pelo véu, ninguém consegue reconhecê-la, e seus movimentos escapam a qualquer tipo de controle. O *hidjab* é um objeto ambivalente, equívoco, que serve à mulher de sinal de submissão ao grupo dos homens de sua família e, ao mesmo tempo, permite-lhe livrar-se provisoriamente do controle desses mesmos homens[88].

---

88. Em relação a esses aspectos, recomendamos o livro, já citado, de Noria Allami; aliás, as linhas seguintes inspiram-se nesse trabalho. Essa pesquisadora empreendeu um estudo sobre o uso social do véu nas sociedades árabo-muçulmanas, tendo entrevistado mulheres e homens argelinos sobre a vivência deles em relação ao véu.

A experiência social mostra que, mesmo desempenhando uma função precisa no seio da comunidade, qualquer prática é polissêmica de tal modo que, nessa prática, acabam por se implantar outras significações individuais e coletivas, inesperadas e, às vezes, clandestinas. Qualquer atividade é suscetível de possíveis distorções, disfarces, através da criatividade incansável dos grupos sociais. Sinal ostensivo da submissão à honra familiar, essencialmente à dos homens, o véu é simultaneamente, para a mulher, a garantia de uma fruição virtual do espaço público que ela pode percorrer sem ser reconhecida; a sua discrição proporciona-lhe o anonimato e, até mesmo, a clandestinidade, de que ela tem necessidade para se deslocar a seu bel-prazer e realizar, sem esforço, o que lhe seria criticado intempestivamente pelos homens se ela se deslocasse de rosto descoberto. Esse distanciamento em relação aos caracteres mais salientes de sua identidade permite-lhe circular à vontade nos bastidores da cena social, sem receio de ser reconhecida.

Percebido pelos ocidentais, muitas vezes, como um fato unívoco de opressão sobre a mulher, o véu não escapa à regra paradoxal que torna qualquer regra em um pretexto para destiná-la a outros fins. Contra toda expectativa, ele é apresentado frequentemente pelas mulheres árabo-muçulmanas – e o estudo de Noria Allami é uma ilustração disso –, como um adereço erótico através do mistério de que ele encobre o rosto, sem deixar de lhe garantir o anonimato. "O fato de cobrir-se com véu – diz uma jovem argelina – atrai os homens. É algo tedioso para eles porque procuram saber, a qualquer preço, o que há atrás do véu... Se eu estivesse sem o véu, eles saberiam com quem estão lidando." Este testemunho mostra o equívoco induzido pelo uso do véu: longe de ser um simples instrumento de ocultação, o véu é também uma peça de roupa desconcertante que atiça o desejo dos homens, assim como o das mulheres que podem esnobar da cobiça de que são objeto, estando asseguradas evidentemente contra o risco da passagem ao ato.

Se o movimento do desejo reina no claro-escuro da sublimação, ele não deixa de ser vigoroso.

> O véu – acrescenta ainda a mesma entrevistada – limita-se a ser, de fato, um anteparo atrás do qual se passa um número enorme de coisas. Ele presta-nos serviço quando não queremos ser reconhecidas para fazer compras, ir ao mercado, consultar feiticeiras, ver o amante. Assim, mesmo aquela que anda com o rosto descoberto vai recorrer ao véu para fazer essas coisas (ALLAMI, 1988, p. 150).

Outra mulher argelina declara, por sua vez, que "o véu é muito excitante e atraente, e aquela que tem a arte de saber cobrir-se pode fazer estragos nos corações. Algumas profissionais do véu, embora feias, ao cobrirem-se de certa maneira, têm um porte muito belo e exercem uma enorme atração". Outra mulher, apesar de ser mais reservada, não deixa de manifestar uma atitude ambivalente; ela observa os numerosos olhares que a seguem e percebe, no véu, uma peça de roupa que a protege, garantindo-lhe o anonimato. "O véu é uma proteção total contra os olhares que te esquadrinham, desnudam, perscrutam, te perseguem, procurando te confinar." Ao mesmo tempo, é difícil não detectar, nessas palavras, uma perturbação ambígua diante desses sinais de interesse por parte dos homens. Com a mesma ambivalência, ela prossegue: "É o outro que se questiona, torturado pelo que se esconde atrás do véu; ele corre, cria fantasias, sonha e tenta me seduzir, arrancar o meu véu" (ALLAMI, 1988, p. 157). Imaginário – longe de ser neutro, como se vê – que ilustra a erotização da relação com o outro, sob a proteção do véu, mas também no respeito rigoroso das regras e na sublimação lúdica do desejo que transforma a proibição de contato em um prazer permanente do olho e do devaneio. "Meu único recurso em minha cidade é, então, o véu – afirma a mesma mulher – que não passa de um pedaço de tecido, mas o meu corpo está relaxado, minha pele está livre." Esses exemplos estão longe de esgotar a relação da mulher árabo-muçulmana com o véu que ela usa, ou não; entretanto, eles mostram a ambivalência que subentende esses usos.

O devaneio erótico do homem face à mulher com véu é conhecido perfeitamente na literatura árabo-muçulmana. Um arquiteto de trinta anos, entrevistado por N. Allami, dá testemunho disso ao firmar que a mulher com véu

> cria um clima sexual... Fora de casa, quando estamos em grupo, a passagem de uma mulher com véu, seja ela jovem ou idosa, ou mãe de família com uma criança nos braços, nada impede de ser objeto de nosso olhar; quando, além disso, a mulher está totalmente coberta, ou seja, dispondo apenas de um olho para guiá-la, ela é terrivelmente atraente. Fora, o homem vinga-se contra o mundo interior, o mundo feminino... No exterior, o homem deixa de ser o mesmo; ele sente-se como se estivesse em casa e dá livre-curso às suas fantasias, à sua imaginação, e o pai, seja ele mais respeitoso ou o mais intratável, comporta-se como um mulherengo qualquer (1988, p. 161).

E o mesmo homem conta uma lembrança memorável que ilustra o poder de atração conferido pelo véu e, ao mesmo tempo, o anonimato absoluto que proporciona à mulher: "Eu estava na frente de minha casa quando vi, de longe, uma silhueta esbelta e coberta da cabeça aos pés por uma bela indumentária, o passo seguro e que, para cúmulo, se dirige em minha direção. Deixei de controlar minhas fantasias e não acreditei na minha chance, era bom demais. Mas, a mulher detém-se à minha frente e, ao retirar o véu do rosto, descobri que era minha mãe" (ALLAMI, 1988, p. 160). Em seguida, ele confessa que uma mulher sem véu "desperta-lhe um interesse bem menor. Se minha mulher está sem véu, vou solicitar-lhe para colocá-lo em determinados momentos, para recriar o clima de que eu falava". Testemunho semelhante de um jurista de trinta anos, também argelino: "Em uma cidade grande, no anonimato, posso olhar e, ao ver os dois olhos, tenho a possibilidade de me questionar sobre o corpo. Se o rosto está completamente descoberto, a minha imaginação recebe um estímulo muito maior. Rejeito categoricamente todas as mulheres que são contrárias à tradição e à norma social; portanto, que têm costumes levianos" (ALLAMI, 1988, p. 166).

Na interação social, o *hidjab* está, muitas vezes, longe de sua função oficial de proteger a mulher, de afastar cobiças masculinas ao apresentá-la como estigmatizada, retirada da circulação social, sob a proteção dos irmãos, primos ou pai, e proscrita a qualquer outro contato em nome da honra do grupo familiar dos homens. Um dos móbeis antropológicos do véu (ou da máscara) ressurge, apesar das proibições, favorecendo a libertação no imaginário das fantasias do homem e da mulher. O véu funciona, então, como um vetor da erotização da relação homem-mulher, mas descarta o perigo da passagem ao ato. Entre a mulher atenta às emoções que ela suscita e o homem invadido pelo mistério de um rosto com véu, cria-se uma tensão que, não perdurando além de um instante, introduz uma lufada de diversão e de desejo no próprio âmago do rigoroso dispositivo social e moral.

6.5 Cobrir(-se) com máscara

Em nossas sociedades ocidentais, o princípio de identidade está estabelecido essencialmente no rosto; assim, o fato de privar-se deste, provisoriamente, através do uso seja de uma máscara ou de um véu, seja de uma caracterização, tornando difícil o reconhecimento dos traços faciais, é um ato de grande alcance em que o indivíduo – às vezes, sem o saber –, transpõe o limiar de uma possível metamorfose. A ocultação do rosto, graças a esse estratagema, acarreta um sentimento propício a um passatempo, à transferência de personalidade, à emergência de um estado em que tudo se torna possível. O indivíduo deixa de estar enquadrado por seus traços fisionômicos, libertando-se de sua subordinação ao rosto, derradeira defesa, de algum modo, de seu ser íntimo. Ao ocultar o próprio rosto por um artifício – e, sobretudo, com a comodidade da máscara –, o indivíduo liberta-se das condicionantes da identidade, deixando que desabrochem as tentações, as quais haviam sido, habitualmente, recalcadas por ele ou, mediante essa experiência, se tornam manifestas para ele. É possível que o idoso seja incapaz de se reconhecer nas atividades que ele empreende pelo fato de já não ser obrigado a fornecer nenhuma justificativa ao próprio rosto. Nessas circunstâncias, a dissimulação é uma revelação.

> O fato de que a máscara nos absolva desta maneira – afirma Peter Brook – e de que nos forneça o expediente de nos abrigar atrás dela, dispensa-nos de nos esconder. Esse é o paradoxo fundamental que encontramos no teatro porque, sentindo-nos protegidos, podemos expor-nos ao perigo (BROOK. "Mensonge et superbe adjective". In: ASLAN & BABLET, 1985, p. 201)[89].

A máscara é libertadora de múltiplas identificações porque absorve o rosto vivo do indivíduo, dissolve o corpo de suas familiaridades, desagrega as referências e as proibições do sentimento habitual de identidade e vai substituí-lo por um rosto de procuração, factício, imóvel, ou seja, uma superfície de projeção em que o imaginário pode inventar à vontade. A máscara remove o jugo imposto pela miríade de disposições que se agitam em cada homem e nada esperam além das circunstâncias favoráveis

---

89. O escritor anglo-indiano, Lawrence Durrell – ao falar do carnaval que tomava conta de Alexandria com a sua vertigem, durante três dias e três noites, sob o anonimato do dominó de veludo preto – escreve o seguinte: "Com esse disfarce, todos se sentem livres para fazer o que bem entenderem, sem entrave algum. Todos os assassinatos mais incríveis da cidade, os casos mais trágicos de confusão de identidade, são fruto do carnaval que acontece todos os anos; e a maioria das aventuras amorosas tem início ou fim durante esses três dias, quando somos liberados do jugo da personalidade, da servidão representada por nosso eu" (DURRELL, [1958] 2006, p. 75).

para se desenvolverem à vista de todos. Nesse sentido, em vez de um "rosto falso", como já se escreveu, trata-se de uma disponibilidade de rosto, um lugar ilimitado, de acolhimento do Outro. E a sua fixidez é a própria condição das metamorfoses de que ele mesmo é instigador. Despojar-se a seu bel-prazer do próprio rosto acarreta, como consequência, a possibilidade de revestir todos os rostos possíveis, de responder a todas as transformações desejadas. A eficácia simbólica permitida pelo uso da máscara desencadeia os recursos, muitas vezes, recalcados do indivíduo antes que ele se torne o que é; ela o transfigura fora da lei comum e de suas antigas proibições, revelando-o a si mesmo. Esse é o possível poder da máscara: libertar a represa das inumeráveis facetas que compõem a pessoa (do latim, *persona*: máscara de teatro). A ficção do "eu" desagrega-se e aparece como uma superposição de máscaras para uso nas diferentes circunstâncias da vida. O rosto é o verniz essencial que torna possível o vínculo social através da responsabilidade que atribui ao indivíduo em sua relação com o mundo. Por intermédio de seu rosto e do rosto do outro, o ator responde por seus atos e seus pensamentos. Ao ocultar os traços fisionômicos, a máscara suspende imediatamente as exigências morais, removendo o ferrolho do ego e deixa livre-curso ao repuxo das pulsões.

O romancista e dramaturgo japonês, Kobo Abe – em sua obra, *Tanin No Kao* (1964 [O rosto de um outro]) –, empreendeu uma profunda reflexão sobre a máscara. O personagem central, cuja voz tece a trama do romance, tendo sido vítima de um acidente que o desfigurou, imagina criar uma máscara de material sintético, aprimorada suficientemente em seu acabamento e em sua flexibilidade para ter o aspecto de um rosto vivo. Os seus conhecimentos profundos, nesse campo, levam-no à criação de uma obra quase perfeita. Ao colocá-la sobre as suas feições danificadas, irreconhecíveis, ele ficou decepcionado com a sua impassibilidade e rigidez. Então, ele compreende que a máscara cobrindo o seu rosto deve ser educada à maneira de uma criança: é necessário ensinar-lhe as mímicas e as expressões mais familiares. De imediato, a máscara aparece como um Outro: ainda é necessário dirigir o seu acesso ao mundo antes que ela tome decisões de maneira autônoma. E o narrador encontra-se, aos poucos, em face de um outro, sobrecarregado com trabalho, durante um instante, pelas exigências do rosto de plástico que faz emergir tendências até então ocultas. E, no entanto, ele permanece o mesmo homem, atormentado pelo acidente e por sua desfiguração, levando uma vida dupla: a primeira, sob a égide da máscara, à espreita do mundo, atento aos acontecimentos, vendo já as coisas sob um prisma diferente; e a outra sob a égide de seu rosto danificado, tendo de enfrentar os olhares apiedados ou curiosos que não o deixam em paz, e ruminando o drama de sua identidade rompida, nomeadamente na relação com a esposa. Com o passar do tempo, a máscara adquire uma maior segurança, instaura-se uma espécie de posse em que se cristaliza o novo homem no qual ele se converte de modo cada vez mais visível. Assim, diante de um espelho, o narrador não pode deixar de cair na tentação:

> Olhamos um para o outro, durante alguns instantes; em breve, o outro desatou a rir e dei também um sorriso. Introduzi-me então na pele do outro, sem resistir. Estávamos ambos unidos: eu me converti nele. Eu não achava o seu rosto particularmente bonito, tampouco feio. Eu começava já a sentir e a pensar com esse rosto (ABE, 1987, p. 105, 2015).

A autonomia progressiva da máscara leva o narrador mais longe do que ele desejava. As resistências de sua antiga personalidade, privada de rosto e rejeitada socialmente, cedem rapidamente diante do poder da nova identidade que se apodera dele. Os ferrolhos morais da velha identidade perdem o seu enraizamento com o que restava do rosto original. O recalcado, a começar por um estado de devaneio, torna-se cada vez mais invasivo. A sua desfiguração havia alijado o narrador para fora da lei comum ao torná-la um objeto de olhares assustados.

Agora, através da vertigem da máscara e da força da pulsão libertada nele, o protagonista planeja diferentes maneiras de se livrar disso ao tomar a iniciativa por sua conta. Confiante em sua impunidade visto que ninguém conseguiria reconhecê-lo por ocasião de seus delitos, ele cogita em atear incêndios, cometer agressões sexuais etc. O romance termina com a passagem ao ato que marca a morte definitiva de sua antiga identidade com o assassinato da esposa que descobriu o seu novo rosto. Como se o batismo da máscara exigisse a ruptura irrevogável com qualquer vínculo anterior. A transferência de personalidade realizou-se pela alquimia da máscara. Um outro rosto é outra capital da identidade. A máscara ou a caracterização nunca são os sucedâneos de rostos dissimulados, mas as vias de acesso a novas possibilidades de ser, até então proibidas ou recalcadas, além de serem os salvos-condutos para uma experimentação sem entraves. Trocar de máscara à vontade é como servir-se de adereços em um vestiário de personalidades. À semelhança de Fantômas, de Arsène Lupin ou de Monsieur Lecoq[90] que utilizam uma multiplicidade de disfarces e de caracterização, a pessoa audaciosa pode viver simultaneamente várias existências, cada uma sob a égide de um rosto e de uma identidade provisórios.

A máscara ou a caracterização, ao suspenderem a sensação do rosto e a sua proeminência na relação com os outros, anulam uma parte das condicionantes da identidade, além de conferirem ao indivíduo o sentimento novo de outro enfoque a respeito do mundo em que o seu corpo inteiro está, desta vez, envolvido. Alguns exercícios de teatro aproveitam-se dessa metamorfose para a formação do comediante. Durante uma entrevista, Peter Brook evoca o que acontece quando se coloca uma máscara no rosto de um comediante: "No momento em que o rosto é dissimulado dessa maneira – diz ele –, experimentamos um grande assombro: de repente, temos consciência do

---

90. Personagens clássicos da literatura policial francesa [N.T.].

desaparecimento do rosto com o qual vivemos, e a respeito do qual sabemos que transmite continuamente algo. Experimentamos uma sensação extraordinária de libertação. Na primeira vez que esse exercício é praticado, ele apresenta-se como um momento importante: de repente, sentimo-nos libertados, momentaneamente, de nossa própria subjetividade. E isso desperta, irresistivelmente, a consciência do corpo" (BROOK. "Mensonge et superbe adjective". In: ASLAN & BABLET, 1985, p. 201, p. 194). O rosto cessa, de repente, de ser a capital de si mesmo e libera o homem da pregnância do sentimento de identidade. A expressão de viva satisfação que anima o semblante é provisoriamente suspensa, libertando-o de qualquer exigência a esse respeito.

A expressividade desliga-se da necessidade da comunicação e a retirada do investimento sobre o rosto leva a uma consciência ampliada das sensações que atravessam o corpo. Eis o que afirma, à sua maneira, o ator e diretor de teatro francês, Jean-Louis Barrault:

> Desde que enfiamos uma máscara, aparece o fantástico. A percepção modifica-se segundo a inclinação das vértebras, de modo que o corpo inteiro torna-se rosto e sensibilidade. Em vez de olhar com os olhos, observamos com os dois seios. Respiramos com o umbigo e o ventre; os braços com mãos estendidas fazem as vezes de orelhas; os joelhos tornam-se maxilares; e o que é o sexo senão uma boca? O indivíduo com máscara converte-se, de novo, em um ser biológico (1985, p. 181).

Com certeza, é difícil dizer com todo rigor que a pessoa se torna, de novo, um ser biológico porque as percepções emanando do corpo são decifradas através de um filtro simbólico no qual se misturam as influências culturais com a história singular de cada indivíduo. O corpo nunca é natural (LE BRETON, 1992). No entanto, o sistema anterior dos investimentos afetivos no corpo é interrompido, os hábitos perceptivos são modificados profundamente e o indivíduo é levado à descoberta de uma parte oculta da sua relação com o mundo. E o sensorial, libertado da moral da vida cotidiana, pode retomar a sua ascendência.

Tendo sido introduzida à força na relatividade da identidade atual, a máscara exprime de maneira brutal a precariedade, o aleatório da condição presente, quando um grande número de figuras é possível. A estranheza introduzida por ela no cerne da familiaridade, assim como o vazio que ela descobre no âmago da evidência, inspiram ao ator o espanto de ser ele mesmo e nada além de si mesmo. Ao tornar-se consciente de sua contingência através da impressão de poder que emana do uso da máscara, o indivíduo experimenta um momento de vertigem: deixa de perceber o seu antigo rosto e livra-se das condicionantes de identidade que lhe estão associadas. Então, ele abandona-se a essa energia ou vai rejeitá-la bruscamente tirando a máscara, invadido pelo medo e recusando-se a ceder à solicitação de ser outro além de si mesmo.

Qualquer relação íntima com a máscara é desestabilizante e, até mesmo, potencialmente perigosa. E os comediantes não ignoram o apelo não destituído de ambivalência que ela traz em seu bojo: no teatro, a máscara nunca é descartada de maneira semelhante à dos objetos comuns da encenação. Numerosas tradições evocam o respeito misturado com temor dedicado pelo comediante à máscara que usa. Giorgio Strehler – sensível à parte ambígua de sagrado que ela contém, pelo fato das projeções do homem a seu respeito –, sublinha a dimensão ritual da máscara. Neste aspecto, ele lembra-se de um Arlequim desempenhado de acordo com a tradição da *Commedia dell'arte*: nas primeiras representações, os comediantes vinham, no final do espetáculo, saudar o público com o rosto descoberto, depois de terem tirado as máscaras, deixando-as nos bastidores; aos poucos, porém, por iniciativa própria, eles tiravam-nas rapidamente após a saudação ao público, até o momento em que aprenderam a retirá-las com um só gesto, segurando-as com a mão sobre a fronte. Esse diretor de teatro italiano conclui tal episódio significativo dizendo que, a partir desse dia, ele nunca mais viu as máscaras abandonadas ao acaso no lugar em que haviam sido descartadas. Cada comediante a colocava no lugar de honra de sua mesa de maquiagem (STREHLER, 1991, p. 163-168).

A máscara exige respeito, ocupando o seu lugar e, ao mesmo tempo, não opondo resistência entre as mãos do comediante. Ao tornar-se uma segunda pele que dissimula a pele viva do rosto, ela chega a assumir o comando da representação. No momento em que trabalhava na adaptação teatral do *Mahabharata*, P. Brook evoca uma máscara balinesa cujo poder era experimentado por qualquer um dos comediantes que chegou a utilizá-la: "É um perigo singular. As máscaras irradiam uma verdadeira energia; se alguém for suficientemente sensível, é provável que não a utilize de maneira nefasta, mas isso pode se produzir e poderia haver perigos de ordem psíquica ao utilizar algo demasiado impactante para si mesmo".

A máscara é um agente de metamorfose, segundo o estilo de sua conformação e as forças que contribui para cristalizar naquele que a usa em seu rosto. No entanto, o seu efeito é imprevisível pelo fato de traduzir a alquimia de um encontro entre duas potencialidades: a do indivíduo e aquela contida na máscara. A ocultação deliberada do rosto não deixa indiferente, suscitando muitas vezes o júbilo de ser outro, disponível provisoriamente a inumeráveis identidades; tal operação é suscetível também de engendrar o medo, a angústia de ser privado das referências inspiradoras de confiança que fixam a identidade à certeza de possuir um rosto. Uma lembrança desconcertante de Rilke ilustra essas duas vias através da proximidade possível dos dois efeitos mencionados. Uma criança cobre-se com uma máscara: "Foi realmente grandioso, além de todas as expectativas. O espelho reproduziu, de imediato, a imagem; ela era por demais convincente. Não teria sido absolutamente necessário se movimentar muito; essa aparição era perfeita, mesmo que eu não fizesse nada" ([1910] 2009, p. 51). A criança fica encantada diante da facilidade de se tornar outro, sente prazer em olhar para si mesma e põe à prova a sua liberdade por movimentos amplos que lhe fornecem a confirmação de seu bem-estar.

De repente, uma mesinha redonda cai, a criança sai de seu transe, de seu júbilo, um pouco assustada; e, nela, desperta um sentimento de despersonalização. Em vão, ela procura desembaraçar-se de seu disfarce:

> Exaltado e furioso, precipitei-me para diante do espelho e observei com esforço, através da máscara, como as minhas mãos trabalhavam. Mas ela só estava esperando por isso; tinha chegado o momento de sua desforra. Enquanto eu me esforçava, em uma angústia que crescia desmesuradamente, em sair de algum modo de meu disfarce, ele me obrigou, não sei com o que, a levantar os olhos e me impôs uma imagem, não, uma realidade, uma realidade estranha, incompreensível e monstruosa que me impregnou contra a minha vontade: com efeito, agora ela era o mais forte e eu era o espelho (RILKE, [1910] 2009, p. 52).

A perda do rosto culmina na posse da entidade evocada pela máscara. Tendo ocultado as suas feições, a criança já não tem domínio próprio; revestida pelo sinal de uma força estranha, acaba deixando-se invadir por esta. Incapaz de livrar-se de tal influência, a criança, invadida pelo pânico, foge gritando. É acolhida pelos pais e pela família. "E, por fim, ajoelhei-me diante deles como ninguém jamais se ajoelhou; ajoelhei-me e levantei as mãos para eles e implorei: – 'Livrem-me, se ainda é possível, e não me devolvam isso', mas eles nada escutaram. Acabei perdendo a voz" (RILKE, [1910] 2009, p. 52).

A máscara desencadeou o desapossamento de si e a irrupção de uma força selvagem que se apoderou da criança, devorou momentaneamente o seu rosto e invadiu o seu ser até o ponto de levá-la a perder a voz. Privada da proteção de um rosto familiar no qual a identidade está solidamente arraigada, a criança liberta, sem o saber, conteúdos inconscientes e deixa-se arrastar pela angústia. O fenômeno é frequente.

Em sua obra sobre a maquiagem livre, N. Breitenbach evoca também episódios do mesmo tipo: eis o que acontece quando uma criança aceita ser maquiada por outrem, sem intervir na caracterização, nem controlar a sua progressão; contudo, ocorre que algumas crianças, ao verificarem o resultado na imagem refletida pelo espelho no final da sessão, retiram rapidamente, aterrorizadas, a maquiagem com ansiedade e, em seguida, se recusam a renovar a experiência (BREYTENBACH, p. 107ss.). O Outro, colado ao rosto, encontra-se no centro da praça como um cavalo de Troia e parece anunciar a iminência de uma destruição, daí em diante, inevitável, visto que o sinal mais pregnante do sentimento de identidade já foi conquistado; desde então, o edifício inteiro é suscetível de desmoronar-se e a loucura toma posse da praça. "A máscara – escreve G. Bataille – comunica a incerteza e a ameaça de mudanças súbitas, imprevisíveis e tão impossíveis de suportar quanto a morte. A sua irrupção liberta o que havia sido acorrentado para manter a estabilidade e a ordem" (BATAILLE. "Le masque", 1970, p. 403-406)[91].

A fisionomia coberta pela máscara dissolve o rosto em seu banho de ácido para liberar os conteúdos inconscientes e desencadear o medo. Ao livrar-se dos sinais mais seguros de sua identidade, o ator abre em si uma vulnerabilidade. Proscrever o rosto próprio equivale, portanto, a colocar-se em disponibilidade para outra coisa, às vezes, ainda desconhecida: abandonar

---

91. "Do mesmo modo que o termo latino, *larva*, designa o espectro e, ao mesmo tempo, o instrumento do disfarce – constata André Chastel –, assim também a palavra máscara [*masque*], e o termo italiano *maschera* – do qual ela deriva –, deveria ter designado antigamente uma estrige, uma criação fantasmática de caráter demoníaco. Tal noção foi associada, durante muito tempo, às manifestações diabólicas..." (CHASTEL, 1978, p. 250).

as referências de identificação para usufruir de uma liberdade sem entraves, mas não sem perigo. A máscara é um meio de transgressão no plano social ao fornecer ao indivíduo uma margem de manobra, mas também no plano individual por suscitar a subversão do princípio de identidade. Sendo assim, não é de modo algum surpreendente que, em numerosas sociedades tradicionais, os mitos de origem das máscaras associam a invenção destas à tentação do incesto ou à transgressão de seu tabu, ou seja, a transgressão por excelência, aquela que posiciona o homem além dos homens em um *status* irresolúvel (cf. MAERTENS, 1978, p. 15ss.). Tampouco é surpreendente lembrar-se que, em numerosas sociedades, uma máscara funerária é colocada sobre o rosto do cadáver: aqui, em vez de ser o agente de metamorfoses, a máscara conserva, pelo contrário, o rosto, além de evocar ainda a sua configuração perdida. Trata-se de uma tentativa de se opor ao trabalho insistente da morte. Sob a máscara, o indivíduo está às voltas com a grande aventura do além, mas a forma imobilizada que ele mostra ao mundo, esquivando-o de todo o tipo de curiosidade, lembra que essa viagem diz respeito unicamente a ele mesmo.

6.6 Incógnito

Montesquieu – referindo-se à Itália em sua obra, *Voyages* [Viagens] – escreve o seguinte: "A máscara, em Veneza, não é um disfarce, mas uma forma de passar incógnito" (1894, t. 1, p. 33). E, em seguida, ele fala das cortesãs que a usam para se entregar, nas gôndolas, a alguma aventura galante sem que a sua honorabilidade corra o risco de ser prejudicada. A máscara mundana aparece na sociedade refinada da Europa, entre os séculos XVI e XVIII; no entanto, em vez de ter a função de disfarçar o indivíduo ou de lhe propor uma identidade sobressalente, ela limita-se a garantir o *anonimato* em seus deslocamentos ao cobrir o seu rosto, em parte, à semelhança dos ladrões que enfiam um capuz antes de executarem o assalto.

Uma das razões de ser da máscara consiste em esconder os traços do rosto, torná-lo irreconhecível. Aqui, a metamorfose não é o objetivo visado, mesmo que na realidade a dissimulação constitua o prelúdio à execução de atos que o indivíduo não ousaria cometer de rosto descoberto; trata-se, antes de tudo, de realizar impunemente uma transgressão dos códigos sociais. Para proteger-se das consequências de seus atos, se porventura viesse a ser reconhecido por uma testemunha, o indivíduo neutraliza o sinal que o torna vulnerável à indiscrição dos outros. Mas a máscara mundana – sob os auspícios do dominó (túnica longa e leve, de amplas mangas e capuz, frequentemente, de tecido preto), da meia-máscara (de veludo ou cetim) ou da *bauta* (cf. mais adiante) – favorece mais vantajosamente as intrigas amorosas ou políticas do que o crime; ela torna-se facilmente um instrumento de fruição na conivência dos casais que se encontram em pé de igualdade, com o rosto dissimulado.

Na corte, as damas da nobreza, os senhores ou o próprio rei usavam máscaras leves propícias às intrigas, às diversões, aos deslizes provisórios de identidade; compartilha-se o frêmito de abandonar, durante um instante, a referência do rosto do outro, ao questionar-se "quem ele é".

> A *bauta* – afirma o escritor italiano, Giovanni Comisso – consistia em uma espécie de manto com capuz preto e máscara. A origem desse nome está no grito – *bau, bau* – com o qual se metia medo às crianças. Em Veneza, todo o mundo a usava, a começar pelo Doge, quando ele pretendia deslocar-se livremente pela cidade. Ela era imposta aos nobres, homens e mulheres, nos lugares públicos, para pôr um freio ao luxo e também para impedir que a classe nobre fosse atingida em sua dignidade quando estava em contato com o povo. Nos teatros, os porteiros deviam controlar se os nobres usavam realmente a *bauta* no rosto, mas uma vez dentro da sala, estes a conservavam ou retiravam a seu bel-prazer. Os nobres, por razão de Estado, deviam também usar a *bauta* quan-

do tinham entrevista com os embaixadores; estes, por sua vez, de acordo com o cerimonial, tinham a obrigação igualmente de usá-la (COMISSO, [1941] 1944, p. 37, apud CAILLOIS, 1967, p. 370).

Esses pedaços de pano de confecção simples, sem deixar de ser engenhosa, protegem o intrigante de qualquer risco de ser reconhecido por um terceiro. Meias-máscaras de cetim ou de veludo introduzem um suplemento de mistério no encontro, fornecendo-lhe uma parcela de inquietação favorável à voluptuosidade. Os amantes adquirem o aspecto de ladrões e usufruem, sem perigo, do medo que invade o seu imaginário. Na dança, com o rosto dissimulado, os parceiros podem comprazer-se nas mais lisonjeiras imaginações e nas intrigas menos conformes à ordem moral imposta oficialmente por sua classe, sem deixarem de respeitar as conveniências; com efeito, em determinadas circunstâncias, a transgressão tem a sua área de ação que se torna lícita pelo simples uso de um pedaço de pano.

Esse suplemento de transtorno e de imaginário dado à vontade pela máscara está na origem da aventura de Amaril e Semira na tetralogia de romances, O *quarteto de Alexandria* de Lawrence Durrell. No anonimato do Carnaval, mascarados, eles amam-se perdidamente e marcam encontro para o ano seguinte: Amaril, todavia, já é um homem de idade avançada, pouco sedutor, enquanto Semira está desfigurada por uma doença. Ambos, impelidos pelos seus sonhos de perfeição, ainda conseguem ignorar o seu infortúnio mútuo. Ao esperar pela mulher desconhecida que o havia deslumbrado no ano precedente, Amaril pensa na prova de verdade que ocorrerá no momento em que ele já não estiver protegido por seu disfarce:

> Ele não se arriscava a tirar a máscara por temer que o seu rosto desagradasse ou decepcionasse a sua amante, caso ela realmente voltasse conforme prometera. Apaixonar-se por uma máscara, quando também se está mascarado... quem teria a coragem

de ser o primeiro a arrancá-la? Os amantes talvez pudessem continuar juntos a vida toda, sem nunca tirar as máscaras (DURRELL, [1958], 2006, p. 80).

A consistência do imaginário tornou o desconhecido na própria imagem do desejo ilimitado; esse pedaço de tecido que cabe na mão possui um dom do qual a vida é estranhamente avara.

"Máscara: tudo o que resta do culto do bandido" (1972), escreve Henri Michaux. A máscara é metamorfose e/ou passar *incógnito* para aquele que a usa, sem conhecer a quantidade de riscos em que ele incorre ao se colocar à sua mercê. A máscara é para a vítima, ou simplesmente para a pessoa que enfrenta o rosto coberto de seu interlocutor, um instrumento para manter distância, criando ausência de reciprocidade e incitação ao medo. O rosto descoberto se torna o lugar da vulnerabilidade. Nessas condições, o uso da máscara impõe a desigualdade do relacionamento, traduzindo uma tomada de poder sobre o outro ao esquivar de seus olhares – além de qualquer informação sobre a identidade do indivíduo dissimulado – todas as indicações sobre as mímicas ou as emoções que o perpassam. Em vez de um rosto expressivo, a vítima vê apenas uma modelagem imóvel de cera ou de papelão, um pedaço de tecido, propício às projeções de inquietação ou de angústia. A máscara introduz a inquietação pelo mutismo que conserva ciosamente a respeito daquilo que oculta. "Como é impossível lê-la facilmente – afirma E. Canetti –, supõe-se e teme-se o desconhecido que ela encobre" (1966, p. 399). A máscara ostenta o segredo: ela exprime em voz alta que nada irá dizer e, valendo-se dessa atitude perversa, espalha o mal-estar.

Por essa inconveniência calculada, a máscara torna-se um instrumento de medo e de intimidação; ela deixa de ser, à semelhança da sociedade mundana, o expediente convencional de romper, durante um instante, com a ordem moral ou política. Tal recurso indica, aqui, uma vontade declarada de ruptura com a trama das leis e dos costumes coletivos: assassinato, roubo, agressão etc. O indivíduo mascarado subtrai-se prudentemente ao olhar dos outros, privando-os da possibilidade ulterior de identificá-lo, em primeiro lugar, para se proteger da polícia. É raro que o autor de um ataque de surpresa mantenha o rosto descoberto por medo de ser reconhecido facilmente e também, talvez, porque o registro do rosto obriga a determinado comportamento, a certa exigência para consigo e para com os outros; a menos que se trate de um sujeito já empedernido. Além de garantir o anonimato, a máscara facilita a libertinagem e a suspensão das proibições. Com o rosto oculto, à semelhança do que se passa no sono, o indivíduo atreve-se a executar as ações que ele seria incapaz de empreender com o rosto descoberto por medo de não poder, em seguida, olhar para si de frente. Mas trata-se, em primeiro lugar, de realizar impunemente um ato reprovado, fora do quadro legal ou ritual da sociedade; os longos capuzes da K.K.K. são uma ilustração sinistra disso. Outras instituições, por razões que lhes são próprias, protegem também o anonimato de seus membros.

A tradição dos árabes nômades, anterior ao islamismo ou contemporânea, ilustra o uso social do véu para fins de proteção pessoal. Em algumas sociedades em que o indivíduo não é identificado enquanto valor próprio, o ser humano é assimilado simbolicamente a seu rosto: *wajh*. Este termo, utilizado frequentemente no Alcorão, é válido para exprimir a totalidade do ser, a pessoa em seu sentido genérico. J. Chelhold explica a confusão cultural entre a face e a pessoa, remontando a história árabe e lembrando que o uso de cobrir o rosto com véu não é um costume próprio apenas dos tuaregues, mas é algo comum aos nômades e aos antigos árabes; sobretudo, por ocasião das grandes reuniões tribais em que convém manter-se protegido de qualquer possibilidade de ser reconhecido. Nessas sociedades minuciosas, nas quais a vingança é uma regra imperativa que afeta o ator em sua responsabilidade para com o seu grupo, a busca do anonimato é uma necessidade vital. O uso do turbante imposto, por um lado, pelo fato de condições ecológicas particulares, nomeadamente para se proteger do calor e da poeira, "é também ditado pelo medo de ser reconhecido e de tornar-se assim objeto de represálias ou de uma vingança de sangue" (CHELHOLD, 1958, p. 33-34; cf. tb. CHELHOLD, 1957). O árabe nômade cobre a boca e o nariz com a extremidade de seu turbante para se embuçar: apresentar-se com o rosto descoberto é um sinal incontestável de bravura, como é o caso dos guerreiros valorosos. Exibir publicamente o seu rosto sem temer as eventuais represálias, sempre pendentes sobre cada representante de um grupo, corresponde a uma atitude de orgulho e de coragem: é a dos chefes. Pelo contrário, a preocupação em passar incógnito, o eclipse do rosto, é uma atitude comum.

6.7 Modificar

Na cirurgia estética, convém distinguir entre a intervenção que restaura, com mais ou menos fidelidade e felicidade, um rosto danificado após um acidente ou uma doença – voltaremos ao assunto mais adiante – e a intervenção estética cuja finalidade consiste em criar uma nova forma ao modificar o aspecto do rosto de acordo com o pedido de um ator que deseja dar outra "configuração" de si mesmo. Numerosos estudos mostraram que os usuários da cirurgia estética são indivíduos que, na maior parte das vezes, estão passando por uma crise (divórcio, desemprego, envelhecimento, óbito de um ente próximo etc.); mediante esse recurso, eles encontram a possibilidade de deixarem de encarar de frente as preocupações que experimentam nesse momento. Eles pretendem romper, de uma vez para sempre, a orientação da própria existência pela mudança de seus traços faciais ou do aspecto de seu corpo. Ao inapreensível de sua vida, eles opõem o apreensível do corpo e transformam a forma deste, tendo a certeza de que vão assim agir sobre a sua relação com o mundo. No momento mesmo em que tudo se esquiva no decorrer de uma vida, o corpo é a única âncora suscetível de garantir ao ator um autodomínio. É mais cômodo modificar o seu corpo do que mudar a sua existência, sobretudo se o ator está convencido de que a primeira modificação acarreta necessariamente a outra. Isabelle Faivre, autora de vários estudos sobre a psicologia de clientes da cirurgia estética, mostra que a emergência da vontade de modificar os traços do rosto, ou as formas do corpo, é contemporânea, muitas vezes, do final da adolescência e está associada a relações familiares difíceis em que a semelhança com um dos progenitores é vivenciada de modo penoso: modificar um nariz, por exemplo, para mostrar a vontade de se diferenciar de uma fonte de identificação materna ou paterna, difícil de suportar (FAIVRE, 1985). O recurso à cirurgia estética é, então, uma tentativa simbólica de introduzir-se no mundo, rompendo com uma filiação demasiado evidente: fazer com que o corpo de estar no mundo deixe de ser tributário de uma semelhança demasiado nítida com um pai ou uma mãe, de quem é importante atualmente suprimir qualquer reminiscência.

As estatísticas mostram que as mulheres recorrem a essa cirurgia de maneira mais frequente do que os homens. Em relação a estes, elas têm uma maior necessidade de adotar os modelos normativos da Modernidade: juventude, vitalidade, sedução. Nas representações sociais, o declínio da sedução, para uma mulher, é o equivalente de uma perda de feminidade e de uma depreciação da razão de ser. As categorias sociais mais favorecidas recorrem com maior frequência à cirurgia estética do que as categorias mais populares; com efeito, para estas, a sedução não é assim tão regida por normas imperativas. As populações que recorrem mais facilmente a tal cirurgia são aquelas cujas relações com os outros são mais dependentes de critérios de aparência; ou dito por outras palavras, aquelas em que o *look* corre o risco de ser mais determinante no reconhecimento social.

Numerosos pedidos de cirurgia estão também associados a distúrbios relacionados com a imagem do corpo que afetam sensivelmente a existência do indivíduo: um nariz que parece demasiado comprido, ou curto demais; lábios demasiado carnudos ou maldesenhados etc. Muitas vezes, essa preocupação revela profundamente a dimensão imaginária da relação com o próprio corpo. O traço físico percebido com desprazer ocupa um lugar preponderante na existência e impede que a pessoa invista realmente em seu ser como totalidade; tal característica obceca o ator que nada vê além dessa desarmonia, associada para ele a todos os dissabores que empanam a sua vida. Na circunstância em que, de acordo com a maneira de ver de todos, a sedução é evidente e o rosto harmonioso, o indivíduo está convencido de que, por sua culpa, todo o encanto foi excluído de sua pessoa. A fantasia é uma das modalidades da relação do indivíduo com o mundo; ora, a recrudescência de cirurgias estéticas tira justamente partido disso. Com efeito, para o indivíduo, tal recurso é, às vezes, a ocasião de um novo recomeço na existência, não por causa do traço físico redesenhado, mas porque este último representava, em seu ver, a fonte de todos os seus males; a partir daí, ele sente-se outro homem. A operação de cirurgia estética não está, de modo algum, distante da eficácia simbólica. Além de consistir na assunção de uma nova forma de seu rosto e de seu corpo, a busca do usuário assume realmente toda a sua amplitude das consequências de natureza social, relacional e pessoal pretendidas dessa intervenção: sedução mais chamativa, novo ponto de partida na vida ou expectativa de relações mais propícias com outrem. A vontade reside na preocupação em modificar o olhar a respeito de si e o olhar dos outros sobre si; trata-se de restaurar uma plenitude do ato de olhar com o objetivo de sentir, enfim, a sua existência em plenitude.

No recurso à cirurgia estética, é perceptível o cruzamento de uma exigência normativa própria a um grupo social, a determinado momento de sua história, por um lado, e, por outro, a singularização dessa norma em um indivíduo particular que se forjou um ideal e procura, com ou sem razão, realizá-lo concretamente. A operação cirúrgica que visa restabelecer um nariz ou um queixo, eliminar rugas ou bolsas sob os olhos, é uma tentativa de suprimir a ambivalência da relação com o rosto, fazendo deslizar os aspectos simbólicos dessa relação para a realidade imediata do corpo; ela é, às vezes, a pior maneira de tomar a metáfora ao pé da letra e confundir a fantasia com o seu pretexto, a fim de corrigir no corpo uma imperfeição que está situada alhures na história do ator e em sua relação com o mundo.

Modificação sem matizes, brutal, de uma imagem do corpo que opera na carne viva do sujeito desconhecendo o sentido figurado de uma queixa. A cirurgia estética funciona, quase sempre, a partir da negação do inconsciente, agindo por interpretação ingênua diretamente sobre o corpo: algo parecido à postura de um psiquiatra que aconselhasse um paciente paranoico a alimentar uma desconfiança ainda maior e a proteger-se de um modo mais eficaz de seus inimigos. Responder, sem o devido recuo, a um pedido que sublinha essencialmente um sofrimento na relação com o mundo na qual o inconsciente está implicado profundamente, é suscetível de levar o paciente a correr o risco não negligenciável de uma desestruturação da personalidade. O caso é relativamente frequente. Nesse aspecto também, qualquer intervenção no rosto equivale a atingir a própria existência do autor, a modificar o seu traçado, além de alterar a sua tonalidade.

Trata-se de fixar o ideal, de tomá-lo ao pé da letra e de enraizá-lo em si através de uma ação de controle. Embora o imaginário seja o material em que se entalha o novo motivo, o projeto do ator é animado pela certeza de que, para modificar uma existência que não lhe fornece o que ele tem o direito de esperar desta, basta-lhe transformar as aparências do próprio rosto ou corpo para que, daí em diante, ela corresponda a seus anseios. Para mudar a vida, pretende-se inicialmente "changer de tête [cabeça]" [mudar de cara] com a certeza de que o resto da mudança está garantido. Se o rosto é a encarnação mais significativa de si, a metamorfose de uma vida decepcionante pode construir-se com todo o direito graças à intervenção plástica sobre esse mesmo rosto; evitando, assim, desenvolver uma disciplina e uma paciência acima de sua vontade. O nariz a endireitar, as rugas a suprimir ou os lábios que, por desejo da pessoa, deveriam ser mais bem desenhados, são considerados "maus objetos", responsáveis por fracassos de natureza pessoal ou profissional de que o indivíduo é a vítima.

Supõe-se que a supressão do mau objeto – à semelhança do que se passa com a substituição de uma peça defeituosa em determinada máquina – contribua para fazer funcionar, de novo, com todas as suas funções, um corpo daí em diante purificado, dotado de acessórios próprios para exercer a sua sedução. A imagem impõe-se através da atitude de exame que, nesse contexto, caracteriza o essencial da relação com o corpo e o recurso a uma cirurgia normativa. O ator está em posição de olhar e exercer a função de juiz diante de sua corporeidade, reduzida por ele a um objeto e a uma máquina fabricada com defeito, inquinada por vício de forma e da qual convém substituir as peças litigiosas.

A resolução das dificuldades existenciais baseia-se inteiramente na correção da zona contestada do rosto ou do corpo: a solidão, a timidez, o fracasso, a juventude que passa etc. Uma operação sobre a aparência física colocará, enfim, a sorte do lado do ator, realizando o encontro da vida com o ideal. O traço a modificar é a metonímia da soma dos dissabores encontrados. Torna-se possível verificar, aqui, o aspecto em que a operação cirúrgica depende, efetivamente, da eficácia simbólica, evocando os procedimentos do xamanismo: todo o mal é fixado, por transferência, em um órgão que é removido ou cuja aparência é modificada; alimenta-se a expectativa de que, mediante essa purificação, surja uma existência nova e mais propícia.

Terminada a operação, tendo desaparecido o mau objeto, o indivíduo pode perder o sentimento de seu infortúnio, sentir-se como alguém totalmente diferente e modificar radicalmente a sua atitude diante dos outros e de sua existência.

O resultado da operação implica, muitas vezes, um revigoramento de sentido e um acréscimo de vitalidade que, de maneira profunda, inverte o sentimento de subestima que o indivíduo tinha de si mesmo. Mas a eficácia simbólica pode facilmente fracassar sem que a intervenção tenha obtido alguma mudança e pode, até mesmo, suscitar outra contrariedade: por exemplo, devido a uma má relação com o cirurgião ou com a equipe de enfermagem; por causa de uma estrutura neurótica demasiado enraizada que impede a rápida restauração da autoestima; ou devido a um acolhimento decepcionante por parte de seu círculo de relações após a operação. A modificação do rosto – ao transtornar os dados originários do sentimento de identidade, mesmo que este último não tenha sido vivenciado de um modo gratificante – chega também, muitas vezes, a desestabilizar profundamente os alicerces da identidade, provocando um grande sobressalto no operado que pensava ingenuamente ter acesso, enfim, a seu ideal e, por conseguinte, já não consegue reconhecer-se. A cirurgia estética não se limita a uma retirada banal ou ao acréscimo de uma característica física no rosto ou no corpo, mas age, em primeiro lugar, no imaginário e, sobretudo, repercute sobre o sentimento de identidade. Ela tem uma incidência imediata sobre a relação do ator com o mundo. Uma operação no rosto não é, de modo algum, comparável com uma operação no braço ou na perna, porque ela afeta – muitas vezes, à sua revelia – as próprias raízes da pessoa. A relação estabelecida pelo usuário com o cirurgião e com a equipe de enfermagem é um elemento decisivo da maneira como a intervenção cirúrgica é vivenciada e assumida por ocasião das primeiras vezes em que o operado volta a ficar de frente para o espelho. A atitude do cirurgião não está longe da função do terapeuta: ele deve apreender a significação do pedido relativo à cirurgia e acompanhar o paciente no período de tempo anterior e subsequente à intervenção.

A cirurgia estética ou reconstrutiva foi utilizada, às vezes, nos estabelecimentos penitenciários, sobretudo, nos Estados Unidos, com pacientes voluntários afetados por um físico desgracioso em vista de favorecer a sua reabilitação. As operações solicitadas, com maior frequência, são intervenções corretivas sobre a forma do nariz (rinoplastia) e as paredes nasais (septoplastias), revisões de cicatrizes que chamam demasiado a atenção, ou tumores no pescoço ou no rosto. Mesmo que a aparência física não desempenhe um papel determinante na escolha de uma atividade marginal, é provável que essa operação possa alterar a existência de alguns pacientes, tornando a sua reinserção menos problemática. Uma experiência realizada nas prisões do Texas mostra que 17% somente dos prisioneiros que se beneficiaram de uma cirurgia corretora haviam sido alvo de uma nova condenação pouco após a sua saída da prisão; ora, no mesmo período, a população de reincidentes tinha-se elevado a 31,6%. É provável que a atenção prestada ao prisioneiro, desde a aceitação de seu pedido de cirurgia, e o fato de se livrar de um rosto malproporcionado (levando em consideração as fotos que acompanham o relato da experiência) facilitem, até certo ponto, uma integração mais bem-sucedida ao detento que deixa a prisão (SPIRA, M. et al., 1966).

A modelagem cirúrgica do rosto contribui amplamente para a negação da idade. O *lifting*, por exemplo, é um antídoto radical para a metamorfose da pele submetida ao processo do envelhecimento; contrariamente à máscara ou à maquiagem que simulam a turbulência e o além de si, a cirurgia estética – aplicada à passagem do tempo no corpo e no rosto da pessoa – dá testemunho de uma vontade de suspender o fluxo do mundo, de fixá-lo, enfim, de uma maneira consolidada, protegendo-se sem grande dispêndio de um futuro considerado assustador. Assim, o *lifting* é uma operação que consiste em eliminar as rugas, esticando a epiderme; experiência renovável alguns anos mais tarde, acaba limitando aos poucos a mobilidade dos traços faciais, modelando uma espécie de máscara fixa. O *lifting* é uma operação que, de maneira eletiva, afeta as camadas privilegiadas da população, aquelas que estão mais atentas à sedução que possa emanar delas, ou as pessoas cuja profissão impõe salvar as aparências, durante o máximo de tempo possível: artistas, políticos, personalidades públicas etc.; grupos sociais em que o rosto e o corpo são os valores cardeais da relação com os outros. O número de mulheres que recorrem a essa intervenção cirúrgica é superior ao dos homens, os quais não deixam de ser impelidos, pelo imperativo de juventude da Modernidade, a submeter-se a tal operação. No entanto, a mulher é, em relação ao homem, mais vulnerável ao envelhecimento, através das representações sociais que a visam; desse modo, ela deve combater essa depreciação para permanecer "mulher", suscitando ainda ao seu redor um atrativo que, em grau cada vez maior, lhe é exigido. Uma comediante confessa que o fato de parecer idosa é mais constrangedor para ela do que ser realmente uma pessoa de idade avançada. É um dado social sobejamente conhecido que, ao envelhecer, o tratamento reservado ao homem e à mulher é desigual: de um homem de "certa idade", ainda é possível falar de "sedutor com cabelos grisalhos"; a sociedade é menos indulgente para com uma mulher da mesma geração. A rigidez dos imperativos de juventude ou de sedução das sociedades contemporâneas impele um grande número de mulheres para a cirurgia estética a fim de salvaguardarem a imagem que têm de si mesmas e, sobretudo, o seu valor simbólico no olhar dos outros. Trata-se, sem dúvida, de uma maneira de conjurar a morte, ao impor ao rosto uma disciplina que modifica a sua natureza; esse é o preço, porém, que o ator paga pelo sentimento de que, apesar de sua idade, a sua sedução não se extinguiu totalmente, de que a velhice – e, mais ainda, a morte – está longe. Imita-se a juventude através de alguns sinais ostensivos: pele aparentemente intacta ou cabeleira abundante. O *lifting*, além da dívida que paga à necessidade de permanecer vivo para o seu círculo de relações ou para o público, é uma medida de segurança ontológica assumida pelo ator: ao modificar a aparência do próprio rosto, no espaço em que se cristaliza o sentimento de identidade, ele age igualmente por ricochete sobre este e ganha um novo alento. A cirurgia aplicada à luta contra o envelhecimento é uma suspensão brutal da metamorfose do corpo, mas, ao mesmo tempo, ela mantém a ilusão, mais ou menos eficaz, de vitalidade.

A cirurgia estética é também o campo de um comércio próspero no qual os dados relacionais propícios a dinamizar a eficácia simbólica estão longe de ser prioritários. Ela é uma atividade perigosa e, às vezes, traduz-se por surpresas desagradáveis para pacientes demasiado confiantes. Uma jornalista do cotidiano parisiense, *Le Monde*, ao empreender uma investigação sobre o círculo heterogêneo dos profissionais da cirurgia estética, relata o seu périplo por várias clínicas com o objetivo de solicitar uma rinoplastia. Em uma única vez, um médico vai questioná-la a respeito da necessidade de tal operação em um rosto que lhe parece harmonioso; ele é também o único que lhe apresenta os riscos dessa intervenção que, efetivamente, implica uma anestesia geral. Os outros interlocutores, em várias clínicas, aceitaram imediatamente o pedido, sem nunca terem ponderado a significação de tal procedimento para a paciente, nem adverti-la a respeito dos riscos inerentes a essa intervenção (THIVENT, 1980).

O sucesso da operação, além da competência do cirurgião que nem sempre é a mais abalizada, como ficou demonstrado no resultado de algumas pesquisas, depende do investimento de que é objeto por parte do paciente. A este respeito, a frequente complacência do cirurgião pode ser prejudicial: um grande número de sequelas pós-operatórias estão associadas à cegueira de um cirurgião que responde ingenuamente a um pedido, sem questioná-lo sobre o sentido que tem para o paciente, e para quem "refazer" um rosto é um ato tão banal quanto modificar a tapeçaria de uma casa. Atitude de Pigmaleão bem eloquente tanto sobre o cirurgião complacente quanto sobre os pacientes que solicitam a sua ajuda: troca de fantasias, de alguma maneira, em que cada um presta mutuamente serviço; no entanto, o paciente é, quase sempre, o lesado, aprendendo a contragosto que modificar as estruturas do inconsciente não é tão simples como cortar na carne viva. Ao penetrar na pele – sobretudo, quando é a do rosto –, o cirurgião afeta profundamente os próprios alicerces da identidade.

6.8 Da impassibilidade ao "rostocrime"

O grau zero da expressividade do rosto é, sem dúvida, inatingível. O estratagema divertido imaginado por Philippe Halsman, mediante o qual pretendia capturar nos modelos que fotografava uma "verdade profunda", levando-os a dar um salto, não parece ser, de modo algum, uma solução séria. Este fotógrafo estadunidense pensava ingenuamente que o condicionamento social e o controle exercido sobre o rosto seriam assim eliminados pelo esforço dispendido; do mesmo modo, o homem adormecido não é, certamente, o sujeito ideal para dar respaldo a tal iniciativa. O cadáver, com o rosto trancafiado no mutismo, mostra-nos a distância que o separa da expressividade do cotidiano, alimentada não somente pela presença dos outros, mas também pelo sonho acordado permanente que acompanha o indivíduo em todas as circunstâncias da vida. "O rosto morto – escreve E. Lévinas – torna-se forma, máscara mortuária, mostrando-se em vez de deixar ver; mas precisamente, assim, já não aparece como rosto" ([1961] 2008, p. 240). Tampouco é possível tornar o indivíduo impassível em alguém que estivesse perto de uma espécie de ausência de expressividade.

A impassibilidade é, com efeito, um esforço sobre si mesmo, ritualizado de maneira estrita; trata-se de uma espécie de véu que o indivíduo coloca sobre o próprio rosto para guardar em si os seus sentimentos, descerrando uma cortina simbólica para protegê-lo do julgamento dos outros. Ao tornar a superfície do próprio rosto em algo empalidecido em que não se manifesta nenhuma revelação e em que a própria sombra de um indício se recusa a aparecer, o ator mostra às testemunhas – as quais, muitas vezes, compartilham a mesma atitude de retraimento – que a situação em que está mergulhado não lhe diz respeito e, por conseguinte, nada tem a ver com isso, nem a criticar o que se passa; aliás, nada tem a acrescentar. Ocorreu algo que merece ser considerado, sem dúvida, com maior atenção, mas ele deseja evitar um envolvimento mais intenso. E, o que é um paradoxo, a sua indiferença é exibida de maneira ostensiva diante de todos. A impassibilidade é o esforço ritual que consiste em suspender deliberadamente os hábitos rituais do rosto e do corpo para deixar ler apenas o grau menos informativo da expressividade; ela é a trincheira que fornece um abrigo pessoal e, ao mesmo tempo, permanece no âmago da interação social, oferecendo aos outros o sinal do envolvimento mínimo, aquele que salva as aparências e permite a manutenção *a minima* do vínculo social.

A impassibilidade do rosto é uma artimanha que o indivíduo adota diante de uma situação delicada e que deve dissimular os seus sentimentos para não se expor, correndo o risco de ficar à mercê de outrem. Os exemplos da impassibilidade são numerosos: o culpado sem argumentos para justificar a sua atitude; o ladrão de mercadorias em loja que não deve absolutamente trair as suas más intenções e se esforça por dar a impressão de estar alhures, de não se tratar dele quando os olhares se fixam, durante um instante, em sua pessoa, e procura infiltrar-se no movimento do público à sua volta: a sua postura acaba dando testemunho de uma inocência, cuja prova ainda não lhe havia sido solicitada por ninguém. Existe também o indivíduo que se repreende interiormente de um ato que, por ocasião de um acontecimento inesperado, ressurge em sua consciência; aquele que teme uma reação hostil a seu respeito – por exemplo, racista – e procura passar despercebido; a testemunha involuntária de um ato delituoso que, por algum motivo, teme por sua vida ou tranquilidade e mostra ostensivamente que ela não está envolvida com o que viu; a criança autista que torna a impassibilidade em uma tensão constante, na moral aparente de sua relação com os outros, no refúgio do qual é difícil livrá-la. O esforço da impassibilidade, porém, pode romper-se facilmente, em detrimento do ator que não conseguiu conter a sua emoção.

A impassibilidade é um movimento ritual provisório, mas que pode tornar-se uma constante da relação com os outros, nomeadamente nas sociedades totalitárias em que o espaço público é consideravelmente restringido pela ausência de uma zona de confiança suficiente para que cada um possa exprimir realmente o que pensa ou sente. Se a vigilância está, ao mesmo tempo, por toda a parte e em nenhum lugar – inapreensível em suas manifestações, mas terrivelmente perigosa para a liberdade ou para a vida daquele que viesse a expor-se de maneira importuna –, então a impassibilidade torna-se uma existência de todos os instantes, uma estratégia para sobreviver, uma forma de autismo controlado no próprio âmago do vínculo social. É, sem dúvida, nessas sociedades que E. Canetti pensa ao escrever que "o costume não toma em toda a parte a mesma posição com respeito à livre-representação da fisionomia. Muitas civilizações limitam, de maneira estrita, a liberdade do rosto. Mostrar imediatamente a sua dor ou alegria é contrário às conveniências, de modo que tais emoções são contidas em si, o rosto permanece calmo" (CANETTI, 1966 p. 317)[92]. Convém não confundir a expressão da indiferença com o sentimento da indiferença: a primeira é um refúgio, um meio de se preservar da indiscrição dos outros de quem se deve, com ou sem razão, desconfiar; ela o é necessariamente nas sociedades totalitárias nas quais a manifestação franca de uma emoção corre o risco de gerar a suspeita das testemunhas. Esse imperativo de controle

---

92. Cf. tb. COCHART & HAROCHE. "Impassibilité, isolement et indifférence dans les societés totalitaires", 1988.

tem em vista o teste de se tornar transparente, insignificante, sem que nenhum relevo venha a sobressair no espaço.

A experiência política de alguns países mostra que a impassibilidade pode, em parte, romper-se e transformar-se em um rosto unânime de resignação. Mircea Dinescu, poeta romeno, fala assim de seu país, ainda durante alguns meses, sob a dominação do ditador Ceauşescu (1918-dez. 1989):

> Não existe discurso presidencial em que a palavra "felicidade" não seja martelada em todos os tons. Basta olhar para os membros do partido, esses rostos eternamente sombrios e carrancudos que não chegam a ser tocados pela brisa ligeira dessa palavra; basta observar as pessoas comuns que lotam as estações de estrada de ferro com o seu aspecto inquieto e preocupado, as suas sacolas abarrotadas de pão, as suas roupas de cor cinzenta que são uma perfeita tradução de seu estado anímico... Não somos nórdicos, e ríamos alto em casa, às bandeiras despregadas, ao ponto de sermos tachados, às vezes, de "balcanismo" porque o nosso senso de humor estendia-se a todas as coisas e, até mesmo, frequentemente, às coisas trágicas. Hoje, o sorriso tornou-se uma mercadoria rara na Romênia (*Libération*, 17/03/1989).

Depois de três semanas de pesquisa no Sul dos Estados Unidos, com a caracterização de negro e assumindo a sua amarga condição, o escritor John Griffin observa no espelho dos banheiros a metamorfose de seu rosto não somente em sua forma, mas também em sua tonalidade: "Eu observava também a fixidez de meus traços faciais. Em repouso, a minha figura estava marcada por uma expressão tensa, taciturna, ou seja, igual à de um grande número de negros no Sul" ([1961] 1962). O personagem representado por ele leva a melhor em relação ao homem que ele é; o medo experimentado nessa situação modifica, à sua revelia, a expressividade de seu rosto.

"Dissimular os próprios sentimentos – afirma G. Orwell –, manter a expressão do rosto sob controle, fazer o que os outros fazem: tudo reações instintivas" ([1949] 2009, p. 22). Com a obsessão de ser levado, a contragosto, a revelar algo, de deixar entrever um indício que não escapará aos inumeráveis olhos do poder. E Winston conhece, certo dia, um momento de esquecimento antes de descobrir que uma mulher olha para ele. E é invadido pelo pavor:

> Ele não sabia por quanto tempo ela ficara olhando para ele. Talvez, tivesse feito isso durante cinco minutos, e era possível que Winston não tivesse mantido a expressão do próprio rosto sob um estrito controle. [...] Qualquer coisinha podia ser sua perdição. Um tique nervoso, um olhar inconsciente de ansiedade, o hábito de falar sozinho – tudo que pudesse produzir uma impressão de anormalidade, de que ele tivesse algo a esconder. Fosse como fosse, ostentar uma expressão inadequada no rosto (parecer incrédulo no momento em que, p. ex., uma vitória era anunciada) tornava-se em si uma infração passível de castigo. Havia inclusive uma palavra para isso em novilíngua: rostocrime (ORWELL, [1949] 2009, p. 65-66).

Soljenítsin, em seu testemunho sobre os campos soviéticos, dá um exemplo surpreendente de "rostocrime". Ele evoca a instrução desumana de que um indivíduo é objeto, sendo condenado de imediato a dez anos de cativeiro. O inquiridor lê para a vítima atônita o inventário meticuloso de suas ações dos dias precedentes: "[...] Em seguida, foram vistos na esquina, estiveram meia hora ao frio, de rostos carrancudos, com uma expressão de descontentamento. Justamente, até foram fotografados, durante essa conversa" ([1973] 1975, p. 113). Este romancista russo relata outro episódio, não menos impactante. No final de uma conferência do partido foi proposta uma moção de fidelidade ao camarada Stalin; em um ápice, todos os delegados levantaram-se e aplaudiram com entusiasmo. Um minuto, dois, três, quatro: ninguém se atrevia a dar o sinal de interrupção. O tempo passa. Dez minutos.

> Eles sucumbem! Estão exaustos! Mas não podem parar, enquanto não forem fulminados por um ataque cardíaco! É uma loucura! Uma loucura geral! Olhando-se uns para os outros com uma débil esperança, mas fingindo êxtase nos rostos, os dirigentes do setor hão de aplaudir até caírem, até que seja necessário levá-los em macas! [...] No décimo primeiro minuto, o diretor da fábrica de papel, fingindo-se esfalfado, senta-se no seu lugar. E, ó milagre! Para onde se esvaiu o indescritível e irresistível entusiasmo geral? De repente, todos pararam no meio do mesmo aplauso e também, à uma, sentaram-se" ([1973] 1975, p. 73-74).

A inobservância da regra a respeito do entusiasmo, mesmo que esteja dissimulada sutilmente pelo aspecto esfalfado exibido pelo diretor ao sentar-se, decreta a perdição deste: ele havia rompido a unanimidade dos rostos e o imperativo de alegria que devia estar inscrita neles. Na mesma noite, ele é preso: "Sem nenhuma dificuldade, aplicaram-lhe, por outro motivo, dez anos" ([1973] 1975, p. 73-74).

No mesmo plano da impassibilidade, é indispensável, na vida social, o entusiasmo, se houver a convenção de mostrá-lo, ou a tristeza, se esta estiver na moda, por exemplo, após a morte do "guia". O medo de revelar algo de seus pensamentos íntimos, de sua singularidade, é igualmente um imperativo vital nos campos de extermínio nazistas (*infra*). A neutralidade exibida penetra todas as estruturas da vida cotidiana e, até mesmo, às vezes, no interior das famílias, espaço em que a moral vivenciada do sistema torna o vizinho em um provável delator. E é fácil instruir um processo do rostocrime, sobretudo se for acompanhado pela tortura e pelas privações; então, a impassibilidade é, com certeza, um dos caminhos da providência.

7
Rosto e valor

> *Um homem se propõe a tarefa de desenhar o mundo. Ao longo dos anos, povoa um espaço com imagens de províncias, de reinos, de montanhas, de baías, de naus, de ilhas, de peixes, de moradas, de instrumentos, de astros, de cavalos e de pessoas. Pouco antes de morrer, descobre que esse paciente labirinto de linhas esboça a imagem de seu rosto.*
> Jorge Luís Borges. O *fazedor* (2000, p. 74).

7.1 O poder de atração

Ninguém consegue identificar o rosto de um desconhecido; ele está diluído no anonimato da multidão, sem destaque pessoal. Ser conhecido, em compensação, significa beneficiar-se do reconhecimento dos outros, oferecer-lhes um rosto já portador de uma qualidade de investimento, de emoções, de lembranças em comum. Travar conhecimento com os outros implica dar-lhes a ver e a compreender um rosto investido de sentido e de valor, além de tornar o rosto deles, em ressonância, em um lugar igual de significação e de interesse. De todas as partes do corpo humano, o rosto é aquela em que se condensam os mais elevados valores: matriz de identificação em que reverbera o sentimento de identidade e se fixam a sedução, as inumeráveis sutilezas da beleza ou da fealdade. Valor tão elevado que a alteração do rosto, mostrando um vestígio visível de lesão, é vivenciada como um drama, à semelhança de uma privação de identidade.

Numerosas tradições ocidentais associam o rosto à revelação da alma. O corpo encontraria nesse espaço a via de sua espiritualidade, o seu pleno direito de existir. O valor, ao mesmo tempo, social e individual que distingue o rosto do resto do corpo, a sua eminência na apreensão da identidade, traduzem-se perfeitamente nos passatempos amorosos, pelo menos, em nossas sociedades ocidentais, pela atenção de que é objeto por parte dos amantes. Nesse sentido, a literatura fornece abundantes exemplos. "Um dos sinais do amor – escreve A. Philipe – é a nossa paixão em olhar para o rosto amado; em vez de reduzi-lo, a primeira emoção prolonga-se, aumenta com frêmito. Um olhar torna-se o fio de Ariane que nos conduz até o coração do outro" (1982, p. 146). "Com as minhas carícias, o seu corpo converte-se inteiramente em rosto" – afirma A. Finkielkraut (1984, p. 59). Michel Tournier, já mencionado, faz eco a essa ressonância ao tornar o rosto no espaço por excelência do desejo: "Há um sinal infalível – comenta ele – mediante o qual se reconhece que alguém sente o verdadeiro amor: é quando o seu rosto nos inspira um desejo físico acima de qualquer outra parte de seu corpo" (1986, p. 210). Assim, os amantes podem perder-se em uma longa contemplação, na qual a palavra suspensa dos lábios reveste com maior brilho a intensidade da visão do rosto do outro. O rosto aparece sempre como o lugar em que a verdade se revela imediatamente. Procedemos à análise aprofundada sobre a tentação da fisiognomonia de romper o mistério ao esboçar um quadro de equivalências rígidas entre as características físicas e morais; no entanto, a experiência do amor desmente tal vontade de controle, de modo que os demorados olhares dirigidos ao rosto do outro permanecem sempre no limiar da revelação e alimentam-se com essa expectativa.

E, sem dúvida, o fim de uma relação amorosa para um casal daria testemunho também da banalidade mútua que se apropriou dos rostos e, desde então, a impossibilidade de buscar nas feições do outro a irrupção do mistério; mas, enquanto persistir a intensidade do sentimento, o rosto entrega-se, à maneira de uma chave, para ganhar acesso à fruição do outro. Essa irradiação torna o rosto em um atrativo em que se pressente a revelação.

> Enquanto lhe falava, ela continuava entornando a sopa [...]. Ernie, angustiado, bebia com os olhos o rosto da mãe sem ser capaz de captar aí o reflexo de sua face interior. De repente, porém, ele teve a intuição fulgurante da alma da Srta. Blumenthal que era, ao mesmo tempo, um esguio peixinho prateado e medroso, em perpétua fuga sob as marolas, já desgastadas, de seu rosto de águas cinzentas e pouco profundas (SCHWARZ-BART, [1959] 2009, p. 187).

O rosto como o lugar predileto da alma: a imagem é bela e comum, traduzindo em termos religiosos o caráter singular e inefável do rosto. Daí, a emoção experimentada por quem olha retratos fotográficos ou pintados, mesmo que estes representem pessoas, cujo desaparecimento ocorreu há muito tempo. O rosto é uma potência de atração. Em um artigo insólito sobre Leonardo da Vinci, Freud mostrou como um rosto pode atravessar o tempo e, certo dia, impor-se com emoção no decorrer de uma vida após um encontro ou um acontecimento que consegue reanimar o seu fascínio, sem ser por isso reconhecido em sua verdade. Seguindo o itinerário pessoal de Leonardo, o psicanalista vienense tenta remontar às origens do famoso sorriso da Gioconda, "um sorriso notável, ao mesmo tempo fascinante e misterioso, mediante o qual ele anima, à semelhança de um mago, os lábios de seus modelos femininos" ([1910] 1972, p. 65). Um sorriso capturado no rosto de Mona Lisa del Giocondo, quando ele está nos cinquenta anos e que, talvez, abra para Leonardo a porta estreita do retorno à infância, não tanto relativamente a lembranças específicas, mas, pelo menos, ao inconsciente de uma memória, com uma intensidade talvez ainda mais pregnante. Após uma análise, mais convincente por sua emoção contida do que pelo raciocínio induzido pela pintura, Freud chega evidentemente ao rosto da mãe: "[...] foi a sua mãe – comenta o psicanalista – quem possuiu esse misterioso sorriso, perdido, durante algum tempo, pelo artista e que muito o fascinou quando voltou a encontrá-lo nos lábios da dama florentina. [...] Dessa época em diante, entre os pintores da Itália, as madonas e as senhoras aristocráticas passaram a ser pintadas com a humilde inclinação da cabeça e com o estranho e bem-aventurado sorriso de Caterina, a pobre camponesa que dera à luz o magnífico filho, cujo destino seria pintar, pesquisar e sofrer" ([1910] 1972, p. 68, 70).

Além do amor, a arte é outro lugar privilegiado da resposta ao atrativo oriundo do rosto; é sobejamente conhecida, por exemplo, a importância que Proust confere ao rosto em sua obra, *À la recherche du temps perdu* [Em busca do tempo perdido][93]. Alguns fotógrafos – por exemplo, Lewis Hine – ou cineastas, tais como Tod Browning, Carl Dreyer, I. Bergman ou F. Fellini procuraram captar, em cada filme, a aura do rosto de seus comediantes. O cineasta italiano vai servir-se disso como a linha diretriz para o surgimento de sua obra:

> No começo de cada um de meus filmes – diz ele –, em um grande quadro pendurado atrás de mim, em meu estúdio, fixo com tacha as fotografias de todos aqueles que, em determinado momento, poderiam ter um papel, mesmo ínfimo, a desempenhar nele. Aos poucos, tais fotos tomam conta do espaço, amontoam-se, superpõem-se, conquistam o direito a seu lugar. A minha vida é condicionada, então, por esta grande tapeçaria de rostos (*Le Monde*, 09/02/1990).

O cineasta dinamarquês, por sua vez, em uma linguagem quase religiosa, considera o rosto como "uma terra que nunca nos deixa cansados em laborá-la. Não há experiência mais nobre, em um estúdio, além de constatar como a expressão de

---

93. SCHLATTER, "Le livre des regards". In: BAUDINET & SCHLATTER, 1982.

um rosto sensível, sob a força misteriosa da inspiração, se anima do interior e se transforma em poesia" (DREYER, 1983).

Valendo-se de tal soberania, as representações do rosto têm dificuldade em tolerar as imperfeições que marcam os seus traços fisionômicos naturais. A eminência do rosto na axiologia corporal revela-se também nas precauções tomadas pelo tratamento pictural, fotográfico, cinematográfico ou televisivo de que é objeto. O vídeo, assim como a fotografia de família ou o jornalismo, escapam ainda dessa necessidade quase ontológica. Os pintores infringiram raramente essa ética na captura dos retratos elaborados para seus patrocinadores: eles suprimem as rugas, as verrugas, as dissimetrias, aplanam os traços fisionômicos ou suavizam a sua forma, eliminam os vestígios demasiado visíveis da idade. O pintor é o artesão da reconciliação de uma imagem real com uma imagem socialmente sonhada cuja força de testemunho prevalece graças à extensão temporal e à precariedade da condição humana.

Com o aperfeiçoamento das técnicas, os fotógrafos profissionais procedem cuidadosamente à retirada de qualquer defeito que possa implicar uma sombra no rosto do indivíduo e prejudicar a sua distinção simbólica. Em 1849, por exemplo, Albert S. Southworth elabora um credo do fotógrafo ainda válido hoje em dia, sobretudo se o modelo já possui uma notoriedade bem consolidada; a sua representação deve absolutamente corresponder à imagem ideal que ele deseja dar.

> Impõe-se descobrir, em um piscar de olhos – escreve este pioneiro norte-americano da fotografia –, o caráter de quem posa. Impõe-se captar, à primeira vista, tudo o que for necessário fazer aparecer na foto e, nos mínimos detalhes, para conferir-lhe uma unidade. Os defeitos naturais ou acidentais serão separados das perfeições naturais e possíveis, sem que os primeiros tenham de dissimular sistematicamente as últimas. Não se deve absolutamente representar a natureza como ela é, mas como deveria ser ou, eventualmente, poderia ter sido. Para o(a) artis-

> ta-fotógrafo, o objetivo deve consistir em reproduzir este ou aquele rosto, esta ou aquela silhueta com o máximo de caráter e as mais belas expressões possíveis. Mas, quanto ao resultado, a representação da beleza, da expressão e da personalidade não deveria afastar-se absolutamente da verdade (MADDOW, [1977] 1982, t. 1, p. 70).

Da mesma forma, a maquilagem do ator no cinema, o ângulo das tomadas de vista ou a preparação dos convidados em um estúdio de televisão procedem a uma necessidade de embelezamento ou de melhoria da expressão dos rostos e das aparências.

Tal é também o tratamento da imagem, na história oficial, em que o rosto do herói – enquanto expressão simbólica mais acabada da comunidade à qual ele pertence – deve ser perfeito, sem nenhuma espécie de lacuna; pelo menos, esta é a preocupação dos conselheiros em comunicação que estão à sua volta. O seu olhar deve manifestar sinceridade, fervor ou calma, inocência ou força de caráter, segundo as qualidades que devem ser realçadas de acordo com as circunstâncias. O jornalista e escritor norte-americano, Tom Wolfe, em sua narração da conquista espacial norte-americana, evoca a surpresa das esposas dos primeiros astronautas, no começo dos anos de 1960, quando elas tomam conhecimento da reportagem efetuada a seu respeito pela revista *Life*: em primeiro lugar, elas têm dificuldade em identificar a própria fotografia e, em seguida, elas compreendem a razão dessa vaga familiaridade que associa cada uma delas a um clichê. "Todas as pintas, marcas, espinhas, pontos pretos e outros cravos, herpes, sulcos de acne, buracos de furúnculos, pústulas devido ao consumo excessivo de chocolate, placas de urticária, protuberâncias das próteses dentárias e outras imperfeições tinham sido suprimidos pelo fotógrafo e [...] ficava a impressão de terem sido submetidas a uma cirurgia plástica" (WOLFE, 1982, p. 191). Essas mulheres necessariamente perfeitas, encarnações do modelo ideal da mulher norte-americana do lar, cheias de abnegação ao lado de seus valorosos maridos, não podiam ter um rosto banal, marcado por defeitos tão comuns. Uma correção meticulosa elimina, retoca, acentua ou minimiza características que afastam a reprodução do modelo original, sem deixar de torná-la mais semelhante ao estereótipo esperado pela multidão dos leitores (ou, pelo menos, de acordo com a opinião que a *Life* fazia da opinião da multidão). Elas têm de enfrentar, de novo, essa espécie de caridade dos fotógrafos de salas de aula levados a captar, em uma breve eternidade, um punhado de adolescentes com rosto espinhento e que não podem resistir à tentação de purificar, à sua maneira, traços fisionômicos tão desgraciosos.

O rosto é um palco em que o público não deve perceber nenhum defeito suscetível de manchar o devaneio acordado do olhar; contrariamente à fotografia antropométrica que visa colocar em evidência, da maneira mais rigorosa possível, as feições porque esse clichê constitui precisamente uma fonte inequívoca de identificação. Quanto às fotos de amadores, reveladas em série nos laboratórios, sem retoques, elas suscitam em redor das mesas familiares um misto de júbilo e decepção, associado ao sentimento frequente de não ser "fotogênico". A preocupação do jornalista consiste igualmente em tirar as fotos mais fidedignas dos acontecimentos em que ele está imerso: a partir de fatos cotidianos, acidentes, incêndios, guerras, ele procede a uma tomada direta dos rostos em que a dor, as rugas, o cansaço, o suor, os esgares são outros tantos sinais de incorporação de uma verdade humana.

7.2 Os paradoxos da eminência do rosto

A posição vantajosa do rosto em relação ao resto do corpo humano tem, em contrapartida, alguns inconvenientes. Os termos de gíria e familiares para designar o rosto são abundantes, ironizando tal predomínio. Em francês, J. Renson apresenta um inventário desses termos: as *abajoues* [bochechas flácidas; uso pejorativo de *bajoues* de porco], a *balle* [alusão à forma redonda do *ballot*, ou seja, trouxa de roupa], a *binette* [no início, peruca à maneira de Luís XIV e, em seguida, acepção de cara ridícula], o *blair* [designa, inicialmente, o nariz e, por extensão o rosto], a *bobine* [bobina; carantonha], a *bouille* [alcofa; na expressão, *avoir une bonne bouille*, ou seja, exibir uma cara simpática], a *bouillotte* [caldeira; por analogia, cara], a *boule* [bola], a *burette* [o rosto é comparado a uma moringa], o *caillou* [seixo rolado; daí, careca][94], o *casse noisette* [quebra-nozes; por analogia, queixo revirado][95], o *chérubin* [deriva, sem dúvida, de um antigo vocábulo francês que significa o rosto: a *chère*[96]], o *chouflier* [fole de cozinha], o *citron* [limão], o *coconas* [casulo], a *cornemuse* [gaita de foles], a *couèche* [comparação com a *quetsche*, ou seja, ameixa], a *façade* [fachada], o *figurement* [figura], a *fiole* [garrafinha], a *fraise* [morango], a *frume* [antigo equivalente de *mine*, ou seja, focinho], a *frime* [goela; falsa aparência], a *frimousse* [carantonha], a *gargarousse* [goela], o *glutouse* [equivalente de figura na gíria dos malfeitores], a *gouache* [seria uma alusão aos retratos pintados de acordo com a técnica do guache? Ou seria a extensão de *couèche*], a *grinte* [fisionomia desagradável], o *groin* [e variantes: a *groigne*, o *groignet*, o *groignon*; focinho de porco], a *gueule* [goela; fuça], a *hure* [cabeça desgrenhada], a *margoulette* [queixos], o *marron sculpté* [castanha esculpida; cabeça grotesca], o *morveau* [ranho; tromba][97], a *moufle* e o *mufle*, *mouvre* e *moreille*, *mouse* e *muse* [variantes de *museau*, ou seja, focinho], o *musequin* e o *musequinet* [diminutivos de

---

94. O autor cita a expressão idiomática – "se sucer le caillou" [literalmente: sugar o seixo] – que significa abraçar-se, beijar-se [N.T.].

95. Para definir "casse noisette", D. Le Breton cita o jornalista e escritor francês, A. Delvau (1825-1867): "Figura grotesca em que o nariz e o queixo estão prestes a realizar a aliança planejada desde o surgimento de um e do outro" (1866, p. 64) [N.T.].

96. Do latim, *cara*, rosto. Aparece nesta expressão idiomática, em desuso: "Faire bonne chère à quelqu'un", que significa mostrar um semblante agradável a alguém, reservar-lhe um bom acolhimento. Em compensação, é de uso corrente a seguinte expressão: "Faire bonne chère", ou seja, comer do bom e do melhor; cf. CAMPOS. Op. cit., p. 82 [N.T.].

97. O autor cita a expressão idiomática – "entre-lécher le morveau" [literalmente: lamber-se o ranho] – que significa abraçar-se, beijar-se [N.T.].

museau], o *nase* [deriva de *nez*, ou seja, nariz], o *nez*, a *pastèque* [melancia], a *pêche* [pêssego], a *pipe* e a *pipée* [cachimbo; cara grotesca], a *poire* [pera], a *pomme* [maçã], o *portrait* e a *portraiture* [retrato], o *réverbère* [revérbero], o *rond* [bolacha], o *shnesse* [cara], a *tass* [de *tasse*, ou seja, xícara, taça], a *terrine* [terrina], a *tête* [cabeça], a *tirelire* [mealheiro; cabeça], a *tomate* [tomate], a *touche* [aparência pessoal], a *trogne* [cachola, face rubicunda], a *tronche* [toco de madeira; fuça], a *trombine* [cabeça], a *trompette* [trombeta; rosto].

Alguns desses termos franceses caíram em desuso, enquanto outros continuam sendo utilizados com grande frequência. As grandes matrizes de denominações irônicas a respeito do rosto vêm de um vocabulário inicialmente aplicado a animais (cf. mais acima): *abajoues, gargarousse, groin, gueule, hure, margoulette, morveau, mouffle* e *mufle, mourre* e *moreille, mouse* e *muse, museau, nase* e *nez, tête*.

A depreciação do rosto passa aqui por sua animalização; aliás, na vontade de denigrir o Outro, percebemos muitas vezes essa transferência. Guiada por uma vaga analogia de forma, outra matriz deriva de termos frutíferos: limão, ameixa, melancia, morango, pêssego, pera, maçã, tomate. A origem da terceira matriz refere-se a termos que designam recipientes: tigela, moringa, terrina, mealheiro. E a última tem a ver com a esfericidade do rosto, relacionando-o com objetos: forma de trouxa de roupa, bolinha de gude, enxada para binar, bobina, alcofa, caldeira, bola, seixo, gaita de foles, revérbero, bolacha, toco de madeira (cf. RENSON, 1962, vol. 2, p. 445-485).

Expressões sempre vivas de uma "cultura cômica popular" em vias de extinção: tal movimento, em seu dinamismo ainda intacto, foi captado por M. Bakhtin em sua obra, lançada em 1965, sobre F. Rabelais. "A característica marcante do realismo grotesco é o rebaixamento, ou seja, a transferência de tudo o que é elevado, espiritual, ideal e abstrato, para o plano material e corporal, o da terra e do corpo em sua indissolúvel unidade" (BAKHTIN, [1965] 1987, p. 29). Este filósofo e pensador russo fornece um exemplo dessa inversão no episódio dos limpadores de traseiro [*torche-culs*] que põe em cena Grandgousier com o filho Gargântua. Este enumera por extenso a natureza dos limpadores de que se serviu e comunica ao pai tal experiência: ora, os cinco evocados, em primeiro lugar – o *cachelet* [tapa-boca], o *chapon* [alcova], o *cache-coul* [cachecol], as *aureillettes* [brincos de cetim] e o *bonnet de page* [boné de pajem] –, servem para cobrir o rosto e a cabeça. Rabelais inverte aqui os valores associados ao corpo: o alto e o baixo trocam de lugar. "Os cinco limpadores de traseiro entram no vasto círculo dos motivos e das imagens que evocam a substituição do rosto pelo traseiro, do alto pelo baixo. O traseiro é 'o inverso do rosto', o 'rosto às avessas'" (BAKHTIN, [1965] 1987, p. 370). O caráter próprio da tradição cômica popular consiste na reviravolta das zonas axiológicas mais marcantes do corpo: o rosto que, em toda a sua dignidade, dá testemunho da espiritualidade, da psicologia ou, até mesmo, da alma do indivíduo e, inversamente, as nádegas ou o traseiro, zonas do corpo que indicam o escárnio, que enraízam o homem à matéria, à baixeza, e associadas comumente aos insultos ou às paródias. Como Pantagruel aconselhou Panurgo a consultar a Sibila de Panzoust, ela mostra-lhe, e a seus companheiros, as nádegas: o gesto é banal, marcando um procedimento simbólico de zombaria, de rebaixamento daquele a quem é destinado. Parece exprimir que, perdida a dignidade do face a face diante de tal cafajeste, é suficiente o nádega-a-face [*fesse-à-face*]: a única maneira de restabelecer o equilíbrio. Vamos apresentar um florilégio de exemplos tomados de empréstimo ao vigor da linguagem popular[98]: mostrar a bunda (em vez da cara); *baiser le cul de la vieille* [literalmente, transar com a velha] tem o sentido de perder sem marcar um único ponto; *faire le cul de Pérette*, dar uma cambalhota; *parle à mon cul; ma tête est malade* [fale

---

98. Nas expressões citadas a seguir, o termo *cul* pode ter o sentido de traseiro, ânus, nádega, vulva; por sua vez, *tête* significa cabeça [N.T.].

com minha bunda, minha cabeça está doente], fazer cara de bunda; *faire la bouche en cul de poule* [boca com a forma de cu de galinha], fazer beicinho; *tomber cul par-dessus tête*, cair de ponta-cabeça; *montrer ses fesses le front haut* [mostrar a bunda com a cabeça erguida], bundalelê; *une figure de peau de fesse* [cara de pele de bunda], pessoa mal-encarada.

O curto-circuito realizado entre o espiritual e o material, o alto e o baixo, é um dos móbeis do humor. As gírias ou as formas banalizadas da linguagem popular evocadas acima desempenham, nas interações da vida cotidiana, uma degradação do rosto em favor do "cul" ou das "fesses" [nádegas], homenagem prestada à eminência. Transformar as nádegas ou o traseiro em matéria de um rosto em caricatura ou desfigurado consiste, de alguma maneira, em encontrar outro fundamento para o ser e em reconciliar o corpo e a alma, concedendo-lhes o mesmo grau de nobreza ou de escárnio. Octavio Paz metaforiza a oposição entre o traseiro e o rosto na oposição entre o princípio de prazer e o princípio de realidade. "Quando rimos do traseiro – escreve o poeta e diplomata mexicano – enquanto caricatura do rosto, acabamos afirmando a nossa separação e consumamos o revés do princípio do prazer. O rosto ri do traseiro e, assim, restabelece a fronteira entre o corpo e o espírito" (PAZ, 1971, p. 11ss.).

A personagem de Baubo, na tradição helênica, antecipa essa aproximação incongruente. Baubo livra Deméter, a deusa Mãe da Terra, do luto inconsolável pela filha. Ao levantar a saia, ela exibe um sexo que, mediante sua manipulação, se transforma em rosto de criança. Deméter cai no riso e recupera o gosto de viver. O riso suscitado pela brincadeira de Baubo nasce da zombaria de ver que, de repente, o rosto deteriorado é reconstituído pelo "baixo-ventre".

A derrubada da eminência do rosto, porém, longe de prestar-se ao riso, pode também levar a perder a cabeça. O lugar sagrado do corpo é por excelência aquele que é profanado com a maior virulência quando o indivíduo se encontra em posição arriscada durante os combates da guerra ou da política; deste modo, suprimi-lo passa, muitas vezes, pelo desmantelamento do rosto e da cabeça.

O aniquilamento do inimigo não pode ser completo sem a destruição daquilo que fundamenta a sua identidade perante o mundo, sem a desfiguração ou o dilaceramento do rosto que vai até a morte. Na *Ilíada*, Aquiles não se contenta com a sua vitória sobre Heitor, mas ultraja a sua memória, quebra pela raiz a lenda que pode nascer desse herói já repleto de glória, pretende fazer desaparecer o corpo, despedaçar o seu rosto contra as pedras. "Uma nuvem de poeira levanta-se em redor do corpo assim arrastado, os seus cabelos escuros agitam-se ao vento, a sua cabeça jaz na poeira, cabeça outrora resplandecente" (cf. VERNANT, 1989, p. 72ss.).

O rosto está associado à cabeça, ao "chef", segundo o antigo vocábulo francês que, por sua vez, deriva do latim *caput*. A degolação é uma maneira radical de tirar a vida, eliminando inclusive a dignidade do cadáver, ao separar o rosto do corpo, ambos atirados ao anonimato, à impossibilidade da junção. Retomada do gesto dos deuses contra o andrógino, separado em duas metades forçadas a se procurarem, através do mundo, para restaurarem a plenitude inicial. Ao decapitar uma pessoa, esta é privada de sua existência, de modo inapelável; no entanto, para muitas tradições, trata-se de uma ação sobre a vida póstuma da vítima ao impedi-la de usufruir o repouso eterno. Um rosto deambula, em busca de um corpo, estando ainda apoiado em uma cabeça ensanguentada. Castigo sutil. Os celtas, durante muito tempo, aterrorizaram os outros povos mediante o costume de decapitar os seus inimigos, de mumificar as suas cabeças e de conservá-las ciosamente a fim de se apropriarem das virtudes de força que, supostamente, residiriam nelas (cf. DÉONNA, 1965, p. 17-18. • LAMBRECHTS, 1954, p. 34ss. • STAHL, 1986). Nessas concepções do ser humano, supõe-se que a cabeça seja uma síntese da pessoa, encarnando o seu princípio vital. De maneira bastante frequente, a cabeça vale, com efeito, pelo indivíduo inteiro; assim, as estátuas dos vencidos são decapitadas ou os seus rostos manchados com tinta nos cartazes.

A decapitação é, no entanto, um gesto pouco sutil: arrancar o rosto e, ao mesmo tempo, a cabeça, revela um ato típico de carniceiro. E a suprema vitória do rosto que não se pode suprimir completamente. A imaginação fértil do indivíduo, em matéria de suplícios, nunca conseguiu inventar a máquina de eliminar o rosto: aquela que, à semelhança de alguém que tira uma peça de roupa, retirasse o rosto do condenado e o deixasse simbolicamente morto (exceto na desfiguração). Suprimir o rosto ou separar a cabeça do tronco são maneiras implacáveis de eliminar a pessoa, de privar os sobreviventes da memória que guardavam do defunto. A máscara caricata da vítima conhece o pior dos ultrajes. É impressionante a imagem de um homem que, na extremidade do braço estendido, segura a cabeça ensanguentada – imobilizada em um rictus de raiva – que ele tinha acabado de arrancar de seu adversário: a imagem do jovem Davi exibindo a cabeça de Golias, por exemplo, na tela de Caravaggio, na qual este pintou a si mesmo com as feições de Golias; o "Davi vencedor" atribuído a N. Poussin; a "Judite decapitando Holofernes" seja de C. Allori ou de Artemisia Gentileschi; a estátua, "Perseu com a cabeça de Medusa", de A. Canova; Füssli (em sua ilustração da epopeia germânica de "A Saga dos Nibelungos", Kriemhilde mostra a cabeça de Gunther para Hagen) etc.

A Revolução Francesa fornece o ponto culminante a essa dramaturgia ao torná-la em um espetáculo banalizado por ocasião das execuções públicas durante o período de *Terreur* (Terror, entre 5 de setembro de 1793 e 27 de julho de 1794). A guilhotina é, a este respeito, um instrumento de uma eficácia fulgurante e inexorável, em comparação com o uso do machado ou da espada, instrumentos de que se servia anteriormente o carrasco, que eram menos manipuláveis e mais aleatórios em seus resultados, exigindo, às vezes, várias tentativas para atingir o objetivo. De um golpe, o fio da guilhotina divide o indivíduo em duas partes, separa a cabeça do corpo e torna o rosto em algo incongruente.

O verdugo, com um gesto teatral, segura pelos cabelos uma cabeça que dá um rosto à morte. Em alguns segundos, o público passa da visão de um indivíduo vivo à vista de sua cabeça imobilizada, em uma formidável elipse. As gravuras de Villeneuve são conhecidas: mostram a cabeça de Luís XVI, de olhos fechados, suspensa pelos cabelos por um punho firme; ou a do conde de Custine, gravada pelo mesmo artista. Gesto espetacular que permite, a uma das figuras de maior destaque da mencionada Revolução, Danton, proferir um dito espirituoso que tira, por antecipação, do carrasco o prestígio que este pensava desfrutar: "Não esqueça de mostrar a minha cabeça ao povo; ela merece ser vista". Maneira extremamente elegante de perder a cabeça [*la tête*] sem perder o prestígio [*la face*].

7.3 Beleza-feiura

A suposta fealdade, ou beleza, de um rosto são atributos que não escapam ao julgamento de uma época ou de um grupo social; as características de uma e da outra são variáveis conforme as representações coletivas e existem apenas situadas e datadas no gosto de uma comunidade. A beleza associada a um rosto, no sentido em que envolve sedução, é socialmente um fator de sucesso profissional e sua ausência é uma provável fonte de dificuldades. Ela é também um motivo de indulgência que favorece uma avaliação, de alguma forma, "à la tête du cliente" [segundo a cara do cliente]: estudos anglo-saxões mostram, por exemplo, que a avaliação de uma obra de arte, se for acompanhada pela fotografia do artista, é objeto de um julgamento mais favorável de acordo com o grau de sedução transmitido pelo artista. Nas simulações de julgamentos nas quais se propõe a jurados que examinem o caso de diversos acusados, um estudo mostra que a "beleza" incentiva a indulgência, ao passo que a sua ausência incita de preferência à severidade, apesar do fato de que os jurados têm a certeza de fazer uma avaliação objetiva dos fatos. Seria impossível ser lindo e culpado: eis o que decreta o imaginário coletivo, propenso à compreensão e, até mesmo, ao perdão dos desvios de conduta para o indivíduo dotado de físico "mais atraente".

A beleza ou a feiura, ou melhor dizendo, a qualidade de sedução reconhecida, do ponto de vista social, ao ator gera a seu respeito opiniões mais ou menos favoráveis. A escala de sedução é simultaneamente uma escala de valores, semelhante neste aspecto às tradições da fisiognomonia, a qual se inspira, por sua vez, no senso comum. Outros estudos mostram que os homens e as mulheres mais sedutores são também percebidos como mais simpáticos e calorosos, a quem está associada uma série de estereótipos favoráveis; tais pessoas são igualmente percebidas como mais inteligentes e desejáveis, além de usufruírem de uma popularidade maior do que os outros. Os estereótipos afetam tanto mais as mulheres na medida em que, relativamente aos homens, elas estão mais submetidas a um imperativo de sedução baseado na beleza e na juventude: uma mulher percebida como feia ou pouco sedutora sente, do ponto de vista social, mais dificuldades em obter sucesso pessoal e profissional. É possível encontrar a mesma imantação de estereótipos positivos em favor das crianças percebidas como "lindas", sendo julgadas mais inteligentes e aptas a ter sucesso escolar pelos professores a tal ponto que transgressões graves lhes são perdoadas mais facilmente do que a outros alunos menos favorecidos fisicamente, tendo cometido infrações semelhantes; em relação a estes últimos, os estereótipos são negativos, associados à imagem de reincidência, da desonestidade etc. A beleza da criança parece alimentar a idealização das expectativas a seu respeito, além de favorecer o viés da indulgência se os seus resultados se revelarem aquém dessa previsão.

Uma pesquisa empreendida com mil participantes, acompanhados durante três anos, mostra que a atribuição a si mesmo de um julgamento positivo sobre o próprio rosto é uma estrutura decisiva da autoestima; pelo contrário, os indivíduos que se julgam, com ou sem razão, feios ou pouco sedutores têm uma tendência significativa a minimizar o seu sucesso social, o seu poder de atração pelos outros e o valor de sua existência. E tal postura verifica-se com maior ascendência em relação às mulheres. O medo de um julgamento negativo por parte dos outros impele esses atores a atribuírem a si mesmos um valor menor no palco da sociabilidade[99].

Os adolescentes são particularmente vulneráreis a este respeito, constatam S. Tomkiewicz e J. Finder, os quais observam que "o medo da feiura está associado intimamente ao receio do sujeito em relação ao menosprezo por parte dos outros" (TOMKIEWICZ & FINDER, 1970-1971); ele é o sintoma de uma ansiedade mais ampla que se refere ao medo de não ser acolhido com simpatia, de ser mantido afastado do círculo exigente das relações sociais. A fragilidade da posição psicológica e social do adolescente repercute sobre a percepção que ele tem do próprio rosto, tanto mais que ele pensa ser julgado essencialmente através desse signo que é o mais tangível de sua pessoa. O seu *status*, ainda indeciso, leva-o a temer o pior, sobretudo por ser oriundo de uma família desunida em que o seu lugar nunca esteve inscrito em um amor propício a alimentar a autoestima; a depreciação estética de si pode tornar-se, ulteriormente, em uma neurose cujos efeitos sobre a existência são temíveis.

Uma avaliação de feiura tem, do ponto de vista social, valor de estigma; trata-se de um obstáculo ao livre-exercício do ator no seio de sua coletividade. "A feiura – escreve E. Goffman – tem o seu efeito primário e essencial no decorrer de situações sociais, ameaçando o prazer que, de outra forma,

---

[99]. Sobre os julgamentos de atribuição de beleza e de feiura, além das interações sociais induzidas por eles, recomendamos a leitura de MAISONNEUVE & BRUCHON-SCHWEITZER, 1981.

poderíamos ter em companhia da pessoa que possui esse atributo. Percebemos, entretanto, que sua condição não deve ter efeitos sobre a sua competência para realizar tarefas solidárias, embora, é claro, só possamos discriminá-la devido ao que sentimos quando olhamos para ela" ([1963] 1988, p. 45). Com todo o rigor, a aparência de um rosto nada nos ensina sobre a moral de um ator, nem sobre o prazer que se pode usufruir com o seu contato, tampouco sobre a estima que se deve ter por ele. O discurso comum, porém, que não tolera as incertezas, já sopra a resposta: a feiura, pelo fato de romper o atrativo imediato da relação com o outro, é socialmente rejeitada. Através dessa relutância, verifica-se a antecipação relativamente ao suposto desprazer do contato; a beleza, pelo fato de conceder de imediato e sem medida a fruição do outro, é socialmente uma vantagem.

Se o imaginário social considera, mais ou menos conscientemente, o rosto como uma emanação sensível da alma, então a beleza ou a feiura que afetam a sua forma correm o risco de serem associadas a valores morais. O rosto aparece, então, à maneira de um testemunho; existe inclusive uma espécie de metafísica na feiura. Nesse aspecto, as representações do diabo do século XII ao século XVI, nas paredes e na pedra, são típicas.

> Do bestiário teratológico – escreve C. Loubet – emerge a figura de uma espécie de fauno dotado de aparência humanoide, peludo, hipersexuado... vemos precisar-se uma imagem do diabo, cuja cabeça é uma máscara assustadora com características deformadas no limite extremo do humano... boca larga, dentes caninos, nariz em forma de focinho, volutas de barba e de cabeleira, embriões de cornos, olhar exorbitado... (LOUBET, 1986, p. 26).

Na tradição, a bruxa é sempre feia e, eventualmente, disforme, como se a desordem aparente do corpo fosse já o testemunho de uma vilania incontestável que afeta a organização do mundo.

Ao contrário dos provérbios populares nos quais a beleza é matéria de suspeita, Lavater prescreve este axioma inapelável: "A beleza e a fealdade do rosto estão equiparadas, de uma maneira justa e exata, com a beleza e a feiura da natureza moral do homem" (LOUBET, 1986, p. 55). Algumas linhas mais adiante, ele chega a estabelecer um nexo matemático, por um lado, entre a perfeição moral e a amplitude da beleza e, por outro, entre a corrupção e a amplidão da feiura[100]. É conhecido o fato de que Lavater não é, de modo algum, avaro em contradições e, muitas vezes, perde-se em raciocínios tortuosos mediante os quais ele se esforça em justificar afirmações arbitrárias ou simplistas. Assim, no parágrafo seguinte, ele procuraria refutar os argumentos que lhe são opostos, insistentemente, pelos contraditores. Com efeito, não é verdade que existe "um número infinito de pessoas virtuosas demasiado feias e de homens jovens lindíssimos que são depravados"? Lavater matiza, então, as suas afirmações e, ao mesmo tempo, conserva o princípio: "Limito-me a dizer o seguinte: a virtude embeleza, enquanto o vício torna feio". "E não afirmo: 'É unicamente a virtude que realiza toda a beleza do rosto humano, é unicamente o vício que o torna feio'". Lavater cita em desordem a influência das "qualidades intelectuais", da "configuração primitiva no seio da mãe", as circunstâncias, os acidentes, as doenças, o clima etc. Entretanto, o vício e a virtude permanecem, em sua opinião, os determinantes significativos das linhas características do rosto. Em segundo lugar, Lavater pede aos detratores para observarem os homens e as mulheres que lhes serviram de prova para refutar o seu axioma: então, será possível verificar, segundo ele, desenhar-se em transparência na beleza do depravado uma fealdade incontestável que, à primeira vista, não havia sido percebida e, na feiura do virtuoso, uma beleza secreta que tinha

---

100. A associação do "lindo" com o "bem" e do "feio" com o "mal" parece atestada em numerosas sociedades. A mesma inferência encontra-se na fisiognomonia árabe. Os peul são muito explícitos a este respeito: "Para falar da feiura, dizemos: 'esse não é lindo, mas malvado'... Nada existe que seja inferior à feiura" (CÉSAIRE, 1974).

escapado a um exame demasiado superficial. "À semelhança das belas linhas no meio de um rosto feio, as linhas disformes no meio de um rosto lindo são tão pronunciadas e salientes que exercem uma ação mais vigorosa sobre nós que todo o resto; não é que se conclui daí que tais linhas características da beleza são mais acabadas, elevadas e eloquentes que as outras linhas e detalhes?" (LAVATER, [1775-1778] 1979, p. 56). Outro argumento: a beleza que reina em um rosto e que deveria ser o indício de uma elevada virtude é a de uma pessoa indigna e tola. Quem não se apercebe disso todos os dias? – retruca Lavater, fiel a seu grande princípio das exceções que confirmam a regra: "As disposições naturais podem ser excelentes, mas podem estar corrompidas por abuso ou falta de aplicação. Apesar de existir, a faculdade é utilizada de maneira equivocada" (LAVATER, [1775-1778] 1979, p. 46). Lavater jura que, "de todos os homens dotados de intelecto e de gênio distintos que conheço, não há um só que não se distinga pelos traços de sua fisionomia e, sobretudo, pela estrutura de sua cabeça, aliás, em proporção com as suas faculdades intelectuais, sensíveis e criadoras". E ele acrescenta: "Posso me gabar de conhecer pessoalmente, na Alemanha e na Suíça, um grande número das melhores cabeças" (LAVATER, [1775-1778] 1979, p. 46). Há, enfim, à imitação de Sócrates, homens nascidos com um rosto que dá testemunho de uma predisposição para paixões ignóbeis às quais eles cedem, às vezes, durante alguns anos: "Esse homem, que parece bastante feio, pode facilmente, a partir de certa época, esforçar-se em se aperfeiçoar... A sua fealdade é, no entanto, a expressão fidedigna de toda a imundície moral que se encontrava nele... [mas] antes da manifestação dos efeitos da virtude, o quanto a sua feiura não era realmente mais impactante!" (LAVATER, [1775-1778] 1979, p. 58). Lavater não é, de modo algum, original, traduzindo um *leitmotiv* presente nos traços de fisiognomonia desde os seus inícios. Procedemos, anteriormente, à análise aprofundada do preconceito de feiura aplicado ao outro quando "somos incapazes de vê-lo".

A caracterização de fealdade ou de beleza implica uma moral implícita, uma pressuposição de caráter que torna a pessoa linda propensa a fazer o bem e constrange o indivíduo feio a uma moralidade duvidosa. Em certas circunstâncias, porém, acontece que fealdade e beleza não são unívocas e que valores contraditórios lhes estão associados. Então, a beleza já não é apreciada sem suspeita e, por trás da feiura, percebe-se – à semelhança do que se passa com a Fera do conto de J. Cocteau –, uma sedução oculta e uma beleza de alma injustamente prisioneira de um rosto intratável e, até mesmo, repugnante como o de *The Elephant Man* (1980). As tradições rurais dão testemunho, de maneira profusa, da preocupação em fazer justiça à alma antes de submeter-se ao corpo, adaptando-se para isso alternadamente a uma grande quantidade de situações, sem estabelecer relações demasiado rígidas.

Longe de suscitar apenas elogios, a beleza é um atributo equívoco; ela é dada pela natureza sem qualquer mérito pessoal, de maneira desigual e, portanto, injusta visto que alguns estão privados dela. A opinião tradicional é desconfiada a seu respeito. Os provérbios, embora reconheçam apesar de tudo a sua virtude prática ("Jolie fille porte sa dot au front" [Moça linda carrega o dote na fronte])[101], esforçam-se por modular o seu alcance e por discutir os seus méritos. "Bicho lindo não tem rabo bonito", como se fosse preciso pagar alhures, de um modo mais grave (a sexualidade, a procriação, o bom entendimento do casal), os parcos benefícios de uma qualidade superficial. A beleza exige qualidades de alma; caso contrário, ela é contestada por uma espécie de moral natural que se insurge contra o privilégio atribuído a um indivíduo que a utiliza de maneira equivocada. A boa sorte do rosto deve ser compensada por uma nobreza de comportamento que acabe com toda a ambiguidade. "Beleza sem bondade é a luz sem claridade": uma espécie de insulto à natureza que, apesar de ter cumulado

---

101. Em português: "Linda cara, meio dote"; cf. LACERDA, 1999, p. 140 [N.T.].

um indivíduo com os seus benefícios, este não se tornou digno de sua bondade. E, no entanto, alçar-se ao nível da natureza é uma tarefa árdua porque "É impossível ser lindo e bom" e "Rosto lindo, pouco siso". Nesta perspectiva, a fealdade não é necessariamente uma desvantagem e, menos ainda, um estigma: "Au lit et à la chandelle, laide vaut presque autant que belle" [Na cama e à candeia, feia vale quase tanto a linda][102]; "Il vaut mieux dire, laide, mettons-nous à table, que belle allons nous coucher" [Em vez de levar uma mulher linda para a cama, é preferível dizer, ó feia, sentemo-nos à mesa]. Os provérbios relativos à beleza ou à feiura visam essencialmente a mulher. Aliás, em relação ao homem, a beleza está fora de questão, a não ser exatamente por suspeita: "Un bel homme dans la rue ne donne pas pain dans le grenier" [Homem lindo na rua não dá pão no sótão][103], tanto mais que "o trabalho não torna o homem lindo"[104].

Vimos que, em vez de se preocupar com detalhes, a fisiognomonia homologa um vínculo fatal que associa a beleza física à grandeza de alma de um caráter e a fealdade à suposição de vilania daquele que é afetado por ela. Não há qualquer risco de engano. Uma grande parte do cinema ou da literatura já nos anuncia o caráter dos protagonistas, assim como o desfecho do relato, através apenas da descrição das linhas características de seus rostos; essa é inclusive uma lei do gênero para a literatura do estilo "Arlequin"[105] que se encontra à venda nas estações de estrada de ferro. Cada personagem segue a tendência fatal do caráter que exibe tão ostensivamente e tranquiliza o leitor ou o espectador em relação à constância de um mundo no qual

---

102. Variantes em português: "De noite, à candeia, parece bonita a feia"; "No escuro tanto vale a rainha como a negra da cozinha". Cf. LACERDA, 1999, p. 56 [N.T.].

103. Variante: "Beleza e formosura não dão pão, nem fartura", cf. MACHADO, 2005, p. 112 [N.T.].

104. Sobre a beleza e a feiura à luz dos provérbios populares franceses, cf. LOUX & RICHARD, 1978, p. 21-31.

105. Coleção de romances sentimentais cujas situações amorosas estão repletas de lugares-comuns [N.T.].

nenhuma surpresa ocorre visto que cada um carrega na fronte o rótulo que revela o que ele é e não conseguiria agir de modo contrário. Se um deles quisesse escapar de seu destino, teria sido fácil transformar a forma do seu queixo ou a tonalidade de seus olhos. Se um homem feio revela a sua grandeza de alma, tal cena corresponderá a um derradeiro arrependimento que lavará, com um gesto, todas as suas infrações anteriores. Como poderia ter agido sem atraiçoar a cara que tinha? Atribuíam-lhe uma natureza que existia apenas no imaginário dos outros, mas que acabou tornando-se verdadeira por insistência de sua parte. Complexo de Quasímodo. É imenso, então, o mérito do *Elephant Man*, vítima da injustiça quase metafísica de estar confinado em um corpo e em um rosto hediondos quando ele nada era além de bondade. Se um homem "lindo" revela, ao contrário, a sua perversidade, a virulência do destino a seu respeito é proporcional à transgressão inaudita que ele realiza através de sua conduta indigna: ele atraiçoa a natureza e esta sabe vingar-se pela desfiguração[106], mais apta para definir no imaginário coletivo o que ele é, a menos que seja liquidado por uma morte ignominiosa, digno assim de sua prevaricação. A apreciação de beleza ou de fealdade é, portanto, simultaneamente, um julgamento estético e moral, implicando certa atitude social com respeito à pessoa que é o seu objeto.

Fiel à tendência do preconceito, C. Lombroso e a escola italiana de psiquiatria criminal validam a associação entre feiura e "anomalias" físicas para a identificação incontestável do *uomo delinquente* (1876), confinado em seus estigmas. Monstruosidade física e moral andam juntas: o criminoso nada poderia ser além de um homem "degenerado", "com orelhas afastadas, cabelos abundantes, a barba rala, os seios da face e os maxilares enormes" etc. Apesar de já não ser uma referência na antropologia criminal, Lombroso deixou a sua marca nas

---

106. Como exemplo, indicamos *Freaks* (1932), filme norte-americano de terror, dirigido por Tod Browning.

histórias em quadrinhos e nos filmes de terror. Em uma obra singular – *Genio e follia* (1864) – na qual este criminologista italiano se empenha em demonstrar os limites tênues entre a loucura e o gênio, ele explica o quanto o gênio é afetado por caracteres de degenerescência. "A lei de compensação de forças, predominante em todo o mundo dos seres vivos, fornece-nos a explicação para outras anomalias mais frequentes – ou seja, a calvície, a precocidade dos cabelos brancos, a magreza do corpo, a fraqueza genética e muscular – que podem ser encontradas, muitas vezes, também entre os grandes pensadores e os loucos". Retrato pouco lisonjeiro do "gênio" que pulula nas histórias aos quadrinhos. E, no entanto, apesar da contradição, Lombroso não consegue deixar de ceder à outra vertente do preconceito: "Um homem de grande mérito intelectual e moral" não poderia ser feio. "Observa-se, em primeiro lugar – escreve ele –, que a frequência dos caracteres degenerativos no físico dos gênios só pode passar despercebida graças à beleza dos traços de seus rostos..." (LOMBROSO, 1896, p. 10 e 7).

8
O sagrado: o rosto e a *Shoah*

> *Em um primeiro tempo, os membros da SS eram escolhidos entre os prisioneiros já inscritos nos lagers*[107]*; e ficou confirmado que a escolha não era feita somente com base na robustez física, mas que se procedia também a um estudo aprofundado das fisionomias.*
> Primo Levi. *I sommersi e i salvati* (1986).

Oferecer a singularidade de seu rosto é certificar, perante os olhos dos outros, a plenitude de sua existência. Suprimir a evidência, esforçar-se por manter-se impassível, evitar fornecer qualquer destaque ou desarmonia suscetíveis de chamar a atenção do olhar: trata-se de diferentes maneiras de imitar a morte pela supressão do sentido que confere vida à figura humana. E privar o outro de seu rosto é já antecipar a morte por um inequívoco procedimento simbólico.

Se o rosto é o sinal do ser humano, a negação do indivíduo passa pela negação de seu rosto. Do mesmo modo, se o rosto é o lugar do sagrado, uma concepção da pessoa que busca o seu aviltamento obstina-se em profanar o seu rosto, em humilhar ou negar a sua identidade. Para limitar-nos, aqui, a uma imagem cinematográfica, lembramos – em *Monsieur Klein* [Cidadão

---

107. Termo para designar "campos de concentração" [em alemão: *Konzentrationslager*], erguidos na Alemanha a partir de 1933, cujo papel consistia em controlar os chamados "elementos racialmente indesejáveis", tais como judeus, deficientes, homossexuais, criminosos e ciganos (cf. EVANS, 2011) [N.T.].

Klein] de Joseph Losey – a mulher cujo rosto é medido, rotulado como um objeto, por um médico que a submete a um exame antropométrico que visa avaliar o seu grau de judeidade. Os seus olhos apavorados que buscam o olhar desse homem sem suscitar de sua parte nenhuma reação; para este último, à sua frente, não estava uma mulher, dotada de uma identidade singular simbolizada por um rosto, um nome e uma história, mas um tipo inferior, evidenciado pelo procedimento analítico ao qual ele a submetia. Interminável tarefa de profanação que a priva de sua condição humana, tornando-a indigna a seus olhos de uma chance de ser olhada: nela, não há um rosto, mas uma identificação de traços faciais, no sentido judiciário. Tal é o olhar racista dirigido ao outro: já uma condenação à morte simbólica através da recusa de considerá-lo em sua singularidade facial. Erradicação da diferença que deixa pressagiar o pior: a presa já é anunciada nos olhos de quem não tolera que lhe seja devolvido o seu olhar. Ele é o único a reivindicar um rosto, enquanto o Outro nada pode ter além de uma "gueule" [focinho].

Os campos de extermínio prosseguem, de maneira metódica, um empreendimento de violação do rosto. Ao organizar uma destruição sistemática do indivíduo, eles começam retirando-lhe toda a aparência de figura humana, suprimindo de suas feições qualquer marca de identidade. Perder a honra [*la face*], aqui, deixa de ter valor de metáfora: a extirpação de alguém a si, à família e à comunidade, a redução do deportado a limitar-se a ser um dos registrados do campo, um triângulo colorido ou um nome estropiado que, de repente, se tornou uma espécie de vestígio[108]: a privação real do rosto precede, de

---

108. À semelhança do rosto, mesmo que este se torne uma espécie de fantasma na face do deportado, o nome permanece residualmente impregnado de sentido: "Um *lagerschutz* chama os nomes, estropiando-os. O meu nome encontra-se aí – escreve Robert Antelme – entre nomes poloneses e russos. Gozação de meu nome e eu respondo 'presente'. A sua pronúncia machucou-me o ouvido como se fosse um barbarismo, mas consegui reconhecê-lo. Em um ápice, fui portanto designado aqui diretamente, dirigiram-se apenas a mim, solicitaram-me em especial, a mim, insubstituível. E apareci. Encontrou-se alguém para dizer 'sim' a esse ruído que era perfeitamente, pelo menos, tanto o meu nome quanto eu próprio estava aqui. E devia-se dizer sim para

perto, a perda da vida que ela anuncia. Suprimir o inapreensível que torna qualquer rosto humano em um valor e em uma atração, corroer a diferença infinitesimal que traduz uma individualidade, arrancar a pele do sentido que confere à face a sua unicidade: no final das contas, nada resta, provisoriamente, além de um corpo prometido ao fogo, ao gás ou às balas, aos efeitos destruidores da fome ou do frio.

Suprimir o ser humano no indivíduo é destruir o rosto. Uma das primeiras operações do campo consiste no desbaste da figura humana ao rapar-lhe a cabeça[109], depois de deixá-la desnuda. Derradeira etapa do despojamento de si. Rito de passagem mediante o qual a única promessa anunciada é a morte. A fadiga e o medo prolongam um trabalho metódico de erradicação; a isso, a fome acrescenta um último toque, diminuindo ainda a carne e amarelando a pele de uma figura magra que se tornou residual. No entanto, o último sopro do rosto é sempre sopro de vida; nele, justamente, subsiste a resistência.

A pessoa é desfigurada no aspecto em que a diferença individual é proscrita e em que determinadas modalidades de existência não escolhidas por ela aplicam-se exclusivamente a negá-la de um modo quase anônimo: esse é o objetivo da construção dos campos de extermínio. Ao evocar as suas lembranças, F. Stangl, comandante de Sobibor (1942) e de Treblinka (1943), afirma-nos que, entre os deportados, não viu ninguém que se parecesse com um ser humano[110]. "Eles olhavam direto

---

retornar à noite à pedra da fisionomia sem nome" (1957, p. 26-27). Essa cena deve ser equiparada – pelo menos, em parte – à do espelho de que falaremos mais adiante.

109. Como consequência, o privilégio concedido a uma elite do campo de Dachau mediante o qual os seus integrantes já não tinham de rapar a cabeça e podiam usar um "corte militar normal". Evocamos, mais adiante, "os tipos com faces cheias e descaídas" (Robert Antelme); há também os "detidos com cabelos" (Joseph Rovan); cf. ROVAN, 1987, p. 68-69).

110. "Sabe – ainda falando com extrema seriedade e óbvia intenção de descobrir uma nova verdade dentro de si –, raramente eu os via como pessoas. Eram sempre uma enorme massa. Às vezes, eu ficava de pé no 'muro' e os observava no 'corredor'. Mas... como posso explicar? Eles ficavam nus, espremidos, correndo, sendo guiados com chicotes, como... – o fim da frase perdeu-se em um mutismo gradual" (SERENY,

nos olhos dos carrascos da SS – diz Filip Müller, sobrevivente de Auschwitz. Mas estes permaneciam impassíveis, contentando-se em olhar"[111]. Alguns homens exprimem, proclamam a sua humanidade, mas diante deles (e não em face deles), outros homens não veem o rosto deles. Nenhuma expressão de dor ou simplesmente de espanto consegue interpelá-los, nada desperta neles uma solidariedade ou um movimento de compaixão. Os deportados fitam diretamente os olhos dos verdugos, mas a relação é assimétrica visto que os membros da SS não lhes conferem a dignidade de um rosto suscetível de afetá-los. Eles arrogam-se o monopólio do rosto ao arrancar o de suas vítimas. O membro da SS é incapaz de responder ao olhar do deportado a menos que se contradiga ou, de preferência, aniquile o que ele é: se o fizer, ele priva-se de qualquer garantia em relação à tarefa a executar. Ao reconhecer um rosto ao detento, ele coloca-se no mesmo nível deste, já não pode destruí-lo sem remorso e, por conseguinte, acaba perdendo a própria honra [la face]. Já não pode cumprir o seu papel; deixa de ser membro da SS, não é deportado e não está em lugar algum.

Submetido a um interrogatório no contexto de um exame que deveria permitir sua entrada em um *Kommando*[112] que ele julga favorável, Primo Levi exprime a amplitude de sua estupefação diante do olhar que o Doktor Pannwitz lhe dirige. Um grau de espanto tal que, depois da libertação do campo, ele sentiu a necessidade de ir em busca desse homem; não para se vingar, mas por causa do assombro experimentado diante de um olhar impensável. Os olhos dos dois homens cruzam-se; mas, se os dois estão face a face, não é um rosto diante de outro. Eles

---

[2000] 2007, p. 156). Sobre o funcionamento dos campos, no dia a dia, deve-se ler a obra de ROUSSET (1988). Para uma abordagem mais sociológica, sem deixar de ser candente, cf. KOGON, [1946] 1970.

111. A cena, assim descrita, situa-se no limiar do crematório. Cf. LANZMANN, [1985] 1987, p. 217.

112. Designava, mais especificamente sob o regime nazista, uma unidade de trabalho forçado, dependendo de um campo de concentração; cf. LEVI, [1947] 1997, p. 33 [N.T.].

estão separados por um abismo. No campo de concentração, o rosto é um *status*, um privilégio, e não a condição humana.

> Com efeito, esse olhar – escreve Primo Levi – não foi cruzado entre dois homens. Se eu soubesse explicar a fundo a natureza desse olhar, trocado como através do vidro de um aquário entre dois seres que habitam dois mundos diferentes, conseguiria explicar a essência da grande loucura do Terceiro Reich.
>
> [...] O cérebro que dirigia esses olhos azuis, essas mãos bem cuidadas, dizia: "Essa coisa que está na minha frente pertence a uma espécie que, obviamente, convém eliminar. Neste caso específico, deve-se, antes, examinar se ele não contém ainda algum elemento aproveitável". E na minha cabeça, como sementes em uma cabaça vazia: "Os olhos azuis e o cabelo loiro são, essencialmente, maus. Nenhuma possibilidade de comunicação. Sou especializado em Química Mineral. Sou especializado em sínteses orgânicas. Sou especializado..." (LEVI, 1997, p. 108)[113].

De ambos os lados, o rosto é abolido, mas em uma relação de sujeito a objeto, na qual um dos protagonistas reivindica ser o dono do rosto. A sociedade concentracionária exige esse aniquilamento para se reproduzir sem danos, sem questionamento moral por parte de seus responsáveis. Antes da morte física, reina nos campos a liquidação da individualidade pelo desmantelamento do rosto, pelo apagamento de seus traços fisionômicos sobre a rigidez dos ossos cobertos por uma pele privada de carne. A mesma magreza, a mesma ausência para todos, que corrobora no verdugo o sentimento de que não está lidando com homens, mas com um resíduo que deve ser elimi-

---

113. Ou ainda: "O veículo que os conduzia a Halmstedt esmagou um ganso à saída de uma aldeia; penas voaram junto com a poeira levantada. O *lagerKommandant* dá um sorriso; Albert sorri também ao fitá-lo. Ele viu a estupefação do membro da SS; tal foi o constrangimento experimentado que ele nunca conseguiu esquecer esse pequeno incidente. Mas que erro teria cometido além de se considerar um homem?" (ROUSSET, D., 1988, p. 626).

nado, formulando-se apenas problemas de natureza administrativa e técnica.

Uma linha de demarcação distingue, como um teste de verdade, os de "fora" e os de "dentro": há, por um lado, os indivíduos com rosto e, por outro, os que se limitam a ter uma sombra disso. Ou que estão despojados de tudo. A sociedade concentracionária apoia-se em um indivíduo despojado de sua identidade, submerso sob a rubrica de uma tipologia que ordena, em uma simplicidade desconcertante, o mundo visto pelos olhos dos nazistas: o triângulo vermelho marcado com um F dos prisioneiros políticos franceses, o triângulo verde dos delinquentes comuns, os triângulos de diferentes cores – acompanhados, às vezes, por outra sigla – para os judeus, testemunhas de Jeová, ciganos, homossexuais etc. Os números atribuídos a cada detento visam uma obra necessária de identificação, em substituição do rosto que deixou de desempenhar o seu papel, algarismos tatuados, às vezes, no antebraço esquerdo, como ocorria em Auschwitz. Outros sinais de reconhecimento substituem a identidade pessoal revelada pelo rosto; dissimulado, negado, este esvai-se aos poucos no anonimato de sua magreza. Os sinais de identificação prevalecem em relação ao rosto.

> *Häftling*: aprendi que sou um *Häftling* – escreve Primo Levi. Meu nome é 174.517, fomos batizados assim [...].
>
> [...] só "mostrando o número" recebe-se o pão e a sopa. Necessitamos de vários dias e de bom número de socos e bofetadas, até criarmos o hábito de mostrar prontamente o número, de modo a não atrapalhar as cotidianas operações de distribuição de víveres; necessitamos de semanas e meses para acostumarmo-nos ao som do número em alemão (LEVI, 1997, p. 25-26).

Privação do nome, privação do rosto: as duas operações necessárias para a liquidação simbólica do indivíduo e para seu novo uso puramente funcional, à espera da morte. Resta apenas um corpo para receber um número. Quando se suprime o que faz a condição do ser humano – o seu rosto, o seu nome, a sua história –, nada resta, com efeito, além do volume do corpo (cf. LE BRETON, [1990] 2016). E é sobejamente conhecido o uso que lhe dará a administração dos campos em perfeita lógica com a sua visão do mundo.

Mais tarde, uma vez libertado o campo – em uma espécie de tempo e de espaço sem duração, nem lugar, porque tudo ainda permanece irresoluto e impõe-se um compasso de espera por causa das quarentenas ou das desordens de natureza administrativa –, é a plenitude do rosto de uns e os ossos salientes na fisionomia dos outros que separam a humanidade em duas populações que nada têm em comum. "Um tipo com faces cheias e descaídas" (ANTELME, 1957, p. 296) diante de outro com feições descarnadas, despojado de seu rosto. Mais tarde, por ocasião do retorno:

> De repente, saem do corredor de entrada dois escoteiros que carregam um homem, cujos braços enlaçam o pescoço deles... O homem usa traje civil, está barbeado, tendo o aspecto de sofrer muito. A sua tez é estranha. Deve estar chorando. Não se pode dizer que seja magro, é outra coisa, resta muito pouco dele mesmo, tão pouco que se duvida que ainda esteja vivo. No entanto, ele ainda vive, o seu rosto convulsiona-se em uma careta pavorosa, ele vive. Não fixa nada com o olhar... A sua careta talvez seja o sinal de que ele vive. É o primeiro deportado de Weimar que deu entrada no centro... o segundo que entrou, o idoso, está chorando. Não se pode saber se ele é tão velho assim, talvez tenha vinte anos, não se pode saber a idade (DURAS, 1985, p. 28)[114].

---

114. Nos campos de extermínio, o rosto deixou de ser um marcador fidedigno da idade, verificando-se a confusão dos critérios do tempo íntimo. Uma espécie de eternidade vazia é lida nas feições: "Ele tem trinta anos; porém, assim como cada um de nós, poderia aparentar entre dezessete e cinquenta" (LEVI, 1997, p. 65).

Marguerite Duras descreve assim a volta dos primeiros deportados. Os rostos são irreconhecíveis, destituídos ainda de uma humanidade significante. Tudo está confuso neles, nem mesmo a idade é identificável. Fisionomias fora da comunicação, vacantes. O retorno desses homens ao mundo, à condição de terem escapado da morte, será um lento renascimento a seu rosto de outrora que se tornou o rosto de hoje depois de ter sido invadido pelo pavor. Robert L., o futuro autor de *L'espèce humaine* [A espécie humana] – que Marguerite Duras receava já não encontrar com vida – está aí, certo dia, à sua frente; no entanto, ela não suporta o seu rosto despojado. Ela grita e vai embora. Mais tarde, no momento em que consegue reconhecê-lo, ela dirige-lhe o olhar: "Uma fadiga sobrenatural mostra-se em seu sorriso, a fadiga de ter chegado a viver até este momento... É um sorriso de confusão. Ele desculpa-se de estar lá, reduzido a esse lixo. E depois o sorriso esvai-se. E ele volta a tornar-se irreconhecível" (DURAS, 1985, p. 65). Um rosto cujo sentido é arrancado e que se oferece apenas nas cicatrizes provisórias que deixam pressagiar um último sopro de identidade. Um vestígio de rosto. Nas semanas seguintes, impõe-se vencer o horror da fome e restaurar, partícula de sentido por partícula, um rosto identificável que se tornou o rosto de um homem que venceu a morte e marcou com outra cicatriz, mais inapreensível, aquela que permanece do antigo despojamento, vestígio de uma desfiguração que há de perdurar além de qualquer apreciação temporal[115].

---

115. No filme *Shoah* (1985) de Claude Lanzmann, o contraste impactante entre o rosto deles e o horror evocado pelos sobreviventes abre um abismo. As vozes também falam de um crime a respeito do qual nos questionamos para saber como elas podem enunciá-lo sem se perderem. Em uma única imagem, mostra-se no mistério do rosto, ao mesmo tempo, todo o horror e todo o amor do mundo. Claude Lanzmann consegue "[...] exprimir o indizível através de rostos" (Beauvoir, S. "A memória do horror". In: LANZMANN, [1985] 1987, p. 7). Com efeito, nada além de um rosto é capaz de dar testemunho do que escapa, para sempre, ao crivo da língua, ou seja, o que a fala mal aflora porque ela se queima aí como em um fogo. *Shoah* é um filme sobre a sacralidade do rosto. Sobre o que ele pode ter também de odioso. "Rostos – escreve Simone de Beauvoir em seu "Prefácio" – muitas vezes, dizem bem mais que as palavras. Os camponeses poloneses exibem compaixão, mas a maioria parece indiferente,

No campo, se o deportado pretende permanecer vivo dia após dia, ele deve sobrevalorizar a necessidade de se tornar ausente, de combater a sua diferença infinitesimal suscetível de chamar a atenção dos verdugos. Ele procura despojar-se, o máximo possível, de rosto, inventando para si um desbotamento ainda maior, sem olhar, macilento, no uniforme físico da ausência; convém suprimir qualquer saliência do rosto, qualquer sinal que instaure um suplemento de sentido no qual fosse perceptível uma identidade pessoal.

> Pelo rosto – escreve Robert Antelme –, ninguém tinha nada a exprimir ao membro da SS, o que poderia ter sido o começo de um diálogo e ter suscitado no rosto desse soldado algo diferente de uma negação permanente e a mesma para todos. Assim, como era não somente inútil, mas antes perigoso apesar dele, em nossas relações com os membros da SS, tínhamos conseguido fazer um esforço de negação do próprio rosto, perfeitamente conforme ao do membro da SS (ANTELME, 1957, p. 57).

Ocultar o próprio rosto, dissimular os seus traços fisionômicos para se dissolver na massa desfigurada dos outros, anônimo entre os anônimos, sem memória, nem relevo de ser específico; impunha-se confundir-se com a monotonia, ser sem consistência, nem substância, para não suscitar a vontade de bater, humilhar, punir ou matar.

Acontece, no entanto, que alguns preparam o seu rosto em consideração aos membros da SS: eles pretendem mostrar a sua boa vontade, a sua aptidão para colaborar se a coisa fosse possível; eles exageram na disciplina para mostrar até que ponto já ocuparam o lugar que se espera deles, até que ponto já

---

irônica ou, até mesmo, satisfeita; por sua vez, os rostos dos judeus estão em acordo com as suas falas. Os mais curiosos são os rostos alemães: o de Franz Suchomel permanece impassível, salvo quando canta uma canção à glória de Treblinka e os seus olhos se iluminam. Mas, nos outros, a expressão constrangida, dissimulada, desmente os seus protestos de ignorância, de inocência" (p. 9).

estão desfigurados e prontos a assumir o rosto dos verdugos, mesmo que se limitem a imitá-los, como é testemunhado por suas mímicas. Robert Antelme mostra o ritual bastante elaborado dessas situações; trata-se de designar os futuros *kapos* encarregados de vigiar uma equipe. Um grupo de postulantes fica um pouco afastado; os membros da SS, por sua vez, inspecionam os prédios. De maneira servil, os olhares dos futuros *kapos* buscam os dos membros da SS: além de mostrar a sua boa vontade, impõe-se exibi-la, manifestá-la de maneira exagerada. Afirmar, assim, a sua insignificância e frouxidão, rebaixar-se ritualmente aos olhos dos membros da SS para atrair os seus favores. "Eles mantêm um sorriso pronto para o encontro de seus olhos com os dos membros da SS... Segue-se a ginástica desatinada entre esses olhos, a ofensiva da intriga pela mímica do rosto..." Ao mostrar, por um lado, que a perda do próprio rosto excede a dos outros e, por outro, que eles aceitam, além de serem reduzidos a nada, endossar por procuração o dos membros da SS, é que os futuros *kapos* dão os sinais de sua submissão. Eles perderam a honra [*la face*], mas, para cúmulo, aceitam trocá-la por outra, consentindo em tornar o ultraje na própria essência de suas vidas. Desde então, eles deixam de decidir a respeito do próprio rosto, pedinchando ao dos membros da SS as orientações que, de imediato, devem adotar.

> Um companheiro não está no lugar, o ridículo membro ruivo da SS vai xingá-lo. Um dos futuros *kapos* aproxima-se do companheiro e, empurrando-o, faz com que ele retome o seu lugar. O companheiro reage levantando o cotovelo de lado. O futuro *kapo* dirige o olhar para o ridículo membro da SS. Com apreensão, os outros futuros *kapos* observam o que se passa. A situação é decisiva. O ridículo membro da SS xinga violentamente o companheiro. O futuro *kapo* é *kapo* (ANTELME, 1957, p. 37).

A única desmesura do rosto permitida ao deportado é aquela que o afasta de sua situação de deportado para aproximá-lo da situação dos membros da SS, de quem ele deseja ardorosamente ser o simulacro; tal situação é que o torna semelhante ao membro da SS, à maneira de uma caricatura.

 O que resta de identidade no rosto contém um risco: a cada instante, é necessário forçar-se a dar os sinais de sua ausência e de seu desbotamento, ocultar-se ritualmente antes de se verificar a sua real supressão. "É obrigatório ser magrelo, pálido, já inerte – escreve Robert Antelme. Cada um carrega os próprios olhos como algo perigoso". Se o rosto permanece, mesmo residualmente, conclama a morte; nada deve despertar a atenção. Convém assemelhar-se aos outros na mesma ausência de rosto e na mesma infinita discrição; dessa igualdade, a qual ocorre apenas mediante o despojamento de si e o descolamento do rosto, os melhores aliados são a fome e o desgaste no trabalho. "A gente se transforma, a fisionomia e o corpo deixam-se levar ao sabor dos acontecimentos, verifica-se a confusão entre os lindos e os feios. Em três meses, seremos ainda diferentes, mas será mais difícil estabelecer a distinção entre uns e outros. E, no entanto, cada um continuará a manter a ideia de sua singularidade, de maneira evasiva" (ANTELME, 1957, p. 92). Aos poucos, o rosto é espoliado. O deportado torna-se irreconhecível, despojado dele mesmo. A nudez do rosto é a da significação: o sentido esvai-se progressivamente. Na face de cada um há o fantasma de um rosto desaparecido, um vestígio de algo que falta, uma poeira de ser cuja morte está pendente. Robert Antelme relata a lenta desfiguração de Jacques, estudante de Medicina:

> A sua fisionomia já não se assemelha àquela que conhecemos ao chegarmos aqui. Ela é encovada e está dividida por duas amplas rugas e por um nariz pontudo como o dos mortos. Ninguém conhece, em sua terra, a tamanha estranheza contida nessa fisionomia. No torrão natal, olha-se sempre a mesma fotografia que deixou de ser alguém. Os companheiros dizem: 'Eles não têm como saber'. E sonham com os inocentes do vilarejo com seus rostos inalterados, em um mundo de abundância e de solidez com penas

vencidas que, por sua vez, parecem um luxo inaudito (ANTELME, 1957).

Jacques, o estudante de Medicina, esvai-se lentamente no inominável. O desbotamento do rosto e a sua paciente desfiguração já deixam aparecer a morte. Derradeiro refúgio do absurdo. O despojamento que invade aos poucos o seu rosto simboliza o apagamento gradual de sua presença; nele, já não há recursos, nem esperança. Aos poucos, ele se relaxa. Jacques é o mesmo e o outro, alguém que se tornou incognoscível porque está privado do ser. Privado dos outros também, prontos a reconhecê-lo: os "companheiros" – de quem Robert Antelme não cessa de falar – já não bastam para fornecer-lhe alento. Seriam necessários os outros, de sua terra, aqueles do "mundo de abundância e de solidez", os do seu círculo de relações, para vivificar o seu rosto, fazer com que ele renasça das cinzas que o invadem. Como existir sem o outro? E se o outro falta, como é que a própria pessoa não se torna outro? Então, o rosto de Jacques fica, dia após dia, mais ausente. Ao ponto de ninguém ser capaz de identificá-lo. E o próprio Robert Antelme sente essa vertigem, a tentação irresistível de deixar de lutar, de não oferecer resistência, de abandonar em si qualquer parcela de sentido ainda portadora de esperança. Ceder ao desgaste, à extrema fadiga, ao horror. "Minha fisionomia será diferente daquela que tenho agora: a figura que se tem quando se deixa de ter vontade. [O companheiro] será incapaz de fazer o que quer que seja por mim e vou desabar" (ANTELME, 1957, p. 224). A proximidade dos companheiros, a sua solidez e amizade já não conseguem compensar a violência mortífera do campo; as forças de destruição tornam-se superiores às da esperança. A desagregação do rosto é uma marca que não engana: é o sinal de um encaminhamento para a morte que nem mesmo o reconhecimento do outro é capaz de suspender. Cicatriz de um rosto despojado, o movimento convulsivo das pálpebras cada vez mais tênue de um sopro que vai perdendo a sua espessura de carne para limitar-se a deixar, enfim, a rigidez anônima dos ossos. É possível ter a morte no rosto. Uma figura humana em frangalhos, sem nada ter de reconhecível. Talvez porque, em nenhum outro lugar, além dos campos de extermínio, a morte foi privada, a esse ponto, de rosto.

Na tenda destinada aos enfermos, Robert Antelme anda à procura de um companheiro, K., um professor primário: ele observa todos esses homens estendidos em camas, a cabeça imóvel, dotada de arestas salientes e formas encovadas, distribuindo sombras em seus rostos; chega a reconhecer alguns a quem dirige um cumprimento. Mas não vê K. Ao solicitar essa informação ao enfermeiro, este diz-lhe que ele acaba de passar à sua frente sem reconhecê-lo. Espantado, Robert Antelme vira-se e depara-se com um desconhecido. "Ele tinha um nariz comprido, cavidades no lugar das bochechas, olhos azuis quase extintos e uma dobra na boca; ora, a sua boca havia conservado a mesma dobra". Na face desfigurada de K., já não há o lugar do outro; é demasiado tarde. Robert Antelme tem dificuldade em acreditar no que vê. Ele dirige-se a um doente perto dele; trata-se, efetivamente, de K. que está aí, na degradação de seu rosto. Invadido pela estupefacção, ele perscruta vestígios de identidade: nessa face em decomposição, já não há ninguém, desapareceram os últimos cristais de sentido e nada resta de identificável. Uma espécie de coma do rosto redobra uma iminência da morte.

> Eu era incapaz de reconhecer o que quer que seja; então, fitei o nariz. Deveria ser possível reconhecer um nariz. Apeguei-me a esse nariz, mas ele não fornecia nenhuma indicação; eu não conseguia encontrar nada... Afastei-me de seu leito. Virei-me várias vezes, na expectativa de que, em dado momento, viesse a aparecer a fisionomia de minha lembrança, mas eu era incapaz de reencontrar inclusive o nariz. Em cada vez, nada além da cabeça pendente e da boca entreaberta de ninguém... Isso tinha acontecido no espaço de oito dias (ANTELME, 1957[116].

---

116. Mais adiante, o originário do departamento de Vendée que nada possui "além de um toco de fisionomia" (p. 278-280).

"A ideia de sua singularidade, de maneira evasiva..." Ainda é possível pressentir um rosto interior, grudado na memória ou nos olhos dos outros; a vida resiste enquanto ele subsiste, mas não relaxar é um esforço de cada instante. Graças a um pedaço de espelho encontrado em Buchenwald por René e, em seguida, conservado preciosamente, o rosto é acessível (ANTELME, 1957, p. 57-58). No campo de extermínio, não há espelho, nada para se reconhecer, exceto o olhar dos outros – sobretudo, o dos companheiros –, embora precário, sem consistência duradoura, por causa das condições penosas do trabalho, do medo, dos riscos de morrer, suscetíveis de ocorrerem em cada momento.

> [...] mesmo meu corpo já não é meu – constata Primo Levi. Minha barriga está inchada, meus membros ressequidos, meu rosto túmido de manhã e chupado à noite; alguns de nós têm a pele amarelada, outros, cinzenta; quando não nos vemos durante três ou quatro dias, temos dificuldade em reconhecer-nos (LEVI, 1997, p. 35).

Tal sensação do rosto oscila entre duas imagens: aquela fornecida pelos verdugos, opressiva e maciça, e aquela devolvida pelos companheiros, tênue e frágil, dolorosa. Essa sensação persiste ou desaparece dependendo do fato que, no deportado, as forças da vida prevaleçam em relação às da morte, ou inversamente, dependendo do fato que ele resista ou ceda à opressão. Mas, com esse irrisório pedaço de espelho, um mundo é restituído, a subordinação ao olhar do outro torna-se ainda mais palpável. E ao tirá-lo do bolso, René é rodeado, assediado, pelos companheiros do dormitório: cada qual deve esperar a sua vez, apesar de uma crescente impaciência e, finalmente, segurá-lo com as mãos durante alguns minutos, antes de cedê-lo a outro que já o reclama. Diante do espelho, o deportado vive uma espécie de manifestação súbita de sentido, a ressurgência de uma identidade que, de repente, ele descobre nunca ter deixado de ser. Diante de sua imagem que retorna da ausência, reaviva-se o olhar daqueles que lhe são mais familiares, aqueles que ele ama e em quem não deixa de pensar. O espelho ajusta-se às linhas características do rosto interior, um rosto pleno, ainda alimentado simbolicamente pela memória dos que estão à sua volta. Durante um instante, o deportado escapa de seu corpo, de sua magreza e da fome, reencontrando a sua memória. Uma epifania de si. A identidade renasce de suas cinzas. Ao indivíduo desfigurado, resta ainda o sorriso do rosto interior, o qual nenhum verdugo é capaz de atingir. Para distingui-lo, porém, impõe-se ter olhos ainda não alterados pela morte. Pelo fato de abrir um caminho para o sagrado, o espelho torna-se uma arma inapreciável no cotidiano do campo de extermínio: ele ensina ao indivíduo a permanência de seu rosto, além de indicar que, no ser humano, o sentido do sagrado tem origem no rosto.

9
A desfiguração: uma deficiência aparente

> *É curioso um rosto, não é? Quando se possui um, não se pensa nele. Mas ao perdê-lo, a sensação experimentada é como se a metade do mundo tivesse sido arrancada.*
> Kobo Abe. *Tanin No Kao* (1964).

Uma acentuada ambivalência caracteriza as relações que as sociedades ocidentais estabelecem com a pessoa que sofre de uma incapacidade. Ambivalência vivenciada por esta no cotidiano. De acordo com o discurso social, trata-se de alguém normal, membro da comunidade dotado de plenos direitos, cuja dignidade e valor enquanto indivíduo não são, de modo algum, reduzidos por sua configuração física ou por suas disposições sensoriais. Ao mesmo tempo, ele é objetivamente marginalizado, mantido mais ou menos fora do mundo do trabalho, assistido pelas ajudas sociais, afastado da vida coletiva pelo fato de suas dificuldades para se deslocar e de infraestruturas urbanas, muitas vezes, inadequadas. E, sobretudo, ao atrever-se a sair de casa, tal iniciativa é acompanhada por uma miríade de olhares, muitas vezes, insistentes, olhares de curiosidade, de constrangimento, de angústia, de compaixão e de reprovação. Pelas reflexões eventuais de alguns transeuntes. E pela inevitável lição das mães obrigadas a responder, ou evitar com discrição, as perguntas inoportunas das crianças. Como se a pessoa afetada por uma incapacidade [*handicap*] tivesse de suscitar à sua passagem o comentário de cada transeunte; aliás, essa pessoa tem plena consciência de instigar o medo e a ansiedade nas relações sociais, inclusive nas mais correntes.

As nossas sociedades ocidentais consideram o "handicap" (cf. STICKER, 1982), a deficiência, como um estigma, isto é, um motivo sutil de avaliação negativa da pessoa; aliás, a esse respeito, fala-se menos de incapacidade [*handicap*] do que de "handicapé" [deficiente], como se pertencesse à essência do indivíduo ser um "handicapé", em vez de ter uma incapacidade [*handicap*]. Na relação com ele, interpõe-se um anteparo de angústia ou de compaixão, cujo conteúdo não é revelado, propositalmente, pelo ator saudável.

> A fórmula geral – escreve E. Goffman – é evidente: exige-se do indivíduo estigmatizado que ele se comporte de maneira tal que negue o peso de seu fardo e que o fato de carregá-lo o tenha tornado diferente de nós; ao mesmo tempo, ele deve manter-se a uma distância tal que nos assegure que podemos confirmar, de forma indolor, essa crença sobre ele. Em outras palavras, ele é aconselhado a aceitar a si mesmo e aos outros, como agradecimento natural de uma tolerância que não chegamos a ser realmente os primeiros a lhe dar. Assim, permite-se que uma aceitação-fantasma forneça a base para uma normalidade-fantasma (GOFFMAN, [1963] 1988, p. 105)[117].

Contradição difícil de superar. O segredo de polichinelo que preside qualquer encontro entre uma pessoa afetada por uma incapacidade e uma pessoa "saudável" reside no fato de que ambas chegam a um acordo mútuo para fingirem [*faire semblant*] que a alteração orgânica ou sensorial não cria nenhuma diferença, nem obstáculo, quando afinal a interação é secretamente obcecada por esse aspecto que, às vezes, acaba assumindo uma dimensão formidável.

---

117. Cf. tb. DAVIS, 961. • PAICHELER; BEAUFILS & EDREI, 1981.

Nas condições correntes da vida social, determinadas etiquetas de uso do corpo regem as interações; além de circunscreverem as ameaças que, eventualmente, possam surgir daquilo que ainda é ignorado pelos interlocutores, elas balizam com referências inspiradoras de confiança o desenrolar do intercâmbio. O corpo assim diluído no ritual deve passar despercebido e ser reabsorvido nos códigos; além disso, cada ator deve ser capaz de reencontrar no outro, como se estivesse diante de um espelho, as próprias atitudes e uma imagem que não o surpreenda, nem o atemorize. O apagamento ritualizado do corpo é, do ponto de vista social, algo bem-aceito (cf. LE BRETON, [1990] 2016, cap. 6, p. 149-172). Aquele que, de maneira deliberada ou a contragosto, rompe com os ritos que regulam a interação acaba suscitando o constrangimento ou a angústia. As discrepâncias do corpo ou da fala emperram, então, o prosseguimento do intercâmbio. A regulação fluida da comunicação é rompida pela pessoa tributária de uma incapacidade, a qual salta demasiado facilmente aos olhos. A parte de desconhecido torna-se difícil de ritualizar: De que modo abordar alguém sentado em uma cadeira de rodas ou dotado de um rosto desfigurado? De que modo reagirá o cego a quem se deseja dar uma ajuda para atravessar a rua ou o cadeirante tetraplégico que está com dificuldade para descer uma calçada? Frente a esses atores, o sistema de espera deixa de ser o mais adequado: o corpo apresenta-se, de repente, com uma evidência incontornável, vira um estorvo, já não é dissimulado pelo bom andamento do ritual e, durante um instante, torna-se difícil de negociar uma definição mútua da interação fora das referências costumeiras. Um "jogo" sutil imiscui-se no encontro, engendrando a angústia ou o mal-estar. A incerteza a respeito da definição da situação não chega a poupar também a pessoa afetada por uma incapacidade que, a cada novo encontro, se questiona sobre a maneira como será aceita; para ela, qualquer encontro é uma nova provação, uma dúvida sobre o modo como será acolhida, enquanto deficiente, e respeitada pelo outro em sua dignidade. O ator que dispõe de sua integridade física tem tendência, então, a evitar infligir-se um mal-estar desagradável.

A impossibilidade de que seja capaz de se identificar fisicamente com ele está na origem de todos os preconceitos que um ator pode encontrar em seu caminho: pelo fato de ser idoso ou moribundo, enfermo, desfigurado, de fazer parte de uma cultura ou religião diferentes etc. A alteridade é socialmente transformada em estigma, de tal modo que a diferença engendra o diferendo. O espelho do outro já não é suscetível de esclarecer o próprio; inversamente, a sua aparência intolerável questiona, em um ápice, a identidade própria, ao evocar a fragilidade da condição humana, a precariedade inerente a qualquer vida. O homem portador de uma incapacidade lembra – com um vigor que reside em sua simples presença – o imaginário do corpo desmantelado que assombra um grande número de pesadelos. Ele cria uma turbulência na segurança ontológica que é garantida pela ordem simbólica. As reações, a seu respeito, tecem uma sutil hierarquia do pavor, as quais são classificadas de acordo com o índice de ruptura em relação às normas de aparência física: quanto mais a incapacidade for visível e surpreendente (p. ex., o corpo deformado, tetraplégico, um rosto desfigurado), tanto mais ela irá despertar, do ponto de vista social, uma atenção indiscreta que vai do horror ao espanto, e tanto mais claramente ela será mantida fora das relações sociais. Mediante a sua visibilidade, a deficiência converte-se em um formidável atrator de olhares e de comentários, um operador de discursos e de emoções; nessas circunstâncias, a tranquilidade que venha a ser usufruída por qualquer ator em seus deslocamentos e no desenrolar de sua vida cotidiana aparece como uma honra, um diploma de boa cidadania que será reivindicado pelo primeiro a se apresentar. A discrição é o privilégio aristocrático do banal, o sonho do *Elephant Man*. Quanto à pessoa afetada por uma deficiência visível, ela já não pode sair de casa sem provocar a curiosidade de todos; e, se a incapacidade é recente, ela deve habituar-se a viver e a deslocar-se, mobilizando permanentemente a atenção dos outros. Essa curiosidade incansável é uma violência tanto mais sutil na medida em que se ignora como tal e se renova a cada transeunte que se encontra na rua. O indivíduo deficiente é uma pessoa dotada de um *status* intermediário, uma pessoa do entremeio. O mal-estar engendrado por ela reside igualmente na falta de clareza que envolve a sua definição social: ela não é enferma, nem saudável; não está morta, nem plenamente viva; não está fora da sociedade, nem dentro etc. (MURPHY, 1987, p. 184). A sua humanidade não é objeto de dúvida e, no entanto, ela rompe com a ideia habitual do que é o ser humano. A ambivalência da sociedade, a seu respeito, é uma espécie de réplica à ambiguidade – ao caráter duradouro e inapreensível – da situação; tendo fracassado a tentativa de ritualizá-la, esta fica envolvida, então, por um halo de constrangimento.

Um homem sai do hospital, avança de cabeça baixa, o pescoço enterrado na jaqueta, e se dirige para a parada de ônibus, mantendo-se ao lado do abrigo, meio camuflado. Ao entrar no ônibus, com o olhar fixado no chão, apresenta o seu tíquete e senta-se no primeiro assento, aquele sem passageiro de frente. Para efetuar os seus trajetos, esse homem com rosto desfigurado é levado a tomar as mesmas precauções para não se expor, evitando tornar-se vulnerável à curiosidade dos outros. Um indivíduo assim, que entra a contragosto em uma interação, procura sempre a discrição, esquivando-se cuidadosamente de qualquer contato para não se encontrar em situação de constrangimento. "Ele não acredita que o seu olhar e o seu sorriso tenham o poder de contrabalançar, de compensar o seu aspecto" – observa o especialista francês em antropologia geral, François Flahaut, comentando o evitamento de contato em um homem, cujo rosto exibe severas cicatrizes de queimadura: "Para evitar o risco de qualquer tipo de rejeição, ele retirou-se antecipadamente, preferindo mostrar aos outros apenas a silhueta (bastante elegante) e fazendo com que o rosto permanecesse invisível" (FLAHAULT, 1989, p. 43). Ele esforça-se sempre em despistar, em tornar-se paradoxalmente invisível através de uma discrição extrema. A hierarquia do pavor e da rejeição parece colocar, na primeira linha, a pessoa com rosto desfigurado, alterado por um acidente ou uma doença. O indivíduo que "já não tem figura humana", como diz a expressão popular. A particularidade desse ator consiste na carência simbólica que ele oferece ao mundo através de suas feições deterioradas, ao passo que em nossas sociedades ocidentais o princípio de identidade encarna-se essencialmente no rosto. Nenhuma de suas competências para trabalhar, amar, educar, viver é impedida de ser exercida por causa de seu estado; e, no entanto, ele é afastado por uma sutil linha de demarcação da qual emana uma violência simbólica tanto mais virulenta na medida em que, muitas vezes, ela ignora-se a si mesma. Se a desfiguração não é, de modo algum, uma incapacidade, no sentido em que não invalida nenhuma das competências da pessoa, ela torna-se uma deficiência a partir do momento em que suscita um tratamento social da mesma ordem. A desfiguração é uma incapacidade de aparência. A enfermidade sinalizada por ela reside na alteração profunda das possibilidades de relação: além de privar o ator de uma grande parte das relações sociais de que ele poderia se beneficiar sem o seu rosto danificado, ela impõe-lhe viver de maneira permanente sob os holofotes, como se ele vivesse incessantemente a representar, fonte incansável de curiosidade para as pessoas que cruzam o seu caminho. Para o indivíduo com deficiência demasiado visível e, sobretudo, para a pessoa desfigurada ou com rosto disforme, a vida social torna-se um palco; além disso, o menor de seus deslocamentos mobiliza a atenção dos espectadores.

O indivíduo converte o rosto no centro do seu ser, o *axis mundi*, no qual ele não pensa necessariamente em cada instante, mas sem o qual ele ficaria reduzido a pouca coisa. O rosto é uma cristalização do nome. "O ego é, acima de tudo, um ego corporal; não é simplesmente uma entidade de superfície, mas é, ele próprio, a projeção de uma superfície" – escreve Freud ([1923] 2006, p. 17). E o rosto (com o sexo, mas em outro nível) é certamente a matriz mais forte do sentimento de identidade regido pelo ego. De imediato, este último percebe-se como rosto, aliás, desde o momento jubilante do estágio do espelho descrito pela psicanálise para os primeiros anos da vida da criança: com efeito, ele é o sinal mais robusto do ser humano, de modo que a negação do indivíduo passa pela negação de seu rosto. A pessoa desfigurada é o indivíduo que, provisória ou duravelmente, vive a suspensão de si, a privação simbólica de seu ser, cuja reconstituição será possível unicamente pela mobilização de toda a vontade.

O indivíduo que se recusa a executar uma ação reprovada por ele procede assim por receio de "ser incapaz, em seguida, de olhar-se de frente". Agora, porém, esse mesmo indivíduo está fixado a essa impossibilidade, privado para sempre de poder olhar-se em face por ter perdido, física e simbolicamente, esta última. Uma ferida que deixa uma cicatriz profunda no braço ou na perna, ou na barriga, não questiona com tanta virulência o sentimento de identidade do indivíduo, sobretudo se ela não acarreta nenhuma sequela funcional; ela torna-se uma fonte de preocupação – talvez, às vezes, vívida –, mas em princípio interfere apenas superficialmente na relação do ator com o mundo. Ao serem afetados, o sexo e o rosto, espaços essenciais da cristalização da identidade, desestabilizam a própria personalidade do ator, mergulhando-o em uma angústia, às vezes, desproporcional com a gravidade da situação. Através deles, estão em jogo a significação e o valor da existência; eles são os pontos culminantes do sentimento de identidade regido pelo ego, além de serem, sem dúvida, os mais vulneráveis às fantasias oriundas do inconsciente.

O rosto é um Outro, o Outro mais próximo, em quem a pessoa se reconhece e oferece a sua existência aos olhos dos outros, aquele em quem se encarna o nome que usa. Mas o indivíduo cujas feições estão danificadas – que só pensava raramente no próprio rosto no tempo em que ele o via, cotidianamente, intacto no espelho – tem agora a sensação de que a sua identidade se desfez. O seu rosto tornou-se um Outro, mas um Outro repulsivo, sinal não apenas de uma ausência, mas também do horror de ser prisioneiro de "isso".

Numerosos atores, após uma doença ou um acidente que interfere em suas feições, sentem-se excluídos de si mesmos e do mundo. Tudo se passa como se, tendo sido eliminado o rosto, a sua antiga personalidade tivesse sido suprimida ao mesmo tempo. Essa perda é vivenciada como um luto em relação a si mesmo. A desfiguração é uma condenação à morte simbólica. A capacidade de superá-la e de reencontrar, em sua plenitude, o gosto de viver anterior está associada à experiência própria do ator, à sua situação social e cultural, à sua idade e também às qualidades das pessoas à sua volta. Mas, às vezes, estas experimentam o desmantelamento de seu ser, a erradicação brutal de tudo o que ele havia sido anteriormente e cuja perda, em seu entender, é definitiva. Em vez de ser uma doença da qual seja possível recuperar avançando calmamente para a convalescença ou um ferimento que se encaminha para uma cicatrização sem consequências, a desfiguração é privação de posse, extirpação: o equivalente de uma mutilação, mesmo que o ator não perca nenhum membro e tenha sido afetado apenas em suas feições. Assim, não resta outra escolha além de aceitar esse desfecho e depositar confiança na longa provação das operações sucessivas de cirurgia estética. Ela coloca uma máscara no rosto à maneira de um banho de ácido; essa máscara acompanha, daí em diante, a vida inteira do ator, servindo de prelúdio a qualquer encontro.

A experiência dolorosa da desfiguração lembra que o indivíduo não se limita a viver em um corpo físico: se fosse assim, nenhum ferimento no rosto – a menos que fosse funcional – seria capaz de impedir alguém de viver como se nada tivesse acontecido. A pessoa começa por viver em um corpo imaginário, investido de significações e de valores, com os quais integra o mundo nele e se integra a si mesmo no mundo. A desfiguração introduz uma ruptura brutal no cerne da aliança – sempre, mais ou menos, problemática sem deixar de ser suportável – entre o corpo real e a imagem que o indivíduo tem a respeito deste. Do ponto de vista antropológico, a imagem do corpo estrutura-se em torno de quatro funções simbólicas encaixadas mutuamente umas nas outras: a forma, ou seja, a sensação para o ator da unidade significante das diferentes partes de seu corpo, da apreensão dessas partes como um todo vivo, além dos limites precisos das mesmas no espaço. A imagem do corpo está também construída a partir de uma função de conteúdo: o fato de viver a sua aparência como um universo coerente e familiar, de identificar os estímulos sensoriais que a perpassam como seus e significantes. Outras duas funções articulam-se às precedentes: a do saber, o recurso para o ator à Teoria do Corpo (ou a uma delas) que circula em sua coletividade de pertencimento, explicando-lhe como é constituído – com que substâncias – o interior invisível de seu corpo. E, por fim, a função do valor, ou seja, a interiorização pelo ator do julgamento social que o visa em seus atributos físicos, em sua maneira de assumir por conta própria os valores diferenciais atribuídos a diferentes lugares do corpo etc. Este último componente determina, em grande parte, a autoestima do ator e a importância que ele irá atribuir à lesão que o afeta.

Esses quatro componentes simbólicos estreitamente misturados, de igual importância, estão sob a dependência de um contexto social, cultural, relacional e pessoal[118]. Todas as sociedades humanas favorecem a mesma implementação individual desse material de significação e de valor que permite a cada ator habitar familiarmente o seu corpo através desse anteparo de imagens que só adquire sentido para a sua própria

---

118. As duas funções iniciais foram tomadas de empréstimo aos trabalhos de Giséla Pankow, especialmente, *L'homme et sa psychose* (1983). Já havíamos elaborado uma abordagem antropológica da imagem do corpo em LE BRETON, [1990] 2016, cap. 7: "O envelhecimento intolerável – O corpo desfeito", p. 173-184.

existência. Essa estrutura antropológica fornece as referências necessárias da vida de cada instante. A pessoa cujo rosto foi danificado conhece uma perturbação profunda de sua relação com o mundo ao viver provisoriamente a partir de uma imagem do próprio corpo soterrada profundamente nele – aquela que era a sua antes do acidente –, enquanto o seu corpo atual e, especialmente, o seu rosto, avaliado por essa bitola, devolve-lhe, ao contrário, uma imagem intolerável. O indivíduo perde a irrigação dessa imagem do corpo a partir da qual ele vivia até então, deixando de reconhecê-la em sua função de forma, de conteúdo e, sobretudo, de valor. E como o rosto, em companhia do sexo, é o espaço do corpo mais investido, o mais solidário do ego, a desestabilização pessoal é, em proporção, ainda mais impactante. François Flahault observa que

> os limites da identidade são, por sua vez, os do sexo. Um rosto agradável, uma vez passada a infância, é um rosto de homem ou de mulher. Um personagem desfigurado é também um personagem "sem sexo" (1989, p. 78).

O indivíduo repentinamente desfigurado encontra, no espelho ou no olhar dos outros, uma forma irreal de seu corpo danificado, irreconhecível, símbolo diariamente reiterado da extirpação de si. Ele também não reconhece tais cicatrizes – esses tecidos lesados que evocam, de preferência, a destruição, o absurdo, o intolerável – como significantes, como elementos que, um dia, fossem suscetíveis de serem assumidos. E o valor que ele atribuía ao próprio corpo é, por sua vez, distorcido através do horror que experimenta ao se ver assim, sabendo também que, em toda a parte, suscita a mesma curiosidade doentia, a mesma desconfiança. "O espelho de Narciso diverge de seu reflexo apenas para nos levar a apreender a máscara de Górgona" (CLAIR, 1989, p. 164).

A vivência relativa à desfiguração do rosto é uma obra de fôlego, do mesmo modo que o recurso à cirurgia estética para remover a visibilidade demasiado palpável das cicatrizes ou restaurar uma aparência próxima daquela que foi perdida. A desestabilização da personalidade em decorrência do acidente não poupa ninguém. Além de estar sob a égide do ego, a relação com a imagem do corpo depende do inconsciente, ou seja, de dados internos que não estão sob o controle da vontade, mas se impõem vigorosamente ao ator. Durante todo esse período, o ator deve enfrentar uma violência simbólica, uma dor íntima que ele próprio engendra por sua perda e que fortalece a atitude a seu respeito por parte das pessoas que cruzam o seu caminho.

O primeiro confronto, subsequente ao acidente, com o espelho é o momento-chave em que o traumatismo se inscreve na consciência e, de imediato, desestabiliza o conjunto das referências de identidade à maneira de um sismo. Qualquer ator, ao evocar o relato de seu infortúnio, recorda-se com dor desse momento em que o acidente corporal assumiu toda a sua dimensão. A cena primitiva da alteração do rosto cristaliza-se quando o espelho devolve ao ator o inevitável de sua situação, com o sentimento de desamparo que o acompanha. "Olhei no espelho e fui invadido de pavor, incapaz de me reconhecer" – afirma um homem. O reflexo do espelho, pela significação de que se reveste, implica uma violência insustentável. O ator toma consciência de que a sua identidade se alterou drasticamente, tendo deixado de ser reconhecível aos próprios olhos. A capital de sua identidade, o espaço em que se estruturam as suas relações de sentidos e de valores com os outros e com o mundo, acaba de romper as suas amarras e nada permanece além de um grande vazio dominado pela ameaça da morte.

Deixar de ter figura humana é uma metáfora para dizer a morte. A imagem refletida – que ele recebe de frente e é incapaz de admitir que seja a sua – não pertence a ninguém e nenhuma pessoa seria capaz de consentir em apropriar-se dela. Eis o testemunho de uma enfermeira ferida gravemente em um acidente de carro, anos depois do incidente: "Eu tive unicamente este desejo: encontrar-me face a face, se me atrevo a afirmar, com um espelho. A primeira visão foi absolutamente desagradável: O que é essa coisa horrorosa diante de mim? E, em seguida, olhando para mim com mais atenção, encontrei algo que se parecia comigo, uma parte do meu rosto não havia sido afetada. Mas o resto estava cheio de pontos de sutura, o olho fechado, as pálpebras totalmente roxas, os hematomas por toda a parte". O reconhecimento de uma zona intacta do rosto culmina na desrealização da relação a si; ao mesmo tempo, nessa suspensão do sentido, ela introduz paradoxalmente uma referência que serve de apoio para se convencer de que não se trata de um pesadelo. Desde então, essa mulher jovem multiplica os contatos com o espelho, de uma maneira um tanto obsessiva, em busca da impossível coincidência consigo mesma, do retorno – sonhado a cada instante – do estado anterior. Enquanto não está terminado o luto dessa parte de si e persiste uma imagem do corpo em ruptura com aquele vivenciado hoje, a relação com o espelho acaba sendo um sofrimento reavivado em permanência. Outrora, bastava-lhe aproximar-se de um espelho para que lhe aparecesse o seu rosto; embora não seja possível reproduzir tal operação mágica, ela não cessa de espiar para surpreender, hora após hora, o sonho de seu progressivo restabelecimento. Ela fala de um "duelo com o espelho": "Vinte vezes por dia, diante do espelho, eu tinha à minha frente um rosto deformado no qual era difícil me reconhecer. E eu tinha vinte e quatro anos".

Espera lancinante de que se faça a reabsorção dos hematomas, de que as feições recuperem aos poucos a sua configuração, de que a superfície ainda agitada da água do rosto se torne, enfim, uma fisionomia serena. Em breve, começam as primeiras operações corretoras de cirurgia facial; o profissional é investido pelo paciente de um desejo maciço de restauração de si, de retorno à humanidade e à dignidade do rosto. Em algumas palavras, ela afirma a gravidade de um desafio que lhe escapa: "Devemos depositar toda a confiança no cirurgião que segura entre suas mãos, entre seus dedos, a nossa vida; com efeito, o nosso lugar na sociedade dependerá do resultado de seu trabalho" (GIREL, 1979)[119]. À semelhança de um grande número de pessoas afetadas desse modo, ela é submetida à longa espera, distribuída por períodos de meses ou anos, das séries de atos cirúrgicos que alimentam a expectativa de uma restauração suficiente para que a existência social possa prosseguir sem demasiados atritos. Esse espaço de tempo é, sem dúvida, também propício à elaboração do luto se o ator tomou distância suficiente e não espera da cirurgia a restituição integral, mágica, do antigo rosto; no entanto, é difícil suportar esse luto em uma sociedade na qual a pessoa é o seu rosto e na qual o espelho fragmenta a identidade ao refletir, em vez do rosto familiar de sua existência, uma máscara que se deve aprender a apropriar-se como sendo a sua. Uma mulher, com rosto deformado após um acidente, dizia-me que, durante muito tempo, ao olhar-se assim no espelho, entrava em coma; essas são as suas próprias palavras.

A desfiguração é privação de ser enquanto permanece demasiado vivo o luto pelo rosto perdido e enquanto as pessoas à sua volta não aprenderam a ver surgir outro rosto no lugar da máscara rígida. Perder o próprio rosto, psicológica e socialmente, é com efeito perder a sua posição no mundo. Depende dos recursos íntimos que o ator tem de "fazer face": mais do que nunca essa expressão é apropriada para ganhar outro lugar ou reencontrar o seu, cortando pela raiz o risco do preconceito. Trata-se, porém, de uma tarefa difícil quando cada espelho, cada olhar dos outros, cada hesitação por parte destes, cria as condições para um começo de estigmatização: tal é a primeira violência que o indivíduo desfigurado deve superar, hora após hora, aquela que ele suscita a si mesmo através da sensação experimentada a respeito de sua identidade destruída e do grave choque com uma imagem do corpo enraizada profundamente

---

119. Cf. tb. ALLIEZ & ROBION, 1969.

que só se modifica de maneira bastante lenta, evocando a crueldade do destino.

Outra forma de violência, que alimenta a primeira, vem do olhar dos outros. A visibilidade da desfiguração é inevitável, e o que é ainda pior, ela exibe a indignidade social do ator, incapaz de se dissimular, sem nenhuma proteção, nem máscara, nem falsa aparência. Ela não consegue ocultar-se, salta aos olhos de todos, desencadeando a curiosidade dos transeuntes e o constrangimento dos interlocutores que estabelecem o primeiro contato com ele. Em seu sentido etimológico, a desfiguração funciona como estigma e evoca a sua origem, essa marca na carne que designa, na sociedade grega, o indivíduo mantido afastado da comunidade, o escravo, o *aprosopon* (a pessoa sem rosto). Mais ainda que a feiura, a desfiguração priva o ator de sua plena identidade pessoal e social. O ator metamorfoseia-se em ser residual, problemático, que deve aprender a cativar o olhar dos outros e a vencer a repulsa destes a seu respeito. As configurações sociais que presidem as interações são, por sua vez, desfiguradas quando um dos interlocutores apresenta um rosto deformado; na relação com esse ator, as dificuldades são, sem dúvida, mais palpáveis – do que ocorre na relação com um deficiente físico ou sensorial – por causa do anteparo de fantasias, de terrores arcaicos que jazem no coração do indivíduo. A pessoa desfigurada, à semelhança do sujeito amputado, desperta a angústia do corpo desmantelado, presente, sem dúvida, em cada indivíduo e que se exprime, de maneira privilegiada, através dos pesadelos: a angústia diante da extrema precariedade da condição humana.

Enquanto estigma de aparência, a desfiguração é provavelmente uma das fontes mais cruéis de segregação sutil do ator nos ritos da interação. A primeira atitude a seu respeito consiste em evitá-lo: qualquer ator, nas relações sociais, pode reivindicar em seu favor um crédito de confiança; por sua vez, o indivíduo desfigurado, assim como o portador de uma deficiência física ou sensorial, é passível de uma carga negativa, de um *a priori* contra ele, tornando difícil a tentativa de abordá-lo. E isso de uma maneira não dita, quase discreta, mas eficaz, através da sutileza do vazio que se cria ao seu redor e da sucessão maciça de olhares que o envolvem, assim como através da dificuldade experimentada por ele para usufruir das relações correntes da vida; ora, trata-se justamente das relações que têm apenas um valor mínimo à força de sua banalidade ou evidência, mas que o indivíduo desfigurado deve conquistar com muita luta, ao sentir o constrangimento que suscita naqueles que ainda não estão habituados com a sua presença. Essa alteração que não modifica, de modo algum, as competências ativas ou afetivas, que a coletividade pode exigir dele, é suficiente para alimentar a dificuldade permanente de sua integração social por causa do valor simbólico atribuído ao rosto. Como prova dessa assertiva um grande número de vítimas de tal situação prefere não sair de casa e enfrentar essa provação.

Perder o rosto é, aqui, mais do que perder o prestígio [*la face*]: com efeito, nesta última circunstância, ainda é possível esperar o momento favorável de voltar a fazer boa figura, ao passo que a pessoa desfigurada é obrigada à longa espera de uma eventual correção cirúrgica de seus ferimentos, mas é raro que estes não deixem nenhuma sequela. Em seu livro, *Os cadernos de Malte Laurids Brigge*, R.M. Rilke relata uma espécie de devaneio repleto de angústia. Ele vê uma mulher pensativa, com o rosto entre as mãos, que avança lentamente. Ouve-se um estrondo:

> A mulher assustou-se e emergiu de si mesma, de modo rápido demais, brusco demais, de tal maneira que o rosto ficou nas duas mãos. Pude ver como jazia nelas, sua forma côncava. Custou-me um esforço indescritível deter-me nessas mãos e não olhar para o que tinha sido arrancado. Apavorei-me de ver, assim, um rosto por dentro, mas tive ainda mais receio da cabeça sem rosto, despida, esfolada (RILKE, 2009, p. 7-8).

O rosto desfigurado ou atingido por queimaduras é um rosto de pavor: ele perdeu a flexibilidade da carne original, os músculos estão alterados e as expressões inscritas em seus traços fisionômicos não têm relação com os afetos experimentados pelo ator. Ele já não serve de espelho ao de seu interlocutor no plano tanto formal quanto das significações. O rosto torna-se enigmático, quase amorfo, inquietante pela dificuldade a apreender nele as referências de identificação, fazendo com que a comunicação se torne possível e familiar. Será necessário tempo para que a alteração do rosto do outro seja eliminada e para que, de novo, ele seja percebido em sua humanidade e significância. O estigma, em vez de ser algo natural que impõe o seu infortúnio ao ator, é um acréscimo propriamente social no âmago de uma relação, uma significação e um valor impostos de fora a uma característica física. A indignidade de sua condição é passível de impregnar-se nele em um momento bastante precoce: assim, uma criança de quatro anos e meio, cujo rosto havia sido outrora afetado por uma grave queimadura, mimada pelos seus pais e, até então, bem protegida no seio do círculo familiar, chega pela primeira vez à escola pré-primária em que foi matriculada pelos pais sem contato prévio com os professores. Ao misturar-se às brincadeiras das outras crianças, Julian suscita o terror entre os coleguinhas; a situação complica-se de tal forma que a diretora da escola dá ordem para que os pais levem o filho de volta para casa (LECUYER, 1989, p. 57). Julian acaba de vivenciar, pela primeira vez, o olhar sem indulgência dos outros; aprendeu a contragosto, através da violência ainda pouco ritualizada das crianças contra ele, que corre o risco de ser objeto de preconceito no decorrer da sua existência. Mesmo que, mais tarde, nas relações sociais, as formas de segregação sejam múltiplas.

A alteração do rosto impõe ao ator um encolhimento de sua liberdade de ação e de seu campo social, obrigando-o às vezes a tomar precauções a fim de não incomodar as pessoas que cruzam o seu caminho.

> Com a preocupação de ajudar os outros a demonstrarem tato – observa E. Goffman –, recomenda-se, muitas vezes, às pessoas com desfiguração facial para fazerem uma pausa no limiar de um encontro a fim de que os futuros interlocutores tenham tempo para assumir a atitude mais conveniente ([1963] 1988, p. 101-102).

Aproximar-se lentamente, fingir [*faire mine*] que hesita, olhar para o relógio, observar algo nos arredores: são outras tantas maneiras circunspectas de acesso ao outro que preservam as defesas deste último, dando-lhe tempo para dissipar a sua surpresa e proceder como se nada tivesse acontecido. Atitude profundamente ritualizada que deixa à pessoa desfigurada a sensação de que está permanentemente à mercê dos outros, tendo sempre a necessidade de tratá-los com deferência nas interações em que se encontra envolvida, ao passo que na vida cotidiana, quando se desloca pelas ruas das cidades ou serve-se dos transportes coletivos, ela não recebe, de modo algum, o mesmo tratamento a partir dos olhares que lhe são dirigidos, que se fixam com insistência sobre o seu rosto, colocando-o incansavelmente em evidência e chegando, inclusive, a acuá-la em suas tentativas para passar despercebida. A enfermeira vítima de acidente, já mencionada, lembra-se com amargura do breve momento em que ela teve de utilizar o ônibus para dirigir-se ao trabalho. "Os olhares insistentes dos passageiros que me examinavam, de maneira repetida, eram muito penosos de suportar."

Inversamente, o hospital parece ser um lugar privilegiado, um refúgio no qual ela passa despercebida, no meio dos colegas de trabalho, habituados a lidar com doentes mutilados, a assistir ao sofrimento sob todas as suas formas: aí, "ninguém olhava para mim, é um lugar de trabalho privilegiado em um caso como este. As observações feitas pelos doentes foram raras; meus colegas tampouco me falavam disso". O hospital é um gueto social e cultural; aliás, uma de suas vantagens consiste em proteger qualquer ator dos riscos da adversidade social ao ser vítima de ferimentos graves e que dão nas vistas, por exemplo, uma mutilação, hematomas, cicatrizes ou uma deformação. No decorrer do testemunho desta mulher ainda jovem, o leitor fica sabendo que ela trabalha agora em um serviço de cirurgia maxilofacial. Outra maneira de fundir-se em uma paisagem humana na qual a maior parte de seus interlocutores sofrem de lesões, mais ou menos graves, no rosto; nesse ambiente, ela é uma entre outros, compartilhando, enfim, uma comunidade de destino.

Outra mulher, cujo rosto havia sido deformado desde a sua juventude, fala do "veneno" dos olhares que a seguem, passo a passo, desde sempre e não cessam, sem se darem conta disso, de reavivar o seu tormento. Do mesmo modo, o personagem de Kobo Abe, gravemente desfigurado por ocasião de um acidente, é um alvo constante do olhar dos transeuntes. Ele sonha em devolver a violência àqueles que não deixam de hostilizá-lo.

> Se eu me posicionasse diante deles sem dizer nada? Se, enquanto observasse as suas reações, eu tirasse os óculos e, em seguida, a máscara protetora que tinha sobre a boca e desfizesse o meu curativo? A perplexidade deles começaria por transformar-se em inquietação e, em seguida, em súplica muda, mas eu continuaria a desfazer o curativo e acabaria por tirá-lo para fazer aparecer o meu rosto, arrancando rapidamente, a fim de produzir um baita efeito, a última atadura (ABE, 1987).

Oferecer um rosto de pavor ao indiscreto cujo olhar persiste, já não ter de baixar os olhos e remoer a sua dor, mas transformar o seu infortúnio em uma arma para devolver a violência a quem a implementa: o devaneio do personagem de Kobo Abe é impressionante por mostrar, em toda a sua amplitude, a violência suportada pela pessoa desfigurada.

Bibliografia sumária sobre o rosto

ABÉLY, P. "Le signe du miroir dans les psychoses et plus spécialement dans la démence précoce", p. 203-213. In: CORRAZE, 1980a.

ABRAHAM, P. "Une figure, deux visages". In: *La Nouvelle Revue Française*, n. 246, 01/03/1937; n. 247, 01/04/1937. Gallimard.

_____. *Figures*. Paris: Gallimard, 1929.

ADLER, A. "Les jumeaux sont rois". In: *L'Homme*, t. 13, n. 1-2, jan.-fev./1973, p. 167-192.

AJURIAGUERRA, J.; REGO, A. & TISSOT, R. "A propos de quelques conduites devant le miroir de sujets atteints de syndromes démentiels du grand âge". In: *Neuropsychologia*, n. 1, 1963, p. 59-74.

ALAZARD, J. *Le Portrait florentin de Botticelli à Bronzino*. Paris: P. Haurens, 1924.

Alcorão. Centro Cultural Beneficente Árabe Islâmico de Foz do Iguaçu. São Paulo, 1994 [Trad. de Mansour Challita] [Disponível em: http://lelivros.love/book/download-o-alcorao-maome-muhammad-epub-mobi-pdf/].

ALLAMI, N. *Voilées, dévoilées* – Les femmes dans le monde musulman. Paris: L'Harmattan, 1988.

ALLIEZ, J. & ROBION, M. "Aspects psychopathologiques de la défigurarion et leur relation avec la dysmorphophobie". In: *Annales Médico-psychologiques*, t. 2, n. 4, 1969, p. 479-494. Paris.

ALLPORT, G.-W. *The Nature of Prejudice*. Boston: Beacon, 1954.

ANCELIN-SCHUTZENBERGER, A. *Contribution à l'étude de la communication non-verbale*. Paris: Honoré Champion, 1978.

ANZIEU, D. *Le moi-peau*. Paris: Gallimard, 1985.

ARGYLE, M. "La communication par le regard". In: *La Recherche*, n. 132, 1982, p. 490-497.

_____. "Non verbale communication in humain social interaction". In: HINDE, 1972.

ARGYLE, M. & COOK, M. *Gaze and Mutual Gaze*. Cambridge, UK: Cambridge University Press, 1976.

ARIÈS, P. & DUBY, G. (Dir.). *História da vida privada* – Vol. 2: Da Europa feudal à Renascença. São Paulo: Companhia das Letras, 2009 [Org. de Georges Duby; trad. De Maria Lúcia Machado] [Orig.: *Histoire de la vie privée* – Vol. 2: De L'Europe féodale à la Renaissance. Paris: Seuil, 1987].

Art et thérapie [revista]. "Le visage dévisagé: de la séduction humaine à la représentation divine", n. 40-41, 1991.

ASLAN, O. & BABLET, D. (Eds.). *Le masque*: du rite au théâtre. Paris: Centre National de la Recherche Scientifique (CNRS), 1985 [Col. "Arts du spectacle / Spectacles, histoire, société"] [Este volume reúne a contribuição de participantes da mesa-redonda internacional do CNRS, "Le masque dans les rituels et au théâtre" [A máscara nos rituais e no teatro], 02-04/12/1981 e 28-30/04/1982. Textos de O. Aslan, D. Bablet, Cheng Shui Cheng, G. Dieterlen, B. Eruli, D. Fabre, G. Fabre, J. Fassola, F. Frontisi-Ducroux, J. Huynen, P. Ivernel, E.-T. Kirby, E. Konigson, J.-T. Maertens, G. Martzel, M. Nedelco Patureau, B. de Panafieu, B. Picon-Vallin, M. Salvini, F. Taviani, Tran Van Khe e J.-P. Vernant. Textos e depoimentos de J.-L. Barrault, B. Besson, P. Brook, P. Hottier, T. Kantor, O. Krejca, J. Lecoq, W. Mehring, A. Mnouchkine, D. Sandre, E. Stiefel, G. Strehler, W. Strub e M. Ulusoy].

Autrement [revista]. "Fatale beauté", n. 91, 1987.

AZOUVI, F. "Remarques sur quelques traités de physiognomonie". In: *Les Études Philosophiques*, n. 4, 1978.

BAKHTIN, M. *L'œuvre de François Rabelais et la culture populaire au Moyen Âge et sous la Renaissance*. Paris: Gallimard, 1970 [Orig: *Tvorčestvo Fransua Rable i narodnaja kul'tura srednevekov'ja i Re-*

nessansa. Moskva: Izd. Chudož, 1965] [Ed. bras.: *A cultura popular na Idade Média e no Renascimento*: o contexto de François Rabelais. São Paulo: Hucitec, 1987].

BALDENSPERGER, F. "Les théories de Lavater dans la littéraure française". In: *Études d'Histoire Littéraire*. 2a. série. Paris: Hachette, 1910.

BALTRUSAITIS, J. *Aberrations* – Essai sur la légende des formes. Paris: Flammarion, 1983.

_____. *Le miroir: révélations, science-fiction et fallacies* – Essai sur une légende scientifique. Paris: Elmayan & Seuil, 1978.

BALZAC, H. Um caso tenebroso. In: BALZAC. *Estudos de costumes* – Cenas da vida parisiense (1843). Vol. 12, 2013.

_____. Úrsula Mirouët. In: BALZAC. *Estudos de costumes* – Cenas da vida provinciana (1841). Vol 5, 2013.

_____. *A comédia humana*. 17 vols. 3. ed. São Paulo: Globo, 2013 [Org. introduções e notas de P. Ronai].

BANKS-LEITE, L. & GALVÃO, I. (Orgs.). *A educação de um selvagem* – As experiências pedagógicas de Jean Itard. São Paulo: Cortez, 2000.

BARDÈCHE, M. *Balzac romancier*. Paris: Plon, 1940.

BARRAULT, J.-L. In: ASLAN & BABLET (Eds.), 1985.

BARROS, L. "Conheça os sapeurs, os dândis africanos". In: O *Globo*, 12/06/2013 [Disponível em https://oglobo.globo.com/ela/moda/conheca-os-sapeurs-os-dandis-africanos-16952426 ; http://mequetrefismos.com/lista-negra/this-is-it/conheca-o-estilo-sapeurs/].

BARTHES, R. *Mythologies*. Paris: Seuil, 1957 [Ed. bras.: *Mitologias*. 4. ed. Rio de Janeiro: Difel, 2009 [Trad. de R. Buongermino, P. de Souza e R. Janowitzer].

BATAILLE, G. "Le masque". In: *Œuvres completes* – Écrits posthumes: 1922-1940. Paris: Gallimard, 1970.

_____. *Le coupable*. Paris: Gallimard, 1944 [Col. "Les Essais", n. 14].

BATESON, G. "Communication", p. 116-144. In: WINKIN, 1981 [Orig.: "Communication". In: McQUOWN (Ed.), 1971].

BAUDELAIRE, C. *Poesia e prosa*. Rio de Janeiro: Nova Aguilar, 2006 [O pintor da vida moderna; cap. XI: "Elogio da Maquiagem", p. 874-876] [Orig.: "Éloge du maquillage", p. 714-718 [Le peintre de la vie moderne, 1863. In: *Œuvres complètes*. t. II. Ed. Paris: Gallimard, 1976 [Ed. de C. Pichois] [Col. "Bibliothèque de la Pléiade"].

_____. "Le portrait". In: *Œuvres complètes*. Paris: Gallimard, 1976 [Col. "Bibliothèque de la Pléiade"].

BAUDINET, M.-J. & SCHLATTER, C. (Eds.). *Du visage*. Lille: PUL, 1982 [Textos de M.-J. Baudinet, C. Schlatter, M. Indergand, H. Berkovits, J. Cohen, M. Bernard, C. This, F. Armengaud, M. Gagnebin, B. This, P.-P. Lacas, J.-Y. Bosseur, C. Rabant, G. Chaudière, G. Lascault e J. Guillerme].

BEAUVOIR, S. "A memória do horror", p. 7-11. In: LANZMANN [1985] 1987.

BÉDOUIN, J.-L. *Les masques*. Paris: PUF, 1967.

BENHAÏM, A. *Panim* – Visages de Proust. Villeneuve d'Ascq: Presses Universitaires du Septentrion, 2006. Cf. GABASTON, 2006.

BERNARD, M. *L'expressivité du corps* – Recherches sur les fondements de la théâtralité. Paris: Delarge, 1976.

BERTILLON, A. *Identification anthropométrique* – Instructions signalétiques [1885]. Melun, Typographie-lithographie Administrative, 1893, p. 48.

_____. *La photographie judiciaire:* avec un appendice sur la classification et l'identification anthropométriques. Paris: Gauthier-Villars, 1890.

BETTELHEIM, B. *La forteresse vide*: l'autisme infantile et la naissance du Soi. Paris: Gallimard, 1969 [Orig.: *The Empty Fortress*: Infantile Autism and the Birth of the Self. Nova York: Free, 1967] [Ed. bras.: *A fortaleza vazia*. São Paulo: Martins Fontes, 1987].

Bíblia Sagrada – Ed. Família. 50. ed. Petrópolis: Vozes, 2005.

BIRDWHISTELL, R. "Un exercice de kinésique et de linguistique: la scène de la cigarette", p. 160-190. In: WINKIN, 1981.

_____. *Kinesics and Context*: Essays on Body Motion Communication. Harmondsworth: Penguin books, 1973.

_____. "L'analyse kinésique", p. 101-106. In: *Langages*, n. 10, 1968 [Trad. fr. de extratos de: (1) "Some Body Motion Elements Accompanying Spoken American English" – Conferência no International Symposium on Communication Theory and Research. Excelsior Springs/University of Missouri at Kansas City, 1966. In: THAYER (Ed.), 1967. • (2) "The Kinesic Level in the Investigation of the Emotions", cap. 7, p. 123-139. In: KNAPP (Ed.), 1963].

BONAFOUX, P. *Rembrandt, autoportrait*. Genebra: Skira, 1985.

_____. *Les peintres et l'autoportrait*. Genebra: Skira, 1984.

BONNATERRE J.-P. *Notice historique sur le Sauvage de l'Aveyron et sur Quelques Autres Individus qu'on a Trouvé Dans les Forêts à Différentes Époques*. Paris: Veuve Panckouke, 1800.

BONNIOL, J.-L. "Beauté et couleur de la peau". In: *Communications* – "Beauté, laideur", 60, 1995, p. 185-204.

BORGES, J.L. O *fazedor* (epílogo, 1960). In: *Obras completas*. Vol. II. São Paulo: Globo, 2000 [Trad. de Josely Vianna Baptista] [Orig.: *El Hacedor*. Buenos Aires: Emecé, 1960] [Ed. fr.: *L'auteur et autres textes*. Paris: Gallimard, 1965].

BREITENBACH, N. *Visages intimes*: le maquillage libre. Paris: Hommes & Groupes, 1987 [Prefácio de J. Duché..

BREUER, J. & FREUD, S. Estudos sobre a histeria. In: FREUD, 1990. [Orig.: *Studen über Hysterie*, 1895].

BRIL, J. *Le masque ou le père ambigu*. Paris: Payot, 1983.

BROOK, P. "Mensonge et superbe adjective", p. 193-207. In: ASLAN & BABLET (Eds.), 1985.

BROUSSAIS, F. *Cours de Phrénologie*. Paris: Baillière, 1836.

BRUYER, R. "La reconnaisance des visages". In: *La Recherche*, n. 200, 1988.

_____. *Les mécanismes de reconnaissance des visages*. Grenoble: PUG, 1987.

_____. *Le visage et l'expression faciale* – Approche neuropsychologique. Bruxelas: Mardaga, 1983.

BUFFON, G. *Histoire naturelle, générale e particulière*. T. 14. Paris: Royale, 1833 [1. ed.: 1749-1788, 29 tomos publicados enquanto o autor era vivo].

BURAUD, G. *Les masques*. Paris: Seuil, 1948.

BURCKHARDT, J. *La civilisation de la Renaissance en Italie*. Paris: Gonther, 1958 [Orig.: *Die Kultur der Renaissance in Italien*, 1860] [Ed. bras.: *A cultura do Renascimento*: um ensaio. São Paulo: Companhia das Letras, 2009].

BURGELIN, O. "Promenade cosmétique chez les anciens et les modernes", p. 123-137. In: *Traverses*: "Maquiller", n. 7, 1977.

CAILLOIS, R. *Les jeux et les hommes* – Le masque et le vertige. Paris: Gallimard, 1967, p. 23.

CAMPBELL, L. *Portraits de la Renaissance*: la peinture des portraits en Europe au XIVe, XVe et XVIe siècles. Paris: Hazan, 1991.

CAMPER, P. *Über den natürlichen Unterschied der Gesichtszüge in Menschen verschiedener Gegenden und verschiedenen Alters* – Über das Schöne antiker Bildsäulen und geschnittener Steine, nebst einer Darstellung einen neuen Art, allerlei Menschenköpfe mit Sicherheit zu zeichnen. Berlim: Vossische Buchhandlung, 1792, p. 93.

CAMPOS, A.M. *Dicionário Francês-português de Locuções*. Belo Horizonte: Tessitura, 2011 [Apres. de Ângela Vaz Leão].

CANETTI, E. *Masse et puissance*. Paris: Gallimard, 1966 [Orig.: *Masse und Macht*. Hamburgo: Claassen, 1960] [Ed. bras.: *Massa e poder*. São Paulo: Companhia das Letras, 1995].

CARROLL, L. *Aventuras de Alice no País das Maravilhas & Através do espelho e o que Alice encontrou por lá*. Rio de Janeiro: Zahar, 2009 [Trad. de Maria Luiza X. de A. Borges] [Orig.: *Alice's Adventures in Wonderland*, 1865; *Through the Looking-Glass and what Alice Found there*, 1871].

CAZAL, D. "Visage, Communication interculturelle et éthique: l'exemple de la Corée". In: *Interculture*, n. 17, 1992.

CÉSAIRE, I. *Esthétique des Peuls nomades Wodâbé*. Paris: Paris 1: Panthéon, 1974 [Tese de doutorado].

CHASTEL, A. *Fables, formes, figures*. Paris: Flammarion, 1978.

CHEBEL, M. *Le corps dans la tradition du Maghreb*. Paris: PUF, 1984.

CHELHOLD, J. *Introduction à la sociologie de l'Islam*. Paris: Besson-Chantemerle, 1958, p. 145.

_____. "La face et la personne chez les Arabes". In: *Revue d'Histoire des Religions*, n. 24, 1957, p. 231-241.

CÍCERO. *Tusculanes*. Paris: Les Belles Lettres, 1930.

CLAIR, J. *Méduse* – Contribution à une anthropologie des arts du visuel. Paris: Gallimard, 1989 [Col. "Connaissance de l'Inconscient"].

CLÉMENT, O. *Le visage intérieur*. Paris: Stock, 1978.

COCHART, D. & HAROCHE, C. "Impassibilité, isolement et indifférence dans les sociétés totalitaires". In: *Cahiers Internationaux de Sociologie*, vol. LXXXIV, 1988, p. 99-110.

COMISSO, G. *Agenti segreti veneziani nel '700 (1705-97)*. Milão: Bompiani, 1941 [Trad. fr.: *Les agents secrets de Venise au XVIIIe (1705-1797)*. Paris: B. Grasset, 1944].

CORBEAU, J.-P. "Crises sociales et stigmatisation du visage – Le visage dévisagé: de la séduction humaine à la représentation divine". In: *Art et Thérapie*, n. 40-41 (n. esp.), 1991.

CORBIN, A. "Le secret de l'individu". In: ARIÈS & DUBY, 1987.

CORMAN, L. *Manuel de morphopsychologie* [1948]. Paris: Stock, 1985.

_____. *Caractérologie et morphopsychologie*. Paris: PUF, 1983.

_____. *Visages et caracteres* – Études de physiognomonie. Paris: Plon, 1932 [com a colaboração de Gervais Rousseau, M. Beaux e A. Protopazzi].

CORRAZE, J. *Image spéculaire du corps* – Choix de textes présentés par Jacques Corraze. Toulouse: Privat, 1980a.

_____. *Les communications non verbales*. Paris: PUF, 1980b [Ed. bras.: *As comunicações não verbais*. Rio de Janeiro: Zahar, 1982].

COSNIER, J. "Les gestes du dialogue, la communication non verbale". In: *Rev. Psychologie de la Motivation*, 21, 1996, p. 129-138.

COSNIER, J. & BROSSARD, A. (Dir.). *La communication non verbale*. Neuchâtel/Paris: Delachaux et Niestlé, 1984 [Textes de Base en Psychologie].

COSNIER, J. & KERBAT-ORECCHIONI, C. *Décrire la conversation*. Lyon: PUL, 1987.

COSTA, D.P.P. "O amor cortês pelo avesso: François Villon e o debate sobre o Roman de la Rose". In: *Caligrama*, vol. 19, n. 1, 2014, p. 81-103. Belo Horizonte.

COSTA, L.N. *Mesclas genéricas na "tragicomédia"* – Anfitrião de Plauto. Campinas: [s.n.], 2010 [Dissertação de mestrado] [Disponível em http://www.classicas.ufpr.br/recursos/anfitriao.pdf].

COURBOIN, F. *Bibliothèque nationale* – Exposition de portraits peints et dessinés du XIIIe au XVIIIe siècle. Paris, 1907.

COURTINE, J.-J. & HAROCHE, C. *História do rosto*: exprimir e calar as emoções (do séc. XVI ao começo do séc. XIX). Petrópolis: Vozes, 2016 [Trad. de Marcus Penchel] [Orig.: *Histoire du visage* – Exprimer et taire ses émotions (XVIe-début XIXe siècle). Paris: Payot & Rivages, 1988 [nova ed., 2007]].

CYRULNIK, B. (Ed.). *Le visage*: sens et contresens. Paris: Eshel, 1988.

DADOUN, R. & METTRA, C. *Au-delà des portes du rêve*. Paris: Payot, 1977.

DAGOGNET, F. *Faces, surfaces et interfaces*. Paris: Vrin, 1982.

DALLE MESE, J.G. "Le Bibliothécaire, le Cuisinier et le Jardinier, ou Arcimboldo l'ambigu", p. 225-241. In: *Italies* – Revue d'Études Italiennes, Université de Provence, n. 4/1: Humour, ironie, impertinence, 2000.

DAMISCH, H. "L'alphabet des masques". In: *Nouvelle Revue de Psychanalyse*, n. 21, 1980, p. 123-132, 1980.

DARWIN, C. *The Expression of the Emotions in Man and Animals*. Londres: John Murray, 1872 [Ed. bras. *A expressão das emoções no homem e nos animais*. São Paulo: Companhia das Letras, 2000 [Trad. de Leon de S.L. Garcia]].

DAUMAL, R. "L'envers de la tête" (1939). In: *La vie des Basiles*, suivi de *L'envers de la tête*. Angoulême: Marguerite Waknine, 2016.

DAVIES, G.; ELLIS, H. & SHEPHERD, J. *Perceiving and Remembering faces*. Londres: Academie Press, 1981.

DAVIS, F. "Deviance disavowal: the management of strained interaction by the visibly handicapped", p. 121-132. In: *Social Problems*, n. 9, 1961.

DAVY, M.M.; ABECASSIS, A.; MOKIN, M. & RENNETEAU, J.-P. *Le thème de la lumière dans le Judaïsme, le Christianisme e l'Islam*. Paris: Berg International, 1976.

DEBIENNE, M.-C. "Incidences psychologiques et psychiatriques (en chirurgie plastique, réparatrice et esthétique)". In: *Cahiers Laennec*, mar./1928, p. 75-92.

DE LA CHAMBRE, P. Cureau – *L'art de connaître les hommes*, 1653.

DELLA PORTA, G.B. *De humana physiognomania*, 1586.

DELAUNAY, P. "De la physiognomonie à la phrénologie – Histoire et évolution des écoles et des doctrines". In: *Le Progrès Médical*, n. 29-31, 21-28/07 e 04/08/1928.

DELEUZE, G. & GUATTARI, F. *Mille plateaux*. Paris: Minuit, 1980 [Ed. bras.: *Mil platôs* – Capitalismo e esquizofrenia. Rio de Janeiro: Ed. 34, 1995-1997].

DELMAS, A. "Le signe du miroir dans la démence precoce". In: *Annales Médico-psychologiques*, n. 1, 1929, p. 227-233.

DELVAU, A. *Dictionnaire de la Langue Verte* – Argots parisiens comparés. Paris: E. Dentu, 1866.

DENIEUL-CORMIER, A. "La très ancienne physiognomonie de Michel Savonarole". In: *La Biologie Médicale*, jul./1956.

DÉONNA, W. *Le symbolisme de l'œil* – École française d'Athènes, travaux et mémoires des anciens membres étrangers de l'École, fasc. XV. Paris: De Boccard, 1965.

DESCARTES, R. *Princípios da filosofia*. Lisboa: Ed. 70, 2006 [Trad. de João Gama] [Col. "Textos filosóficos"] [Texto editado originalmente em latim, *Principia philosophiæ*, em 1644, e traduzido para o francês em 1647].

_____. *Meditações sobre filosofia primeira* [Ed. bilíngue em latim: *Meditationes de prima philosophia, in qua Dei existentia et animæ immortalitas demonstratur*, 1641] [Trad. de Fausto Castilho] [Traduzido para o francês em 1647 e para o português em 2004 (Campinas: Unicamp)].

DIBIE, P. "Jeux et masques, jeux de nobles". In: *Le Monde*, 26-27/01/1986.

DREYER, C.T. *Réflexions sur mon métier*. Paris: De l'Étoile, 1983, p. 267 [Cahiers du Cinéma – Vol. 1: "Écrits"].

DUBY, G. "L'émergence de l'individu". In: ARIÈS & DUBY (Dir.), 1985.

DU CAMP, M. *Les convulsions de Paris*. 2 vols. Paris: Hachette, 1878-1880.

DUMAS, G. *La vie affective* – Physiologie-Psychologie-Socialisation. Paris: Les Presses Universitaires de France, 1948 [Coletânea de textos publicados entre 1892 e 1935].

_____. *Le sourire* – Psychologie et physiologie). Paris: Alcan, 1906 [Col. "Bibliothèque de Philosophie Contemporaine"] [2. ed. Paris: PUF, 1948].

_____. "Le rire". In: *Journal de Psychologie*, n. 18, 1921.

_____. "Les larmes". In: *Journal de Psychologie*, n. 17, 1920.

DUMONT, M. "Le succès mondain d'une fausse science: la physiognomonie de Lavater". In: *Actes de Recherche en Sciences Sociales*, n. 54, 1984.

DURKHEIM, É. *As formas elementares da vida religiosa* – O sistema totêmico na Austrália. São Paulo: Martins Fontes, 2000 [Trad. de Paulo Neves] [Orig.: *Les formes élémentaires de la vie religieuse* – Le système totémique en Australie [1912]. Paris: Les Presses Universitaires de France, 1968].

ECKERMANN, J.P. *Conversations de Goethe*, pendant les dernières années de sa vie: 1822-1832. 2 vols. Paris: G. Charpentier/E. Fasquelle, Éditeurs, s.d. [Orig.: *Gespräche mit Goethe in den letzten Jahren seines Lebens, 1822-1832*. Leipzig: Brockhaus; Bd. 1 e Bd. 2, 1836; Bd. 3, 1848].

EDGERTON, M.T.; JACOBSON, W.E. & MEYER, E. "Surgical psychiatric study of patients seeking plastic (cosmetic) surgery". In: *British Journal of Plastic Surgery*, 13 (2), 1960, p. 136-145.

Effet Arcimboldo – Les transformations du visage au seizième et au vingtième siècle (*L'*). Paris: Le Chemin Vert, 1987 [Orig.: *Effetto Arcimboldo* – Trasformazioni del volto nel Sedicesimo e nel Ventesimo secolo. Milão: Bompiani, 1987].

EFRON, D. *Gesture, Race and Culture*: A tentative study of the spatio-temporal and "linguistic" aspects of the gestural behavior of eastern Jews and southern Italians in New York City, living under similar as well as different environmental conditions. Sketches by Stuyvesant van Veen. The Hague: Mouton, 1972 [Orig.: *Gesture and environment*. Nova York: King's Crown, 1941].

EKMAN, P. *Menteurs et mensonges*: Comment les détecter. Paris: P. Belfond, 1986.

_____. "L'expression des émotions". In: *La Recherche*, n. 117, 1980, p. 1.408-1.415.

EKMAN, P. (Ed.). *Emotion in the Human Face*. 2. ed. Cambridge, UK: Cambridge University Press, 1982.

EKMAN, P. & FRIESEN, W.V. "La mesure des mouvements faciaux", p. 101-124 [Orig. "Measuring facial movement with the facial action coding system", p. 178-211. Apud EKMAN (Ed.). 2. ed., 1982]. In: COSNIER & BROSSARD (Dir.), 1984.

_____. *Unmasking the Face*: A Guide to Recognizing Emotions from Facial Clues. Englewood Cliffs: Prentice Hall, 1975.

ELBIN, V. *Corps décorés*. Paris: Chêne, 1979.

ELIADE, M. "L'expérience de la lumière mystique". In: ELIADE, 1962.

_____. *Méphistophélès et l'androgyne*. Paris: Gallimard, 1962 [Ed. bras.: *Mefistófeles e o andrógino*. São Paulo: Martins Fontes, 1991].

ELIAS, N. *O processo civilizador* – Vol. 1 – Uma história dos costumes, 1990; Vol. 2 – Formação do Estado e civilização. Rio de Janeiro: Zahar, 1993 [Trad. de Ruy Jungmann; Rev. e apres. de Renato J. Ribeiro [Orig.: *Über den Prozess der Zivilisation* – Erster Band: Wandlungen des Verhaltens in den weltlichen Oberschichten des Abendlandes; Zweiter Band: Wandlungen der Gesellschaft – Entwurf einer Theorie der Zivilisation. Basileia: Verlag Haus zum Falken, 1939].

_____. *La société de cour*. Paris: Calmann-Lévy, 1974 [Orig.: *Die höfische Gesellschaft* – Untersuchungen zur Soziologie des Königtums und der höfischen Aristokratie. Neuwied/Berlim: Hermann Luchterhand, 1969 [Ed. bras.: *A sociedade de corte*. Rio de Janeiro: Zahar, 2001].

ELLSWORTH, P.-C. et al. "The Stare as a Stimulus to Flight a Human Subject: a Series of Field Experiments", p. 302-311. In: *Journal of Personality and Social Psychology*, n. 21 (3), 1972.

ENGLISH, R.W. "Correlates of stigma towards physically disabled persons". In: *Rehabilitation Research and Practice Review*, 2, n. 4, 1971.

EPSTEEN, C.M. "Psychological impact of facial deformities". In: *American Journal of Surgery*, vol. 96, dez./1958.

EVANS, R.J. *O Terceiro Reich no poder* – O relato mais completo e fascinante do regime nazista entre 1933 e 1939. São Paulo: Planeta, 2011 [Trad. L. Brito] [Orig.: *The Third Reich in Power, 1933-1939*. Nova York: Penguin, 2005].

EVDOKIMOV, P. *L'art de l'icône* – Théologie de la beauté. Paris: Desclée de Brouwer, 1972.

EXLINE, R.V. "Visual Interaction: The Glances of Power and Preference". In: COLE, J.K. (Ed.). *Nebraska symposium on motivation*. Vol. 19. Lincoln: University of Nebraska Press, 1971.

_____. "Explorations in the process of person perception: visual interaction in relation to competition, sex and need for affiliation". In: *Journal of Personality*, 31(1), 1963, p. 1-20.

FABBRI, P. "Les passions du visage", p. 259-272. In: *L'Effet Arcimboldo*, 1987.

FAIVRE, I. *Psychologie et chirurgie esthétique*. Paris: Maloine, 1985.

_____. "Autoplastie de l'apparence". In: *Ethnologie Française*, n. 3-4, 1976.

"Fatale beauté". In: *Autrement*, n. 91, 1987.

FÉDIDA, P. "Psychanalyse et chirurgie plastique – Interview du Professeur Pierre Fedida Recueillie par le Docteur Gérard Flageul". In: *Annales de Chirurgie Plastique et Esthétique*, 31 (4), 1986, p. 393-397.

FERNANDEZ-ZOILA, A. "Le visage pris au mot". In: *Les Cahiers de la Nuit Surveillée*, n. 3 [Emmanuel Lévinas]. Verdier, 1984.

FERRARI, M. "De l'apparence à la dysmorphesthésie". In: HAROCHE, 1990.

FEUERBACH, A. "Histoire d'un individu sequestré dans un donjon et privé de toute communication avec le monde depuis sa tendre enfance jusqu'à l'âge de dix-sept ans" [1932]. In: SINGH & ZINGG, 1980.

FEYEREISEN, P. & DE LANNOY, J.D. *Psychologie du geste*. Bruxelas: Mardaga, 1985.

FINKIELKRAUT, A. *La sagesse de l'amour*. Paris: Gallimard, 1984.

FLAHAULT, F. *Face à face*. Histoire de visages. Paris: Plon, 1989.

FOUCAULT, M. *Surveiller et punir*. Paris: Gallimard, 1975 [Ed. bras.: *Vigiar e punir* – Nascimento da prisão. 42. ed. Petrópolis: Vozes, 2018].

FRANCASTEL, G. & FRANCASTEL, P. *Le portrait*: 50 siècles d'humanisme en peinture. Paris: Hachette, 1969, p. 31.

FRAZER, J.G. "O tabu e os perigos da alma" ["Taboo and the Perils of the Soul", 1890, 1911]. In: FRAZER. *O ramo de ouro*. Parte 2, 1982.

_____. *O ramo de ouro*. Rio de Janeiro: Zahar, 1982 [Resumo da edição original em treze volumes; Pref. do Professor Darcy Ribeiro; Trad. de Waltensir Dutra] [Orig.: *The Golden Bough* – A Study in

Magic and Religion. 2 vols., 1890 [2. ed., 3 vols., 1900; 3. ed., 12 vols., 1911-1915; e vol. suplementar, 1922].

FRESCO, N. "Aux beaux temps de la craniologie", p. 107-116. In: *Le Genre Humain*, n. 1, 1981, p. 94.

FREUD, S. "O ego e o Id e outros trabalhos" [1923]. In: *Edição standard brasileira das obras psicológicas completas de Sigmund Freud.* Vol. XIX (1923-1925). Rio de Janeiro: Imago, 2006.

_____. *Edição standard brasileira das obras psicológicas completas de Sigmund Freud.* Vol. II (1893-1895). Rio de Janeiro: Imago, 1990.

_____. "La tête de Méduse". In: *Résultats, idées, problems.* T. 2. Paris: PUF, 1985.

_____. O "estranho", p. 274-314. In: FREUD, S. *História de uma neurose infantil e outros trabalhos.* Rio de Janeiro: Imago, 1972 [*Obras completas*. Vol. XVII].

_____. "Leonardo Da Vinci e uma lembrança de sua infância", p. 40-84. In: FREUD, S. *Cinco lições de psicanálise* – Leonardo da Vinci e outros trabalhos (1910). Rio de Janeiro: Imago, 1972 [*Obras completas.* Vol. XI].

FREUND, G. *Photographie et société.* Paris: Seuil, 1974. [Ed. port.: *Fotografia e sociedade.* Lisboa: Vega, 1989].

FREY, S. et al. "Analyse intégrée du comportement non-verbal et verbal dans le domaine de la communication", p. 145-227 [Orig.: FREY, S.; HIRSBRUNNER, H.P.; FLORIN, A.M.; DAW, W. & CRAWFORD, R. "A unified approach to the investigation of non-verbal and verbal behavior in communication research", p. 143-199. In: DOISE, W. & MOSCOVICI, S. (Eds.). *Current Issues in European Social Psychology.* Cambridge: Cambridge University Press, 1983]. In: COSNIER & BROSSARD (Dir.), 1984.

GABASTON, L. "Le dieu d'une théogonie orientale – Visages de la recherche du temps perdu". In: *Acta fabula*, vol. 7, n. 4, ago.-set./2006.

GAGNEBIN, M. *Fascination de la laideur* – L'en-deçà psychanalytique du laid. Lausanne: L'âge de l'Homme, 1978.

GEDDA, L. *Studio de gemelli.* Roma: Orizzonte Medico, 1951.

_____. "Psicologia della società intrageminale". In: *Rivista di Psicologia*, n. 4, 1948, p. 169-177. Roma.

_____. "La psicologia dei gemelli". In: *Rivista di Psicologia*, n. 1-2, 1948, p. 125-131. Roma.

GEDDA, L. et al. *I gemelli della Val d'Aosta*. Roma: Istituto G. Mendel, 1961.

GINZBURG, C. "Signes, traces e pistes – Racines d'un paradigme de l'indice". In: *Le Débat*, n. 6, 1980.

GIREL, A.-M. "Peut-être demain... Aide à la compréhension des traumatismes faciaux". In: *Études sur les soins et le service infirmier*. Cahier n. 5, "Les soins infirmiers et le corps", 1979 [Cahiers de l'Association des Amis de l'École Internationale d'Enseignement Infirmier Supérieur (Amiec)].

GODEFROY, M. "La demande en chirurgie plastique e reconstructive du nez". In: *Psychologie Médicale*, n. 6, 1975.

GOFFMAN, E. *Les moments et leurs hommes*. Paris: Minuit, 1988 [Textos redigidos entre 1953 e 1982, coletados e apresentados por Yves Winkin. Para a referência completa de cada um desses textos, cf. NIZET, J. & RIGAUX, N. *A sociologia de Erving Goffman*. Petrópolis: Vozes, 2016 [Trad. Ana Cristina Arantes Nasser] [Col. Sociologia: Pontos de Referência].

_____. *Façons de parler*. Paris: Minuit, 1987.

_____. *Frame Analysys*: An Essay on the Organization of Experience. Nova York: Harper and Row, 1974 [Ed. bras.: *Os quadros da experiência social*: uma perspectiva de análise. Petrópolis: Vozes, 2012 [Trad. de Gentil A. Titton].

_____. *La mise en scene de la vie quotidienne* – Vol. 2: Les relations en public. Paris: Minuit, 1973 [Orig.: *Relations in Public:* Microstudies of the Public Order. Nova York: Basic Books] [Ed. bras.: *Comportamento em lugares públicos* – Notas sobre a organização social dos ajuntamentos. Petrópolis: Vozes, 2010].

_____. *Les rites d'interaction*. Paris: Minuit, 1974 [Orig.: *Interaction Ritual*: Essays in Face-to-Face Behavior. Nova York: Doubleday Anchor Books, 1967] [Coletânea de artigos resultantes de pesquisas empíricas realizadas entre 1950 e 1960] [Ed. bras.: *Ritual de interação*: ensaios sobre o comportamento face a face. Petrópolis: Vozes, 2011 [Trad. de Fábio Rodrigues Ribeiro da Silva] [Coleção Sociologia].

_____. *Stigma* – Notes on the Management of Spoiled Identity. Prentice-Hall [Ed. fr.: *Stigmate* – Les usages sociaux des handicaps. Paris: Minuit, 1963] [Ed. bras.: *Estigma* – Notas sobre a manipulação da identidade deteriorada. 4. ed. Rio de Janeiro: Guanabara Koogan, 1988].

_____. *The Presentation of Self in Everyday Life*. Nova York: Doubleday Anchor Books, 1959 [Ed. bras. *A representação do eu na vida cotidiana*. 20. ed. 2. reimpr. Petrópolis: Vozes, 2014 [Trad. de Maria Célia Santos Raposo].

GUINZBOURG, E. *Le vertige*. Paris: Seuil, 1967.

GUIOMAR, M. *Principes d'une esthétique de la mort*: les modes de présence, les présences immédiates, le seuil de l'au-delà. Paris: José Corti, 1967.

GUIRAUD, P. *Le langage du corps*. Paris: PUF, 1980.

HALL, E.T. *The hidden dimension*. Garden City: Doubleday, 1966 [Ed. bras.: *A dimensão oculta*. São Paulo: Martins Fontes, 2005].

HALLAWELL, P. *Visagismo integrado*: identidade, estilo e beleza. São Paulo: Senac, 2010.

HAROCHE, C. "L'injonction à l'impassibilité dans 1984". In: *L'Arc*. G. Orwell, 1984.

HAROCHE, M.-P. *L'âme et le corps*: philosophie et psychiatrie. Paris: Plon, 1990.

HÉCAEN, H. & AJURIAGUERRA, J. *Méconnaissances et hallucinations corporelles* – Intégration et désintégration de la somatognosie. Paris: Masson, 1952.

HEGEL, G.F. *Fenomenologia do Espírito*. Petrópolis/Bragança Paulista: Vozes/Edit. Univ. São Francisco, 1992 [9. ed., 2014; 2. reimp., 2016] [Trad. de Paulo Meneses com a colaboração de Karl-Heinz Efken e José Nogueira Machado] [Orig.: *Phänomelogie des Geistes*, 1807].

HENRI, P. *Les Aveugles et la Société* – Contribution à la psychologie sociale de la cécité. Paris: PUF, 1958 [Bibliothèque de Philosophie Contemporaine].

HINDE, R.-A. *Non verbal communication*. Cambridge, UK: Cambridge University Press, 1972.

INDERGAND, M. "Grimaces et grimaciers". In: BAUDINET & SCHLATTER, 1982.

ITARD, J. "Relatório feito a sua excelência o ministro do interior sobre os novos desenvolvimentos e o estado atual do Selvagem do Aveyron", p. 178-229 [Trad. de M.E. Galvão]. In: BANKS-LEITE & GALVÃO (Orgs.), 2000 [Orig.: *Rapport à Son Excellence le Ministre de l'Intérieur sur les nouveaux développements et l'état actuel du jeune Sauvage de l'Aveyron*, 1806].

_____. "Da educação de um homem selvagem ou dos primeiros desenvolvimentos físicos e morais do jovem Selvagem do Aveyron", p. 117-177 [Trad. de M.E. Galvão). In: BANKS-LEITE & GALVÃO (Orgs.), 2000 [Orig.: *De l'education d'un homme sauvage ou des premiers developpemens physiques et moraux du jeune sauvage de l'Aveyron*. Goujon. Paris, 1801].

IZARD, C. *Human emotions*. Nova York: Plenum, 1977.

JABÈS, E. *Le soupçon le désert* – Le livre des ressemblances. T. II. Paris: Gallimard, 1978.

JACQUES, F. *Différence et subjectivité* – Anthropologie d'un point de vue relationnel. Paris: Aubier-Montaigne, 1982.

JANE, R. & HANKS, L.M., Jr. "The physically handicapped in certain non-occidental societies". In: *Journal of Social Issues*, winter/1948.

JOSEPH, I. *Le passant considerable*. Paris: Méridiens, 1984.

JOSEPH, I. (Ed.). *Le parler frais d'Erving Goffman*. Paris: Minuit, 1989.

KANT, I. *Anthropologie in pragmatischer Hinsicht*, 1798 [Ed. fr.: *Anthropologie du point de vur pragmatique*. Paris: Vrin, 1979].

KIMELMAN, M.; TOMKIEWICZ, S. & MAFFIOLI, B. "Le photodrame en institution psychiatrique – Réflexions sur l'image corporelle". In: *L'Évolution Psychiatrique*, vol. 48, n. 1, 1983, p. 73-109.

KIS, D. *Un tombeau pour Ivan Davidovitch*. Paris: Gallimard, 1979, p. 108 [Orig.: *Grobnica za Borisa Davidoviča*: sedam poglavlja jedne zajedničke povesti, 1976].

KLINEBERG, O. "Emotional Expression in Chinese Litterature". In: *Journal of Abnormal Social Psychology*, n. 33, 1938.

KNAPP, P.H. (Ed.). *Expression of the Emotions in Man*. Nova York: International University Press, 1963.

KREJCA, O. "Le regard du masque". In: ASLAN & BABLET (Eds.), 1985.

KREMER-MARIETTI, A. "L'anthropologie physique et morale en France et ses implications idéologiques". In: RUPP-EISENREICH, 1984.

KRISTEVA, J. "Le geste, pratique ou communication?" P. 48-64. In: *Langages*, n. 10, 1968.

KUNDERA, M. *L'Insoutenable légèreté de l'être*. Paris: Gallimard, 1984 [1ª ed. do texto escrito originalmente em tcheco – *Nesnesitelná lehkost bytí* – em 1982 e publicado no país de origem em 1985] [Ed. bras.: *A insustentável leveza do ser*. Rio de Janeiro: Nova Fronteira, 1985 [Trad. de Teresa B. Carvalho da Fonseca].

LA BARRE, W. "The Cultural Basis of Emotions and Gestures". In: *Journal of Personality*, n. 16, 1947.

LA BRUYÈRE, J. *Caracteres*, 2012 [Trad. de Luiz Fontoura] [Orig.: *Les caractères ou les mœurs de ce siècle*, 1688].

LACARRIÈRE, J. *L'été grec* – Une Grèce quotidienne de quatre mille ans. Paris: Plon, 1975.

LACERDA, R.C.; LACERDA, H.R.C. & ABREU, E.S. *Dicionário de Provérbios* – Francês, português, inglês. Rio de Janeiro: Lacerda, 1999.

LADNER, G.B. *Die Papstbildnisse des Altertums und des Mittelalters* [Os retratos dos papas na Antiguidade e na Idade Média]. 3 vols. Vatican City: Pontificio Istituto di Archeologia Cristiana, 1970.

LAMBRECHTS, G. *L'exaltation de la tête dans la pensée et dans l'art des Celtes*. Brugges: De tempel, 1954.

Langages, n. 10, jun./1968: "Pratiques et langages gestuels" [Dir. de A.J. Greimas]. Cf. artigos de J. Kristeva, R. Birdwhistell etc.

LANTERI-LAURA, G. *Histoire de la phrénologie*. Paris: PUF, 1970.

LARTIGAU, G.; PONS, J. & VAUTERIN, C. "Problèmes psychologiques chez les défigurés". In: *Revue Française d'Odonto-stomatologie*, 13 (3), 1966, p. 403-408.

LAVATER, J.K. *La physiognomonie ou l'art de connaître les hommes d'après les traits de leur physionomie, leurs rapports avec les divers animaux, leurs penchants etc.* Lausanne: L'Âge de l'homme, 1979 [Orig.: *Physiognomischen Fragmente zur Beförderung der Menschenkenntnis und Menschenliebe*. 4 vols.: 1775-1778 [Fragmentos fisiognomônicos para a elevação e para o amor da humanidade]].

LE BRAZ, A. *La légende dela mort chez les Bretons armoricains*. 2 tomos. Paris: Honoré Champion, 1928.

LE BRETON, D. *Antropologia do corpo*. 4. ed. Petrópolis: Vozes, 2016 [Trad. de Fábio dos Santos Creder Lopes] [As 3 ed. anteriores tinham o título: *Antropologia do corpo e Modernidade*] [Orig.: *Anthropologie du corps et Modernité*. Paris: PUF, 1990].

_____. *A sociologia do corpo*. 6. ed. Petrópolis: Vozes, 2012 [Trad. de Sonia Fuhrmann] [Orig.: *La sociologie du corps*. Paris: PUF, 1992].

_____. "Corps et anthropologie. De l'éfficacité symbolique". In: *Diogène*, n. 154, 1991.

_____. "Handicap d'apparence: le regard de l'autre". In: *Ethnologie Française*, XXI (3), 1991.

_____. "L'homme défiguré: essai sur la sacralité du visage". In: *Les Temps Modernes*, n. 510, jan./1989.

_____. *Corps et sociétés*. Paris: Méridiens-Klincksieck, 1985.

_____. "Corpo é modelado por um contexto social e cultural" [Entrevista com o antropólogo francês David Le Breton em *Agência Estado* [Disponível em https://www.bemparana.com.br/noticia/60542].

LE BRUN, C. "Conférence sur l'expression des passions (1668)". In: *Nouvelle Revue de Psychanalyse*, n. 21, 1980, p. 93-121.

_____. *Méthode pour apprendre à dessiner les passions*: proposée dans une conférence sur l'expression générale et particulière (1698). Amsterdã: Chez François van-der Plaats, 1702.

_____. *La physiognomonie de l'homme dans ses rapports avec celle des animaux* [Conferência de 28 de março de 1671].

LECUYER, N. "Être psychologue dans un centre de grands brulés". In: *Journal des Psychologues*, n. 65, mar./1989.

LEIRIS, M. *L'âge d'homme*. Paris: Gallimard, 1939.

Leitura de rosto [Disponível em http://www.leituraderosto.com.br/index.html].

LÉVINAS, E. *Éthique et infini* – Entretiens avec Philippe Nemo. Paris: Fayard, 1982 [Ed. port.: *Ética e infinito*. Lisboa: Ed. 70, 1988].

_____. *Totalité et infini* – Essai sur l'extériorité. La Haye: Martinus Nijhoff, 1961 [Ed. port.: *Totalidade e infinito*. Lisboa: Ed. 70, 2008].

LÉVI-STRAUSS, C. "Le dédoublement de la représentation". In: *Anthropologie structurale*. Paris: Plon, 1958 [Ed. bras.: *Antropologia estrutural*. São Paulo: Cosac Naify, 2008].

LICHTENBERG, G.C. *Über Physiognomik*. 2. ed. Göttingen, 1778.

LIGGET, J. *The Human Face*. Londres: Constable, 1974.

LINARD, M. & PRAX, I. *Images vidéo, images de soi ou Narcisse au travail*. Paris: Dunod, 1984.

LOLLINI, M.-F. *L'Irréparable outrage*. Paris: Éd. Universitaires, 1991.

LOMBROSO, C. *L'homme de génie*. Paris: F. Alcan, 1896 [Orig.: *Genio e follia*. 3. ed. ampl. com 4 apêndices. Milão: Hoepli, 1877 [1. ed.: Milão Giuseppe Chiusi, 1864]].

_____. *L'homme criminel*. Paris, 1895 [Orig.: *L'uomo delinquente*, Milão: Hoepli, 1876] [Ed. bras.: *O homem delinquente*. São Paulo: Ícone, 2007 [Trad. e seleção de Sebastião J. Roque] [1a.reimp., 2010].

_____. *La donna delinquente, la prostituta e la donna normale*, 1893.

_____. *Les applications de l'anthropologie criminelle*. Paris: Félix Alcan, 1892 [Col. "Bibliothèque de Philosophie Contemporaine"].

LOUBET, C. "Jeu de masques: les diables, les monstres et l'image de 'soi' vers 1500". In: *Razo* – Cahiers du Centre d'Études Médiévales de Nice, VI, 1986, p. 25-38.

LOUX, F. *Le Corps dans la société traditionnelle*. Paris: Berger-Levrault, 1979.

LOUX, F. & RICHARD, P. *Sagesses du corps* – La santé e la maladie dans les proverbes français. Paris: Maisonneuve et Larose, 1978.

MACEDO, J.R. "Charivari e ritual judiciário: a cavalgada infamante na Europa Medieval", p. 392-399. In: TELLES, C.M. & SOUZA, R.B. (Orgs.). *Anais do V Encontro Internacional de Estudos Medievais*. Salvador: Quarteto, 2005 [Disponível em https://www.pem.historia.ufrj.br/arquivo/joserivair005.pdf].

MACHADO, J.P. *O grande livro dos provérbios*. 3. ed. Lisboa: Notícias, 2005.

MADDOW, B.D. *Visages* – Le portrait dans l'histoire de la photographie. Paris: Denoel, 1982, p. 44 [Orig.: *Faces*: A Narrative History of the Portrait in Photography. Photographs compiled and edited by Constance Strauch. Boston: New York Graphic Society, 1977].

MAERTENS, J.-T. *Le masque et le miroir*: Essai d'anthropologie des revêtements faciaux (Ritologique III). Aubier: Paris, 1978 [Ritologique I: *Le dessin sur la peau* – Essai d'anthropologie des inscriptions tégumentaires; II: *Le corps sexionné* – Essai d'anthropologie des inscriptions génitales; IV: *Dans la peau des autres* – Essai d'anthropologie des inscriptions vestimentaires; V: *Le jeu du mort* – Essai d'anthropologie des inscriptions du cadavre, 1979].

MAGLI, P. "The face and the soul". In: FEHER, M. *Fragments for a History of the Human Body*. Nova York: Zone, 1989.

MAISONNEUVE, J. & BRUCHON-SCHWEITZER, M. *Modèles du corps et psychologie esthétique*. Paris: PUF, 1981.

MALSON, L. *Les enfants sauvages*. Paris: UGE, 1964.

MANDROU, R. *De la culture populaire en France aux XVIIe et XVIIIe siècles* – La Bibliothèque bleu de Troyes. Paris: Stock, 1973.

MANN, T. *A morte em Veneza & Tonio Kröger*. São Paulo: Abril, 1971 [Trad. de Maria Deling] [Orig.: *Der Tod in Venedig*. Berlim: S. Fischer, 1912].

MARIE, G. *Les "Fragments" de Lavater e leur place dans l'histoire de la physiognomonie*. Universidade de Bordeaux, 1986 [Tese de doutorado].

MAUPASSANT, G. *Contos fantásticos*: O Horla & outras histórias. Porto Alegre: L&PM Pocket, 2006 [Sel. e trad. de José Thomaz Brum].

_____. *Le Horla* [1886]. Paris: Paul Ollendorff, 1887 [Ed. bras.: O Horla, p. 71-116. In: MAUPASSANT, 2006].

MAUSS, M. "L'expression obligatoire des sentiments". In: *Essais de Sociologie*. Paris: Seuil, 1968 [Ed. bras.: *Ensaios de sociologia*. São Paulo: Perspectiva, 1981[2. ed., 1999]].

McQUOWN, N.A. (Ed.). *The Natural History of an Interview*. Chicago, Ill.: University of Chicago Library, 1971.

MELVILLE, H. *Pierre: or, The Ambiguities*. Nova York: Harper & Brothers, 1852, p. 42.

MICHAUX, H. *En rêvant à partir de peintures énigmatiques* [Devaneios suscitados pelas pinturas desconcertantes de Magritte]. Saint Clément de Rivière: Fata Morgana, 1972.

MONTESQUIEU [Barão de]. *Voyages de Montesquieu*. Bordeaux: G. Gounouilhou, 1894 [T. 1: Voyage en Autriche (fragments) – Voyage en Italie. • T. 2: Voyage en Italie (suite); Voyage en Allemagne; Voyage en Hollande; Mémoires sur les mines; Lettre sur Gênes; Florence; De la manière gothique; Réflexions sur les habitants de Rome; Souvenirs de la cour de Stanislas Leckzinski].

MOREL, P. *Les grotesques* – Les figures de l'imaginaire dans la peinture italienne de la fin de la Renaissance. Paris: Flammarion, 1997.

MOUNOUD, P. & VINTER, D. *La reconnaissance de son visage chez l'enfant et l'animal*. Neuchâtel: Delachaux et Niestlé, 1981.

MOURAD, Y. *La physiognomonie arabe et le Kitab Al-Firasa de Fakhr al Din al Razi*. Paris: Librairie Orientaliste Geuthner, 1939 [Collection des Écrits Médico-psychologiques Arabes, 1].

MUCCHIELLI, R. *Caractères et visages*. Paris: PUF, 1963.

MURPHY, R.F. *Vivre à corps perdu* – Le témoignage et le combat d'un anthropologue paralysé. Paris: Plon, 1987 [Col. "Terre Humaine"] [Orig.: *The Body Silent*: The Different World of the Disabled. Nova York: Henry Holt, 1987].

NAHOUM, V. "La belle femme ou le stade du miroir en histoire". In: *Communications*, n. 31, 1979.

NAHOUM-GRAPPE, V. "La belle femme". In: ZEMON DAVIS, N. & FARGE, A. *Histoire des femmes:* XVIe-XVIIIe siècles. Paris: Plon, 1992.

NAIPAUL, V.S. "Um entre muitos". In: NAIPAUL, 2013.

_____. *Num estado livre*. São Paulo: Companhia das Letras, 2013 [Trad. de Rubens Figueiredo] [Orig.: *In a Free State*. Londres: André Deutsch, 1971 – Vencedor do Booker Prize].

NAJMAN, C. & TOURLIÈRE, N. *La police des images*. Paris: Encre, 1980.

N'DIAYE, C. *La coquetterie ou la passion du détail*. Paris: Autrement, 1987.

NIVELON, C. & PERICOLO, L. *Vie de Charles Le Brun et description détaillée de ses ouvrages*. Paris: Droz, 2004.

OLIVEIRA, J.V.G. "Pierre Villey e o mundo dos cegos: relato de uma ausência", p. 39-45. In: *Integração*, ano XX, n. 66, 2014 [Disponível em https://www.usjt.br/prppg/revista/integracao/assets/pdf/66/ri-2014-art7-olveira.pdf].

ONDONGO, J. "La peau, interface de la pathologie transculturelle – Un exemple: la pratique du Xessal au Congo". In: REVERZY & MARIMOUTOU, 1990.

_____. "Noir ou Blanc? – Le vécu du double dans la pratique du 'maquillage' chez les Noirs". In: *Nouvelle Revue d'Ethnopsychiatrie*, n. 2, 1984, p. 37-65.

OUSPENSKY, L. *Essai sur la théologie de l'icône dans l'Église Orthodoxe*. Paris: Cerf, 1980.

PAICHELER, H.; BEAUFILS, B. & EDREI, C. "Des comportements vis-à-vis des handicapés physiques", p. 5-14. In: *Les Cahiers du CTNERHl* [Centre Technique National des Études et des Recherches sur les Handicaps et les Inadaptations], n. 6, 1981.

PANKOW, G. *L'homme et sa psychose* [1969]. Paris: Aubier, 1983.

PARIS, J. *L'Espace et le regard*. Paris: Seuil, 1965.

PAUW, C. *Recherches philosophiques sur les Américains, ou Mémoires intéressants pour servir à l'Histoire de l'Espèce Humaine* – Avec une dissertation sur l'Amérique & les américains. Londres, 1771.

PERROT, P. *Le travail des apparences ou les transformations du corps féminin:* XVIe-XVIIIe siècles. Paris: Seuil, 1984.

PHÉLINE, C. "L'image accusatrice". In: *Les Cahiers de la Photographie*, n. 17, 1985, p. 47.

PHILIPPE, A. *Les résonances de l'amour*. Paris: Gallimard, 1982 [Col. "Blanche"].

PICARD, D. *Du code au désir* – Le corps dans la relation sociale. Paris: Dunod, 1983.

PICARD, M. *Le visage humain*. Paris: Buchet-Chastel, 1962.

PINSET, J. & DESLANDRES, Y. *Histoite des soins de beauté*. Paris: PUF, 1960.

PLATÃO. *Górgias*. Rio de Janeiro: Bertrand Brasil, 1989 [Trad. de Jaime Bruna].

POE, E. *A carta roubada e outras histórias de crime e mistério*. Porto Alegre: L&PM Pocket, 2009 [Orig.: *The Purloined Letter*, 1844].

POLIAKOV, L. *Le mythe aryen* – Essai sur les sources du racisme et des nationalismes [1971]. Bruxelas: Complexe, 1987 [Ed. bras.: *O mito ariano* – Ensaio sobre as fontes do racismo e dos nacionalismos. São Paulo: Perspectiva, 1974 [Trad. de Luiz João Gaio].

_____. "Brèves histoires des hiérarchies raciales". In: *Le Genre Humain*, n. 1, 1981.

POSTEL, J. "Les troubles de la reconnaissance spéculaire de soi au cours des démences tardives", p. 215-271. In: CORRAZE, 1980a.

PRIOULT, A. *Balzac avant La comédie humaine* (1818-1829). Paris: Jouve, 1936.

PROUST, M. *À sombra das raparigas em flor*. São Paulo: Globo, 2006 [Vol. 2 de *Em busca do tempo perdido*; 1. ed., 1951] [Trad. de Mário Quintana] [Orig.: *A l'ombre des jeunes filles en fleur*, 1919].

RANK, O. *Don Juan et le double*. Paris: Payot, 1973 [Orig.: "Der Doppelgänger". In: *Imago*, 3, 1914, p. 97-164. • "Die Don Juan Gestalt". In: *Imago*, 8, 1922, p. 142-196].

_____. *Der Doppelgänger* – Eine psychoanalytische Studie. Leipzig: Internationaler Psychoanalytischer, 1925 [Ed. bras.: O *duplo*: um estudo psicanalítico. Porto Alegre: Dublinense, 2013 [Trad. de Erica L. S. Foerthmann Schultz].

RENSON, J. *Les dénominations du visage en français et dans les autres langues romanes* – Étude sémantique et onomasiologique. 2 vols. Paris: Les Belles Lettres, 1962.

REVERZY, J.-F. & CARPANIN MARIMOUTOU, J.-C. (Eds.). *L'Espoir transcultural* – T. 2: *Ile et fables: parole de l'Autre, paroles du Même* – Psychanalyse, langue et littérature. Paris: L'Harmattan, 1990.

RIESE, W. *La théorie des passions à la lumière de la pensée médicale du XVIIe siècle*. Bâle/Nova York: Klager, 1965.

RILKE, R.M. *Poemas* [O unicórnio – *Das Einhorn*, p. 96]. 2. ed. São Paulo: Companhia das Letras, 2012 [Trad. de José Paulo Paes].

ROCHE, S. *Miroirs, galeries et cabinets de glaces*. Paris: Hartmann, 1956.

ROUSSET, J. *Leurs yeux se rencontrèrent* – La scène de première vue dans le roman. Paris: José Corti, 1981.

ROVAN, J. *Mémoires d'un français qui se souvient d'avoir été allemand*. Paris: Du Seuil, 1999.

ROUTELOUS, C. "Des mutilations faciales handicap d'apparence et travail biographique des personnes atteintes de cancers au visage". In: *Journal des Anthropologues*, n. 122-123, 2010, p. 323-339: "Handicaps".

RUPP-EISENREICH, B. *Histoire de l'anthropologie, XVIe-XIXe siècle*. Paris: Méridiens-Klincksieck, 1984.

SAMI-ALI, M. *Corps réel, corps imaginaire* – Une épistémologie du somatique. Paris: Dunod, 1977.

SANGREE, W.H. "La gémellité et le principe d'ambiguïté: Commandement, sorcellerie et maladie chez les irigwe (Nigeria)". In: *L'Homme*, t. 11, n. 3, jul.-set./1971, p. 64-70.

SARTRE, J-P. *O ser e o nada* – Ensaio de ontologia fenomenológica. 15. ed. Petrópolis: Vozes, 2007 [Trad. e notas de Paulo Perdigão] [Orig.: *L'Être et le Néant* – Essai d'ontologie phénoménologique. Paris: Gallimard, 1943].

SCHERER, K.R. & EKMAN, P. *Handbook of methods in non verbal behavior research*. Cambridge: Cambridge University Press, 1982.

SCHILDER, P. *L'Image du corps*. Paris: Gallimard, 1968.

SCHLATTER, C. "Le livre des regards". In: BAUDINET & SCHLATTER (Eds.), 1982.

SCHMITT, J.-C. *La Raison des gestes dans l'Occident médiéval*. Paris: Gallimard, 1986.

SCHMITT, J.-C. "Les masques, le diable, les morts dans l'Occident médiéval". In: *Razzo*, n. 6, 1986.

SCHNEIDERMAN, L. "The estimation of one's body traits". In: *Journal of Social Psychology*, n. 44, 1956, p. 89-99.

SENDRAIL, M. *Sagesse et délire des formes*. Paris: Hachette, 1967.

SERENY, G. *Au fond des ténèbres* – Un bourreau parle: Franz Stangl, commandant de Treblinka. Paris: Denoël, 1975, p. 14 [Orig.: *Into That Darkness*: from Mercy Killing to Mass Murder, a study of Franz Stangl, the commandant of Treblinka, 1974].

_____. *O trauma alemão*: experiências e reflexões, 1938-2000. Rio de Janeiro: Bertrand, 2007 [Trad. de Milton Chaves de Almeida] [Orig.: *The German Trauma*: Experiences and Reflections 1938-2000. Londres: Allen Lane/The Penguin Press, 2000].

SGARBI, V. "Voyage aux confins du visage", p. 303-317. In: *L'Effet Arcimboldo*, 1987.

SIMMEL, G. A ponte e a porta. *Revista Política & Trabalho*, 12, set./1996, p. 10-14.

_____. "Le problème du portrait". In: SIMMEL, 1990.

_____. *Philosophie de la modernité* – Tome II. Paris: Payot, 1990.

_____. "La signification esthétique du visage". In: SIMMEL, 1988.

_____. *La tragédie de la culture et autres essais*. Paris: Rivages, 1988.

_____. "Essai sur la sociologie des sens". In: SIMMEL, 1981.

_____. *Sociologie et épistémologie* – Introduction de J. Freund. Paris: PUF, 1981 [O texto final desta coletânea é "Essai sur la sociologie des sens", extraído, entre outros, de SIMMEL, G. *Mélanges de philosophie relativiste, contribution à la culture philosophique*. Paris: F. Alcan, 1912. Nesta coletânea, figuram também artigos publicados em francês, entre 1894 e 1897, além da tradução integral de *Grundfragen der Soziologie* [Questões fundamentais da sociologia]].

_____. *Grundfragen der Soziologie* – Individuum und Gesellschaft. Berlim/Leipzig: G. J. Göschensche Verlagshandlung GmbH, 1917 [Ed. bras.: *Questões fundamentais da Sociologia*. Rio de Janeiro: Zahar, 2006].

SINGH, J.A.C. & ZINGG, R.M. *L'homme en friche*: de l'enfant-loup à Gaspar Hauser. Bruxelas: Complexe, 1980 [Orig.: *Wolf-Children and Feral Man*. Nova York/Londres: Harper and Brothers, 1942].

SOLLIER, P. *Les phénomènes d'autoscopie*. Paris: Alcan, 1903.

SPENCER, H. *Essays*: Scientific, Political, and Speculative. 3 vols. Londres: Williams/Norgate, 1857/1863/1974.

SPIRA, M. et al. "Plastic surgery in the Texas prison system". In: *British Journal of Plastic Surgery*, 19 (4), 1966, p. 364-371.

STAHL, P.-H. *Histoire de la décapitation*. Paris: PUF, 1986.

STAROBINSKI, J. *L'œil vivant*. Paris: Gallimard, 1962.

_____. *L'œil entend*. Paris: Gallimard, 1961.

STICKER, H.-J. *Corps infirmes et sociétés* – Essais d'anthropologie historique. Paris: Aubier, 1982.

SZONDI, L. *Diagnostic expérimental des pulsions*. Paris: PUF, 1952 [Orig.: *Lehrbuch der Experimentelle Triebdiagnostik*. Bern Medizinischer: Hans Huber, 1947].

TARDE, G. *La criminalité comparée* [1890]. 8. ed. Paris: Félix Alcan, 1924.

THAYER, L. (Ed.). *Communication*: concepts and perspectives. Washington: Spartan, 1967.

THÉVOZ, M. *Le Corps peint*. Genebra: Skira, 1984.

THIVENT, A. "Les mauvaises surprises de la chirurgie esthétique". In: *Le Monde*, 27/07/1980.

THORET, Y. & GODEFROY, M. "Satisfaction esthétique et psychiatrie". In: *L'Évolution Psychiatrique*, 52, I, 1987.

TILLION, G. *Le harem et les cousins*. Paris: Seuil, 1966.

TINLAND, F. *L'homme sauvage* – Homo ferus et homo sylvestris. Paris: Payot, 1968.

TOMASI di LAMPEDUSA, G. *O leopardo*. Rio de Janeiro: Difel, 1963 [Trad. de Rui Cabeçadas] [Orig.: *Il Gattopardo*. Milão: Feltrinelli, 1958 [Col. "Biblioteca di letteratura" n. 4].

TOMKIEWICZ, S. & FINDER, J. "Problèmes de l'image du corps (dysmorphophobie) en foyer de semi-liberté". In: *Bulletin de Psychologie*, 24 (5-6), 1970-1971, p. 263-274.

_____. "La dysmorphophobie de l'adolescent caractériel". In: *Revue de Neuropsychiatrie Infantile*, n. 15, 1967.

TOMKIEWICZ, S.; FINDER, J.; MARTIN, C. & ZEILLER, B. *La prison, c'est dehors*. Neuchâtel/Paris: Delachaux et Niestlé, 1979.

TOURNIER, M. *Les météores*. Paris: Gallimard, 1975.

Traverses – Maquiller, n. 7, 1977.

TRYON, T. *Le visage de l'autre*. Paris: Livre de poche, 1973.

_____. *The Other*. Nova York: Knopf, 1971 [Ed. fr.: *Le visage de l'autre*. Paris: Livre de Poche, 1973] [Ed. bras.: *Os gêmeos* – Uma história de terror. Rio de Janeiro: Artenova, 1972].

VANNIER, B. *L'inscription du corps* – Pour une sémiologie du portrait balzacien. Paris: Méridiens-Klincksieck, 1972.

VASARI, G. *Les vies de meilleurs peintres, sculpteurs e architectes*. 5 tomos. Paris: Berger-Levrault, 1981 [Ed. comentada sob a direção de André Chastel] [Orig.: *Vite de' più eccellenti pittori, scultori ed architettori*. 2 vols. Firenze: Giunti, 1568].

VERNANT, J.-P. *L'Individu, la mort, l'amour:* soi-même et l'autre en Grèce ancienne. Paris: Gallimard, 1989.

_____. *La Mort dans les yeux* – Figures de l'autre en Grèce ancienne. Paris: Hachette, 1985.

VILLON, F. *Le Grand Testament* [Poésies, ballades] – *Œuvres complètes de François Villon.* Paris: A. Lemerre, 1876 [Ed. preparada por La Monnoye, atualizada com notas e glossário por M. Pierre Jannet].

"Visage dévisagé: de la séduction humaine à la représentation divine (Le)". In: *Art et Thérapie,* n. 40-41, 1991.

XATARA, C.M. & OLIVEIRA, W.A.L. *Dicionário de Provérbios, Idiomatismos e Palavrões*: francês-português / português-francês. São Paulo: Cultura/Editores Associados, 2002.

WEITZ, S. (Ed.). *Non Verbal Communication*: Reading with Commentary. Nova York: Oxford University Press, 1979.

WINKIN, Y. *A nova comunicação*: da teoria ao trabalho de campo. Campinas: Papirus, 1998 [Orig.: *La nouvelle communication.* Paris: Seuil, 1981].

_____. "Croyance populaire et discours savant: 'langage du corps' et 'communication non verbale'", p. 75-78. In: *Actes de la Recherche en Sciences Sociales,* n. 60, 1985: "Images 'populaires'".

WINNICOTT, D.W. *O brincar & a realidade.* Rio de Janeiro: Imago, 1975 [Col. Psicologia Psicanalítica] [Orig.: *Playing & Reality.* Londres: Tavistock, 1971]. A hipótese original do cap. 1 (Transitional Objects and Transitional Phenomena) já havia sido formulada em 1951 e publicada, pela primeira vez, em *International Journal of Psycho-Analysis,* vol. 34, parte 2, 1953].

YOUNG, A.W. & ELLIS, A.W. *Handbook of Research on Face Processing.* Amsterdã: North Holland, 1988.

YOUNG, A.W.; HAY, D.C. & ELLIS, A.W. "The Faces that Launched a Thousand Slips: Everyday Difficulties and Errors in Recognizing people". In: *British Journal of Psychology,* 76, 1985, p. 495-523.

ZAZZO, R. *Le Paradoxe des jumeaux.* Paris: Stock, 1982

_____. *Les Jumeaux, le couple, la personne.* Paris: PUF, 1960.

Documentos literários

ABE, K. *La face d'un autre*. Paris: Stock, 1987 [Orig.: *Tanin No Kao* 他人の顔」, 1964] [Ed. bras: *O rosto de um outro*. São Paulo: Cosac Naify, 2015 [Trad. de Leiko Gotoda].

ANTELME, R. *L'Espèce humaine*. La Cité, 1947] [Nova ed.: Paris: Gallimard, 1957 ["Collection Blanche"] [Ed. bras.: *A espécie humana* – Um relato clássico sobre a vida nos campos de concentração. Rio de Janeiro: Record, 2013].

ASTURIAS, M.A. *Maladrón*: Epopeya de los Andes verdes. Buenos Aires: Losada, 1969 [Trad. fr.: *Le larron qui ne croyait pas au ciel*. Paris: Albin Michel, 1970].

CANETTI, E. *Le territoire de l'homme* – Réflexions 1942-1972. Paris: Albin Michel, 1978 [Orig.: *Die Provinz des Menschen* – Aufzeichungen 1942-1972, 1973].

COHEN, A. *Le livre de ma mère*. Paris: Gallimard, 1954 [Ed. bras.: *O livro de minha mãe*. Rio de Janeiro: Record, 2001].

DURAS, M. *La douleur*. Paris: POL, 1985 [Ed. bras.: *A dor*. 5. ed. Rio de Janeiro: Nova Fronteira, 1986].

DURRELL, L. *Balthazar* – Vol. 2: Quarteto de Alexandria. Rio de Janeiro: Ediouro, 2006 [Trad. de Daniel Pellizzari] [Orig.: *The Alexandria Quartet*. Londres: Faber & Faber [Vol. 1: *Justine*, 1957; Vol. 2: *Balthazar*, 1958; Vol. 3: *Mountolive*, 1958; Vol. 4: *Clea*, 1960].

ELLISON, R. *Homme invisible, pour qui chantes-tu?* Paris: Grasset, 1969 [Orig.: *Invisible Man*. Nova York: Random House, 1952] [Ed. bras.: *Homem invisível*. Rio de Janeiro: José Olympio, 2013].

GRIFFIN, J.H. *Dans la peau d'un noir*. Paris: Gallimard, 1962 [Orig.: *Black Like Me*. Boston, Mass.: Houghton Mifflin, 1961].

HUGO, V. *L'Homme qui rit*. Paris, 1981 [Ed. bras.: *O homem que ri*. São Paulo: Estação Liberdade, 2012 [Trad. de Ivone Benedetti].

JOUHANDEAU, M. *Remarques sur les visages*. Paris: Gallimard, 1962.

KOGON, E. *L'état SS*: le système des camps de concentration allemands. Paris: Seuil, 1970 [Ccol. "Point"] [1ª ed. em fr.: *L'Enfer or-*

ganisé – Le système des camps de concentration, 1947] [Orig.: *Der SS-Staat* – Das System der deutschen Konzentrationslager. Munique: Karl Alber, 1946].

LACARRIÈRE, J. *Sourates*. Paris: Albin Michel, 1990.

LANZMANN, C. *Shoah* – Vozes e faces do Holocausto São Paulo: Brasiliense, 1987 [Pref. de Simone de Beauvoir; Trad. de Maria Lucia Machado] [Orig.: *Shoah*. Paris: Fayard, 1985].

LEVI, P. *É isto um homem?* 2. ed. Rio de Janeiro: Rocco, 1997 [Trad. de Luigi Del Re] [Orig.: *Se questo è un uomo*, 1947].

_____. *I sommersi e i salvati*. Turim: Einaudi, 1986 [Ed. port.: *Os que sucumbem e os que se salvam*. Lisboa: Teorema, 2008].

MICHAUX, H. *Passages*. Paris: Gallimard, 1963.

MONTAIGNE, M.E. *Ensaios*. 3 vols. 2. ed. Basília: UnB/Hucitec, 1987 [Trad. de Sérgio Milliet] [Orig.: *Essais*. Paris: Garnier-Flammarion, 1969].

ORWELL, G. *1984*. São Paulo: Companhia das Letras, 2009 [Trad. de Alexandre Hubner e Heloísa Jahn] [Orig.: *Nineteen Eighty-Four*. Londres: Secker/Warburg, 1949].

PAZ, O. *Conjonctions et disjonctions*. Paris: Gallimard, 1971 [Orig.: *Conjunciones y disyunciones*, 1969].

RILKE, R.M. *Os cadernos de Malte Laurids Brigge*. Porto Alegre: L&PM, 2009 [Trad. e notas de Renato Zwick] [Orig.: *Die Aufzeichnungen des Malte Laurids Brigge*, 1910].

ROUSSET, D. *Les jours de notre mort*. Paris: La Découverte, 1988.

ROVAN, J. *Les contes de Dachau*. Paris: Julliard, 1987.

SCHWARZ-BART, A. *O último dos justos* [1986]. Rio de Janeiro: José Olympio, 2009 [Trad. de Maria Lucia Autran Dourado] [Orig.: *Le dernier des justes*. Paris: Seuil, 1959].

SOLJENÍTSYN, A. *Arquipélago Gulag*. São Paulo: Círculo do livro, 1976 [Orig.: *Архипелаг ГУЛаг*, 1973].

SPERBER, M. *Porteurs d'eau*. Paris: Calmann-Levy, 1976.

STREHLER, G. *Un théâtre pour la vie*. Paris: Fayard, 1991 [Orig.: *Io, Strehler* – Una vita per il teatro. Santarcangelo di Romagna: Rusconi, 1986].

TOURNIER, M. *La goutte d'or*. Paris: Gallimard, 1986 [Ed. port.: *A gota de ouro*. Lisboa: Dom Quixote, 1987].

_____. *Des clefs et des serrures, images et proses*. Paris: Chêne, 1979.

_____. *Miroirs*: autoportraits. Paris: Denoël, 1973 [Fotografias de Édouard Boubat; textos de Marcel Arland, Arrabal, Dominique Aury, René Barjavel e André Pieyre de Mandiargues].

_____. *Sexta-feira ou os limbos do Pacífico*. 2. ed. Rio de Janeiro: Bertrand, 1991 [Trad. de Fernanda Botelho] [Orig.: *Vendredi ou les limbes du Pacifique*. Paris: Gallimard, 1972 [Col. "Folio"].

WILDE, O. *O retrato de Dorian Gray*. São Paulo: Hedra, 2006 [Trad. João do Rio] [Orig.: *The Picture of Dorian Gray*, 1890]. Paris: Le Livre de Poche.

WOLFE, T. *L'étoffe des héros*. Paris: Gallimard, 1982 [Orig.: *The Right Stuff*. Nova York: Farrar/Straus/Giroux, 1979 [Ed. bras.: *Os eleitos*. Rio de Janeiro: Rocco, 1991].

Índice de autores citados

ABE, Kobo (1924-1993) 274, 340, 357
ABECASSIS, A. 367
ABÉLY, Paul 212s.
ABGAR, rei de Edessa 21
ABRAHAM, Pierre 227
ABREU, E.S. 376
ADAMÂNCIO 63
ADLER, Alfred (1934-) 245
AGRIPPA, Cornelius (1486-1535) 66
AJURIAGUERRA, Julian (1911-1993) 213, 217n., 216
ALAIN, pseudônimo de Émile-Auguste Chartier (1868-1951) 72
ALAZARD, Jean 40n.
ALBERTO MAGNO (1193-1280) 66
ALEXANDRE MAGNO da Macedônia (356-323 a.C.) 63
ALLAMI, Noria 267n., 268n., 270-272
ALLIEZ, J. 352n.
ALLORI, C. (1577-1621) 314
ALLPORT, Gordon W. (1897-1967) 359
AL-MOQANNA, Hakim 25
AL-RAZI, Fakhr ad-Din (c. 1150-1210) 64
AMALA 144, 146s.
Amaril 284
ANCELIN-SCHUTZENBERGER, Anne (1919-2018) 359
ANTELME, Robert (1917-1990) 15, 326n., 327n., 331, 333-338
ANZIEU, Didier (1923-1999) 360
ARGYLE, M. 171n., 172n.

ARIÈS, Philippe (1914-1984) 27n.
ARISTÓTELES (384-322 a.C) 62, 65s.
Arlequim 278
Arsène Lupin 276
Aschenbach 257
ASLAN, O. 182, 273, 277
ASTURIAS, Miguel Ángel (1899-1974) 249
AZOUVI, François 69

BABLET, D. 182, 273, 277
BACON, Roger (1214-1294) 66
BAER, Dr. A. 109
BAKHTIN, Mikhail (1895-1975) 28, 32, 310s.
BALDENSPERGER, Fernand 72n.
BALTRUSAITIS, Jurgis 63, 70n.
BALZAC, Honoré de (1799-1850) 72s., 112
BANKS-LEITE, L. 144n.
BARDÈCHE, M. 72n.
BARJAVEL, René (1911-1985) 197n.
BARNUM (1810-1891) 247
BARRAULT, Jean-Louis 277
BARTHES, Roland (1915-1980) 49n.
BATAILLE, Georges 17, 281
BATESON, Gregory (1904-1980) 141
Baubo 312
BAUDELAIRE, Charles (1821-1867) 47, 227, 260
BAUDINET, Marie-José 248, 305n.
BEAUFILS, Béatrice 341n.
BEAUVOIR, Simone de 332n.
BENJAMIN, Walter (1892-1940) 179
BÉRANGER (1780-1857) 227
BERGMAN, Ingmar (1918-2007) 305
BERNARD, M. 362
BERNIER, François (1625-1688) 100

BERNINI, Gian Lorenzo (1598-1680) 188
BERTILLON, Alphonse (1853-1914) 50n., 52-55
BETTELHEIM, Bruno (1903-1990) 153
BIRDWHISTELL, Ray (1918-1994) 131, 158, 160s.
BLUMENBACH, Johann Friedrich (1752-1840) 107, 113
BONAFOUX, Pascal (1949-) 199
BONIFÁCIO VIII 38
BONNATERRE, P.-J. 150
BORGES, Jorge Luís (1899-1986) 302
BOSCH, Hieronymus (c. 1450-1516) 45
BOTTICELLI (1445-1510) 39
BOUBAT, Édouard (1923-1999) 194s.
BOUDARD, Alphonse (1925-2000) 195
BOUDJEDRA, Rachid (1941-) 195
BRASSENS, Georges (1921-1981) 177
BREITENBACH, Nancy 253, 281
BRESSON, Robert (1901-1999) 160
BREUER, Josef (1842-1925) 136
BRIL, J. 363
BROCA, Pierre Paul (1824-1880) 107
BROOK, Peter 273, 276s., 279
BROSSARD, Alain 132n., 169n.
BROUSSAIS, F. (1772-1838) 67
BROWNING, Tod (1880-1962) 305, 323n.
BRUCHON-SCHWEITZER, M. 317n.
BRUNEAU, Charles (1883-1969) 230
BRUYER, Raymond 229n.
BUFFON, Conde de (1707-1788) 70, 100-104
BURAUD, G. 364
BURCKHARDT, Jacob (1818-1897) 29
BURGELIN, Olivier 258
BUTOR, Michel (1926-2016) 196

CAILLOIS, Roger (1913-1978) 25, 284
Caliban 73
CAMPER, Petrus (1722-1789) 106, 113
CAMPOS, A.M. 204n., 309n.
CANETTI, Elias (1905-1994) 285, 298
CANOVA, A. (1757-1822) 314
CARAVAGGIO (1571-1610) 188, 314
CARPANIN-MARIMOUTOU, J.-C. 255n.
CARROLL, Lewis 232s.
CATARINA de Médicis (1519-1589) 40
CÉSAIRE, Ina 319n.
CHABROL, J.-P. (1925-2001) 196
CHAMISSO, A. von (1781-1838) 219
CHASTEL, André (1912-1990) 281n.
CHELHOLD, J. 164n.
CÍCERO, Marco Túlio (106-43 a.C.) 94
Cidadão Klein 325s.
CLAIR, Jean 188, 349
CLAVEL, B. (1923-2010) 196
CLEMENTE de Alexandria 22
COCHART, Dominique 298n.
COCTEAU, Jean (1889-1963) 321
COMISSO, Giovanni (1895-1969) 283s.
CONDILLAC, Étienne Bonnot (1715-1780) 144
COOK, Mark 169n., 171n.
CORBEAU, Jean-Pierre 113n.
CORMAN, Louis (1901-1995) 73, 83-86, 89
CORRAZE, Jacques (1927-) 132n.
COSNIER, Jacques 132n., 169n.
COSTA, D.P.P. 198
COSTA, L.N. 241s.
COURBOIN, François 41
COURTINE, Jean-Jacques 63n.
CROOK (Dr.) de Londres 95

CUSTINE, Conde de (1742-1793) 315
CUVIER, Georges (1769-1832) 107, 113
CYRULNIK, Boris (1937-) 81n.

DADOUN, R. 366
DAGOGNET, F. 81n., 82n.
DAGUERRE, Louis (1787-1851) 46
DALLE MESE, J.G. 366
DA MESSINA, Antonello 39
DAMISCH, H. 43
DANTE Alighieri (1265-1321) 35, 37s.
DANTON, Georges-Jacques (1759-1794) 315
DARWIN, Charles (1809-1882) 43, 123-128, 131
DAUBENTON, Louis-Jean-Marie (1716-1799) 107
DAUMAL, René (1908-1944) 9
DAVIS, Fred 341n.
DAVY, M.M. 26n.
DE LA CHAMBRE, P. Cureau (1640-1693) 69
DELAUNAY, Paul 63n.
DE LANNOY, J.D. 132n.
DE LA SARTHE, Moreau (1771-1826) 71s.
DEL CASTAGNO, Andrea 39
DELEUZE, Gilles (1925-1995) 367
DELLA FRANCESCA, Piero 39
DELLA PORTA, Giovanni Battista (c. 1535-1615) 67, 79
DELMAS, André 213n.
DELUMEAU, Jean (1923-) 26
DELVAU, A. (1825-1867) 309
DENIEUL-CORMIER, A. 367
DÉONNA, W. 313
DESCARTES, René (1596-1650) 29, 32, 41, 68, 91, 191
DESLANDRES, Y. 382
DIBIE, P. 368
DICKENS, Charles (1812-1870) 50

DIDEROT, Denis (1713-1784) 70, 103
DINESCU, Mircea (1950-) 299
DISDÉRI, André-Adolphe-Eugène (1819-1889) 48
d'ALEMBERT, Jean le Rond (1717-1783) 70
DOKTOR PANNWITZ 328
Dorian Gray 218, 222s.
d'ORLÉANS, Girard 36
DOSTOIÉVSKI, F. (1821-1881) 219
DREYER, Carl (1889-1968) 9
DUBY, Georges (1919-1996) 27
DU CAMP, Maxime (1822-1894) 51
DUCHENNE DE BOULOGNE, Guillaume (1806-1875) 127
DUMAS, Georges (1866-1946) 127-131, 155s.
DUMÉZIL, Georges (1898-1986) 84
DUMONT, M. 63n.
DUMOUTIER, P.-M. (1797-1871) 95
DURAS, Marguerite (1914-1996) 331s.
DURKHEIM, Émile (1858-1917) 31, 162
DURRELL, Lawrence (1912-1990) 273n., 284s.

ECKERMANN, J.P. (1792-1854) 169
EDGERTON, M.T. 369
EDREI, Claudette 341n.
EFRON, David 131
EKMAN, Paul 132, 134, 137s.
ELBIN, V. 369
Elephant Man (The) 321, 323, 343
ELIADE, Mircea (1907-1986) 26n.
ELIAS, Norbert (1897-1990) 31
ELLIS, H. 231
ELLISON, Ralph (1914-1994) 172
ELLSWORTH, Phoebe C. 173
ENGLISH, R.W. 370
EPSTEEN, C.M. 370

EVANS, Richard John (1947-) 325n.
EVDOKIMOV, Paul (1901-1970) 21n., 23
EWERS, Hanns H. (1871-1943) 217
EXLINE, R. 171n.

FABBRI, P. 371
FAIVRE, Isabelle 288
FALLET, René (1927-1983) 196
Fantômas 276
FARGE, Arlette (1941-) 381
FÉDIDA, Pierre (1934-2002) 371
FEHER, M. 379
FELLINI, Federico (1920-1993) 9, 177, 305
FERNANDEZ-ZOILA, A. 371
FERRARI, M. 371
FEUERBACH, Anselm von (1775-1833) 148s.
FEYEREISEN, P. 161n.
FICINO, Marcílio (1443-1499) 28
FINDER, J. 208, 210, 317
FINKIELKRAUT, Alain (1949-) 303
FLAHAULT, François (1943-) 344, 349
FOUCAULT, Michel (1926-1984) 68
FRANCASTEL, Galienne (1911-1992) 35, 40n.
FRANCASTEL, Pierre (1900-1970) 40n.
FRAZER, J. (1854-1941) 220, 223, 264
FRESCO, Nadine 107n.
FREUD, Sigmund (1856-1939) 135s., 201, 205, 304s., 346
FREUND, Gisèle 46s.
FREY, Siegfried 173
FRIESEN, W. 132, 134
FÜSSLI, Johann Heinrich (1741-1825) 314

GAGNEBIN, Murielle 372
GALENO (129-201) 63

GALL, F.J. (1758-1828) 84, 92, 95, 106, 112
GALVÃO, I. 144n.
GARBO, Greta (1905-1990) 49n.
GASCAR, P. 198n.
GEDDA, Luigi (1902-2000) 243
GENTILESCHI, Artemisia (1593-1652) 314
GHIRLANDAIO, Domenico (1449-1494) 39
GINZBURG, Carlo (1939-) 81
GIOTTO (1267-1337) 35, 37s.
GIREL, Anne-Marie 352
GODEFROY, M. 373
GOETHE, Johann Wolfgang von (1749-1832) 71, 169
GOFFMAN, Erving (1922-1982) 121, 158, 163-167, 317, 341, 356
GOGOL, Nicolau (1809-1852) 230
Górgona; cf. Medusa
GRANDVILLE (1803-1847, pseudônimo de J.-I.-I. Gérard) 71
GREGÓRIO de Nissa 23
GRIFFIN, John Howard (1920-1980) 251, 299
GUATTARI, Félix (1930-1992) 367
GUINZBOURG, E. (1904-1977) 238
GUIOMAR, Michel (1921-2013) 217
GUIRAUD, Pierre 161n.

HALLAWELL, P. 10n.
HALL, Edward T. (1914-2009) 374
HALSMAN, Philippe (1906-1979) 296
HANKS Jr., L.M. 375
HAROCHE, Claudine 63n., 90, 298n.
HAUSER, Gaspar 144, 148-150
HAY, D. 231
HEARN, Patrick Lafcádio (1850-1904) 130
HÉCAEN, Henri (1912-1983) 213
HEGEL, Georg Wilhelm (1770-1831) 92s., 95s.
HELVÉTIUS, Claude Adrien (1715-1771) 237

HENRI, Pierre (1899-1986) 155
HENRIQUE II, (1519-1559) 40
HINE, Lewis H. (1874-1940) 9, 305
HIPÓCRATES (460-370 a.C.) 62s., 80
HOFFMAN, E.T.A. (1776-1822) 219
HOPPE (Dr.) de Copenhague 95
HUGO, V. 388

IKOR, Roger (1912-1986) 196
INDERGAND, Michel 248
IZARD, Carroll Ellis (1923-2017) 137
ITARD, Jean Marc Gaspard (1774-1838) 144

JABÈS, E. (1978, p. 199) 191
JACKSON, Michael (1958-2009) 239
JACOBSON, W.E. 369
JACQUES, Francis (1934-) 171
JANE, R. 375
JOSEPH, I. 375
JOUHANDEAU, Marcel (1888-1979) 200
JÜNGER, Ernest (1895-1998) 179

KAMALA 144, 146-148
KANT, Immanuel (1724-1804) 375
KARLIN, Daniel (1941-) 153n.
KIMELMAN, M. 210n.
KIŠ, Danilo (1935-1989) 122
K.K.K. 286
KLIMT, Gustav (1862-1918) 188
KLINEBERG, O. 131
KOGON, Eugen (1903-1987) 328n.
KOKOSCHKA, Oskar (1886-1980) 199
KREJCA, Otomar 182
KREMER-MARIETTI, Angèle 107

KRISTEVA, Julia 161
KUNDERA, Milan (1929-) 212

LA BARRE, Weston 131
LA BRUYÈRE, Jean (1645-1696) 14, 260
LACARRIÈRE, Jacques (1925-2005) 197n., 239s.
LACERDA, H.R.C. 321n., 322n.
LACERDA, R.C. 321n., 322n.
LADNER, Gherardo B. 34n.
LAMBRECHTS, G. 313
LANGEVIN, P. (1872-1946) 227
LANTERI-LAURA, Georges 68, 96n.
LANZMANN, Claude 328, 332n.
LARTIGAU, G. 377
LAVATER, Johann Kaspar (1741-1801) 13, 62, 67, 71s., 76s., 80, 81n., 82-84, 87-89, 97s., 101, 104s., 109s., 112, 237s., 319s., 321n.
LE BON, Jean 36
LE BRAZ, Anatole (1859-1926) 220s.
LE BRETON, David 29, 43n., 65, 91, 96, 142, 144n., 154, 157, 161n., 174, 183n., 210, 263, 277, 309n., 331, 342, 348n.
LE BRUN, Charles (1619-1690) 41s., 69, 123, 127
LECUYER, Nathalie 355
LEIBNIZ, Gottfried Wilhelm (1646-1716) 105
LEIRIS, Michel (1901-1990) 197
LENZ, J.M.R. (1751-1792) 105
LEVI, Primo 325, 328-330, 331n., 338
LÉVINAS, Emmanuel (1905-1995) 49n., 60, 118, 296
LÉVI-STRAUSS, Claude (1908-2009) 378
LICHTENBERG, G.C. (1742-1799) 93
LIGGET, J. 378
LINARD, Monique 206, 208n., 211n.
LIPPI, Filippo 39
LOLLINI, M.-F. 378
LOMBROSO, Cesare (1835-1909) 107-113, 323s.

LOUBET, Christian 318
LORRAIN, Claude (1600-1682) 188
LOSEY, Joseph (1909-1984) 326
LOUX, Françoise 77s., 237n., 322n.
LUÍS XVI (1754-1793) 315

MACEDO, J.R. 28
MACHADO, J.P. 322n.
MADDOW, Benjamin D. (1909-1992) 49s., 225, 307
MAERTENS, J.-T. 282
MAFFIOLI, B. 210n.
MAGLI, P. 379
MAISONNEUVE, J. 317n.
MALSON, Lucien 144n.
MANDROU, Robert 80
MANN, Thomas (1875-1955) 257
MANOUVRIER, Léonce-Pierre (1850-1927) 109
MARGARIDA de NAVARRA (1553-1615) 31
MARIE, Gisèle 63n.
MARTIN, C. 208n.
MASACCIO (1401-1428) 38
MASCARDI (Marquês) 67
MASINA, Giulietta (1921-1994) 177
MASOLINO (1383-1447) 38
MAUPASSANT, Guy (1850-1893) 214n., 215, 219
MAUSS, Marcel (1872-1950) 131
MAYGRIER, Jacques-Pierre (1771-1835) 72
MÉDICIS, Catarina de (1519-1589) 40
Medusa 106, 184, 186-189, 314
MELAMPO 63
MELVILLE, Herman (1819-1891) 47
MERCIER, L.S. (1740-1814) 71
METSYS, Quentin (1466-1530) 45
METTRA, C. 366

MEYER, E. 369
MICHAUX, Henri (1899-1984) 189, 285
MOKIN, M. 369
Monsieur Lecoq 276
MONTAIGNE, Michel (1533-1592) 32, 70, 74s.
MONTAND, Yves (1921-1991) 177
MONTESQUIEU (1689-1755) 282
MORIS, James 248
MOUNOUD, P. 380
MOURAD, Youssef 63n., 64n., 65
MOZZHUKHIN, Ivan 140
MUCCHIELLI, R. (1919-1981) 94
MÜLLER, Filip 328
MULLIGAN, Robert (1925-2008) 219n.
MURPHY, Robert F. 344
MUSSET, Alfred (1810-1857) 217

NAHOUM / NAHOUM-GRAPPE, Véronique 46n.
NAIPAUL, V.S. (1932-agosto de 2018) 56-58
NAJMAN, C. 381
Narciso 47, 142, 184, 220n., 349
N'DIAYE, C. 381
NEWTON, Isaac (1643-1727) 105
NIÉPCE, Joseph (1765-1833) 46
NODIER, C. (1780-1844) 71

OLIVEIRA, J.V.G. 155n.
OLIVEIRA, W.A.L. 168n., 256n.
ONDONGO, Joseph 255n.
ORÍGENES 23
ORWELL, George (1903-1950) 300
OUSPENSKY, Léonide (1902-1987) 21n., 22s.
OWEN, Richard 107

PAICHELER, Henri 341n.
PANKOW, Giséla 348n.
PARIS, J. 382
PARMIGIANINO (1503-1540) 188
PAUW, Cornelis (1739-1799) 104
PAZ, Octavio (1914-1998) 312
PERROT, Philippe 382
PHÉLINE, Christian 53n.
PHILIPE, Anne (1917-1990) 303
PICARD, D. 382
PICARD, M. 382
PINSET, J. 382
PISANELLO 39
PITÁGORAS (c. 570-c. 495 a.C.) 62
PLATÃO (c. 428-347 a.C.) 62, 67, 260
PLAUTO (c. 251-184 a.C.) 241
POE, Edgar A. (1809-1849) 126, 179, 217, 219, 222
POLEMON 63, 65
POLIAKOV, Léon 100, 107n.
POLLAIUOLO, Antonio (c.1432-1498) 39
PONS, J. 377
POSTEL, Jacques (1927-) 215
POUSSIN, Nicolas (1594-1665) 198, 314
PRAX, Irène 206, 208n., 211n.
PRESLEY, Elvis (1935-1977) 239
PRIOULT, A. 72
PROUST, Marcel (1871-1922) 6, 305
PUDOVKIN, Vsevolod I. (1893-1953) 139s.

RABELAIS, François (1494-1553) 66, 310s.
RANK, Otto (1884-1939) 218n., 220
RAY, Nicholas (1911-1979) 238
REGO, A. 215n.

REMBRANDT, Harmenszoon van Rijn (1606-1669) 9, 117, 193, 198s., 232

RENNETEAU, J.-P. 367

RENSON, Jean 10, 31, 230, 310

RESTIF DE LA BRETONNE (1734-1806) 179

REVERZY, J.-F. 255n.

RICHARD, Philippe 77s., 237n., 322n.

RIESE, Walker 69n.

RILKE, Rainer Maria von (1875-1926) 141, 183, 279s., 354

RIMBAUD, Arthur (1854-1891) 12

Robinson Crusoé 144n.

ROBION, M. 352n.

ROCHE, Serge 46

ROUSSET, David (1912-1997) 328n., 329n.

ROUSSET, Jean (1910-2002) 176

ROVAN, Joseph, pseudônimo de Joseph A. Rosenthal (1918-2004) 327n.

RUBENS, Peter Paul (1577-1640) 188

RUPP-EISENREICH, Britta 107

SAINT-EXUPÉRY, Antoine (1900-1944) 116

SAINT-HILAIRE, Geoffroy (1772-1844) 107

SAINT-LAURENT, Yves (1936-2008) 263

SAMI-ALI, Mahmoud 383

SAND, George (1804-1876, pseudônimo de Amandine A.L. Dupin) 71

SANGREE, Walter (1926-) 244

SANTA VERÔNICA 24

SANTO IRINEU 22

SÃO JERÔNIMO 23

SÃO JOÃO CRISÓSTOMO 23

SÃO JUSTINO 22

SÃO PAULO 22s.

SAPIR, Edward (1884-1939) 131

SARTRE, Jean-Paul (1905-1980) 168
SCHERER, K.R. 384
SCHILDER, P. 384
SCHLATTER, Christian 248, 305n.
SCHMITT, J.-C. 384
SCHNEIDERMAN, L. 194n.
SCHWARZ-BART, André (1928-2006) 116, 236, 304
SCRAVEGNI, Enrico 35
Semira 284
SENDRAIL, M. 384
SERENY, Gitta (1921-2012) 15, 327n.
SIBILA de PANZOUST 311
SIGNORET, Simone (1921-1985) 203
SIMMEL, Georges (1858-1918) 49, 59, 76, 119, 174, 181
SINGH, J.A.C. 146s., 149n.
SÓCRATES (c. 469-399 a.C.) 62, 67, 75, 94, 259, 320
SOLJENÍTSYN, Aleksandr (1918-2008) 300
SOLLIER, Paul 214
SONTAG, Susan (1933-2004) 197
SOUTHWORTH, Albert Sands (1811-1894) 306
SPENCER, Herbert (1820-1903) 127-129, 131
SPERBER, Manès (1905-1984) 200s.
SPIRA, M. 293
SPURZHEIM, J.G. (1776-1832) 95
STAHL, Paul-Henri 313
STANGL, F. 14, 327
STAROBINSKI, Jean (1920-) 184, 268
STICKER, Henri-Jacques 341
STREHLER, Giorgio (1921-1997) 278s.
SUCHOMEL, Franz 333n.
SUE, Eugène (1804-1857) 71
SZONDI, Leopold (1893-1986) 71

TARDE, Gabriel (1843-1904) 109, 111
TERTULIANO 22
THÉVOZ, M. 386
THORET, Y. 386
THIVENT, Agnès 295
TILLION, Germaine 265n., 266
TINLAND, Frank 102, 144n.
TISSOT, R. 215n.
TOMASI DI LAMPEDUSA, Giuseppe (1896-1957) 12, 158, 200s.
TOMKIEWICZ, S. 208, 210, 317
TOMKINS, Silvan S. (1911-1991) 132, 137
TOURLIÈRE, N. 381
TOURNIER, Michel (1924-2016) 144n., 194-196, 198, 224, 243, 303
TRYON, Thomas (1926-1991) 219n.

UCCELLO, Paolo (1397-1475) 39

VALENTINO, Rudolfo (1895-1926) 49n.
Van EYCK, Jan (1390-1441) 35, 40, 45
VANNIER, Bernard 72n.
VASARI, Giorgio (1511-1574) 36-39
VAUTERIN, C. 377
VERNANT, Jean-Pierre (1914-2007) 186s., 313
VERNE, Jules (1828-1905) 201
VESALIUS, Andreas (1514-1564) 29
VILLENEUVE 315
VILLON, François 198
VINCI, Leonardo da 39, 45, 304
VINTER, D. 380
VIREY, Julien-Joseph (1775-1846) 103
VICTOR de Aveyron 144s.

WEITZ, S. 387
WENDERS, Wim (1945-) 238
WILDE, Oscar (1854-1900) 218
WINCKELMANN, J.J. (1717-1768) 104
WINKIN, Y. 134n., 161n.
WINNICOTT, Donald Woods (1896-1971) 255
WOLFE, Tom (1930-2018) 307
WUNDT, W.M. (1832-1920) 131

XENOFONTE (c. 430-354 a. C.) 259

YOUNG, A. 231

ZAZZO, René (1910-1995) 243
ZEILLER, B. 208n.
ZEMON DAVIS, N. 381
ZINGG, R.M. 146, 149n.
ZÓPIRO 94

Agradecimentos

Em particular, a Anne-Marie Métailié e a Pascal Dibie por sua releitura atenta do manuscrito e por suas sugestões.

A Claude Lanzmann (1925-05/07/2018) e a André Rauch por terem publicado – o primeiro, na revista *Les Temps Modernes*; e o segundo, na revista *Ethnologie Française* – a versão inicial de dois capítulos desta obra.

A Sophie Le Mao e a Stéphane Bouyer por seu amável contributo para a colocação em ordem do manuscrito.

A Bernard Michon.

E, evidentemente, a Hnina Tuil, cuja presença determinou o rosto apresentado por este livro.

Índice geral

Sumário, 7

Introdução, 9

1 A invenção do rosto, 17
    1.1 O rosto de Deus, 17
    1.2 Da individualização do corpo à individualização do rosto, 26
    1.3 Celebração social do rosto: o retrato, 33
    1.4 O espelho, 43
    1.5 A fotografia: a democracia do rosto, 46
    1.6 Antropometria, 50
    1.7 A invenção do rosto, 56

2 Do rosto à figura: as máscaras da fisiognomonia, 60
    2.1 As meias-palavras do rosto, 60
    2.2 Os tratados de fisiognomonia, 61
    2.3 O sentimento fisiognomônico, 74
    2.4 Uma ciência dos rostos?, 81
    2.5 Tripartição do rosto, 83
    2.6 O rosto e o seu interior, 86
    2.7 A face do Outro, 99
    2.8 A paixão pelas tipologias, 106
    2.9 Os estigmas do "criminoso nato", 107
    2.10 Sob a figura, o rosto, 113

3 O outro do rosto: a ordem simbólica, 118
   3.1 Simbólica do rosto, 118
   3.2 A botânica das emoções, 122
   3.3 O efeito Kulechov, 139
   3.4 O rosto sem o Outro, 142
   3.5 O rosto autista, 150
   3.6 Significação social do rosto, 156

4 Configurações sociais: o face a face, 158
   4.1 Face a face, 158
   4.2 Da face ao indivíduo, 163
   4.3 Interação e ato de olhar, 168
   4.4 Troca de olhares, 174
   4.5 Encarar, 179
   4.6 "Mau-olhado", 182
   4.7 Sob o fascínio de Medusa, 186

5 O rosto é um outro, 189
   5.1 Ambivalência do rosto, 189
   5.2 O rosto é um Outro, 194
   5.3 O rosto de referência, 197
   5.4 As projeções do rosto, 205
   5.5 O rosto dissimulado, 211
   5.6 O duplo, 216
   5.7 Dissimetria do rosto, 226
   5.8 O reconhecimento dos rostos, 228
   5.9 Semelhança, 234
   5.10 A gemelidade, 242

6 Ocultação do rosto, 246
   6.1 Caretear, 246
   6.2 Caracterizar (o rosto de um ator), 251

- 6.3 Maquiar, 255
- 6.4 Cobrir(-se) com véu, 264
- 6.5 Cobrir(-se) com máscara, 272
- 6.6 Incógnito, 282
- 6.7 Modificar, 287
- 6.8 Da impassibilidade ao "rostocrime", 296

7 Rosto e valor, 302
- 7.1 O poder de atração, 302
- 7.2 Os paradoxos da eminência do rosto, 308
- 7.3. Beleza-feiura, 315

8 O sagrado: o rosto e a *Shoah*, 325

9 A desfiguração: uma deficiência aparente, 340

Bibliografia sumária sobre o rosto, 359
- Documentos literários, 388

Índice de autores citados, 391

Agradecimentos, 409

CULTURAL

Administração
Antropologia
Biografias
Comunicação
Dinâmicas e Jogos
Ecologia e Meio Ambiente
Educação e Pedagogia
Filosofia
História
Letras e Literatura
Obras de referência
Política
Psicologia
Saúde e Nutrição
Serviço Social e Trabalho
Sociologia

CATEQUÉTICO PASTORAL

Catequese
　Geral
　Crisma
　Primeira Eucaristia

Pastoral
　Geral
　Sacramental
　Familiar
　Social
　Ensino Religioso Escolar

TEOLÓGICO ESPIRITUAL

Biografias
Devocionários
Espiritualidade e Mística
Espiritualidade Mariana
Franciscanismo
Autoconhecimento
Liturgia
Obras de referência
Sagrada Escritura e Livros Apócrifos

Teologia
　Bíblica
　Histórica
　Prática
　Sistemática

VOZES NOBILIS

Uma linha editorial especial, com importantes autores, alto valor agregado e qualidade superior.

REVISTAS

Concilium
Estudos Bíblicos
Grande Sinal
REB (Revista Eclesiástica Brasileira)

VOZES DE BOLSO

Obras clássicas de Ciências Humanas em formato de bolso.

PRODUTOS SAZONAIS

Folhinha do Sagrado Coração de Jesus
Calendário de mesa do Sagrado Coração de Jesus
Agenda do Sagrado Coração de Jesus
Almanaque Santo Antônio
Agendinha
Diário Vozes
Meditações para o dia a dia
Encontro diário com Deus
Guia Litúrgico

CADASTRE-SE
www.vozes.com.br

EDITORA VOZES LTDA.
Rua Frei Luís, 100 – Centro – Cep 25689-900 – Petrópolis, RJ
Tel.: (24) 2233-9000 – Fax: (24) 2231-4676 – E-mail: vendas@vozes.com.br

UNIDADES NO BRASIL: Belo Horizonte, MG – Brasília, DF – Campinas, SP – Cuiabá, MT
Curitiba, PR – Fortaleza, CE – Goiânia, GO – Juiz de Fora, MG
Manaus, AM – Petrópolis, RJ – Porto Alegre, RS – Recife, PE – Rio de Janeiro, RJ
Salvador, BA – São Paulo, SP